070 130

111

163

135

087

133

139

166

183

KB220346

PHOTOSHOP GALLERY

066

103

081

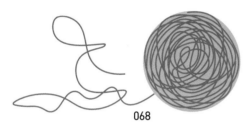

068

107

098

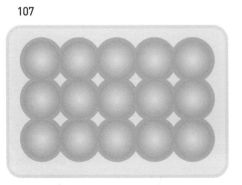

115

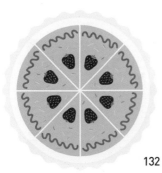

132

130

128

224

145

155

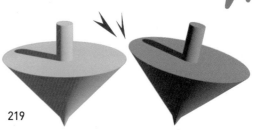

219

183

177

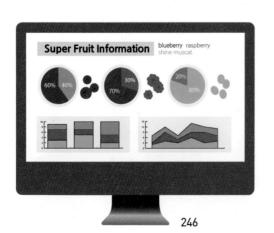

246

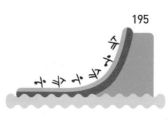

195

CC 2025
기초 테크닉

Ps Ai

나 혼자 한다
포토샵 &
일러스트레이터

기본 기능부터 생성형 AI까지 쉽게 배우는 그래픽 입문서

김두한 · 황진도 · 이상호 지음

BM (주)도서출판 성안당

CC 2025
기초 테크닉

나 혼자 한다
포토샵
CC 기초 테크닉

Ps

기본 기능부터 생성형 AI까지 쉽게 배우는 그래픽 입문서

김두한 · 황진도 지음

BM (주)도서출판 성안당

PHOTOSHOP

AI 이미지를 생성한 포토샵

누구나 1인 크리에이티브와 창업가, 디자이너가 될 수 있는 시대를 맞이했습니다. 덕분에 자신의 창의적인 아이디어를 디자인으로 구현하는 작업의 중요성도 높아졌지요. 미국의 어도비(Adobe)에서 개발한 포토샵은 출시된 지 30년이 넘은 프로그램으로 현재 디자이너뿐만 아니라 일반 사용자에게까지 각 분야에서 다양하게 활용되고 있습니다.

포토샵과 일러스트레이터는 2D, 3D 등 다양한 그래픽 작업에 주로 사용하는 프로그램입니다. CC 2025에서 새롭게 추가된 Generate image 기능 및 프롬프트 기반의 AI 이미지 생성은 창의적이고 효율적인 그래픽 디자인 작업을 위한 인공지능(AI) 기술을 적용하였습니다. 프로그램 고도화 및 혁신적인 기술 업데이트도 진행하면서 모든 디자인 산업의 표준 소프트웨어 프로그램으로 자리 잡았습니다.

특히 포토샵 프로그램은 디자인 창작과 실무에 필요한 여러 기능을 제공하며 기본적인 기능을 몇 가지만 알아도 응용할 수 있는 작업이 많습니다. 또한 디자인 및 이미지 작업을 효율적으로 관리할 수 있도록 클라우드에 파일을 공유하여 언제 어디에서나 작업할 수 있게 되었고, 팀으로 이루어지는 디자인 작업의 효율성도 극대화할 수 있게 되었습니다. 초보자들도 프로그램에 쉽게 접근할 수 있도록 도구 미리보기 기능을 제공해 작업자가 사용하고자 하는 도구의 기능을 쉽게 습득하고 활용할 수 있게 돕기도 합니다.

이 책의 포토샵 편에서는 프로그램 설치와 파일 저장 등의 기본적인 기능부터 AI 이미지 생성 이미지 선택과 이동, 이미지 크기 편집, AI 이미지 보정 및 합성, 그레이디언트 채색, 브러시 등 주요 기능을 함께 다루며 디자인 감각을 키우기 위한 다양한 실습도 수록했습니다. 포토샵 프로그램 입문자나 디자인을 처음 공부하는 학생 또는 신입 디자이너가 작업 능력을 높이는 데 유용할 것입니다.

디자인 실무와 교육 현장에서 쌓은 노하우를 토대로 포토샵에서 주로 사용하는 대표 기능들과 간단한 사용법만 알고 있으면 바로 사용할 수 있는 기능을 선별했습니다. 또한 기본 기능부터 세부 기능과 응용까지 자연스럽게 익힐 수 있도록 했으며, 작업을 효율적으로 진행하는 데 도움이 되는 단축키나 보조 설명도 함께 첨부했습니다. 포토샵은 하나의 기능을 다양한 방식으로 적용할 수 있는 프로그램입니다. 이 책을 통해 포토샵 프로그램을 쉽고 빠르게 익히고 디자인 작업의 효율성도 높일 수 있을 것입니다.

포토샵은 더 이상 전문가들만을 위한 프로그램이 아닙니다. 디자인 전문가가 아닌 일반인들도 다양한 분야에서 폭넓게 사용하는 프로그램이 되었습니다. 포토샵의 사진 편집 및 보정, 브러시와 같은 그래픽 툴을 이용하여 블로그나 SNS, 영상에 자신만의 개성을 표현하고 싶으신 분들께 이 책을 추천합니다.

김두한, 황진도

이 책은 포토샵과 일러스트레이터 프로그램의 기본적인 도구 기능과 특징을 설명하고 있습니다. 본문은 크게 각 기능을 쉽게 따라 할 수 있는 '필수 실습', 응용하여 활용할 수 있는 '예제 실습'으로 구성되어 있습니다. 작업의 효율성을 높일 수 있게 돕는 'Tip'과 단축키도 설명이 되어 있습니다.

파트별 챕터 구성과 제목
어떤 도구와 기능에 대해 알아볼 것인지를 제목을 통해 확인할 수 있습니다.

준비 및 예제 파일
각 실습을 따라 하는 데 필요한 이미지 파일을 확인합니다.

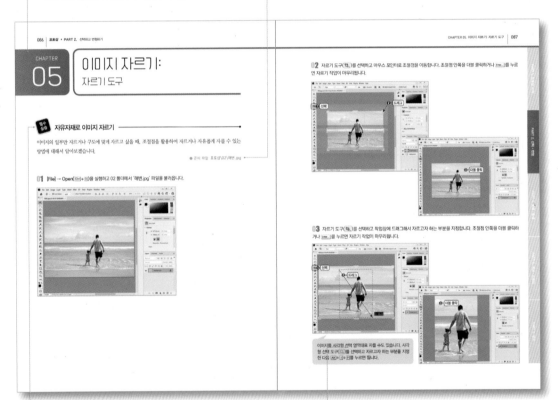

실습(따라 하기)
실습에는 필수 실습과 예제 실습이 있으며, 누구나 쉽게 따라 할 수 있도록 자세하게 설명합니다.

Tip
더 알아 두면 좋을 내용과 단축키 정보를 담았습니다.

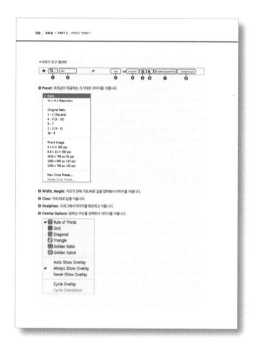

도구와 기능

꼭 알아 둬야 할 도구, 옵션바, 패널 및 대화상자에 관한 정보를 담았습니다.

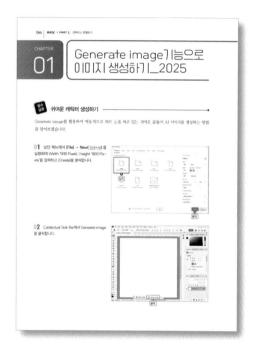

2025 신기능

CC 2025 최신 버전에 추가된 기능에 대한 정보입니다.

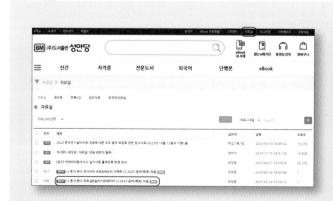

준비 파일 내려받기

준비 파일은 성안당 홈페이지(www.cyber. co.kr)의 [자료실]에서 다운로드할 수 있으며, 회원 가입 후 로그인을 해야 다운로드할 수 있습니다.

● CONTENTS

머리말 · 004
이 책의 구성 · 006

PART 1. 포토샵 시작하기

CHAPTER 01. 포토샵으로 무엇을 할까? · 016

CHAPTER 02. 포토샵 설치하기 · 019
포토샵 설치하기 · 019

CHAPTER 03. 포토샵 시작 화면 살펴보기 · 024
포토샵 화면 밝게 변경하기 · 027

CHAPTER 04. 포토샵 작업 화면 살펴보기 · 028

CHAPTER 05. Tools 패널 살펴보기 · 032

CHAPTER 06. 패널 살펴보기 · 042

CHAPTER 07. 파일 관리하기 : 새 작업 문서 만들기 / 이미지 만들기 / 이미지 저장하기 · 049
New 명령으로 새로운 작업 문서 만들기 · 049
이미지 불러오기 · 051
이미지 저장하기 · 052
다른 이름으로 이미지 저장하기 · 053

CHAPTER 08. 기본 이미지 도구 익히기 : 손 도구 / 돋보기 도구 / 눈금자 / 가이드 · 054
손 도구 익히기 · 054
돋보기 도구 익히기 · 055
눈금자 표시하기 · 056
가이드 표시하기 · 057

CHAPTER 09. 이미지와 캔버스 크기 조절하고 AI 이미지 생성하기 : Image Size /
Canvas Size / Generative AI · 058
이미지 크기 줄이기 · 058
캔버스 크기 조절하기 · 059
[예제 실습] Generative AI로 이미지 생성하기 · 062

PART 2. AI 이미지 생성하고 변형하기

CHAPTER 01. Generate image 기능으로 이미지 생성하기: Generate image _2025 · 066

[필수 실습] 귀여운 캐릭터 생성하기 · 066
[예제 실습] 역동적인 이미지 생성하기 · 068
[예제 실습] 사탕 모양으로 된 'LOVE' 타이포그래피 생성하기 · 069
[예제 실습] AI로 생성된 수영장에 수영하는 여성과 튜브 이미지 생성하기 · 071
[예제 실습] 참조 이미지로 이미지 생성하기 · 074

CHAPTER 02. 도형으로 이미지 선택하고 이동하기: 도형 선택 도구 / 이동 도구 / Contextual Task Bar · 076

[필수 실습] 도형 선택 도구로 이미지 선택하기 · 076
[예제 실습] 선택 영역 변경하여 이미지 선택하기 · 078
[예제 실습] 선택한 이미지 영역을 이동, 복사, 반전, 해제하기 · 080
선택한 이미지 영역 복사하기 · 081
선택한 이미지 영역 반전하기 · 082
선택한 이미지 영역 해제하기 · 083
[예제 실습] 선택한 이미지 부드럽게 만들기 · 084
[예제 실습] Contextual Task Bar 프롬프트로 AI 이미지 생성하기 · 086

CHAPTER 03. 자유자재로 이미지 선택하기: 올가미 도구 / 선택 브러시 도구 · 088

[필수 실습] 자유자재로 이미지 선택하기 · 088
[예제 실습] 선택한 이미지만 자유자재로 이동하기 · 089
[예제 실습] 선택 브러시 도구로 이미지 보정하기 · 092

CHAPTER 04. 자동으로 이미지 선택하기: 오브젝트 선택 도구 / 빠른 선택 도구 / 마술봉 도구 · 094

[필수 실습] 이미지 선택하기 · 094
[예제 실습] 오브젝트 선택 도구로 이미지 선택하고 색상 변경하기 · 097

CHAPTER 05. 자유자재로 이미지 다루기: Free Transform · 100

[필수 실습] 자유 변형 도구로 이미지 변형하기 · 100
[예제 실습] 이미지를 다른 작업창으로 복사하고 변형하기 · 103

CHAPTER 06. 이미지 자르기: 자르기 도구 · 106

[필수 실습] 자유자재로 이미지 자르기 · 106
[예제 실습] 원근감 변형하여 이미지 자르기 · 110

CHAPTER 07. 이미지 변형하고 왜곡하기: Warp / Transform · 112

[필수 실습] 이미지를 변형하고 왜곡하기 · 112
[예제 실습] 이미지를 다른 작업창으로 복사하고 원근감 적용하기 · 116

CHAPTER 08. 얼굴 사진 변형하기: Neural Filters / Liquify · 120

[필수 실습] 얼굴 사진 변형하기 · 120

미소 짓게 하고 눈동자 방향 변경하기 · 120

나이 들게 하고 머리카락 길이 변경하기 · 122

얼굴 형태 변형하기 · 123

주근깨 없애기 · 126

[예제 실습] 웃는 표정의 증명사진 만들기 · 126

CHAPTER 09. 풍경 사진 변형하기: Landscape Mixer · 129

[필수 실습] 믹서 필터를 활용해 풍경 사진 변형하기 · 129

CHAPTER 10. 하늘 사진 변형하기: Sky Replacement · 131

[필수 실습] 하늘 사진 변형하기 · 131

CHAPTER 11. 옛날 사진 복원하기: Photo Restoration / Colorize · 134

[필수 실습] 옛날 사진 복원하기 · 134

CHAPTER 12. 이미지 삭제하고 생성하기: Contextual Task Bar · 136

[필수 실습] 이미지 삭제하고 생성하기 · 136

CHAPTER 13. 이미지 확장하기: Contextual Task Bar · 138

[필수 실습] 이미지 확장하기 · 138

PART 3. 이미지 보정하고 합성하기

CHAPTER 01. 이미지 합성하기: Layers 패널 · 142

[필수 실습] Layers 패널 알아보기 · 142

[예제 실습] Layers 패널을 활용해 이미지 합성하기 · 148

CHAPTER 02. 이미지 색상 보정하기: Adjustments 패널 / 색상 조정 기능 · 151

[필수 실습] Adjustments 패널 이해하기 · 151

[예제 실습] 이미지 자동 보정하기 · 160

[예제 실습] Brightness Contrast로 이미지 보정하기 · 162

[예제 실습] Levels로 이미지 보정하기 · 163

[예제 실습] Curves로 이미지 보정하기 · 164

[예제 실습] Hue/Saturation으로 이미지 보정하기 · 165

[예제 실습] Black/White로 이미지 보정하기 · 166

[예제 실습] Photo Filter로 이미지 보정하기 · 167

[예제 실습] Invert로 이미지 색상 반전하기 · 168

[예제 실습] Threshold로 고대비 흑백 이미지로 보정하기 · 169

[예제 실습] Gradient Map으로 이미지에 그러데이션 적용하기 · 170

CHAPTER 03. 레이어 마스크와 클리핑 마스크로 합성하고 AI 이미지로 생성하기:
Layer Mask / Clipping Mask / Select and Mask / Generate Background · 171

[필수 실습] 마스크 이해하기 · 171
레이어 마스크 알아보기 · 172
클리핑 마스크 알아보기 · 174
[예제 실습] 클리핑 마스크로 이미지 합성하기 · 175
[예제 실습] Select and Mask로 이미지 합성하기 · 178
[예제 실습] Generate Background를 활용하여 AI 이미지 생성하기 · 182

CHAPTER 04. 선택 영역 이미지 제거하기: Delete and Fill Selection · 184

[필수 실습] 이미지의 일부를 선택하고 삭제하기 · 184

CHAPTER 05. 블렌딩 모드로 다양하게 이미지 합성하기: Blend Mode · 186

[필수 실습] 블렌딩 모드 이해하기 · 186
[예제 실습] Multiply 블렌딩 모드로 이미지 합성하기 · 191
[예제 실습] Lighten 블렌딩 모드로 이미지 합성하기 · 193
[예제 실습] Overlay 블렌딩 모드로 이미지 합성하기 · 195

CHAPTER 06. 레이어 스타일 활용하여 이미지 합성하기: Layer Style · 198

[필수 실습] 레이어 스타일 이해하기 · 198
[예제 실습] 레이어 스타일을 활용하여 이미지 합성하기 · 200

CHAPTER 07. 채널 이해하기: Channel · 204

[필수 실습] 채널 이해하기 · 204
[예제 실습] Channels 패널을 활용하여 이미지 보정하기 · 205

CHAPTER 08. 색상 모드 활용하여 이미지 보정하기: Color Mode · 208

[필수 실습] 색상 모드 이해하기 · 208
[예제 실습] 색상 모드 변경하기 · 210
[예제 실습] Duotone 모드로 이미지 보정하기 · 213

PART 4. 색상 적용하고 그리기

CHAPTER 01. 여러 가지 색 자연스럽게 채색하기: 그레이디언트 도구 · 220

[필수 실습] 그레이디언트 도구로 채색하기 · 220
[필수 실습] 그레이디언트 도구 익히기 · 221
[필수 실습] 그레이디언트를 활용해 사진 보정하기 · 225
[예제 실습] 사선형으로 색감이 변화하는 배경 채색하기 · 227
[예제 실습] 다양한 그레이디언트가 혼합된 배경 채색하기 · 230

CHAPTER 02. 색상과 패턴을 이용해 채색하기: 페인트 통 도구 · 237

[필수 실습] 페인트 통 도구로 색상과 패턴을 이용해 칠하기 · 237
페인트 통 도구로 색감에 변화 주기 · 237
페인트 통 도구로 패턴을 이용해 칠하기 · 240

CHAPTER 03. 브러시 도구로 일러스트 작업하기: 브러시 도구 · 242

[필수 실습] 브러시 도구로 사진에 선 그리기 · 242
[예제 실습] 브러시 도구로 캐릭터 채색하기 · 244

CHAPTER 04. 브러시 도구로 색감 바꾸기: Color Replacement Tool · 252

[필수 실습] 이미지의 색감 바꾸기 · 252

CHAPTER 05. 연필 도구로 드로잉하기: 연필 도구, 도트 그래픽 · 254

[필수 실습] 사진 이미지를 손으로 그린 그림처럼 표현하기 · 254
[예제 실습] 도트 그래픽 작업하기 · 259

CHAPTER 06. 기준점을 이용하여 선이나 형태 만들기: 펜 도구 / 셰이프 도구 · 264

[필수 실습] 패스를 이용해 직선 또는 곡선 그리기 · 264
[필수 실습] 패스 속성 변형하고 색 바꾸기 · 275
펜 도구로 도형 그리고 패스 속성 변경하기 · 275
펜 도구로 그린 도형의 색 바꾸기 · 278
[필수 실습] 곡선 펜 도구로 반원 그리고 그레이디언트 채색하기 · 280
곡선 펜 도구로 반원 그리기 · 280
그레이디언트 채색하기 · 282
[필수 실습] 펜 도구로 반원 그리고 패턴 채우기 · 283
펜 도구로 반원 그리기 · 283
패턴 채우기 · 284
[예제 실습] 곡선과 직선으로 된 개체를 그리고 가운데 정렬하기 · 285
곡선과 직선으로 그리기 · 285
캔버스 중앙에 정렬하기 · 288
[예제 실습] 개체들을 결합하여 형태 만들기 · 289
[예제 실습] 패스를 활용하여 사진 꾸미기와 생성형 AI 활용하기 · 296
펜 도구로 물결무늬 그리기 · 296
곡선형 패스를 직선형 패스로 전환하기 · 300
직접 선택 도구로 곡선형 개체 수정하기 · 301
선택 영역에 생성형 AI로 이미지 추가하기 · 303

CHAPTER 07. 다양한 형태의 도형 그리기: 도형 도구 / 사용자 정의 모형 도구 · 307

[필수 실습] 다양한 도형을 그리고 새로운 형태 만들기 · 307
다양한 도형 그리기 · 307
도형을 결합하여 새로운 형태 만들기 · 310
형태를 추출하여 새로운 형태 만들기 · 312

[필수 실습] 픽토그램 추가하기 · 313

세이프 속성의 다양한 픽토그램 그리기 · 313

CHAPTER 08. 브러시 기법을 응용해 이미지 수정하고 삭제하기: 지우개 도구 · 318

[필수 실습] 그림을 수정하고 배경 지우기 · 318

[필수 실습] 매직 지우개 도구로 배경 지우기 · 320

PART 5. 문자 입력하고 변형하기

CHAPTER 01. 문자 입력하기: 문자 도구 / Character 패널 · 326

문자 도구를 이용해 글자 입력하기 · 326

[필수 실습] 가로쓰기와 곡선으로 문자 입력하기 · 330

문자를 가로쓰기로 입력하기 · 330

문자를 곡선으로 입력하기 · 332

CHAPTER 02. 문자 기울이기: 자유 변형 도구 / 기울이기 도구 · 335

[필수 실습] 문자를 변형하여 합성 효과 주기 · 335

[예제 실습] 문자 기울이기로 레트로 스타일 문자 표현하기 · 340

CHAPTER 03. 다양한 방식으로 문자 변형하기: Warp Text · 346

[필수 실습] Warp Text를 이용하여 문자 변형하기 · 346

CHAPTER 04. 이미지와 겹치는 영역의 텍스트를 감추기: Layer Mask · 350

[예제 실습] 입력한 문자의 일부분 가리기 · 350

CHAPTER 05. 문자에 강조 효과 주기: Layer Style · 355

[필수 실습] 문자에 네온사인 효과 주기 · 355

PHOTOSHOP

PART 1.
포토샵 시작하기

CHAPTER
01

포토샵으로
무엇을 할까?

포토샵(Photoshop)은 어도비(Adobe)에서 1990년에 출시한 프로그램으로 이미지를 수정하거나 합성하여 사용자가 상상하는 모습대로 편집할 수 있도록 도와줍니다. 포토샵은 일반 사용자부터 디자이너, 포토그래퍼, 일러스트레이터, 웹툰 작가 등 여러 직업군에서 다양하게 활용하고 있으며, 나만의 콘텐츠를 만들고 디자인하고자 하는 사람들에게는 필수적인 프로그램이 되었습니다.

● 이미지 보정 및 합성

카메라나 스마트폰으로 촬영한 이미지의 밝기, 명도, 채도 등을 보정할 수 있으며, 여러 이미지를 편집하여 새로운 이미지를 만들 수 있습니다.

● 광고, 포스터 디자인

인쇄 광고 및 포스터 디자인에 사용되는 아이디어와 비주얼은 사람들의 머릿속에 기억되어야 하며, 전달하고자 하는 목적을 명확하고 직관적으로 표현할 수 있어야 합니다. 포토샵 기능으로 이미지를 재구성해 상상했던 모습으로 만들 수 있습니다.

● 그래픽 디자인

그래픽 디자인은 인쇄된 그래픽뿐만 아니라 스마트폰과 같은 디스플레이에 사용되는 디자인 요소 모두를 뜻합니다. 포토샵으로 그래픽 디자인의 시각적인 효과를 극대화할 수 있습니다.

● 타이포그래피 디자인

문자를 활용하여 재구성하고 표현하는 디자인을 타이포그래피(Typography)라고 합니다. 포토샵의 브러시 도구를 활용하여 구름 모양의 문자를 만들거나, 레이어 스타일을 활용하여 네온 효과를 가진 타이포그래피 디자인을 할 수 있습니다.

● SNS 홍보물 디자인

이벤트나 홍보 목적으로 올릴 SNS 이미지를 만들 때 포토샵을 활용합니다. 방문을 유도하거나 호기심을 자극하는 홍보용 이미지를 만들어야 할 때, 포토샵의 특수 기능을 활용하여 한눈에 들어오는 홍보물을 디자인할 수 있습니다.

PART 1. 포토샵 시작

PART 2. 선택 · 변형

PART 3. 보정 · 합성

PART 4. 채색 · 드로잉

PART 5. 문자

● **인포그래픽**

많은 데이터를 한눈에 쉽게 보기 위해 정보를 삽
화, 도표, 숫자 등의 시각적인 요소로 표현하는 것
을 인포그래픽(Infographic)이라고 합니다. 포토
샵으로 인포그래픽에 활용할 그래픽 요소를 디자
인하고 데이터 시각화 작업을 할 수 있습니다.

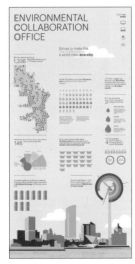

● **GUI 디자인**

GUI(Graphic User Interface) 디자인은 디지털
사용자가 쉽게 인지하고 편리하게 사용할 수 있도
록 디지털 인터페이스에 아이콘이나 문자와 같은
그래픽 요소를 배치한 것을 뜻합니다. GUI 디자인
에 사용되는 디자인 구성 요소를 포토샵 기능과
도구로 효과적으로 표현할 수 있습니다.

CHAPTER

02

포토샵
설치하기

포토샵 사용법을 알아보기 전에 먼저 포토샵 프로그램을 설치해 보겠습니다. 포토샵 프로그램을 가지고 있지 않다면 어도비 홈페이지를 통해 7일 동안 무료 체험판을 사용할 수 있습니다.

포토샵 설치하기

01 어도비 홈페이지(https://www.adobe.com/kr)에 접속하고 회원 가입 후 로그인합니다.

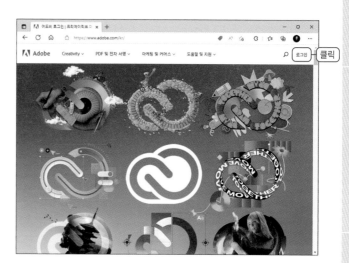

02 메뉴에서 '도움말 및 지원'을 선택하고 〈다운로드 및 설치〉 버튼을 클릭합니다.

03 7일간 무료로 체험하기 위해 포토샵의 〈무료 체험판〉 버튼을 클릭합니다.

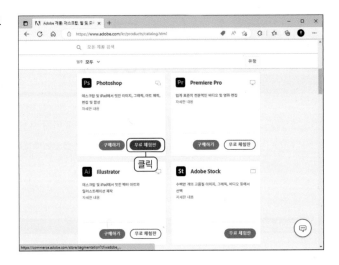

04 '개인 사용자용'을 선택하고 〈계속〉 버튼을 클릭합니다.

학생 또는 교사일 경우 교육기관 할인 혜택을 받을 수 있습니다.

05 하단의 〈계속〉 버튼을 클릭합니다.

06 '월간 구독', '연간 약정(월별 청구됨)', '연간 약정(선불 결제)' 중 자신에게 맞는 유형을 선택하고 〈계속〉 버튼을 클릭합니다.

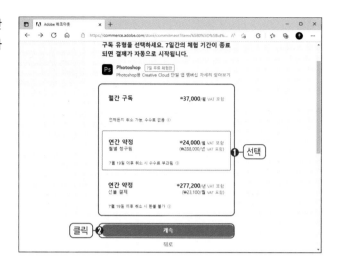

07 〈아니요〉 버튼을 클릭합니다.

Adobe Stock에서 그래픽 및 이미지를 구매할 수 있습니다.

08 신용 카드 정보를 입력하고, 하단의 〈무료 체험기간 시작〉 버튼을 클릭합니다.

09 〈시작하기〉 버튼을 클릭하여 'Creative Cloud Desktop App'을 설치합니다.

10 계정 아이콘을 선택하고 〈환경 설정〉을 클릭합니다.

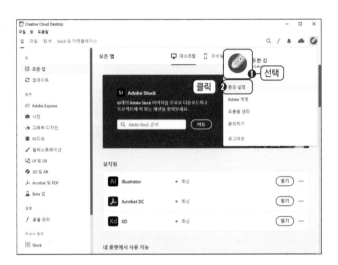

11 '앱'에서 기본 설치 언어를 'English(International)'로 선택하고 〈완료〉 버튼을 클릭합니다.

기본 설치 언어는 '한국어'로 되어 있으며, 프로그램 설치 전에 언어를 변경해야 합니다.

12 포토샵의 〈설치〉 버튼을 클릭하여 포토샵 프로그램을 설치합니다.

13 〈열기〉 버튼을 클릭하면 포토샵이 로딩됩니다.

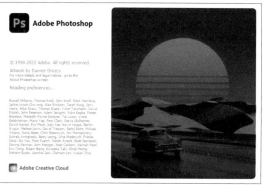

14 포토샵이 실행됩니다.

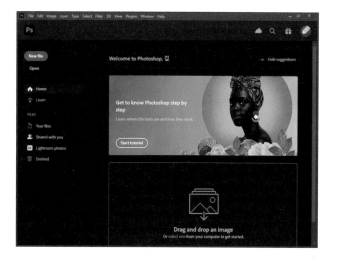

CHAPTER
03
포토샵 시작 화면
살펴보기

포토샵 프로그램을 실행했을 때 처음 보이는 시작 화면에 대해 살펴보고, 화면을 밝게 변경하는 방법을 알아보겠습니다.

● **포토샵 시작 화면**

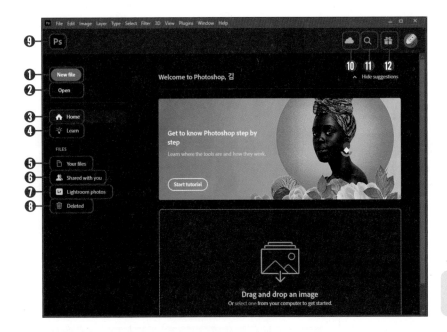

> 각각의 버튼을 클릭하면 화면이 변경됩니다.

❶ New file: [New Document] 대화상자가 활성화됩니다.

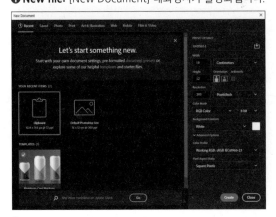

❷ Open: 저장된 파일을 불러올 수 있습니다.

❸ **Home:** 포토샵 시작 화면으로 변경됩니다.

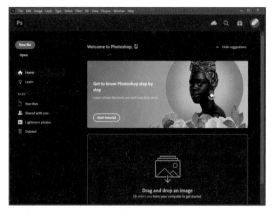

❹ **Learn:** 어도비에서 제공하는 포토샵 튜토리얼 동영상을 볼 수 있습니다.

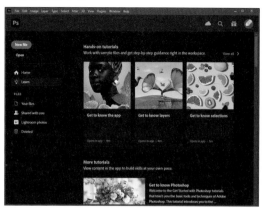

❺ **Your files:** 어도비 클라우드에 있는 파일을 불러올 수 있습니다.

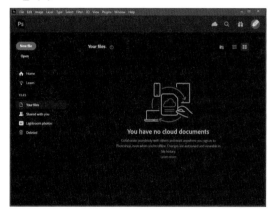

❻ **Shared with you:** 작업을 위해 어도비 클라우드에 있는 파일을 공유할 수 있습니다.

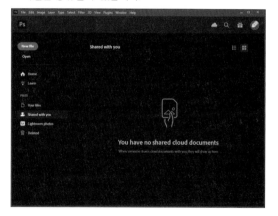

❼ **Lightroom photos:** 라이트룸의 라이브러리 이미지를 불러올 수 있으며 포토샵에서 수정할 수 있습니다.

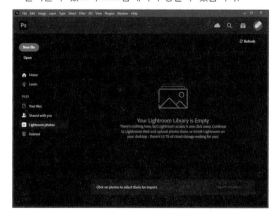

❽ **Deleted:** 어도비 클라우드에 있는 파일을 삭제할 수 있습니다.

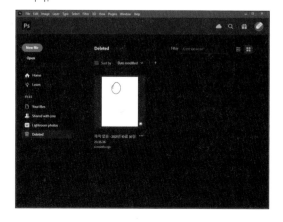

PART 1. 포토샵 시작

PART 2. 생성 · 변형

PART 3. 보정 · 합성

PART 4. 채널 · 드로잉

PART 5. 편집

❾ **포토샵 아이콘(** Ps **):** 포토샵 작업 화면이 활성화됩니다.

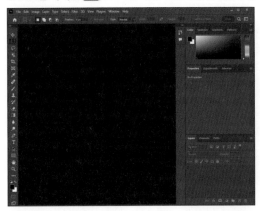

❿ **Cloud Storage(** ☁ **):** 어도비 클라우드 용량을 확인할 수 있습니다.

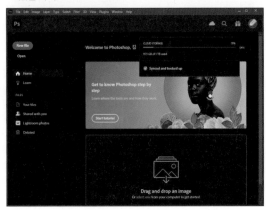

⓫ **Search(** 🔍 **):** 검색한 단어와 연관된 튜토리얼 및 이미지 검색이 가능합니다.

⓬ **What's new(** 🎁 **):** 업데이트된 포토샵 기능을 확인할 수 있습니다.

포토샵 화면 밝게 변경하기

01 [Edit] → Preferences → Interface를 선택합니다.

02 [Preferences] 대화상자가 열리면 Interface의 Color Theme에서 가장 밝은 회색을 선택한 다음 〈OK〉 버튼을 클릭합니다.

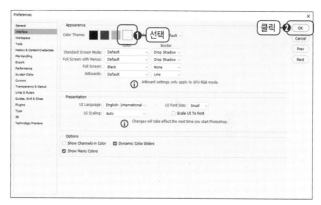

03 포토샵 인터페이스 화면이 밝게 변경됩니다.

CHAPTER

04

포토샵 작업 화면 살펴보기

포토샵을 실행하고 작업할 때 보이는 작업 화면에 대해서 알아보겠습니다.

● **포토샵 작업 화면**

❶ **메뉴바:** 포토샵의 기능이 메뉴별로 묶여 있습니다.

❷ **옵션바:** [Tools] 패널에서 선택한 도구의 옵션을 조절할 수 있습니다.

❸ **파일 탭:** 파일 이름, 확대 비율, 색상 모드 등 파일의 정보를 확인할 수 있습니다.

❹ **[Tools] 패널:** 포토샵의 주요 기능이 아이콘 형식으로 묶여 있습니다.

❺ **패널:** 포토샵 작업할 때 필요한 기능 및 옵션이 팔레트 형식으로 묶여 있습니다. 패널은 메뉴바의 **[Window]**에서 선택하여 표시할 수 있습니다.

❻ **캔버스:** 이미지를 작업하는 영역입니다.

❼ **상태 표시줄:** 화면의 확대 비율, 이미지의 정보를 확인할 수 있습니다.

❽ **Contextual Task Bar:** 프롬프트를 입력하여 이미지를 생성 및 제거, 선택 영역을 편집할 수 있습니다.

● Contextual Task Bar 살펴보기

포토샵 2025에서 새롭게 추가된 기능으로 프롬프트를 입력하여 이미지를 생성 및 제거, 선택 영역을 편집할 수 있는 Contextual Task Bar에 대해서 알아보겠습니다.

■ 새로운 작업창을 열었을 경우 Contextual Task Bar

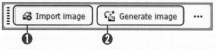

❶ **Import image:** 작업창에 이미지를 찾아서 불러올 수 있는 창이 활성화됩니다.

❷ **Generate image:** Generate image 창이 활성화됩니다.

● Generate image: 프롬프트 창에 텍스트를 입력하면 이미지를 생성할 수 있는 AI 기능입니다.

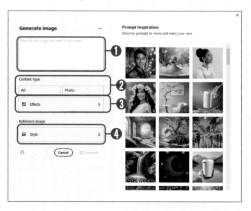

❶ **프롬프트 창:** 이미지를 생성하기 위한 텍스트를 입력합니다.

❷ **Content type:** Art와 Photo를 선택할 수 있습니다.

❸ **Effects:** 포토샵에서 제공하는 이펙트 효과를 선택할 수 있습니다.

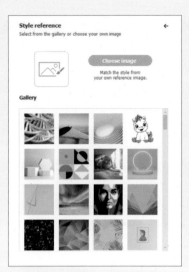

❹ **Reference image:** 내 PC에서 이미지를 불러와 참조 이미지로 활용하거나 포토샵에서 제공하는 Gallery에서 스타일을 선택할 수 있습니다.

■ 작업창에 이미지를 열었을 경우 Contextual Task Bar

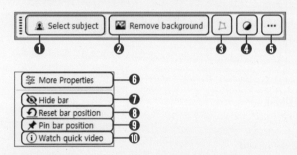

❶ **Select subject:** 작업창에서 중요한 영역이 자동적으로 선택됩니다.

❷ **Remove background:** 작업창에서 중요한 영역이 자동적으로 선택된 영역을 제외하고 배경이 삭제됩니다.

❸ **Transform image:** 이미지 크기를 조정할 수 있습니다.

❹ **Create new adjustment layer:** [Adjustment] 패널이 활성화됩니다.

❺ **More options:** 추가 옵션을 설정합니다.

❻ **More Properties:** [Properties] 패널이 활성화됩니다.

❼ **Hide bar:** Contextual Task Bar를 숨깁니다.

❽ **Reset bar position:** Contextual Task Bar가 기본으로 설정됩니다.

❾ **Pin bar position:** Contextual Task Bar가 고정됩니다.

❿ **Watch quick video:** Contextual Task Bar 설명 동영상을 볼 수 있습니다.

■ 작업창에서 선택영역을 지정했을 경우 Contextual Task Bar

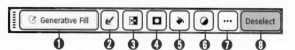

❶ **Generative Fill:** 프롬프트 입력창이 활성화됩니다.

• 프롬프트 입력창

❷ **Modify selection:** 선택 영역을 확장, 축소 등 변형할 수 있습니다.

❸ **Invert selection:** 선택 영역을 반전할 수 있습니다.

❹ **Create mask from selection:** 레이어 마스크가 적용됩니다.

❺ **Fill selection:** 선택 영역에 패턴, 컬러를 지정할 수 있습니다.

• Fill selection 옵션 창

❻ **Create new adjustment layer:** [Adjustment] 패널이 활성화됩니다.

❼ **More options:** 추가 옵션을 설정합니다.

❽ **Deselect:** 선택 영역을 해제합니다.

PART 1. 포토샵 시작

PART 2. 생성·편집

PART 3. 보정·합성

PART 4. 색상·드로잉

PART 5. 문자

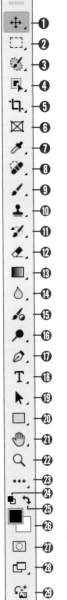

Tools 패널
살펴보기

[Tools] 패널에는 포토샵 작업을 할 때 가장 자주 이용하는 기능들이 아이콘 형태로 모여 있습니다. 이번에는 [Tools] 패널의 각 도구에 대해 알아보고 [Tools] 패널을 한 줄이나 두 줄로 변경하는 방법도 함께 알아보겠습니다.

● [Tools] 패널

비슷한 기능끼리 한 아이콘에 그루핑되어 있으며, 각 아이콘 오른쪽 아래에 있는 삼각형 표시를 1초 정도 길게 누르면 숨은 아이콘을 확인할 수 있습니다.

■ [Tools] 패널 넓히고 좁히기

상단의 넓히기 아이콘(»)을 클릭하면 한 줄이던 [Tools] 패널이 두 줄로 변경됩니다. 다시 좁히기 아이콘(«)을 클릭하면 한 줄로 변경됩니다.

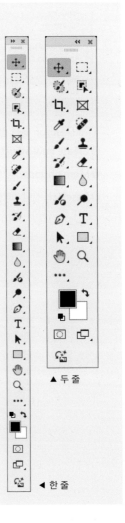

▲ 두 줄

◀ 한 줄

❶ 이동 도구

ⓐ 이동 도구(Move Tool): 선택한 영역이나 이미지를 이동할 때 사용합니다.

ⓑ 아트보드 도구(Artboard Tool): 스마트폰, 웹의 해상도에 맞는 아트보드를 만들 때 사용합니다.

❷ 사각형 선택 도구

ⓐ 사각형 선택 도구(Rectangular Marquee Tool): 사각형 형태로 영역을 선택할 때 사용합니다.

ⓑ 원형 선택 도구(Elliptical Marquee Tool): 원형 형태로 영역을 선택할 때 사용합니다.

ⓒ 가로선 선택 도구(Single Row Marquee Tool): 1픽셀 가로선 형태로 영역을 선택할 때 사용합니다.

ⓓ 세로선 선택 도구(Single Column Marquee Tool): 1픽셀 세로선 형태로 영역을 선택할 때 사용합니다.

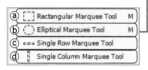

❸ 선택 브러시 도구

ⓐ 선택 브러시 도구(Selsction Brush Tool): 브러시를 이용하여 선택 영역을 선택할 때 사용합니다.

ⓑ 올가미 도구(Lasso Tool): 드래그하여 원하는 형태로 선택할 때 사용합니다.

ⓒ 다각형 올가미 도구(Polygonal Lasso Tool): 클릭하여 원하는 형태로 선택할 때 사용합니다.

ⓓ 자석 올가미 도구(Magnetic Lasso Tool): 이미지 경계의 차이에 따라 자동으로 선택할 때 사용합니다.

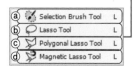

PART 1. 포토샵 시작

PART 2. 생성·변형

PART 3. 보정·합성

PART 4. 색상·드로잉

PART 5. 문자

❹ 오브젝트 선택 도구

ⓐ 오브젝트 선택 도구(Object Selection Tool): 드래그하여 원하는 형태를 빠르게 선택할 때 사용합니다.

ⓑ 빠른 선택 도구(Quick Selection Tool): 클릭 및 드래그한 영역을 빠르게 선택할 때 사용합니다.

ⓒ 마술봉 도구(Magic Wand Tool): 클릭한 부분을 기준으로 비슷한 색상을 빠르게 선택할 때 사용합니다.

❺ 자르기 도구

ⓐ 자르기 도구(Crop Tool): 이미지에서 원하는 부분만 자를 때 사용합니다.

ⓑ 원근 자르기 도구(Perspective Crop Tool): 원근감을 표현하여 이미지를 자를 때 사용합니다.

ⓒ 분할 도구(Slice Tool): 이미지를 분할하여 자를 때 사용합니다.

ⓓ 분할 선택 도구(Slice Select Tool): 분할한 이미지를 선택할 때 사용합니다.

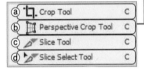

❻ 프레임 도구

원형 및 사각형 프레임으로 마스크를 적용할 때 사용합니다.

❼ 스포이트 도구

ⓐ 스포이트 도구(Eyedropper Tool): 이미지를 클릭하여 특정 색상을 추출할 때 사용합니다.

ⓑ 3D 재질 스포이트 도구(3D Material Eyedropper Tool): 3D 오브젝트에서 색상을 추출할 때 사용합니다.

ⓒ 색상 샘플러 도구(Color Sampler Tool): 선택한 색상을 [Info] 패널에서 비교할 때 사용합니다. 최대 10개 색상까지 비교 가능합니다.

ⓓ 자 도구(Ruler Tool): 드래그하여 이미지 길이를 측정할 때 사용합니다.

ⓔ 노트 도구(Note Tool): 이미지에 메모할 때 사용합니다.

ⓕ 계산 도구(Count Tool): 이미지의 개수를 셀 때 사용합니다.

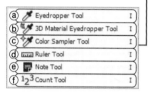

❽ 스팟 복구 브러시 도구

ⓐ 스팟 복구 브러시 도구(Spot Healing Brush Tool): 클릭 및 드래그하여 특정 부분을 수정할 때 사용합니다.

ⓑ 이동 도구(Remove Tool): 클릭 및 드래그하여 특정 부분을 수정하고 Generate AI를 활용하여 이미지를 합성할 때 사용합니다.

ⓒ 복구 브러시 도구(Healing Brush Tool): Alt 를 누른 영역과 동일하게 수정할 때 사용합니다.

ⓓ 패치 도구(Patch Tool): 드래그하여 선택 영역을 지정하고 다시 드래그하여 수정할 때 사용합니다.

ⓔ 내용 인식 이동 도구(Content-Aware Move Tool): 드래그한 선택 영역을 자연스럽게 이동할 때 사용합니다.

ⓕ 적목 현상 도구(Red Eye Tool): 인물 혹은 사진에서 동공 부분이 붉게 나타나는 적목 현상을 제거할 때 사용합니다.

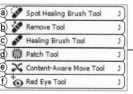

❾ 브러시 도구

ⓐ 브러시 도구(Brush Tool): 드로잉하기 전에 원하는 브러시의 색상과 크기를 설정합니다.

ⓑ 연필 도구(Pencil Tool): 브러시 도구와 동일하며 연필로 그린 듯한 드로잉을 할 때 사용합니다.

ⓒ 색상 대체 도구(Color Replacement Tool): 브러시로 색상을 변경할 때 사용합니다.

ⓓ 혼합 브러시 도구(Mixer Brush Tool): 색상을 혼합하여 드로잉할 때 사용합니다.

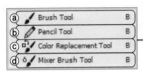

❿ 도장 도구

ⓐ 도장 도구(Colne Stamp Tool): 원하는 영역을 자연스럽게 복제할 때 사용합니다.

ⓑ 패턴 스탬프 도구(Pattern Stamp Tool): 드래그한 영역을 패턴으로 적용할 때 사용합니다.

⓫ 작업 내역 브러시 도구

ⓐ 작업 내역 브러시 도구(History Brush Tool): 드래그하여 원본 이미지로 복구할 때 사용합니다.

ⓑ 아트 작업 내역 브러시 도구(Art History Brush Tool): 드래그하여 회화적인 기법을 통해 원본 이미지로 복구할 때 사용합니다.

⑫ 지우개 도구

ⓐ 지우개 도구(Eraser Tool): 드래그하여 이미지를 지울 때 사용합니다.

ⓑ 배경 지우기 도구(Background Eraser Tool): 드래그한 이미지를 투명하게 지울 때 사용합니다.

ⓒ 매직 지우개 도구(Magic Eraser Tool): 클릭하여 비슷한 영역을 함께 지울 때 사용합니다.

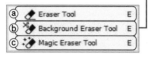

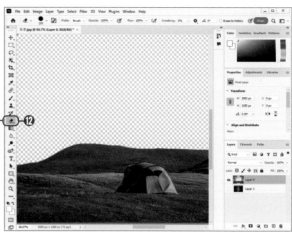

⑬ 그레이디언트 도구

ⓐ 그레이디언트 도구(Gradient Tool): 그러데이션을 적용할 때 사용합니다.

ⓑ 페인트 통 도구(Paint Bucket Tool): 전경색이나 패턴을 적용할 때 사용합니다.

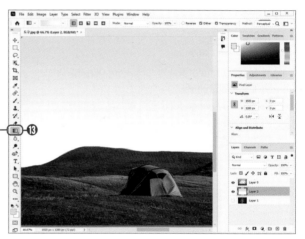

⑭ 블러 도구

ⓐ 블러 도구(Blur Tool): 클릭 및 드래그하여 이미지를 흐릿하게 할 때 사용합니다.

ⓑ 샤픈 도구(Sharpen Tool): 클릭 및 드래그하여 이미지를 선명하게 할 때 사용합니다.

ⓒ 손가락 도구(Smudge Tool): 드래그하여 이미지를 뭉갤 때 사용합니다.

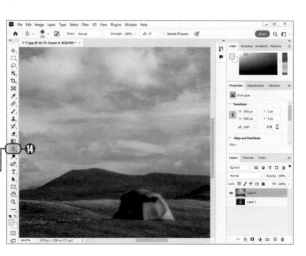

⓰ 조정 브러시 도구

[Adjustment] 패널의 이미지 보정을 선택하여 수정할 때 사용합니다.

⓰ 닷지 도구

ⓐ 닷지 도구(Dodge Tool): 클릭 및 드래그하여 이미지를 밝게 할 때 사용합니다.

ⓑ 번 도구(Burn Tool): 클릭 및 드래그하여 이미지를 어둡게 할 때 사용합니다.

ⓒ 스펀지 도구(Sponge Tool): 클릭 및 드래그하여 이미지의 채도를 조절할 때 사용합니다.

⓱ 펜 도구

ⓐ 펜 도구(Pen Tool): 패스선 및 도형을 그릴 때 사용합니다.

ⓑ 자유 형태 펜 도구(Freeform Pen Tool): 드래그하여 패스선 및 도형을 그릴 때 사용합니다.

ⓒ 곡률 펜 도구(Curvature Pen Tool): 부드러운 곡선과 직선을 그릴 때 사용합니다.

ⓓ 기준점 추가 도구(Add Anchor Point Tool): 패스선의 기준점을 추가할 때 사용합니다.

ⓔ 기준점 제거 도구(Delete Anchor Point Tool): 패스선의 기준점을 제거할 때 사용합니다.

ⓕ 기준점 변환 도구(Convert Point Tool): 패스선의 기준점 속성을 변경할 때 사용합니다.

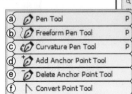

⑱ **가로쓰기 문자 도구**

  ⓐ 가로쓰기 문자 도구(Horizontal Type Tool): 문자를 가로로 입력할 때 사용합니다.

  ⓑ 세로쓰기 문자 도구(Vertical Type Tool): 문자를 세로로 입력할 때 사용합니다.

  ⓒ 세로쓰기 마스크 도구(Vertical Type Mask Tool): 입력한 세로쓰기 문자를 선택 영역으로 지정할 때 사용합니다.

  ⓓ 가로쓰기 마스크 도구(Horizontal Type Mask Tool): 입력한 가로쓰기 문자를 선택 영역으로 지정할 때 사용합니다.

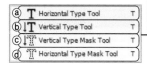

⑲ **패스 선택 도구**

  ⓐ 패스 선택 도구(Path Selection Tool): 패스선의 전체를 선택할 때 사용합니다.

  ⓑ 직접 선택 도구(Direct Selection Tool): 패스선의 기준점을 선택할 때 사용합니다.

⑳ 사각형 도구

ⓐ 사각형 도구(Rectangel Tool): 사각형을 만들 때 사용합니다.

ⓑ 원형 도구(Ellipse Tool): 원형을 만들 때 사용합니다.

ⓒ 삼각형 도구(Triangle Tool): 삼각형을 만들 때 사용합니다.

ⓓ 다각형 도구(Polygon Tool): 다각형을 만들 때 사용합니다.

ⓔ 선 도구(Line Tool): 선을 만들 때 사용합니다.

ⓕ 사용자 셰이프 도구(Custom Shape Tool): 셰이프 라이브러리에 있는 셰이프 도구를 만들 때 사용합니다.

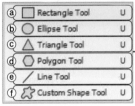

㉑ 손 도구

ⓐ 손 도구(Hand Tool): 작업 화면보다 이미지가 커서 드래그하여 볼 때 사용합니다.

ⓑ 회전 보기 도구(Rotate View Tool): 드래그하여 작업 화면을 회전시켜 볼 때 사용합니다.

㉒ **돋보기 도구(🔍):** 이미지의 특정 부분을 확대 및 축소해서 볼 때 사용합니다.

㉓ **도구 편집(⋯):** 사용자가 자주 사용하는 도구를 편집해서 사용할 수 있습니다.

㉔ **흑백 설정(◼):** 전경색을 검은색, 배경색을 흰색으로 지정할 수 있습니다.

㉕ **색상 교체(🔁):** 전경색과 배경색을 서로 바꿀 때 사용합니다.

㉖ **전경색/배경색(■):** 전경색은 문자나 도형을 그릴 때 사용하는 색상이고, 배경색은 지우개 도구로 이미지를 지웠을 때 나타나는 색상입니다. 색상을 클릭해서 지정 색을 변경할 수 있습니다.

㉗ **보기 모드(▣):** 표준 모드와 퀵 마스크 모드로 전환할 수 있습니다.

㉘ **화면 모드(🖵):** 표준 화면 모드(Standard Screen Mode), 메뉴바와 패널이 있는 전체 화면 모드(Full Screen Mode With Menu Bar), 전체 화면 모드(Full Screen Mode) 중 선택하여 볼 수 있습니다.

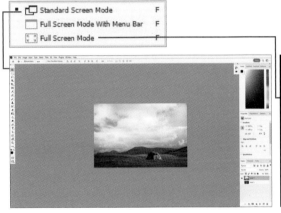

㉙ **Generate image 도구:** Generate image 창이 활성화되며, 프롬프트를 입력하여 이미지를 생성할 수 있습니다.

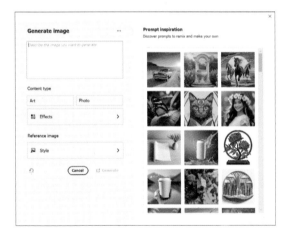

CHAPTER 06

패널 살펴보기

포토샵에서 패널은 사용자가 사용한 도구의 옵션 또는 설정을 지정하거나 수정할 때 사용합니다. 지금부터 패널의 종류와 기능에 대해서 알아보겠습니다.

● **[Layers] 패널**

이미지를 수정하거나 편집하고 다양한 레이어 기능을 관리합니다.

● **[Channels] 패널**

이미지의 색상 정보를 알 수 있으며 알파 채널을 추가할 수 있습니다.

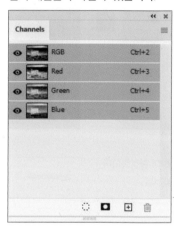

● **[Paths] 패널**

패스로 작업한 내용을 저장하고 관리합니다.

● **[Adjustments] 패널**

각 아이콘을 클릭하면 [Properties] 패널이 활성화되어 이미지를 수정 및 편집할 수 있습니다.

● **[Character] 패널**

서체, 글자 크기, 색상 등 문자의 속성을 설정합니다.

● **[Character Styles] 패널**

자주 사용하는 문자를 등록하고 관리합니다.

● [Properties] 패널

선택한 이미지의 속성을 설정합니다.

● [Paragraph] 패널

문자 정렬 등 단락의 속성을 설정합니다.

● [Paragraph Styles] 패널

자주 사용하는 단락을 등록하고 관리합니다.

● [Libraries] 패널

자주 사용하는 색상, 서체, 그래픽 등을 등록하여 사용할 수 있습니다.

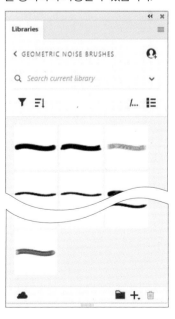

● [Brushes] 패널

자주 사용하는 브러시를 등록하고 관리합니다.

● [Brush Settings] 패널

브러시의 크기, 형태 등을 변경하여 내가 원하는 브러시를 만듭니다.

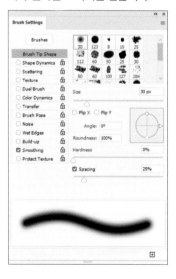

● [Info] 패널

이미지의 색상, 위치, 크기 정보를 볼 수 있습니다.

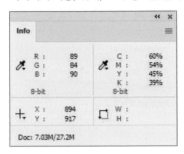

● [Color] 패널

색상을 지정합니다.

● [Gradients] 패널

포토샵에서 폴더별로 제공한 그레이디언트를 적용하거나 관리합니다.

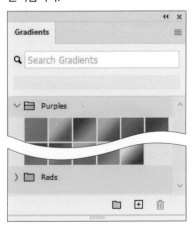

● [Navigator] 패널

이미지를 확대하거나 축소하여 볼 수 있습니다.

● [Swatches] 패널

최근에 사용한 색상, 자주 사용하는 색상이 팔레트 형태로 모여 있습니다.

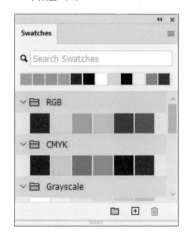

● [Histogram] 패널

이미지 전체의 색상을 그래프로 확인합니다.

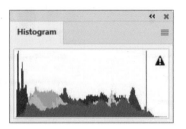

● [Styles] 패널

포토샵에서 제공하는 이미지에 스타일을 적용하거나 관리합니다.

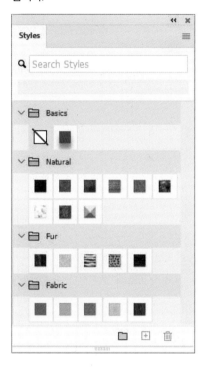

● [Shapes] 패널

포토샵에서 제공하는 셰이프를 적용하거나 관리합니다.

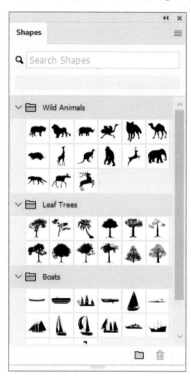

● [History] 패널

작업 과정이 자동으로 기록되며 이전 단계로 되돌릴 수도 있습니다.

● [Version History] 패널

어도비 클라우드에 저장된 이미지를 쉽게 확인하고, 이전 버전으로 되돌릴 수 있습니다.

PART 1. 포토샵 시작

PART 2. 보정 · 변형

PART 3. 보정 · 합성

PART 4. 색칠 · 드로잉

PART 5. 문자

● [Actions] 패널

반복되는 작업을 등록하여 반복 작업을 편리하게 합니다.

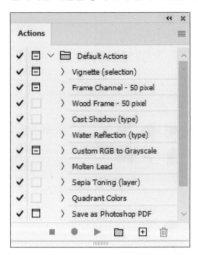

● [Glyphs] 패널

특수 문자를 삽입할 수 있습니다.

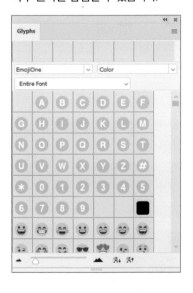

● [Timeline] 패널

영상을 타임라인으로 편집합니다.

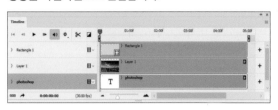

● [Modifier Keys] 패널

패널을 실행하면 작업 화면 왼쪽에 Shift, Ctrl, Alt 키가 나타납니다.

● [Materials] 패널

포토샵에서 제공하는 표면 소재를 확인할 수 있습니다.

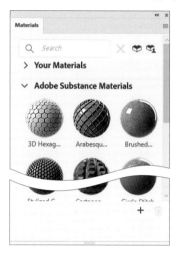

● [Comments] 패널

어도비 클라우드로 공유된 파일에 의견을 주고받을 수 있습니다.

● [Measurement Log] 패널

눈금자 도구로 특정한 정보를 볼 수 있습니다.

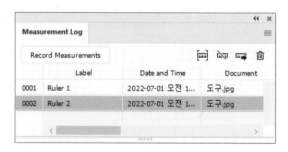

● [Tool Presets] 패널

자주 사용하는 도구를 등록하고 관리합니다.

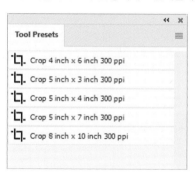

● [Layer Comps] 패널

레이어에 적용된 작업 과정을 불러와 사용할 수 있습니다.

● [Clone Source] 패널

이미지를 복제할 때 이미지의 정보를 담을 수 있습니다.

■ **메뉴바의 [Window]로 패널 항목 열기**

패널은 작업 화면의 오른쪽에 위치해 있습니다. 만약 작업 화면에서 패널이 보이지 않을 때는 메뉴바에서 **[Window]**를 선택하면 각 패널의 항목이 나타납니다.

Arrange	▶
Workspace	▶
Find Extensions on Exchange (legacy)...	
Extensions (legacy)	▶
Actions	Alt+F9
Adjustments	
Brush Settings	F5
Brushes	
Channels	
Character	
Character Styles	
Clone Source	
Color	F6
Comments	
Glyphs	
Gradients	
Histogram	
History	
Info	F8
Layer Comps	
Layers	F7
Libraries	
Materials	
Measurement Log	
Navigator	
Notes	
Paragraph	
Paragraph Styles	
Paths	
Patterns	
Properties	
Shapes	
Styles	
Swatches	
Timeline	
Tool Presets	
Version History	
✔ Options	
✔ Tools	
Contextual Task Bar	

CHAPTER 07

파일 관리하기: 새 작업 문서 만들기/ 이미지 만들기 / 이미지 저장하기

포토샵으로 작업하기 위해서는 새로운 작업 문서를 만들거나, 내 컴퓨터 또는 어도비 클라우드 문서에 보관 중인 이미지를 불러와야 합니다. 포토샵에서 작업한 이미지를 다양한 방법으로 저장하는 방법에 대해 알아보겠습니다.

New 명령으로 새로운 작업 문서 만들기

01 포토샵을 실행하고 〈New file〉 버튼을 클릭하거나, 상단 메뉴바에서 **[File]** → New(Ctrl+N)를 클릭합니다.

02 [New Document] 대화상자가 활성화되면 '새로운 문서 만들기'를 입력하고 〈Create〉 버튼을 클릭합니다.

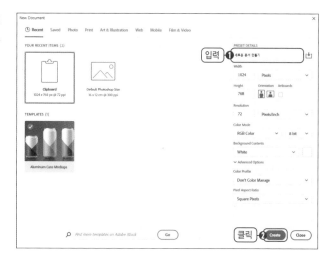

03 새로운 작업 문서가 만들어졌습니다.

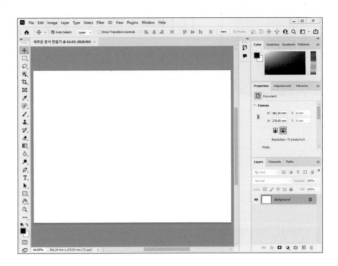

■ [New Document] 대화상자

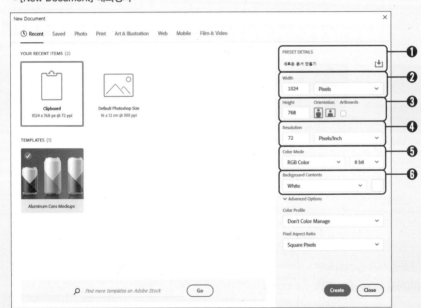

❶ **PRESET DETAILS:** 새로운 작업 문서의 이름을 지정합니다.

❷ **Width:** 작업창의 가로 크기를 입력할 수 있으며 Pixels, Inches, Centimeters, Millimeters, Points, Picas 단위로 지정할 수 있습니다.

❸ **Height:** 작업창의 세로 크기를 입력할 수 있습니다.

❹ **Resolution:** 해상도를 입력할 수 있으며 Pixels/Inch, Pixels/Centimeter 단위로 지정할 수 있습니다. 일반적으로 웹용 이미지는 72Pixels/Inch, 인쇄용 이미지는 300Pixels/Inch로 설정합니다.

❺ **Color Mode:** Bitmap, Grayscale, RGB Color, CMYK Color, Lab Color 모드로 지정할 수 있습니다.

❻ **Background Contents:** 작업창의 배경색을 지정합니다. White, Black, Background Color, Transparent, Custom으로 지정할 수 있습니다.

이미지 불러오기

● 준비 파일: 포토샵\01\콘서트.jpg

04 포토샵을 새로 실행한 후 〈Open〉을 클릭하거나, 상단 메뉴바에서 **[File] → Open**(Ctrl+O)을 클릭합니다.

05 [Open] 대화상자가 활성화되면 〈On your computer〉를 클릭하고 01 폴더에서 '콘서트.jpg' 파일을 선택한 다음 〈열기〉 버튼을 클릭합니다.

 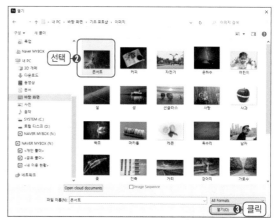

폴더에 저장된 이미지를 마우스로 드래그해서 포토샵 화면으로 불러올 수도 있습니다.

06 선택한 이미지가 작업창에 나타납니다.

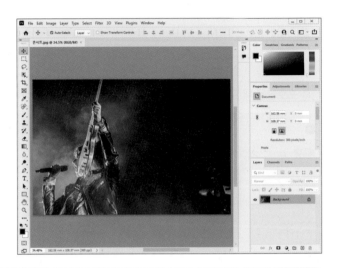

작업 중인 이미지가 있을 때는 폴더에서 다른 이미지를 포토샵 화면의 탭 부분으로 드래그하면 이미지를 추가로 불러올 수 있습니다.

이미지 저장하기

07 [File] → Save(Ctrl+S)를 클릭합니다.

이미지를 불러왔지만 작업은 하지 않았다면 Save가 활성화되지 않습니다.

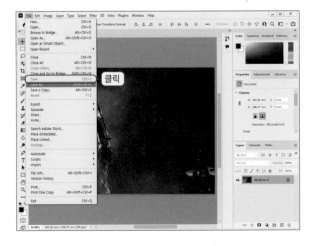

CHAPTER 07. 파일 관리하기: 새 작업 문서 만들기 / 이미지 만들기 / 이미지 저장하기 **053**

PART 1. 포토샵 시작

PART 2. 생성·변형

PART 3. 보정·합성

PART 4. 색상·드로잉

PART 5. 문자

다른 이름으로 이미지 저장하기

08 [File] → Save As(Shift+Ctrl+S)를 클릭합니다.

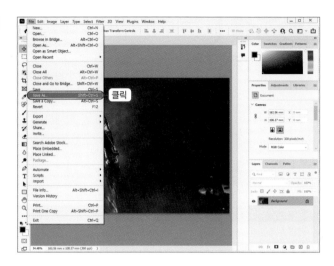

09 〈Save on your computer〉 버튼을 클릭합니다.

저장 위치에 따라 〈Save on your computer〉, 〈Save to Creative Cloud〉 중에서 선택할 수 있습니다.

10 [Save As] 대화상자가 활성화되면 파일 이름을 변경하고 〈저장〉 버튼을 클릭합니다.

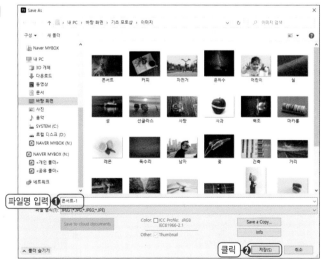

CHAPTER

08

기본 이미지 도구 익히기:
손 도구 / 돋보기 도구 / 눈금자 / 가이드

포토샵 작업을 할 때 이미지가 작업창보다 크면 전체 이미지를 보기 어렵습니다. 이럴 때 손
도구를 활용하여 보이지 않는 이미지를 볼 수 있습니다. 손 도구를 활용하는 방법과 돋보기
도구로 작업창을 축소 또는 확대하는 방법, 작업창에 눈금자와 가이드를 표시하여 정교한
작업을 하는 방법을 알아보겠습니다.

● **준비 파일:** 포토샵\01\버스.jpg

손 도구 익히기

01 [File] → Open(Ctrl+O)을 실행하고 01 폴
더에서 '버스.jpg' 파일을 불러옵니다.

02 [Tools] 패널에서 손 도구( )를 선택하
고 상단 옵션바에서 '100%' 아이콘( )을 클
릭한 다음, 상하좌우로 드래그하여 이미지를 탐
색합니다.

이미지가 확대된 상태에서만 이미지 탐색이 가
능합니다.

Space Bar 를 누른 상태에서 상하좌우로 드래그
하면 이미지 탐색이 가능합니다.

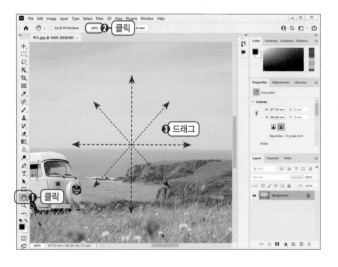

■ [손 도구] 옵션바

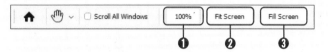

❶ **100%:** 이미지가 100% 크기로 맞춰져 보입니다.

❷ **Fit Screen:** 이미지가 작업 화면의 크기에 맞춰져 보입니다.

❸ **Fill Screen:** 이미지가 모니터 화면의 크기에 맞춰져 보입니다.

돋보기 도구 익히기

03 [Tools] 패널에서 돋보기 도구(🔍)를 선택하고 작업창을 클릭하면 확대됩니다.

> 이미지는 Ctrl+ + 를 누르면 확대, Ctrl+ - 를 누르면 축소됩니다.

> Ctrl+ 0 를 누르면 작업창에 맞게 이미지가 확대 또는 축소됩니다.

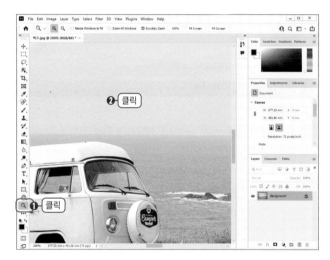

04 상단 옵션바에서 Zoom Out 아이콘(🔍)을 클릭하고 작업창을 클릭하면 이미지가 축소됩니다.

■ [돋보기 도구] 옵션바

❶ **Zoom In:** 이미지를 확대합니다.

❷ **Zoom Out:** 이미지를 축소합니다.

❸ **Resize Windows to Fit:** 이미지를 확대하거나 축소할 때 이미지 창도 함께 확대되거나 축소됩니다.

❹ **Zoom All Windows:** 포토샵에 열려 있는 모든 이미지를 확대하거나 축소합니다.

❺ **Scrubby Zoom:** 좌우로 드래그하여 이미지를 확대하거나 축소할 수 있습니다.

❻ **100%:** 이미지가 100% 크기로 맞춰져 보입니다.

❼ **Fit Screen:** 이미지가 작업 화면의 크기에 맞춰져 보입니다.

❽ **Fill Screen:** 이미지가 모니터 화면의 크기에 맞춰져 보입니다.

눈금자 표시하기

05 [View] → Rulers(Ctrl+R)를 선택하면 작업창에 눈금자가 표시됩니다.

06 눈금자로 커서를 가져가 마우스 오른쪽 버튼을 클릭
하면 눈금자의 단위를 변경할 수 있습니다.

가이드 표시하기

07 눈금자로 커서를 가져가 마우스 왼쪽 버튼을 클릭한 채 작업창으로 드래그하면 가이드가 표시됩니다.

08 [Tools] 패널에서 이동 도구(✛.)를 클릭하고 마우스
커서를 가이드로 가져가면 커서 아이콘이 변경되며, 눈금
자로 드래그하면 가이드가 삭제됩니다.

> Ctrl + ;를 누르면 가이드를 숨기거나 보이게 할 수 있
> 습니다.

CHAPTER

09

이미지와 캔버스 크기 조절하고 AI 이미지 생성하기: Image Size / Canvas Size / Generative AI

포토샵에서는 활용에 따라 이미지 크기와 해상도를 줄일 수 있습니다. 또한 이미지를 그대로 유지하면서 캔버스 크기를 변경하는 방법에 대해서도 알아보겠습니다.

● 준비 파일: 포토샵\01\여권.jpg

이미지 크기 줄이기

01 [File] → Open(Ctrl+O)을 실행하고 01 폴더에서 '여권.jpg' 파일을 불러옵니다.

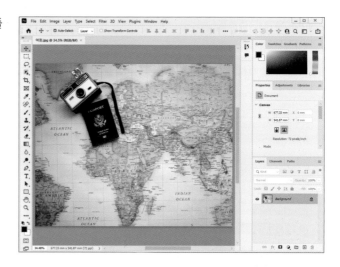

02 [Image] → Image Size(Alt+Ctrl+I)를 클릭하면 [Image Size] 대화상자가 활성화됩니다. Width를 '1000'으로 입력하고 〈OK〉 버튼을 클릭하면 이미지 크기가 작아집니다.

클립 아이콘(⑧)이 설정되어 있어서 Height 값도 자동으로 변경됩니다.

■ [Image Size] 대화상자

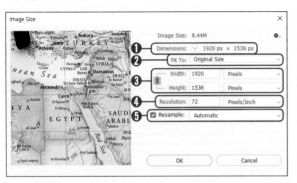

❶ **Dimensions:** 현재 이미지의 가로/세로 크기가 표시됩니다.

❷ **Fit To:** 규격화된 이미지 크기를 선택 및 지정할 수 있습니다.

❸ **Width/Height:** 축소할 이미지 크기 값을 입력합니다. 클립 아이콘(⁸)을 해제하면 가로/세로 값을 따로 설정할 수 있습니다.

❹ **Resolution:** 해상도를 지정할 수 있습니다. 일반적으로 웹용 이미지는 72Pixels/Inch, 인쇄용 이미지는 300Pixels/Inch로 설정합니다.

❺ **Resample:** 저해상도 이미지를 고해상도 이미지로 확대할 때 이미지가 깨지는 현상을 줄일 수 있습니다.

캔버스 크기 조절하기

03 [Image] → Canvas Size(Alt+Ctrl+C)를 실행해 [Canvas Size] 대화상자를 활성화한 후 Width를 '1200', Height를 '1000'으로 입력하고 〈OK〉 버튼을 클릭합니다. 캔버스 크기가 가로 '200Pixels', 세로 '200Pixels'로 넓게 보입니다.

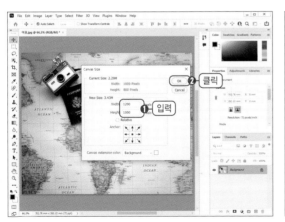
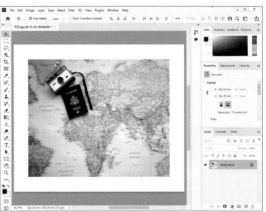

■ [Canvas Size] 대화상자

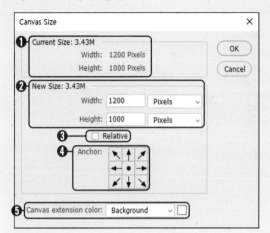

❶ **Current Size:** 현재의 캔버스 크기입니다.

❷ **New Size:** 새 캔버스 크기를 설정할 수 있습니다.

❸ **Relative:** 체크되어 있으면 'Width/Height'를 입력한 값만큼 캔버스 크기가 커집니다.

❹ **Anchor:** 캔버스가 확장되는 방향을 설정할 수 있습니다.

• Anchor를 왼쪽 위로 설정

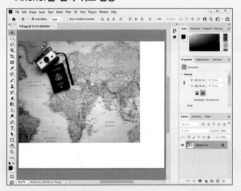
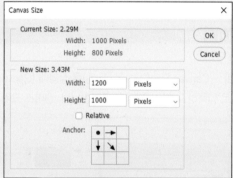

• Anchor를 오른쪽 위로 설정

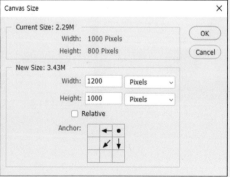

• **Anchor를 오른쪽 가운데로 설정**

 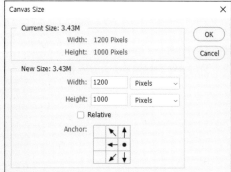

• **Anchor를 왼쪽 가운데로 설정**

 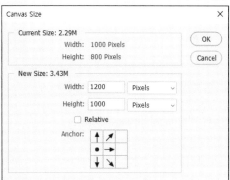

❺ **Canvas extension color:** 캔버스가 확장될 영역의 색상을 설정할 수 있습니다.

Generative AI로 이미지 생성하기

● 준비 파일: 포토샵\01\사물함.jpg

01 상단 메뉴에서 [File] → Open(Ctrl+O)을
실행하여 이미지 폴더에서 '사물함.jpg' 파일을 불
러옵니다.

02 상단 메뉴에서 [Image]-[Image Size](Alt
+Ctrl+I)를 선택하여 [Image Size] 창이 활성화
되면 Width '2000 Pixels'를 입력하고 Anchor
를 왼쪽 가운데로 설정한 후 [OK] 버튼을 클릭합
니다.

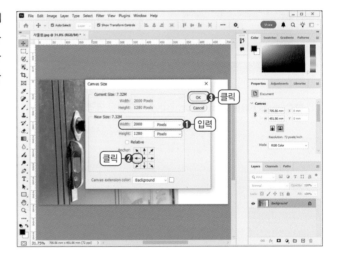

03 사각형 선택 도구(□)를 선택하고 Generative AI로 이미지를 생성할 부분을 그림과 같이 드래그합니다. 그리고 [Generative Fill] 버튼을 클릭합니다.

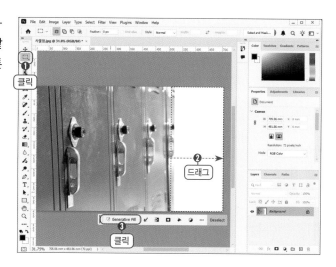

04 [Generative] 버튼 클릭 or Enter↵ 키를 누르면 그림과 같이 확장된 영역에 이미지가 생성됩니다.

프롬프트 입력창에 텍스트를 입력하지 않고 [Generative] 버튼을 클릭하면 기존 이미지를 유지한 상태로 이미지가 생성됩니다.

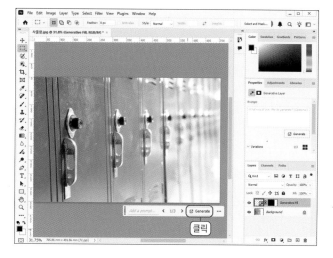

PART 1. 포토샵 시작

PART 2. 생성 · 변형

PART 3. 보정 · 합성

PART 4. 페인팅 · 드로잉

PART 5. 문자

PHOTOSHOP

Ps

PART 2.
AI 이미지 생성하고
변형하기

CHAPTER

01

Generate image기능으로 이미지 생성하기: Generate image_2025

 귀여운 캐릭터 생성하기 ─────────────────────────●

Generate image를 활용하여 역동적으로 하트 눈을 하고 있는 귀여운 곰돌이 AI 이미지를 생성하는 방법을 알아보겠습니다.

01 상단 메뉴에서 [File] → New(Ctrl+N)를 실행하여 Width '900 Pixels', Height '900 Pixels'를 입력하고 [Create]를 클릭합니다.

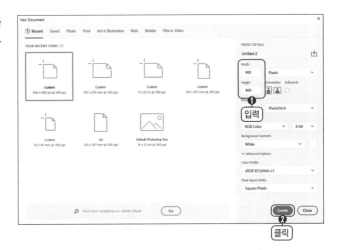

02 Contextual Task Bar에서 Generate image를 클릭합니다.

03 Generate image 창이 활성화되면 '하트 눈을 한 곰돌이 캐릭터'를 입력, Content type에서 'Art', Effects에서 'Cartoon'을 선택하고 [Generate]를 클릭합니다.

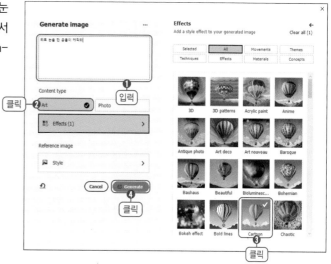

04 그림과 같이 캐릭터가 생성됩니다.

05 [Properties] 패널에서 포토샵에서 생성된 이미지를 선택할 수 있으며, [Generate]를 클릭하면 추가적으로 생성된 이미지를 볼 수 있습니다.

역동적인 이미지 생성하기 ────────────────────●

Generate image를 활용하여 역동적으로 스노우보드를 타는 여성 AI 이미지를 생성하는 방법을 알아보겠습니다.

01 상단 메뉴에서 **[File] → New**(Ctrl+N)를 실행하여 Width '900 Pixels', Height '900 Pixels'를 입력하고 [Create]를 클릭합니다.

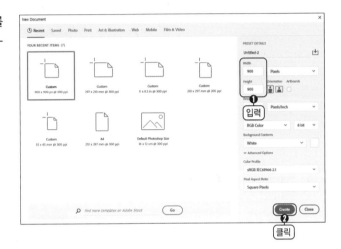

02 Contextual Task Bar에서 Generate image를 클릭합니다. Generate image 창이 활성화되면 '눈 덮인 설원 위에서 스노우보드를 타며 역동적으로 움직이는 젊은 여성, 미러 렌즈 고글 착용, 레드 컬러의 재킷'을 입력, Content type에서 'Photo', Effects에서 'Digital art'를 선택하고 [Generate]를 클릭합니다.

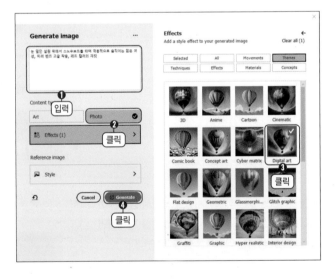

03 그림과 같이 역동적인 이미지가 생성됩니다.

 사탕 모양으로 된 'LOVE' 타이포그래피 생성하기 ━━━━━━━━━

Generate image를 활용하여 빨간색과 흰색 패턴이 들어간 사탕 모양의 'LOVE' 타이포그래피 AI 이미지를 생성하는 방법을 알아보겠습니다.

01 상단 메뉴에서 **[File]** → **New**(Ctrl+N)를 실행하여 Width '900 Pixels', Height '900 Pixels'를 입력하고 [Create]를 클릭합니다.

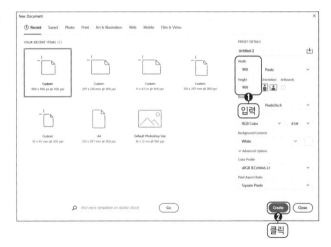

02 Contextual Task Bar에서 Generate image 를 클릭합니다. Generate image 창이 활성화되면 '눈부신 광택, 빨간색과 흰색의 스트라이프 패턴 사탕, 'LOVE' 문자'를 입력, Content type에서 'Art' 를 선택하고 [Generate]를 클릭합니다.

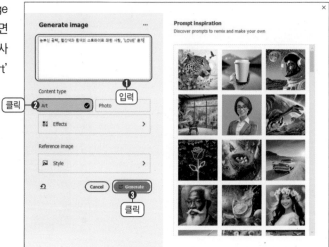

03 그림과 같이 'LOVE' 타이포그래피 이미지가 생성됩니다.

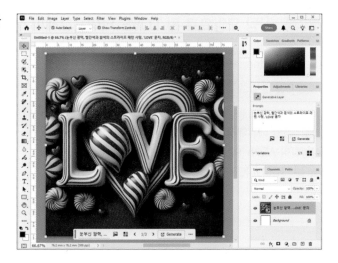

AI로 생성된 수영장에 수영하는 여성과 튜브 이미지 생성하기 ──────●

Generate image를 활용하여 태양빛에 반짝이는 블루 컬러 수영장를 생성하고 선택 브러시도구를 활용하여 수영하는 여성과 둥근 도넛의 노란 튜브 AI 이미지를 생성하는 방법을 알아보겠습니다.

01 상단 메뉴에서 **[File]** → **New(**Ctrl+N**)**를 실행하여 Width '900 Pixels', Height '900 Pix-els'를 입력하고 [Create]를 클릭합니다.

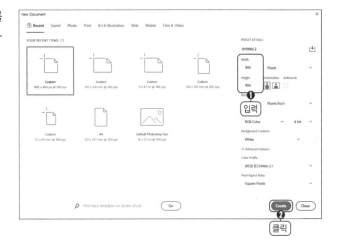

02 Contextual Task Bar에서 Generate image 를 클릭합니다. Generate image 창이 활성화되면 '맑고 푸른 하늘 아래 햇빛이 반짝이는 야외 수영장. 물결이 일렁이는 크리스탈 블루 컬러의 수영장, 수면이 태양빛을 반사하며 반짝'을 입력, Content type에서 'Photo'를 선택하고 [Generate]를 클릭합니다.

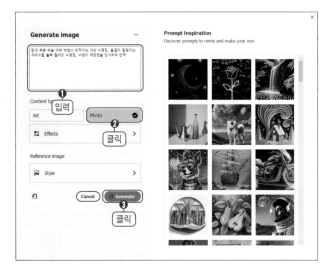

03 그림과 같이 태양빛에 반짝이는 수영장 이미
지가 생성됩니다.

04 선택 브러시 도구(　)를 선택하고 그림과 같
이 드래그한 후 Contextual Task Bar에서 [Gener-
ate Fill]을 클릭합니다.

05 프롬프트에 '수영하고 있는 여성'을 입력한 후
[Generate]를 클릭합니다.

06 그림과 같이 수영하고 있는 여성 이미지가 생성됩니다.

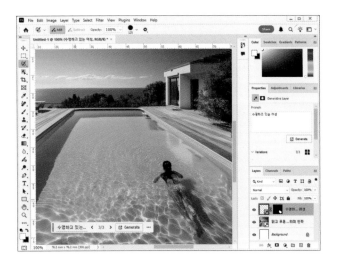

07 선택 브러시 도구( )를 선택하고 그림과 같이 드래그한 후 Contextual Task Bar에서 [Generate Fill]을 클릭합니다.

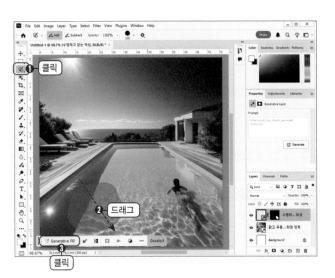

08 프롬프트에 '노란색 둥근 튜브'를 입력한 후 [Generate]를 클릭합니다.

09 그림과 같이 둥근 도넛의 노란 튜브 이미지가
생성됩니다.

 참조 이미지로 이미지 생성하기 ————————————————————●

Generate image의 Reference image를 적용하여 펜화 스타일의 이미지로 뛰고 있는 강아지 AI 이미지를 생
성하는 방법을 알아보겠습니다.

01 상단 메뉴에서 **[File]** → **New**(Ctrl+N)를
실행하여 Width '900 Pixels', Height '900 Pix-
els'를 입력하고 [Create]를 클릭합니다.

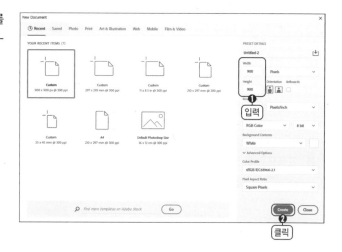

02 Contextual Task Bar에서 Generate image 를 클릭합니다. Generate image 창이 활성화되 면 '뛰고 있는 강아지' 입력, Reference image에 'Style'을 클릭, Choose image를 클릭하고 '펜 화.jpg' 파일을 등록합니다. 그리고 [Generate]를 클릭합니다.

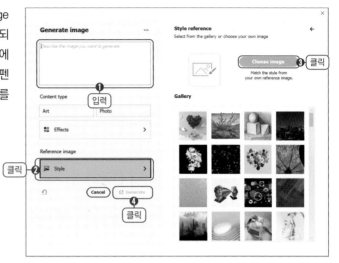

03 그림과 같이 펜화 스타일의 뛰고 있는 강아지 이미지가 생성됩니다.

도형으로 이미지 선택하고 이동하기:
도형 선택 도구 / 이동 도구 / Contextual Task Bar

 도형 선택 도구로 이미지 선택하기 ─────────────────●

포토샵으로 이미지를 수정하거나 합성할 때는 먼저 원하는 영역을 선택해야 합니다. 도형 선택 도구를 활용하여 이미지를 선택하는 다양한 방법에 대해서 알아보겠습니다.

● 사각형 선택 도구

사각형 선택 도구(▭)를 선택하고 마우스 왼쪽 버튼을 클릭한 채로 드래그하면 선택 영역이 사각형으로 지정됩니다. 작업창을 클릭하면 선택 영역이 해제됩니다.

> Shift를 누른 상태로 드래그하면 선택 영역이 정사각형으로 지정됩니다.

● 원형 선택 도구

원형 선택 도구(◯)를 선택하고 마우스 왼쪽 버튼을 클릭한 채로 드래그하면 선택 영역이 원형으로 지정됩니다.

> Shift를 누른 상태로 드래그하면 선택 영역이 정원으로 지정됩니다.

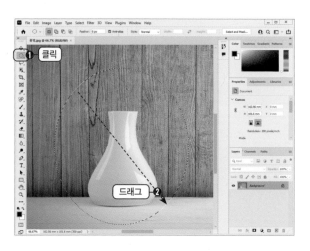

● 가로선 선택 도구

가로선 선택 도구( )를 선택하고 마우스 왼쪽 버튼을 클릭한 채로 드래그하면 선택 영역이 1px 굵기의 가로선으로 지정됩니다.

● 세로선 선택 도구

세로선 선택 도구( )를 선택하고 마우스 왼쪽 버튼을 클릭한 채로 드래그하면 선택 영역이 1px 굵기의 세로선으로 지정됩니다.

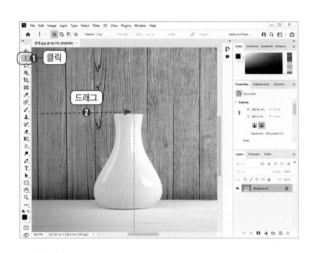

■ 선택 도구 옵션바

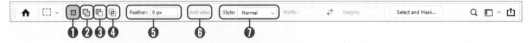

❶ **New selection:** 새로운 영역으로 선택 영역이 지정됩니다.

❷ **Add to selection:** 기존의 선택 영역에 새로운 선택 영역이 추가 지정됩니다.

❸ **Subtract from selection:** 기존의 선택 영역에서 새로운 선택 영역이 삭제되고 지정됩니다.

❹ **Intersect with selection:** 기존의 선택 영역과 새로운 선택 영역에서 겹치는 부분만 선택 영역으로 지정됩니다.

❺ **Feather:** 선택한 이미지의 경계선을 부드럽게 표현합니다. '0~225'까지의 숫자를 입력할 수 있고, 값이 클수록 경계선이 부드러워집니다.

❻ **Anti-alias:** 선택한 이미지의 경계선을 부드럽게 표현하기 위해 비슷한 색상으로 처리합니다. 'Anti-alias'가 체크되어 있지 않으면 경계선이 거칠게 표현됩니다.

❼ **Style:** 선택 영역 스타일을 지정합니다. 'Normal, Fixed Ratio, Fixed Size' 스타일이 있습니다.

선택 영역 변경하여 이미지 선택하기 ─────────────────●

도형 선택 도구를 활용하여 선택 영역을 추가 또는 삭제하고, 이미지 선택 영역을 선별 또는 변경하는 방법을 알아보겠습니다.

● **준비 파일:** 포토샵\02\창문.jpg

01 사각형 선택 도구(⬚)를 선택하고 옵션바에서 'New selection' 아이콘(⬚)을 선택한 다음 그림과 같이 드래그하면 선택 영역이 지정됩니다.

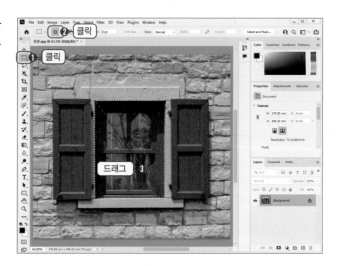

02 옵션바에서 'Add to selection' 아이콘(⬚)을 클릭하고 그림과 같이 드래그하면 선택 영역이 추가됩니다.

03 옵션바에서 'Subtract from selection' 아이콘(□)을 클릭하고 그림과 같이 드래그하면 선택 영역이 삭제됩니다.

04 옵션바에서 'Intersect with selection' 아이콘(□)을 클릭하고 그림과 같이 드래그하면 겹쳐진 선택 영역만 남습니다.

선택한 이미지 영역을 이동, 복사, 반전, 해제하기

선택한 이미지를 이동하거나 복사하는 방법, 선택 영역을 반전하는 방법, 선택한 이미지 영역을 해제하는 방법을 알아보겠습니다.

● 준비 파일: 포토샵\02\꽃병.jpg

01 [File] → Open(Ctrl+O)을 실행하고 02 폴더에서 '꽃병.jpg' 파일을 불러옵니다.

02 사각형 선택 도구(▢)를 선택하고 그림과 같이 드래그해서 선택 영역을 지정합니다.

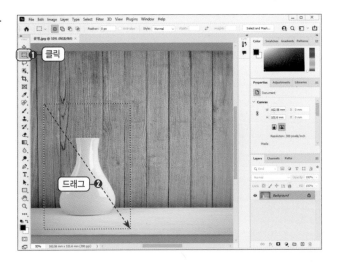

03 이동 도구(⊕.)를 선택하고 드래그하면 그림과 같이 선택한 이미지가 이동합니다.

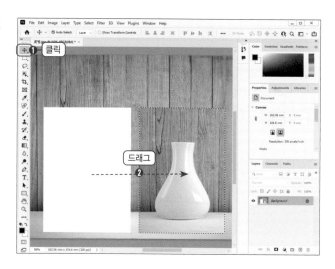

선택한 이미지 영역 복사하기

04 사각형 선택 도구(□.)를 선택하고 그림과 같이 드래그합니다.

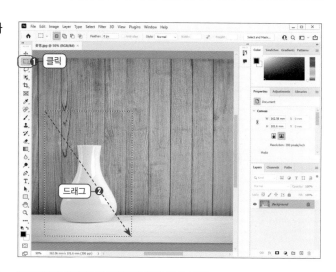

05 이동 도구(⊕.)를 선택하고 [Alt]를 누른 상태로 드래그하면 선택한 이미지가 복사됩니다.

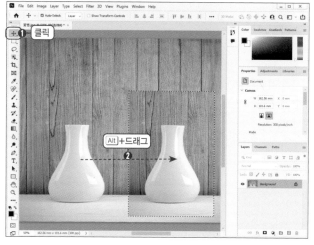

선택한 이미지 영역 반전하기

06 사각형 선택 도구(□□)를 선택하고 그림과 같이 드래그합니다.

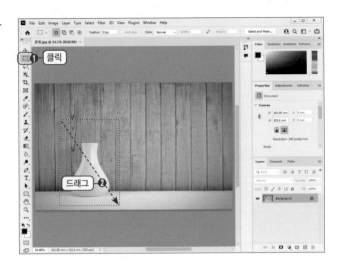

07 [Select] → Inverse(Shift+Ctrl+I)를 실행하면 선택한 이미지 영역이 반전됩니다.

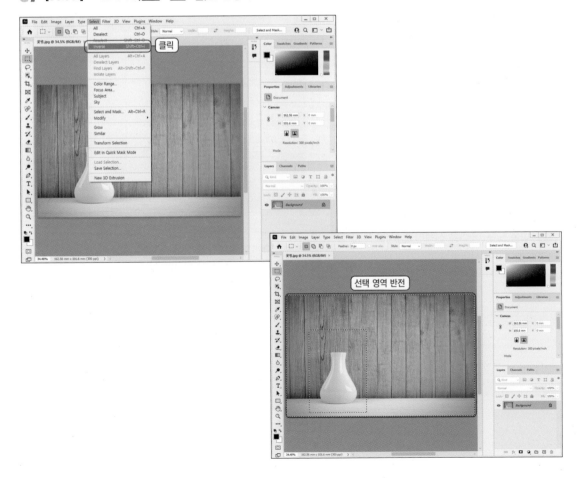

선택한 이미지 영역 해제하기

08 사각형 선택 도구(▭)를 선택하고 그림과 같이 드래그합니다.

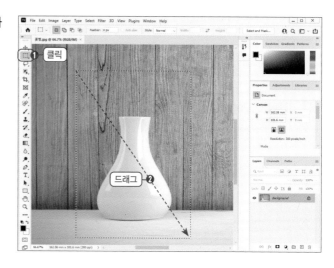

09 [Select] → Deselect(Ctrl+D)를 실행하면 선택한 이미지 영역이 해제됩니다.

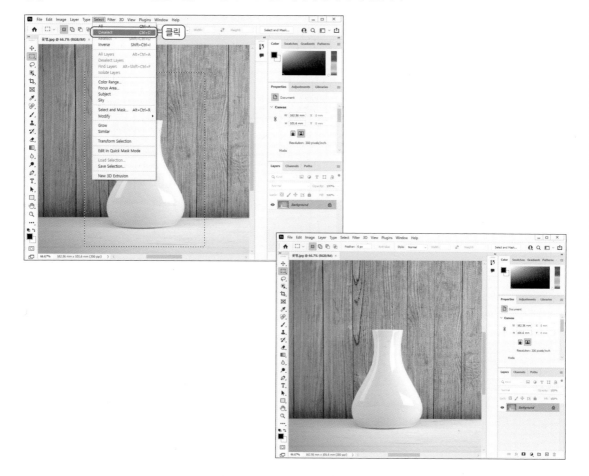

선택한 이미지 부드럽게 만들기 ─────────────●

선택한 이미지 영역의 가장자리를 부드럽게 변형하는 방법을 알아보겠습니다.

● 준비 파일: 포토샵\02\나뭇잎.jpg

01 [File] → Open(Ctrl+O)을 실행하고 02 폴
더에서 '나뭇잎.jpg' 파일을 불러옵니다.

02 원형 선택 도구(○)를 선택하고, 옵션바에
서 Feather를 '30px'로 입력한 다음 그림과 같이
드래그합니다.

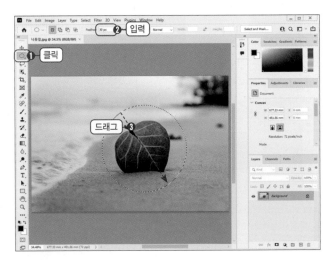

03 [Select] → Inverse(Shift+Ctrl+I)를 실행하면 선택한 이미지 영역이 반전됩니다.

 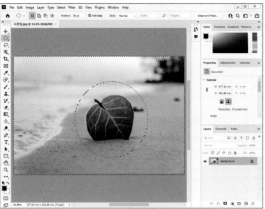

04 [Edit] → Fill(Shift+F5)을 실행합니다. [Fill] 대화상자가 활성화되면 Contents를 'White'로 지정하고 〈OK〉 버튼을 클릭합니다.

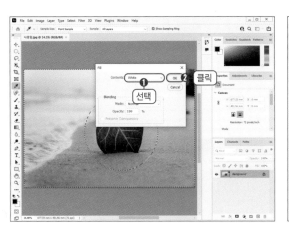 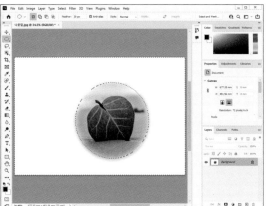

05 [Select] → Deselect(Ctrl+D)를 실행하면 선택한 이미지 영역이 해제됩니다.

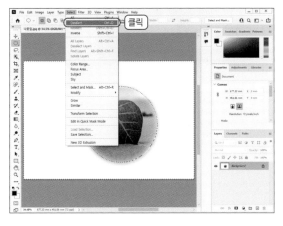 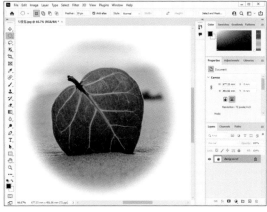

Contextual Task Bar 프롬프트로 AI 이미지 생성하기 ─────────────●

선택한 이미지 영역에 Contextual Task Bar 프롬프트를 활용하여 AI 이미지를 생성하는 방법을 알아보겠습니다.

● **준비 파일:** 포토샵\02\토끼.jpg

01 상단 메뉴에서 **[File] → Open**(Ctrl+O)을 실행하여 이미지 폴더에서 '토끼.jpg' 파일을 불러옵니다.

02 사각형 선택 도구(▭)를 선택하고 그림과 같이 드래그합니다.

03 Contextual Task Bar 프롬프트에 '들고 있는 서류 가방'을 입력하고 [Generate]를 클릭하면 그림과 같이 AI 이미지가 생성됩니다.

CHAPTER
03

자유자재로 이미지 선택하기:
올가미 도구 / 선택 브러시 도구

 자유자재로 이미지 선택하기 ─────────────────────●

포토샵으로 이미지를 수정하거나 합성하기 위해 원하는 영역을 선택할 수 있습니다. 올가미 도구를 활용해 선택 영역을 자유자재로 지정하는 방법을 알아보겠습니다.

● 준비 파일: 포토샵\02\레몬.jpg

● **올가미 도구**

올가미 도구(🔾)를 선택하고 원하는 모양으로 드래그하면 선택 영역을 지정할 수 있습니다.

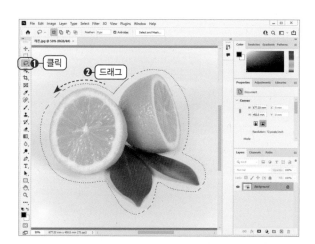

● **다각형 올가미 도구**

다각형 올가미 도구(🔾)를 선택하고 점점이 클릭하면서 선택 영역을 지정할 수 있습니다.

● **자석 올가미 도구**

자석 올가미 도구()를 선택하고 이미지 경계선을 드래그하면 선택 영역을 지정할 수 있습니다.

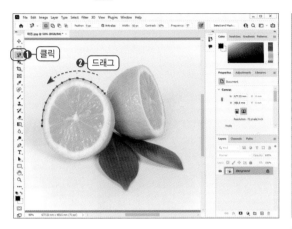

경계선의 색상 차이가 크면 자동으로 인식하여 선택 영역을 지정할 수 있습니다.

예제 실습 선택한 이미지만 자유자재로 이동하기 ──────────────●

포토샵으로 이미지 영역을 선택적으로 추가하고, 다른 작업창으로 자유롭게 복사하는 방법을 알아보겠습니다.

● **준비 파일:** 포토샵\02\커피잔.jpg
포토샵\02\테이블.jpg

01 [File] → Open(Ctrl+O)을 실행하고 02 폴더에서 '커피잔.jpg' 파일을 불러옵니다.

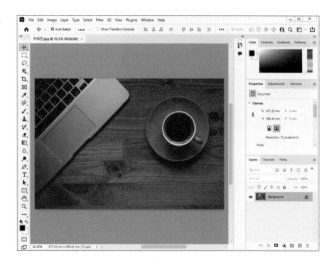

02 자석 올가미 도구( )를 선택한 다음 그림과 같이 드래그하여 커피잔 이미지만 선택합니다.

03 돋보기 도구( )를 선택하고 이미지를 확대하면 커피잔의 일부가 선택되어 있지 않았음을 볼 수 있습니다. 다시 자석 올가미 도구( )를 선택하고 상단 옵션바에서 'Add to selection' 아이콘( )을 선택한 다음 그림과 같이 드래그하면서 이미지 영역을 추가합니다.

04 [File] → Open(Ctrl+C)을 실행하고 02 폴
더에서 '테이블.jpg' 파일을 불러옵니다.

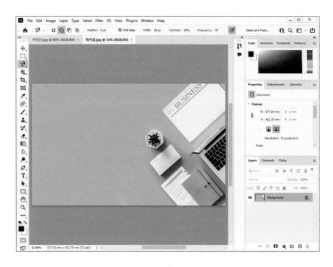

05 커피잔 작업창에서 이동 도구(⊕)를 선택하고 커피잔 이미지를 Ctrl+C로 복사합니다. 다시 테이블 작업창을 선
택하고 Ctrl+V로 붙여 넣습니다.

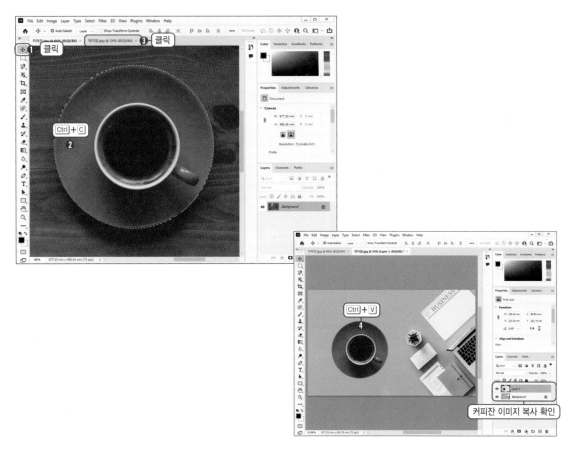

선택 브러시 도구로 이미지 보정하기 ⎯⎯⎯⎯⎯⎯⎯⎯⎯⎯⎯⎯⎯⎯⎯⎯●

선택 브러시 도구를 선택 영역만 드래그해서 삭제하는 방법을 알아보겠습니다.

● **준비 파일:** 포토샵\02\앉아있는 여자.jpg

01 상단 메뉴에서 [File] → Open(Ctrl+O)을 실행하여 이미지 폴더에서 '앉아있는 여자.jpg' 파일을 불러옵니다.

02 선택 브러시 도구(🖌️)를 선택하고 그림과 같이 드래그한 후 [Generate Fill]을 클릭합니다.

03 그림과 같이 앉아있는 여자가 삭제 편집됩니다.

CHAPTER
04

자동으로 이미지 선택하기:
오브젝트 선택 도구 / 빠른 선택 도구 / 마술봉 도구

 이미지 선택하기

원하는 이미지 영역을 선택할 때 한 번의 드래그 또는 한 번의 클릭으로 이미지 영역을 자동으로 지정하는 방법에 대해서 알아보겠습니다.

● 오브젝트 선택 도구

오브젝트 선택 도구(⊡,)를 선택하고 그림과 같이 드래그하면 이미지를 자동으로 인식하여 선택 영역을 지정합니다.

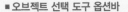

■ 오브젝트 선택 도구 옵션바

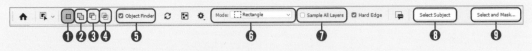

❶ **New selection:** 새로운 영역으로 선택 영역이 지정됩니다.

❷ **Add to selection:** 기존의 선택 영역에 새로운 선택 영역이 추가 지정됩니다.

❸ **Subtract from selection:** 기존의 선택 영역에서 새로운 선택 영역이 삭제되고 지정됩니다.

❹ **Intersect with selection:** 기존의 선택 영역과 새로운 선택 영역에서 겹치는 부분만 선택 영역으로 지정됩니다.

❺ **Object Finder:** 이미지를 포토샵에 불러오면 자동으로 색상을 비교하여 선택 영역을 만들어 줍니다.

❻ **Mode:** 사각형 또는 올가미 모드로 선택 영역을 지정할 수 있습니다.

❼ **Sample All Layers:** 레이어가 여러 개인 경우 모든 레이어를 하나의 이미지로 인식해 선택 영역으로 지정합니다.

❽ **Select Subject:** 클릭하면 배경과 피사체를 자동으로 구분하여 선택 영역을 지정해 줍니다.

❾ **Select and Mask:** 마스크 모드로 변경되어 이미지의 경계선을 부드럽게 선택할 수 있습니다.

■ **오브젝트 선택 도구 기능 개선**

오브젝트 선택 도구가 사람과 건물, 나무, 거리와 같은 영역을 감지하여 선택하는 기능이 향상되었습니다. 오브젝트 위로 마우스 커서를 가져가 클릭하면 선택 영역이 지정됩니다.

● 빠른 선택 도구

빠른 선택 도구(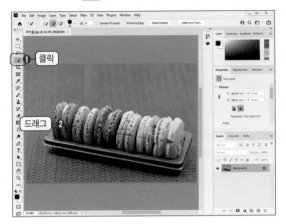를 선택하고 그림과 같이 드래그하면 비슷한 색상을 자동으로 인식하여 이미지가 선택됩니다.

■ 빠른 선택 도구 옵션바

❶ **New selection:** 새로운 영역으로 선택 영역이 지정됩니다.

❷ **Add to selection:** 기존의 선택 영역에 새로운 선택 영역이 추가 지정됩니다.

❸ **Subtract from selection:** 기존의 선택 영역에서 새로운 선택한 영역이 삭제되고 지정됩니다.

❹ **Click to open the brush options:** 브러시 크기 등 옵션을 변경할 수 있습니다.

● 마술봉 도구

마술봉 도구(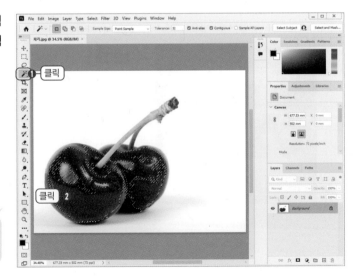)를 선택하고 이미지를 클릭하면 비슷한 색상을 자동으로 인식하여 선택 영역이 지정됩니다.

옵션바의 Tolerance 값이 클수록 인식하는 영역이 넓어집니다.

■마술봉 도구 옵션바

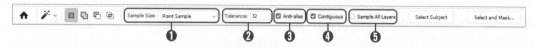

❶ **Sample Size:** 선택 영역의 크기를 설정합니다.

❷ **Tolerance:** 값을 '0~225' 사이로 입력할 수 있으며 값이 클수록 인식되는 선택 영역이 넓어집니다.

❸ **Anti-alias:** 선택한 이미지의 경계선 부분을 부드럽게 보이기 위해 비슷한 색상으로 처리합니다. 'Anti-alias'가 체크되어 있지 않으면 경계선이 거칠게 표현됩니다.

❹ **Contiguous:** 체크하지 않으면 유사한 색상을 모두 선택합니다.

❺ **Sample All Layers:** 레이어가 여러 개일 때 모든 레이어를 하나의 이미지로 인식하여 선택합니다.

 ## 오브젝트 선택 도구로 이미지 선택하고 색상 변경하기

오브젝트 선택 도구를 활용하면 포토샵이 자동으로 색상을 비교하고 선택 영역을 지정해 줍니다. 선택된 이미지 영역의 색상을 변경하는 방법에 대해서 알아보겠습니다.

● 준비 파일: 포토샵\02\버튼.jpg

01 [File] → Open(Ctrl+O)을 실행하고 02 폴더에서 '버튼.jpg' 파일을 불러옵니다.

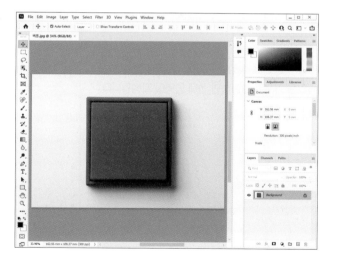

02 오브젝트 선택 도구(📷)를 선택하면 포토샵이 자동으로 색상을 비교하여 선택 영역을 지정합니다.

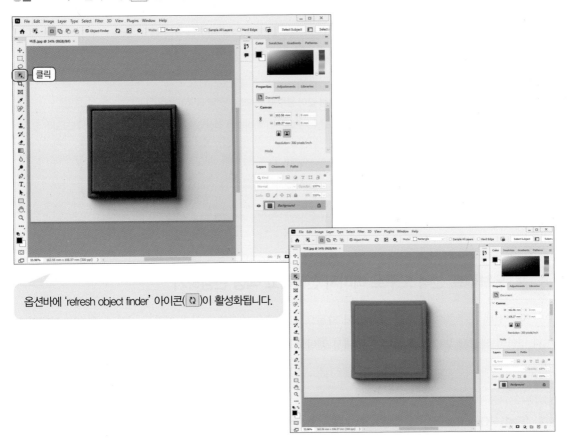

옵션바에 'refresh object finder' 아이콘(🔄)이 활성화됩니다.

03 자동으로 지정된 이미지 영역에 마우스 포인터를 가져가 클릭하면 선택 영역이 지정됩니다.

04 [Image] → Adjustments → Hue/Saturation(Ctrl+U)을 선택하면 [Hue/Saturation] 대화상자가 활성화됩니다.

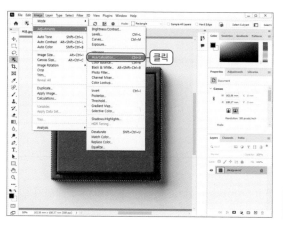
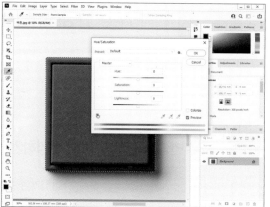

05 Hue를 '+130'으로 입력하고 〈OK〉 버튼을 클릭하면 이미지가 빨간색에서 초록색으로 변경됩니다.

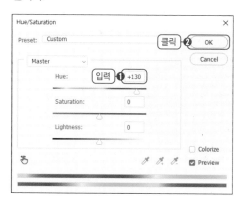
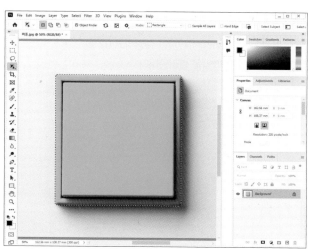

06 [Select] → Deselect(Ctrl+D)를 실행하여 선택 영역을 해제하면 색상 변경이 마무리됩니다.

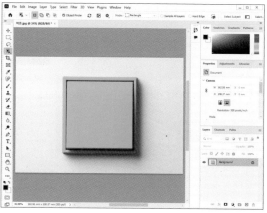

CHAPTER

05

자유자재로 이미지 다루기:
Free Transform

 필수 실습 **자유 변형 도구로 이미지 변형하기** ●

선택한 영역 또는 이미지를 자유롭게 확대하거나 축소하고, 이미지를 회전 및 반전하는 방법에 대해서 알아 보겠습니다.

● 준비 파일: 포토샵\02\시계.psd

01 [File] → Open(Ctrl+O)을 실행하고 02 폴 더에서 '시계.psd' 파일을 불러옵니다.

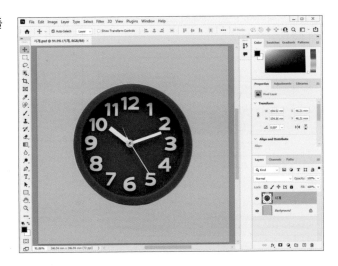

02 [Edit] → Free Transform(Ctrl+T)을 실행하면 시계 이미지에 자유 변형 모드가 적용되고 조절점이 나타납니다.

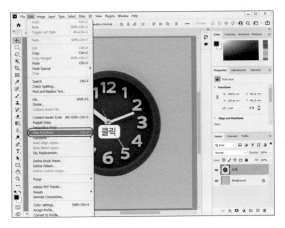

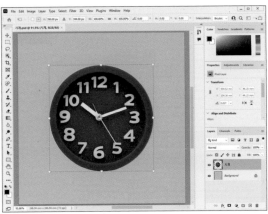

03 조절점을 안쪽으로 드래그하면 정비례로 축소 또는 확대됩니다.

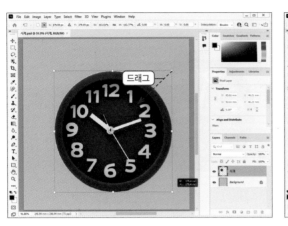
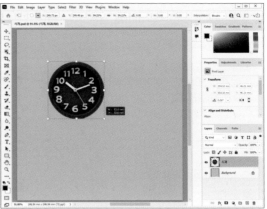

04 Shift 를 누른 상태로 드래그하면 이미지를 자유롭게 축소 또는 확대할 수 있습니다.

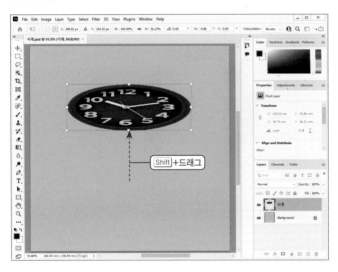

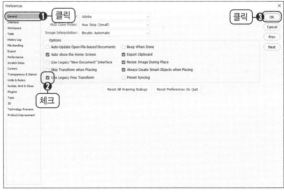

[Edit]→Preference→General(Ctrl+K)을 선택
해 실행된 [Preferences] 대화상자에서 'Use Lega-
cy Free Transform'을 체크하면 Shift 를 누른 상태
로 정비례 축소 또는 확대가 가능합니다.

05 마우스 포인터를 조절점으로 가져가면 모양이 바뀝니다. 그 상태에서 클릭 후 드래그하면 왼쪽 또는 오른쪽 방향으로 이미지 회전이 가능합니다.

> Shift 를 누른 상태로 이미지를 회전하면 15° 간격으로 회전됩니다.

> 옵션바에서 각도 값을 입력해서 회전할 수도 있습니다.

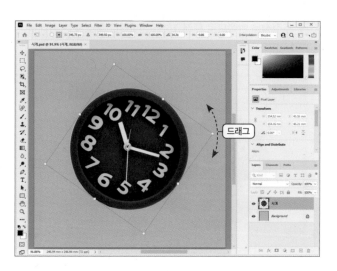

06 조절점 안쪽에서 마우스 오른쪽 버튼을 클릭하고 Rotate 180°를 선택하면 이미지가 180° 회전됩니다. 조절점 안쪽을 더블클릭하거나 Enter 를 누르면 회전 작업이 마무리됩니다.

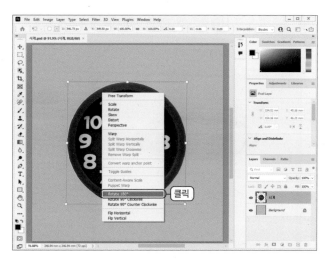

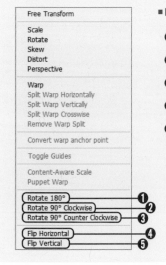

■ Free Transform 옵션

❶ **Rotate 180°:** 180° 회전

❷ **Rotate 90° Clockwise:** 시계 방향 90° 회전

❸ **Rotate 90° Counter Clockwise:** 시계 반대 방향 90° 회전

❹ **Flip Horizontal:** 수평 반전

❺ **Flip Vertical:** 수직 반전

이미지를 다른 작업창으로 복사하고 변형하기

포토샵으로 선택한 이미지 영역을 삭제하고, 이미지를 다른 작업창으로 자유롭게 복사 및 축소하고 회전하는 방법을 알아보겠습니다.

● 준비 파일: 포토샵\02\액자.jpg
포토샵\02\바다.jpg

01 [File] → Open(Ctrl+O)을 실행하고 02 폴더에서 '액자.jpg' 파일을 불러옵니다.

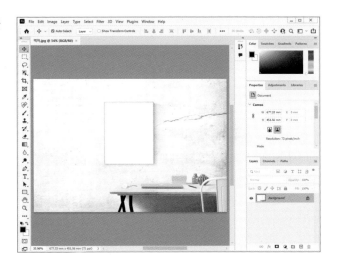

02 마술봉 도구(✨)를 선택하고 액자의 흰색 부분을 클릭하면 이미지의 흰색 영역만 선택됩니다.

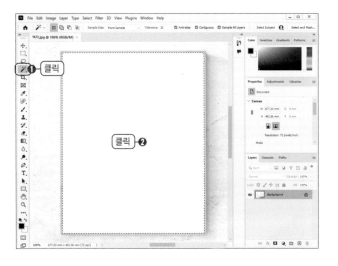

03 [Layers] 패널에서 'Layer 0'의 자물쇠 아이콘(🔒)을 클릭하면 잠금이 해제됩니다. Delete 를 눌러 선택 영역을 삭제합니다.

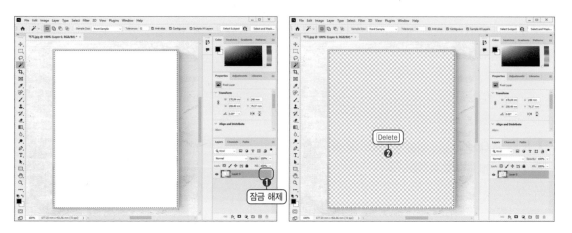

04 [File] → Open(Ctrl+O)을 실행하고 02 폴더에서 '바다.jpg' 파일을 불러옵니다.

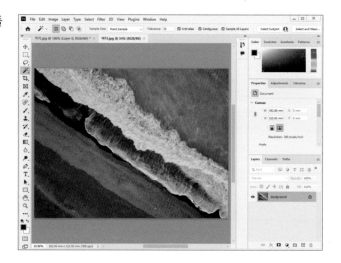

05 이동 도구(✛)를 선택하고 '바다' 이미지를 '액자' 작업창 탭으로 드래그합니다. 이미지가 그림과 같이 복사됩니다.

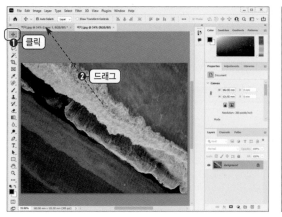
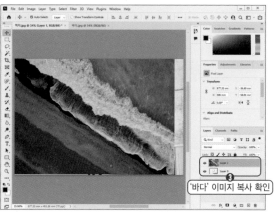

06 [Layers] 패널에서 'Layer 1' 레이어를 아래로 드래그해서 'Layer 0' 레이어 밑으로 이동합니다.

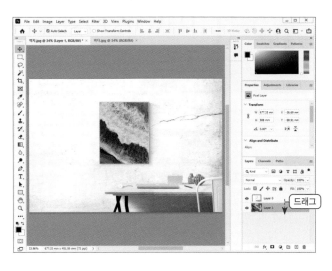

07 [Edit] → Free Transform(Ctrl+T)을 실행하면 '바다' 이미지에 자유 변형 모드가 적용되고 조절점이 나타나 드래그할 수 있게 됩니다.

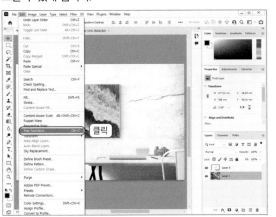
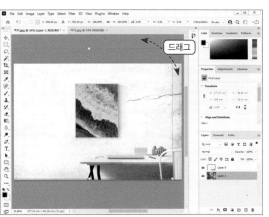

08 조절점을 안쪽으로 드래그하면서 '바다' 이미지를 정비례로 축소하고 회전시켜 그림과 같이 배치합니다. 조절점 안쪽을 더블클릭하거나 Delete 를 누르면 회전 작업이 마무리됩니다.

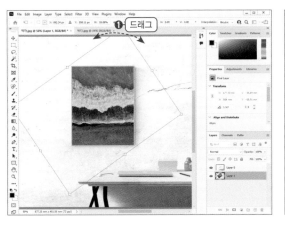

CHAPTER

06

이미지 자르기:
자르기 도구

 자유자재로 이미지 자르기 ──────────────────────●

이미지의 일부만 자르거나 구도에 맞게 자르고 싶을 때, 조절점을 활용하여 자르거나 자유롭게 자를 수 있는 방법에 대해서 알아보겠습니다.

● 준비 파일: 포토샵\02\해변.jpg

01 [File] → Open(Ctrl+O)을 실행하고 02 폴더에서 '해변.jpg' 파일을 불러옵니다.

02 자르기 도구(🔲)를 선택하고 마우스 포인터로 조절점을 이동합니다. 조절점 안쪽을 더블클릭하거나 Enter.↓를 누르면 자르기 작업이 마무리됩니다.

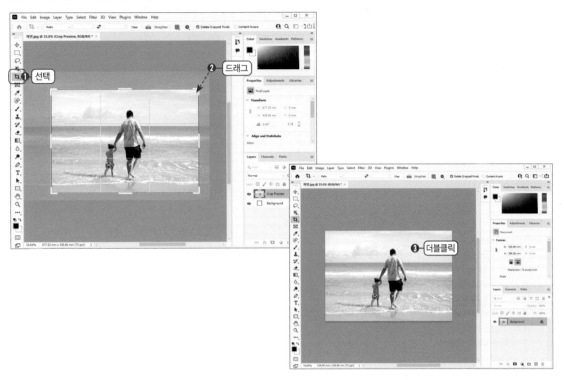

03 자르기 도구(🔲)를 선택하고 작업창에 드래그해서 자르고자 하는 부분을 지정합니다. 조절점 안쪽을 더블클릭하거나 Enter.↓를 누르면 자르기 작업이 마무리됩니다.

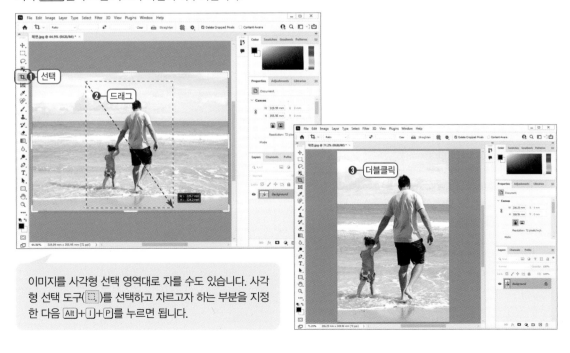

이미지를 사각형 선택 영역대로 자를 수도 있습니다. 사각형 선택 도구(🔲)를 선택하고 자르고자 하는 부분을 지정한 다음 Alt + I + P를 누르면 됩니다.

■ 자르기 도구 옵션바

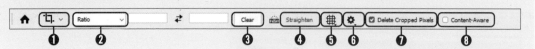

❶ Preset: 포토샵이 제공하는 크기대로 이미지를 자릅니다.

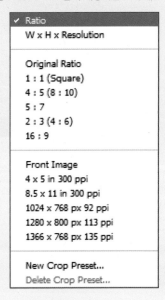

❷ Width, Height: 자르기 전에 가로/세로 값을 입력해서 이미지를 자릅니다.

❸ Clear: 가로/세로 값을 지웁니다.

❹ Straighten: 드래그해서 이미지를 회전하고 자릅니다.

❺ Overlay Options: 원하는 구도를 선택해서 이미지를 자릅니다.

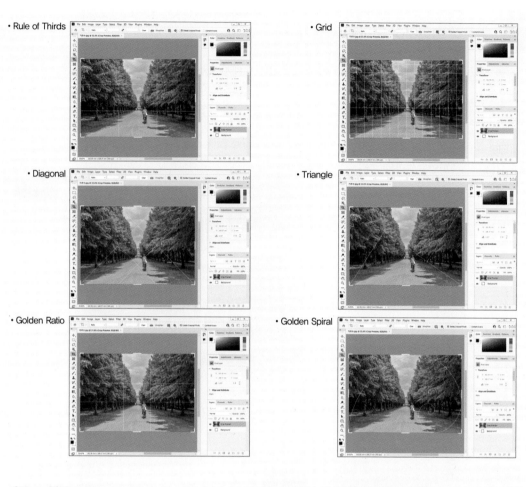

• Rule of Thirds   • Grid

• Diagonal   • Triangle

• Golden Ratio   • Golden Spiral

❻ **Set additional Crop options:** 'Use Classic Mode', 'Enable Crop Shield' 옵션을 선택할 수 있습니다.

- **Use Classic Mode:** 드래그해서 자르고자 하는 부분을 지정해서 자릅니다.
- **Enable Crop Shield:** 조절점을 이동시켜 자르거나 드래그해서 자르고자 하는 부분을 지정합니다. 자르고자 하는 부분과 나머지 부분을 구분하기 쉽도록 색상 및 투명도를 조절할 수 있습니다.

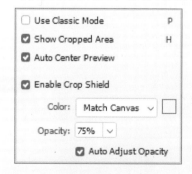

❼ **Delete Cropped Pixels:** 체크하면 이미지의 잘린 부분이 완전히 삭제됩니다. 체크를 해제하고 자르면 잘린 부분이 숨겨져 있어, 캔버스 크기를 늘리면 잘린 이미지가 다시 보입니다.

❽ **Content-Aware:** 이미지를 자른 후 나머지 영역을 포토샵이 자동으로 인식하여 채웁니다.

원근감 변형하여 이미지 자르기

이미지를 자동으로 원근감 있게 변형하여 자르는 방법에 대해서 알아보겠습니다.

● 준비 파일: 포토샵\02\건축물.jpg

01   [File] → Open(Ctrl+O)을 실행하고 02 폴더에서 '건축물.jpg' 파일을 불러옵니다.

02   원근 자르기 도구( )를 선택하고 이미지 전체 영역을 드래그하면 가로/세로 가이드가 생성됩니다.

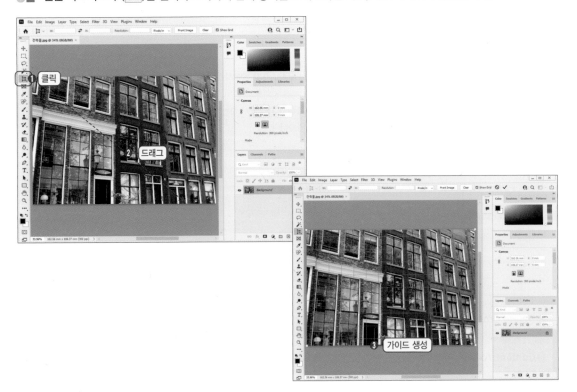

03 오른쪽 상단의 조절점을 그림과 같이 수정한 다음, 왼쪽 상단의 조절점을 수정하여 그림과 같이 이동합니다.

창틀을 가상의 가이드로 생각하고 조절점을 이동합니다.

04 이미지를 더블클릭하거나 Enter 를 누르면 원근감 변형하여 자르기 작업이 마무리됩니다.

이미지 변형하고 왜곡하기:
Warp / Transform

 이미지를 변형하고 왜곡하기

포토샵으로 이미지를 자유롭게 변형하고 왜곡하는 방법에 대해서 알아보겠습니다.

● 준비 파일: 포토샵\02\전구.psd

01 [File] → Open(Ctrl+O)을 실행하고 02 폴더에서 '전구.psd' 파일을 불러옵니다.

02 [Edit] → Transform → Skew를 실행하면 전구 이미지에 기울이기 변형 모드가 적용되고 조절점이 나타납니다. 조절점을 드래그하면 이미지가 수직 또는 수평으로만 변형됩니다.

> [Esc]를 눌러 이미지 왜곡을 해제하거나, 이미지가 왜곡됐을 때 [Ctrl]+[Z]를 누르면 왜곡 전 이미지로 되돌릴 수 있습니다.

03 [Edit] → Transform → Distort를 실행하면 전구 이미지에 왜곡 변형 모드가 적용되고 조절점이 나타납니다. 조절점을 드래그하면 이미지가 자유롭게 변형됩니다.

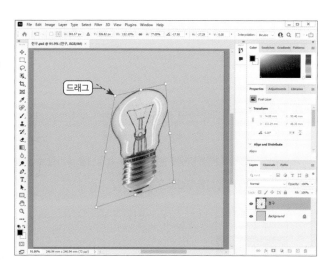

04 [Edit] → Transform → **Perspective**를 실행하면 전구 이미지에 원근 변형 모드가 적용되고 조절점이 나타납니다. 조절점을 드래그하면 이미지가 원근감 있게 변형됩니다.

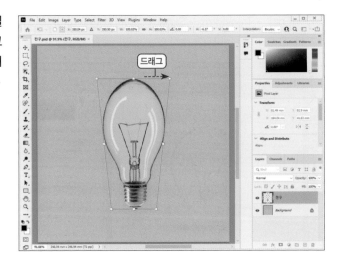

05 [Edit] → Transform → **Warp**를 실행하면 전구 이미지에 뒤틀기 변형 모드가 적용되고 조절점이 나타납니다. 조절점을 드래그하면 이미지를 자유자재로 변형할 수 있습니다.

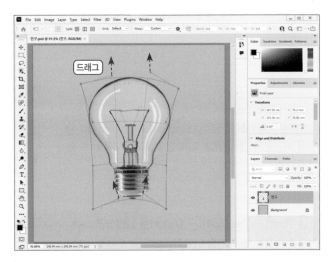

■ Warp 옵션바

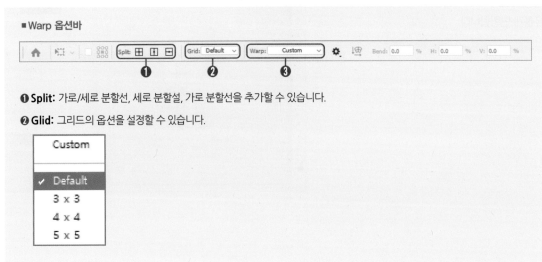

❶ **Split:** 가로/세로 분할선, 세로 분할설, 가로 분할선을 추가할 수 있습니다.

❷ **Glid:** 그리드의 옵션을 설정할 수 있습니다.

❸ **Warp:** 포토샵이 제공하는 뒤틀기 옵션을 설정할 수 있습니다.

■ Transform 옵션

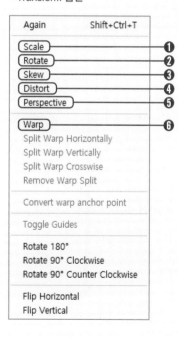

❶ **Scale:** 이미지 크기 조절하기

❷ **Rotate:** 이미지 회전하기

❸ **Skew:** 이미지 기울이기

❹ **Distort:** 이미지 왜곡하기

❺ **Perspective:** 원근감 있는 이미지로 변형하기

❻ **Warp:** 이미지 자유롭게 변형하기

이미지를 다른 작업창으로 복사하고 원근감 적용하기 ━━━━━━━━━━━●

포토샵으로 선택한 이미지 영역을 삭제하고 이미지를 다른 작업창으로 자유롭게 복사한 다음, 원근감 있는
이미지로 변형하는 방법에 대해서 알아보겠습니다.

● 준비 파일: 포토샵\02\액자(2).jpg
포토샵\02\호수.jpg

01 [File] → Open(Ctrl+O)을 실행하고 02 폴
더에서 '액자(2).jpg' 파일을 불러옵니다.

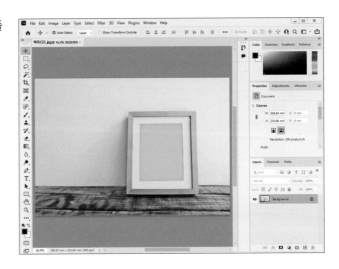

02 빠른 선택 도구(🖌️)를 선택하고 그림과 같
이 드래그해서 이미지를 선택합니다.

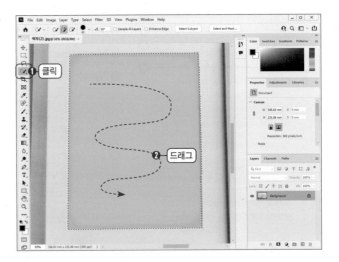

03 돋보기 도구(🔍)를 선택하고 이미지를 클릭하여 확대하면 이미지 일부가 추가적으로 선택되어 있는 걸 볼 수 있습니다. 다시 빠른 선택 도구(🖌)를 선택하고 상단 옵션바에서 'Subtract from selection' 아이콘(🖌)을 선택한 다음, 그림과 같이 드래그하면서 이미지 영역을 해제합니다.

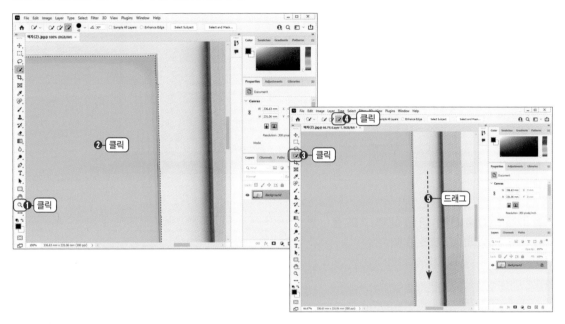

04 [Layers] 패널에서 'Layer 0'의 자물쇠 아이콘(🔒)을 클릭하면 잠금이 해제됩니다. Delete 를 눌러 선택 영역을 삭제합니다.

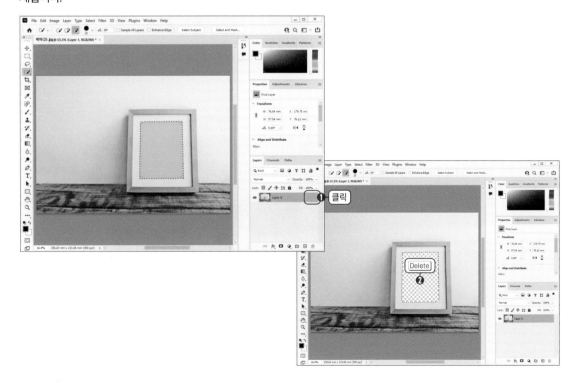

05 [Select] → Deselect(Ctrl+D)를 실행하여 선택 영역을 해제합니다.

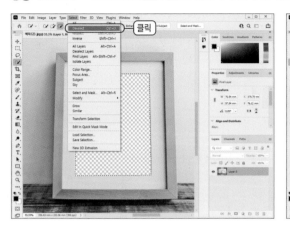 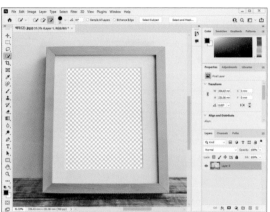

06 [File] → Open(Ctrl+O)을 실행하고 02 폴더에서 '호수.jpg' 파일을 불러옵니다.

07 이동 도구(✛)를 선택하고 '호수' 이미지를 '액자' 작업창 탭으로 드래그하면 이미지가 그림과 같이 복사됩니다.

08 [Layers] 패널에서 'Layer 1' 레이어를 아래로 드래그해서 'Layer 0' 레이어 밑으로 이동합니다.

09 [Edit] → Transform → Distort를 실행하면 '호수' 이미지에 왜곡 변형 모드가 적용되고 조절점이 나타납니다. 조절점을 드래그해서 그림과 같이 이미지를 왜곡합니다.

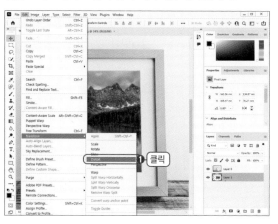 

10 조절점 안쪽을 더블클릭하거나 Enter,⏎를 누르면 이미지 왜곡 작업이 마무리됩니다.

얼굴 사진 변형하기:
Neural Filters / Liquify

 얼굴 사진 변형하기 ────────────────────────●

포토샵에서 제공하는 뉴럴 필터와 픽셀 유동화 필터를 활용하면 미소 표현, 눈동자 방향, 젊고 나이 든 얼굴 표현, 얼굴 형태, 주근깨 제거 등과 같이 사진 속 얼굴에 다양한 표현을 할 수 있습니다. 지금부터 포토샵으로 얼굴 이미지를 변형하는 방법에 대해서 알아보겠습니다.

미소 짓게 하고 눈동자 방향 변경하기

● 준비 파일: 포토샵\02\여성 얼굴.jpg

01 [File] → Open(Ctrl+O)을 실행하고 02 폴더에서 '여성 얼굴.jpg' 파일을 불러옵니다.

02 [Filter] → Neural Filters를 실행하고 'Smart Portrait' 클라우드 아이콘(☁)을 클릭하면 필터를 다운로드할 수 있습니다.

03 [Smart Portrait] 패널에서 Be Happy! 값을 '+26'으로 하면 미소 짓는 얼굴로 바뀝니다.

04 [Smart Portrait] 패널에서 Eye direction 값을 '−43'으로 하면 눈동자 방향이 왼쪽을 향하게 됩니다.

05 〈OK〉 버튼을 클릭하면 [Layers] 패널에 뉴럴 필터가 적용된 레이어가 생성됩니다.

나이 들게 하고 머리카락 길이 변경하기

● 준비 파일: 포토샵\02\남성 얼굴.jpg

06 [File] → Open(Ctrl+O)을 실행하고 02 폴더에서 '남성 얼굴.jpg' 파일을 불러옵니다. [Filter] → Neural Filters를 실행하고 Facial age 값을 '+43'으로 입력하면 머리카락이 하얗게 되고 이마와 볼에 주름이 생기면서 나이 든 얼굴로 바뀝니다.

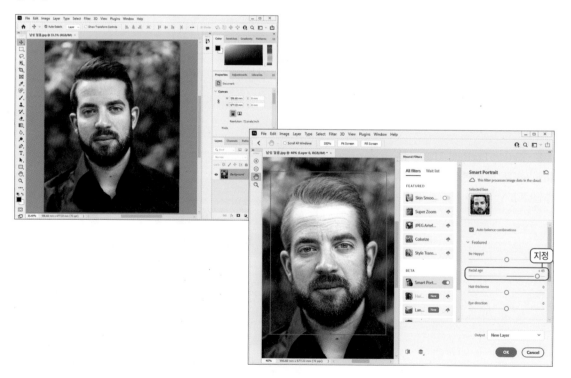

07 Hair thickness 값을 '–50'으로 변경하면 머리카락이 짧아집니다. 〈OK〉 버튼을 클릭하면 [Layers] 패널에 뉴럴 필터가 적용된 레이어가 생성됩니다.

얼굴 형태 변형하기

● 준비 파일: 포토샵\02\주근깨 얼굴.jpg

08 [File] → Open(Ctrl+O)을 실행하고 02 폴더에서 '주근깨 얼굴.jpg' 파일을 불러옵니다.

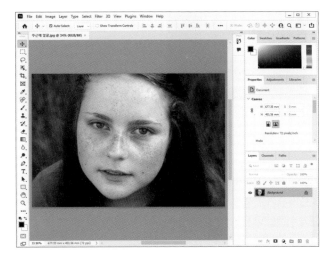

09 [Filter] → Liquify(Shift+Ctrl+X)를 실행하면 [Liquify] 대화상자가 활성화됩니다.

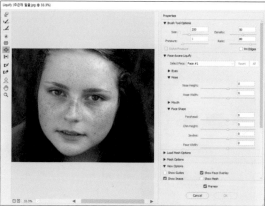

10 왼쪽에서 'Face Tool' 아이콘(👤)을 선택하고 마우스 포인터를 얼굴 외곽으로 가져가면 얼굴에 가이드가 생깁니다. 얼굴 안쪽으로 드래그하면 얼굴 형태가 변형됩니다.

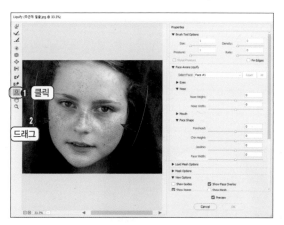
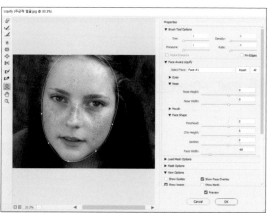

11 마우스 포인터를 입술로 가져가면 입술에 가이드가 생기고, 입술 안쪽으로 드래그하면 입술 형태가 변형됩니다.

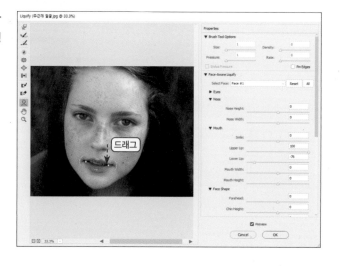

12 좌측에서 'Bloat Tool' 아이콘(◈)을 선택하고 마우스 포인터를 눈동자로 가져가 클릭하면 눈동자가 커집니다.

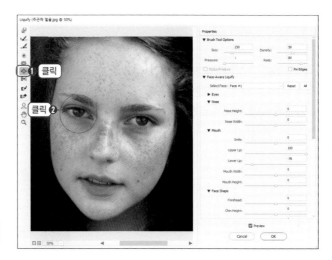

[,]로 브러시 크기를 조절할 수 있습니다.

13 〈OK〉 버튼을 클릭하면 픽셀 유동화 작업이 마무리됩니다.

주근깨 없애기

14 [Filter] → Neural Filters를 실행합니다. 'Skin Smoothing'을 선택한 다음 Blur를 '100', Smoothness를 '+50'으로 입력하면 주근깨가 자연스럽게 없어집니다.

> 'Skin Smoothing' 클라우드 아이콘(☁)을 클릭하면 필터를 다운로드할 수 있습니다.

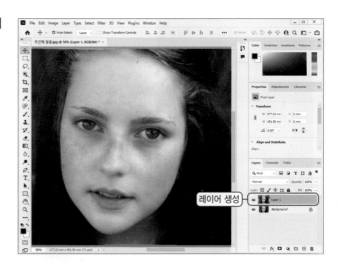

15 [Layers] 패널에 뉴럴 필터가 적용된 레이어가 생성되었습니다.

 예제 실습 웃는 표정의 증명사진 만들기

비스듬히 촬영한 얼굴 이미지를 반듯하게 만들어 자르고, 포토샵이 제공하는 픽셀 유동화 필터를 활용하여 웃는 표정으로 변형하는 방법을 알아보겠습니다.

● **준비 파일:** 포토샵\02\증명사진.jpg

01 [File] → Open(Ctrl+O)을 실행하고 02 폴더에서 '증명사진.jpg' 파일을 불러옵니다.

02 자르기 도구(단.)를 선택한 다음 상단 옵션바에서 'Straighten' 아이콘(📷)을 선택하고 그림과 같이 드래그합니다.

03 그림과 같이 비스듬한 얼굴이 바르게 변형되면서 남은 영역은 잘리게 됩니다.

04 옵션바에서 Crop box 값을 '3'과 '4'로 지정하고 증명사진 크기로 이미지를 자릅니다.

05 [Filter] → Liquify(Shift+Ctrl+X)를 실행하면 [Liquify] 대화상자가 활성화됩니다.

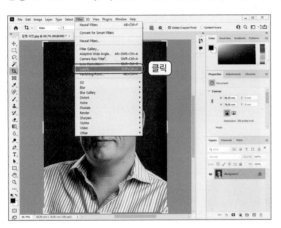

06 마우스 포인터를 입 주위로 가져가서 입꼬리 및 아랫입술 크기를 수정하면 웃는 표정으로 바뀝니다. 〈OK〉 버튼을 클릭하면 픽셀 유동화 작업이 마무리됩니다.

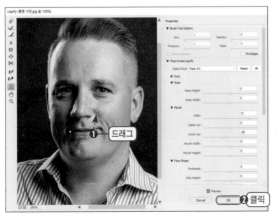

CHAPTER

09

풍경 사진 변형하기:
Landscape Mixer

 믹서 필터를 활용해 풍경 사진 변형하기 ━━━━━━━━━━━━━━━━━━━━●

포토샵이 제공하는 풍경 사진의 믹서 필터를 사용해서 작업자가 원하는 풍경 이미지로 바꾸고, 계절별로도 다르게 연출하는 방법에 대해서 알아보겠습니다.

● 준비 파일: 포토샵\02\산.jpg

01 [File] → Open(Ctrl+O)을 실행하고 02 폴더에서 '산.jpg' 파일을 불러옵니다.

02 [Filter] → Neural Filters를 실행하고 'Landscape Mixer' 클라우드 아이콘(☁)을 클릭하면 필터를 다운로드할 수 있습니다. Presets에서 'Winter' 이미지를 선택하면 '산' 이미지가 겨울 풍경으로 변형됩니다.

03 Presets에서 'Sunset' 이미지를 선택하면 '산' 이미지가 노을 지는 풍경으로 변형됩니다.

04 Custom에서 Summer 값을 '100'으로 하면 '산' 이미지가 여름 풍경으로 변형됩니다. 〈OK〉 버튼을 클릭하면 [Layers] 패널에 뉴럴 필터가 적용된 레이어가 생성됩니다.

CHAPTER
10

하늘 사진 변형하기:
Sky Replacement

필수 실습 하늘 사진 변형하기 ────────────────────────────●

포토샵이 제공하는 다양한 구름 및 하늘 필터를 사용하여 원하는 하늘 이미지로 바꾸는 방법을 알아보겠습니다.

● 준비 파일: 포토샵\02\구름.jpg

01 [File] → Open(Ctrl+O)을 실행하고 02 폴더에서 '구름.jpg' 파일을 불러옵니다.

02 [Edit] → Sky Replacement를 실행하면 [Sky Replacement] 대화상자가 활성화되면서 Sunset 이미지로 구름이 변형됩니다.

03 Blue Skies 폴더에서 구름이 없는 이미지를 선택하면 이미지 속 구름이 사라집니다.

04 Spectacular 폴더에서 무지개가 있는 이미지를 선택하면 이미지에 무지개가 생깁니다.

05 Sunset 폴더에서 그림과 같이 이미지를 선택하고 Brightness를 '-92', Temperature를 '-100', Scale을 '166'으로 입력한 다음 〈OK〉 버튼을 클릭합니다.

06 [Sky Replacement] 대화상자에서 적용한 설정을 [Layers] 패널에서 확인할 수 있습니다.

■ [Sky Replacement] 대화상자

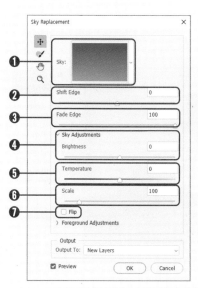

❶ **Sky:** 포토샵이 제공하는 하늘 이미지를 선택할 수 있습니다.

❷ **Shift Edge:** 원본 이미지와 하늘 이미지가 시작되는 경계 부분을 조정합니다.

❸ **Fade Edge:** 원본 이미지와 하늘 이미지의 경계 부분을 자연스럽게 조정합니다.

❹ **Brightness:** 하늘 이미지의 밝기를 조정합니다.

❺ **Temperature:** 하늘 이미지의 색상 톤을 조정합니다.

❻ **Scale:** 하늘 이미지의 크기를 조정합니다.

❼ **Flip:** 하늘 이미지를 반전합니다.

CHAPTER

11

옛날 사진 복원하기:
Photo Restoration / Colorize

 필수 실습 **옛날 사진 복원하기**

포토샵의 'Photo Restoration' 뉴럴 필터를 활용하여 오래된 사진을 수정하고 'Colorize' 뉴럴 필터로 흑백 사진을 컬러 사진으로 복원하는 방법에 대해서 알아보겠습니다.

● 준비 파일: 포토샵\02\흑백 사진.jpg

01 [File] → Open(Ctrl+O)을 실행하고 02 폴더에서 '흑백 사진.jpg' 파일을 불러옵니다.

02 [Filter] → Neural Filters를 실행하고 'Photo Restoration' 클라우드 아이콘(☁)을 클릭하면 필터를 다운로드할 수 있습니다.

03 Scratch reduction에서 '20'을 입력하면 스 크래치 영역이 삭제됩니다.

04 'Colorize' 클라우드 아이콘을 클릭하면 필터가 다운로드되고 흑백 사진이 컬러 사진으로 수정됩니다. Output에서 'New Layer'를 선택하고 〈OK〉 버튼을 클릭합니다.

05 [Neural Filters] 패널에서 적용한 이미지가 새로운 레이어로 생성됩니다.

CHAPTER 12

이미지 삭제하고 생성하기:
Contextual Task Bar

 필수 실습 이미지 삭제하고 생성하기

선택한 이미지 영역에 Contextual Task Bar 프롬프트를 활용하여 AI 이미지를 생성하는 방법을 알아보겠습니다.

● 준비 파일: 포토샵\02\여행.jpg

01 상단 메뉴에서 [File] → Open(Ctrl + O)을 실행하여 이미지 폴더에서 '여행.jpg' 파일을 불러옵니다.

02 도구바에서 [Remove Tool](✏️)을 선택하고 그림과 같이 드래그하면, 인물이 삭제되고 그림과 같이 합성됩니다.

03 사각형 선택 도구(▭)로 그림과 같이 드래그합니다.

04 Contextual Task Bar 프롬프트에 '남자, 여자 2명이 여행중인 관광객'을 입력하고 [Generate] 버튼을 클릭합니다.

05 선택 영역에 그림과 같이 이미지가 생성됩니다.

이미지 확장하기:
Contextual Task Bar

 이미지 확장하기

이미지 캔버스를 확장시키고 Contextual Task Bar를 활용하여 AI 이미지를 생성하는 방법을 알아보겠습니다.

● 준비 파일: 포토샵\02\빌딩 남성.jpg

01 상단 메뉴에서 **[File]** → **Open**(Ctrl+O)을 실행하여 이미지 폴더에서 '빌딩 남성.jpg' 파일을 불러옵니다.

02 자르기 도구(🗘.)를 선택하고 그림과 같이 이미지 오른쪽 부분을 확장합니다. Contextual Task Bar **[Generative Expand]**를 클릭하고 **[Generate]**를 클릭합니다.

03 그림과 같이 이미지 오른쪽 부분이 생성됩니다.

PHOTOSHOP

Ps

PART 3.
이미지 보정하고 합성하기

CHAPTER
01

이미지 합성하기:
Layers 패널

**필수
실습**

Layers 패널 알아보기 ────────────●

레이어는 도화지나 그림을 여러 겹 쌓아 놓은 개념으로 이해하면 됩니다. 포토샵에서 레이어는 이미지를 보정하고 합성할 때 가장 중요한 요소입니다. 레이어와 [Layers] 패널에 대해서 알아보겠습니다.

● 준비 파일: 포토샵\03\레이어.psd

01 [File] → Open(Ctrl+O)을 실행하고 03 폴더에서 '레이어.psd' 파일을 불러옵니다.

02 [Layers] 패널에서 'Layer 1' 레이어를 선택하고 위쪽으로 드래그합니다. 레이어 위치가 변경되면서 작업창에 'Layer 1' 이미지가 보입니다.

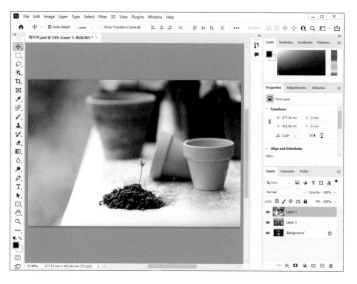

03 'Layer 1' 레이어를 더블클릭하면 레이어 이름을 변경할 수 있습니다. 예제에서는 '새싹'으로 변경했습니다.

04 눈 아이콘(👁)을 클릭하면 'Layer 2' 레이어를 숨길 수 있습니다.

05 '새싹' 레이어를 'Create a new layer' 아이콘(⊞)으로 드래그합니다. '새싹' 레이어가 복사되면서 새로운 '새싹 copy' 레이어가 생깁니다.

레이어를 선택하고 Ctrl + J 를 누르면 레이어가 복사됩니다.

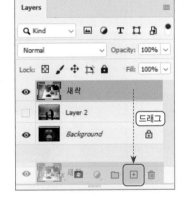

06 '새싹 copy' 레이어를 'Delete layer' 아이콘(🗑)으로 드래그하면 레이어가 삭제됩니다.

07 '새싹' 레이어를 선택하고 Ctrl 을 누른 상태로 'Layer 2'를 선택한 다음 'Link layers' 아이콘( )을 클릭하면 2개의 레이어가 묶입니다. 다시 'Link layers' 아이콘( )을 클릭하면 묶음이 해제됩니다.

08 '새싹 copy' 레이어를 선택하고 'Lock all' 아이콘( )을 클릭하면 레이어가 수정할 수 없게 잠깁니다. 다시 'Lock all' 아이콘( )을 클릭하면 잠금이 해제됩니다.

09 '새싹'과 '새싹 copy' 레이어를 선택하고 마우스 오른쪽 버튼을 클릭한 다음 **Merge Layers**를 선택하면 2개의 레이어가 합쳐집니다.

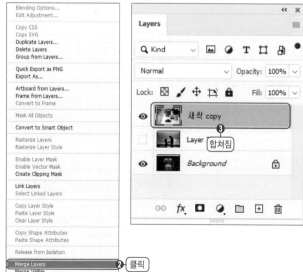

10 '새싹 copy'와 'Layer 2' 레이어를 선택하고 'Create a new group' 아이콘(🗀)을 클릭하면 선택한 레이어가 그룹으로 묶입니다. 화살표를 클릭하면 그루핑한 레이어를 확인할 수 있습니다.

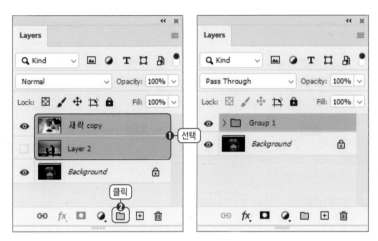

■ [Layers] 패널

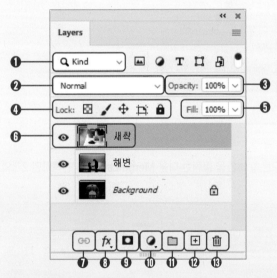

❶ **Pick a filter type:** 레이어를 쉽고 빠르게 찾을 수 있습니다.

❷ **Blending mode:** 선택한 레이어와 아래 레이어의 합성 방식을 설정합니다.

❸ **Opacity:** 레이어의 불투명도를 설정합니다.

❹ **Lock:** 레이어를 수정하지 못하도록 잠급니다.

· **투명 픽셀 잠금:** 투명 픽셀 부분에 작업하지 못하도록 잠급니다.
· **브러시 잠금:** 브러시 도구를 활용해 작업하지 못하도록 잠급니다.
· **이동 잠금:** 이동 작업을 할 수 없도록 잠급니다.
· **아트보드와 프레임 잠금:** 아트보드와 프레임을 잠급니다.
· **모두 잠금:** 모든 작업을 하지 못하도록 잠급니다.

❺ **Fill:** 색상 영역의 불투명도를 조절합니다.

❻ **Indicates layers visibility:** 작업창에서 레이어를 숨깁니다. 눈 아이콘(👁)이 없으면 숨김 처리가 되며, 다시 클릭하면 레이어가 작업창에 보입니다.

❼ **Link layers:** 2개 이상의 레이어를 선택하고 아이콘(🔗)을 클릭하면 선택한 레이어가 묶입니다. 다시 클릭하면 해제됩니다.

❽ **Add a layer style:** 레이어 스타일 효과를 적용할 수 있습니다.

❾ **Add layer mask:** 레이어에 마스크를 적용합니다.

❿ **Create new fill or adjustment layer:** 조정 레이어를 만듭니다.

⓫ **Create a new group:** 선택한 레이어를 그루핑합니다.

⓬ **Create a new layer:** 새로운 투명 레이어를 만듭니다.

⓭ **Delete layer:** 레이어를 삭제합니다.

■ 레이어의 종류

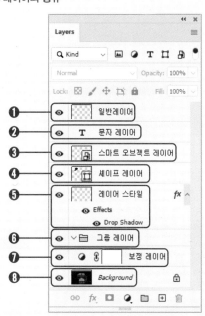

❶ **일반 레이어:** 이미지와 투명 영역을 만들 수 있으며 자유롭게 수정할 수 있습니다.

❷ **문자 레이어:** 문자 도구(**T**)로 문자를 입력하면 만들어집니다.

❸ **스마트 오브젝트 레이어:** 포토샵 이외의 프로그램에서 만든 원본 이미지를 유지하고, 벡터 속성의 원본 이미지도 유지하면서 수정할 수 있습니다.

❹ **셰이프 레이어:** 펜 도구(✐.)나 셰이프 도구(⬟.)로 도형을 그리면 만들어집니다.

❺ **레이어 스타일:** 레이어 스타일을 적용했을 때 만들어집니다.

❻ **그룹 레이어:** 레이어를 그루핑하면 만들어집니다.

❼ **보정 레이어:** 원본 이미지가 보존되고 보정 효과를 적용하면 만들어집니다.

❽ **Background:** [Layers] 패널에서 맨 아래에 위치하며 레이어의 위치를 이동할 수 없습니다.

Layers 패널을 활용해 이미지 합성하기 ————————————●

레이어를 이동하여 이미지 순서를 변경하고, 새로운 배경 이미지를 불러와 교체하는 방법을 알아보겠습니다.

● 준비 파일: 포토샵\03\레이어 패널.psd
포토샵\03\나무판자.jpg

01 [File] → Open(Ctrl+O)을 실행하고 03 폴더에서 '레이어 패널.psd' 파일을 불러옵니다.

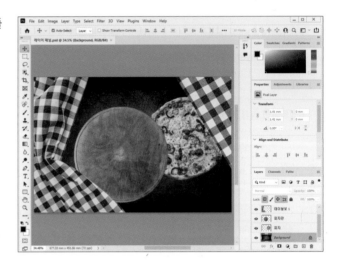

02 [Layers] 패널에서 '피자판' 레이어를 선택하고, '테이블보 2' 레이어 위로 드래그해서 위치를 변경합니다.

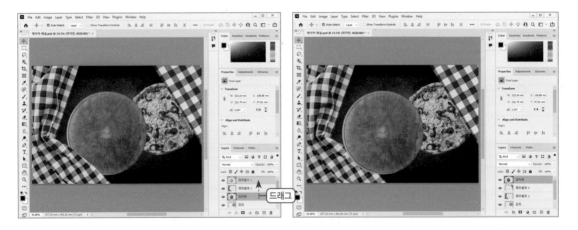

03 [Layers] 패널에서 '피자' 레이어를 선택하고 '피자판' 레이어 위로 드래그해서 위치를 변경합니다. 그리고 작업창에서 피자 이미지를 선택한 다음 그림과 같이 이동합니다.

04 [Layers] 패널에서 '피자', '피자판' 레이어를 동시에 선택하고 'Create a new group' 아이콘(□)을 클릭해서 레이어를 그루핑합니다. '피자 그룹'으로 이름을 변경합니다.

05 [File] → Open(Ctrl+O)을 실행하고 03 폴더에서 '나무판자.jpg' 파일을 불러옵니다.

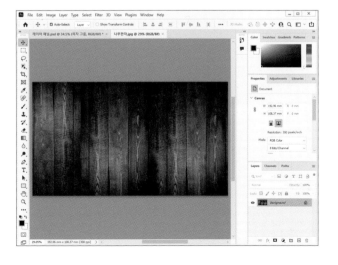

06 '나무판자' 이미지를 '레이어 패널' 이미지의 작업창으로 복사하고, 레이어 이름을 '나무판자'로 변경합니다.

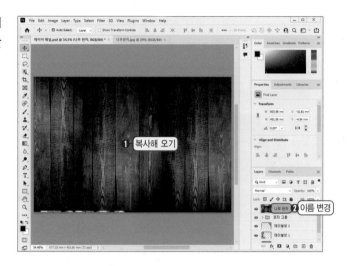

07 [Layers] 패널에서 '나무판자' 레이어를 'Background' 레이어 위로 이동하여 작업을 마무리합니다.

CHAPTER 02

이미지 색상 보정하기:
Adjustments 패널 / 색상 조정 기능

 Adjustments 패널 이해하기 ─────────────────────

포토샵으로 이미지 색상을 변경하고, 어두운 사진을 밝게 하고, 컬러 사진을 흑백 사진으로 변경하고 싶을 때 이미지를 조정(보정)하는 방법을 알아보겠습니다.

● [Adjustments] 패널

[Adjustments] 패널에서 이미지를 보정하면 [Layers] 패널에서 보정(Adjustments) 레이어가 생성되어 원본이 보존되므로 이후 이미지 보정 작업을 할 때 손쉽게 수정할 수 있습니다. 또한 [Adjustments] 패널에서 보정 아이콘을 클릭하면 [Properties] 패널에서 옵션을 설정하여 이미지를 보정할 수도 있습니다.

▲ [Adjustments] 패널

▲ [Layers] 패널에 보정 레이어가 생성된 모습

● Adjustments 메뉴

[Image] → Adjustments로 실행해 작업하면 [Layers] 패널에서 원본 이미지가 수정되어 변경하기에 어려움이 있습니다. 반면 [Layers] 패널에서 작업하면 보정 작업이 레이어로 적용되어 숨김 아이콘만 클릭하면 원본 이미지를 볼 수 있습니다.

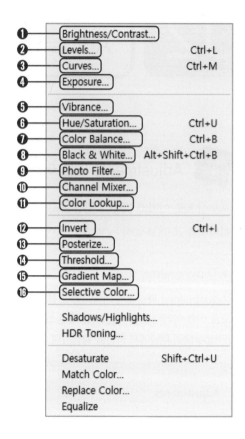

❶ **Brightness/Contrast:** 이미지를 밝고 선명하게 조정합니다.

ⓐ Auto: 이미지의 밝기와 대비를 자동으로 조정할 수 있습니다.

ⓑ Brightness: 이미지의 밝기를 조정할 수 있습니다.

ⓒ Contrast: 이미지의 대비를 조정할 수 있습니다.

ⓓ Use Legacy: 체크하면 이미지의 명암 차이가 줄어듭니다.

❷ **Levels:** 이미지의 명도를 조정합니다.

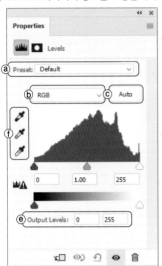 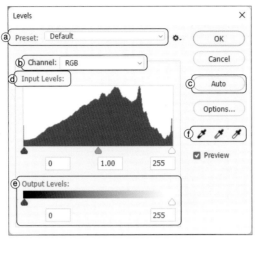

ⓐ Preset: 설정된 레벨 값으로 이미지를 조정할 수 있습니다.

ⓑ Channel: 이미지의 밝기를 조정할 수 있습니다.

ⓒ Auto: 이미지의 명도를 자동으로 조정할 수 있습니다.

ⓓ Input Levels: 이미지의 어두운 영역, 중간 영역, 밝은 영역을 조정할 수 있습니다.

ⓔ Output Levels: 전체적인 이미지의 명도를 조정할 수 있습니다.

ⓕ Spuit: 이미지 톤을 선택하여 보정할 수 있습니다.

❸ **Curves:** 이미지의 명도와 채도를 조정합니다.

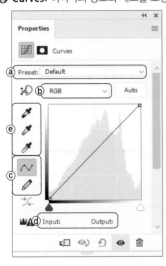 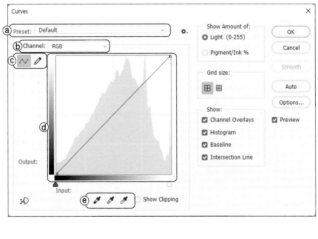

ⓐ Preset: 설정된 커브 값으로 이미지를 조정할 수 있습니다.

ⓑ Channel: 채널별로 이미지를 조정할 수 있습니다.

ⓒ 커브/연필: 커브를 수정 및 연필을 그래프에 드래그해서 이미지를 조정할 수 있습니다.

ⓓ Input/Output: 기준이 되는 커브 값을 설정하여 이미지를 조정할 수 있습니다.

ⓔ Spuit: 이미지의 톤을 선택하여 보정할 수 있습니다.

❹ **Exposure:** 이미지의 노출 정도를 조정합니다.

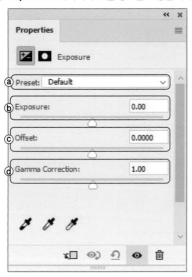 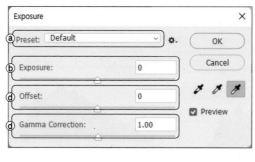

ⓐ Preset: 설정된 커브 값으로 이미지를 조정할 수 있습니다.

ⓑ Exposure: 전체적인 이미지의 노출 정도를 조정할 수 있습니다.

ⓒ Offset: 커브를 수정하거나 연필을 그래프에 드래그해서 이미지를 조정할 수 있습니다.

ⓓ Gamma Correction: 명도 대비해서 노출 값을 조정할 수 있습니다.

❺ **Vibrance:** 이미지의 채도를 조정합니다.

 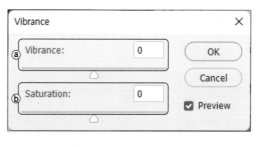

ⓐ Vibrance: 이미지의 조절 한계치까지 도달한 채도는 증가하지 않고 채도를 조정할 수 있습니다. 특히 피부 톤을 유지하면 서 채도를 조정하는 데 효과적입니다.

ⓑ Saturation: 전체적인 이미지의 채도를 조정할 수 있습니다.

❻ **Hue/Saturation:** 이미지의 색상, 채도, 명도를 조정합니다.

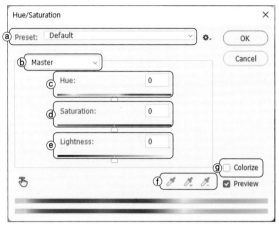

ⓐ Preset: 이미지를 설정한 색상, 채도, 명도로 조정할 수 있습니다.

ⓑ Master: 채널별로 이미지를 조정할 수 있습니다.

ⓒ Hue: 이미지의 색상을 조정할 수 있습니다.

ⓓ Saturation: 이미지의 채도를 조정할 수 있습니다.

ⓔ Lightness: 이미지의 명도를 조정할 수 있습니다.

ⓕ Spuit: 'Master' 외의 채널에서만 활성화되며, 스포이트로 선택한 색상만 조정할 수 있습니다.

ⓖ Colorize: 이미지를 모노톤으로 변경합니다.

❼ **Color Balance:** 이미지의 색상을 조정합니다.

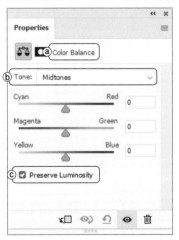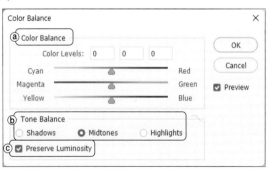

ⓐ Color Balance: 이미지의 색상을 조정할 수 있습니다.

ⓑ Tone Balance: 이미지의 어두운 영역, 중간 영역, 밝은 영역을 선택하여 색상을 조정할 수 있습니다.

ⓒ Preserve Luminosity: 체크를 해제하면 명도 대비가 유지되지 않습니다.

❽ **Black/White:** 이미지를 흑백으로 변경합니다.

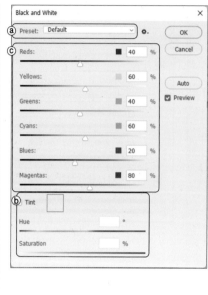

ⓐ Preset: 포토샵에서 설정한 옵션으로 이미지를 흑백으로 조정합니다.

ⓑ Tint: 흑백 이미지에 원하는 색상 톤으로 이미지를 조정합니다.

ⓒ 채널별 슬라이드: 채널별로 조절하여 흑백 이미지의 톤을 조정합니다.

❾ **Photo Filter:** 필터로 이미지를 조정합니다.

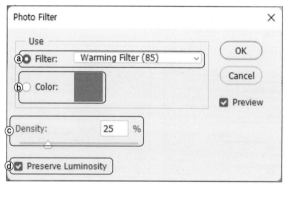

ⓐ Filter: 포토샵에서 제공하는 필터를 선택해서 이미지를 조정합니다.

ⓑ Color: 원하는 색상으로 이미지를 조정합니다.

ⓒ Density: 색상 필터의 강약을 조정합니다.

ⓓ Preserve Luminosity: 체크를 해제하면 필터 색상이 유지되지 않습니다.

⑩ **Channel Mixer:** 색상 채널을 재조합하여 색상을 조정합니다.

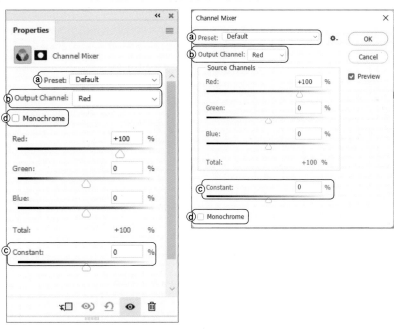

ⓐ Preset: 포토샵에서 설정한 옵션으로 이미지의 색상을 조정할 수 있습니다.

ⓑ Output Channel: 조정할 색상을 선택하고 조정합니다.

ⓒ Constant: 색상 대비를 조정합니다.

ⓓ Monochrome: 흑백 이미지로 변경해서 조정합니다.

⑪ **Color Lockup:** 이미지 색감을 조정합니다.

 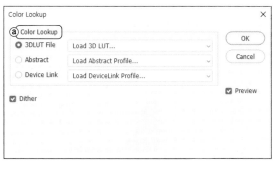

ⓐ 3DLUT File: 포토샵에서 설정한 옵션을 선택하여 색감을 조정합니다.

⓬ **Invert:** 이미지의 색상을 반전합니다.

⓭ **Posterize:** 포스터 이미지로 조정합니다.

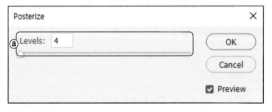

ⓐ Levels: 포스터 이미지 효과를 설정하여 조정합니다.

⓮ **Threshold:** 이미지를 고대비 흑백 이미지로 조정합니다.

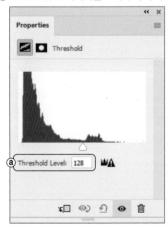
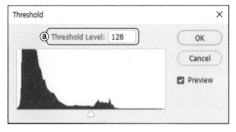

ⓐ Threshold Level: 고대비 흑백 이미지 효과를 설정하여 보정합니다.

⓯ **Gradient Map:** 이미지에 그러데이션을 적용합니다.

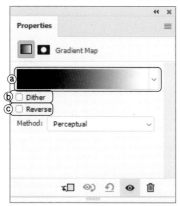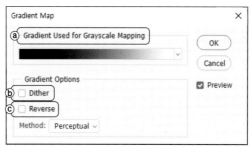

ⓐ Gradient Used for Grayscale Mapping: 그러데이션을 지정할 수 있습니다.

ⓑ Dither: 그러데이션을 부드럽게 보정합니다.

ⓒ Reverse: 그러데이션을 반대로 적용합니다.

⓰ **Selective Color:** 이미지의 특정 색상을 보정합니다.

이미지 자동 보정하기

포토샵으로 이미지를 자동으로 보정하는 기능에 대해서 알아보겠습니다.

● **준비 파일**: 포토샵\03\엄마와 딸.jpg

01 [File] → Open(Ctrl+O)을 실행하고 03 폴더에서 '엄마와 딸.jpg' 파일을 불러옵니다.

02 [Image] → Auto Contrast(Alt+Shift+Ctrl+L)를 선택하면 자동으로 이미지 톤을 보정합니다.

03 Ctrl + Z 를 눌러 원본 이미지로 되돌립니다. [Image] → Auto Tone(Shift + Ctrl + L)을 선택하면 자동으로 이미지 대비를 보정합니다.

04 Ctrl + Z 를 눌러 원본 이미지로 되돌립니다. [Image] → Auto Color(Shift + Ctrl + B)를 선택하면 자동으로 이미지 색상을 보정합니다.

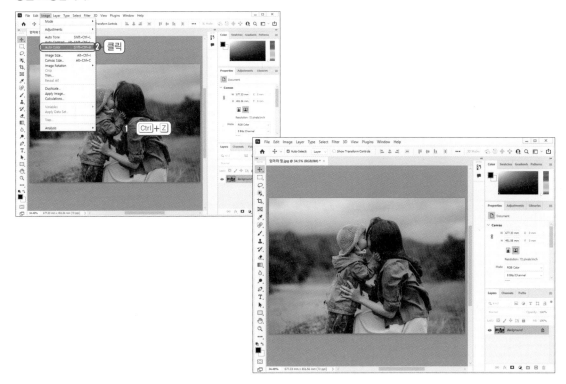

Brightness Contrast로 이미지 보정하기 ─────────────────●

Brightness Contrast 기능을 활용해 이미지를 밝고 선명하게 보정하는 방법에 대해서 알아보겠습니다.

● 준비 파일: 포토샵\03\스니커즈.jpg

01 [File] → Open(Ctrl+O)을 실행하고 03 폴더에서 '스니커즈.jpg' 파일을 불러옵니다.

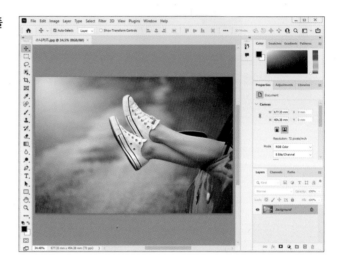

02 [Adjustments] 패널에서 'Brightness Contrast' 아이콘(☀)을 클릭하고, [Properties] 패널에서 Brightness를 '9', Contrast를 '58'로 입력해 밝고 선명하게 보정합니다.

Levels로 이미지 보정하기

Levels 기능을 활용해 이미지를 밝고 선명하게 보정하는 방법에 대해서 알아보겠습니다.

● 준비 파일: 포토샵\03\컬러 런.jpg

01 [File] → Open(Ctrl+O)을 실행하고 03 폴더에서 '컬러 런.jpg' 파일을 불러옵니다.

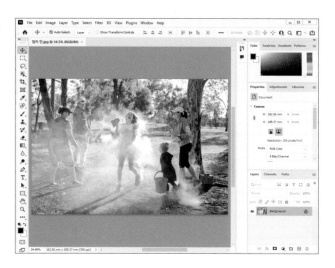

02 [Adjustments] 패널에서 'Levels' 아이콘(▮)을 클릭하고, [Properties] 패널에서 왼쪽부터 '31, 0.85, 255'로 입력해서 이미지의 명도를 조절하여 선명하게 보정합니다.

Curves로 이미지 보정하기

Curves 기능을 활용해 이미지를 밝고 선명하게 보정하는 방법에 대해서 알아보겠습니다.

● **준비 파일:** 포토샵\03\고양이.jpg

01 [File] → Open(Ctrl+O)을 실행하고 03 폴더에서 '고양이.jpg' 파일을 불러옵니다.

02 [Adjustments] 패널에서 'Curves' 아이콘(⊞)을 클릭하고, [Properties] 패널에서 그림과 같이 드래그해 곡선으로 수정하여 이미지의 명도와 채도를 보정합니다.

Hue/Saturation으로 이미지 보정하기

Hue/Saturation 기능을 활용해 이미지의 색상을 보정하는 방법에 대해서 알아보겠습니다.

● 준비 파일: 포토샵\03\벽.jpg

01 [File] → Open(Ctrl+O)을 실행하고 03 폴더에서 '벽.jpg' 파일을 불러옵니다.

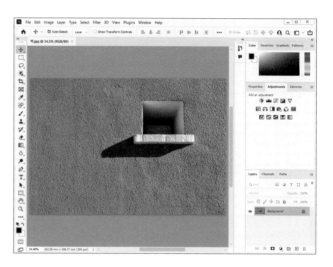

02 [Adjustments] 패널에서 'Hue/Saturation' 아이콘(▦)을 클릭하고 [Properties] 패널에서 Hue를 '-176'으로 입력하여 벽 색상을 변경합니다.

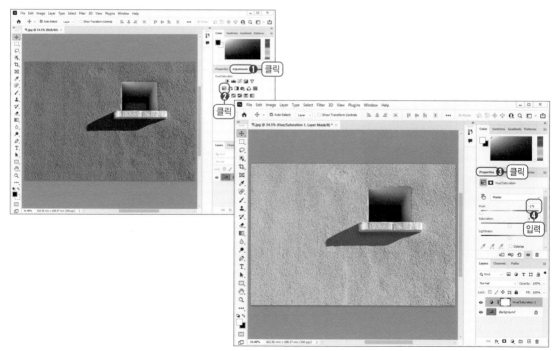

Black/White로 이미지 보정하기 ────────────────●

컬러 이미지를 흑백으로 보정하고 채널 톤을 변경하여 흑백 대비를 조절하는 Black/White 기능에 대해서
알아보겠습니다.

● 준비 파일: 포토샵\03\산.jpg

01 [File] → Open(Ctrl+O)을 실행하고 03 폴
더에서 '산.jpg' 파일을 불러옵니다.

02 [Adjustments] 패널에서 'Black/White' 아이콘(◨)을 클릭합니다. [Properties] 패널에서 Reds '-51', Yellow
'182', Green '-40', Cyans '98', Blues '-6', Magentas '-40'을 입력해 원하는 톤으로 조절하며 흑백 이미지로 보정
합니다.

Photo Filter로 이미지 보정하기 ●

이미지를 따뜻한 톤으로 보정하는 Photo Filter 기능에 대해서 알아보겠습니다.

● 준비 파일: 포토샵\03\아이.jpg

01 [File] → Open(Ctrl+O)을 실행하고 03 폴더에서 '아이.jpg' 파일을 불러옵니다.

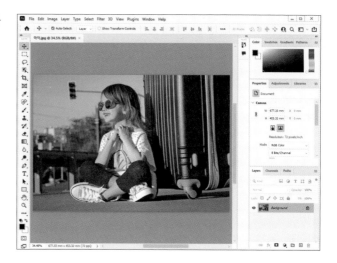

02 [Adjustments] 패널에서 'Photo Filter' 아이콘(📷)을 클릭하고, [Properties] 패널에서 Density를 '90'으로 입력하여 따뜻한 톤으로 보정합니다.

Invert로 이미지 색상 반전하기 ─────────────────────────●

이미지의 색상을 반전하는 Invert 기능에 대해서 알아보겠습니다.

● 준비 파일: 포토샵\03\텐트.jpg

01 [File] → Open(Ctrl+O)을 실행하고 03 폴더에서 '텐트.jpg' 파일을 불러옵니다.

02 [Adjustments] 패널에서 'Invert' 아이콘(圖)을 클릭하면 이미지의 색상이 반전됩니다.

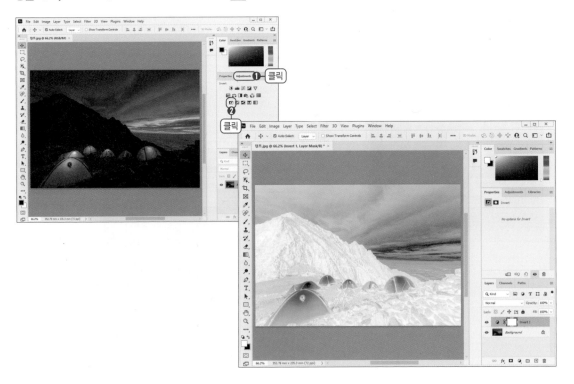

Threshold로 고대비 흑백 이미지로 보정하기

컬러 이미지를 고대비 흑백 이미지로 보정하는 Threshold 기능에 대해서 알아보겠습니다.

● 준비 파일: 포토샵\03\관람차.jpg

01 [File] → Open(Ctrl+O)을 실행하고 03 폴더에서 '관람차.jpg' 파일을 불러옵니다.

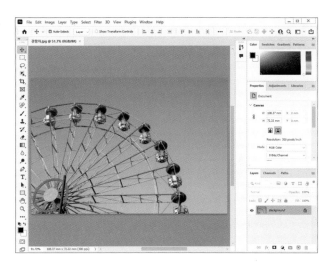

02 [Adjustments] 패널에서 'Threshold' 아이콘(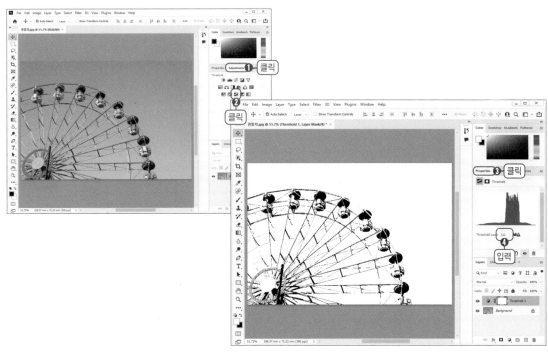)을 클릭하고, [Properties] 패널에서 Threshold Level을 '112'로 입력해서 고대비 흑백 이미지로 보정합니다.

Gradient Map으로 이미지에 그러데이션 적용하기 ───────────●

이미지에 그러데이션을 주는 Gradient Map 기능에 대해서 알아보겠습니다.

● 준비 파일: 포토샵\03\침실.jpg

01 [File] → Open(Ctrl+O)을 실행하고 03 폴더에서 '침실.jpg' 파일을 불러옵니다.

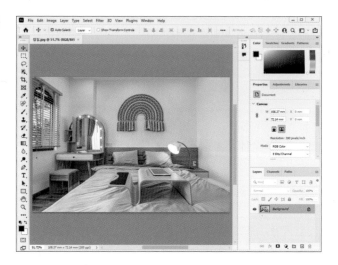

02 [Adjustments] 패널에서 'Gradient Map' 아이콘(■)을 클릭하고 'Orange_10'을 선택한 다음 〈OK〉 버튼을 클릭하면 이미지에 오렌지색 그러데이션이 적용됩니다.

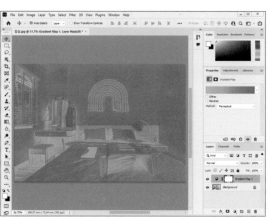

레이어 마스크와 클리핑 마스크로 합성하고 AI 이미지로 생성하기: Layer Mask / Clipping Mask / Select and Mask / Generate Background

 마스크 이해하기

마스크는 가위로 도화지의 일부 영역에 구멍을 뚫으면 그 아래에 있는 이미지가 보이는 것과 같은 개념으로, 포토샵에서 마스크는 이미지의 일부 영역을 합성할 때 가장 많이 사용하는 기능입니다. 레이어 마스크와 클리핑 마스크에 대해서 알아보겠습니다.

● **레이어 마스크와 클리핑 마스크**

레이어 마스크는 이미지에 마스크를 적용하는 방법으로 마스크가 적용된 이미지 또는 마스크 영역을 이동하려면 링크 아이콘(🔗)을 해제하고 이동하면 됩니다.

클리핑 마스크는 아래쪽 레이어의 내용으로 그 위에 있는 레이어에 마스크를 적용하는 방법으로 마스크 영역을 이동하려면 마우스 오른쪽 버튼을 클릭하고 **Release Clipping Mask**를 선택한 뒤 다시 **Create Clipping Mask**를 선택하면 됩니다.

▲ 레이어 마스크

▲ 클리핑 마스크

레이어 마스크 알아보기

● 준비 파일: 포토샵\03\컴퓨터.jpg
포토샵\03\들판.jpg

01 [File] → Open(Ctrl+O)을 실행하고 03 폴더에서 '컴퓨터.jpg' 파일을 불러옵니다.

02 [File] → Open(Ctrl+O)을 실행하고 03 폴더에서 '들판.jpg' 파일을 불러옵니다.

03 '들판' 이미지를 '컴퓨터' 이미지의 작업창으로 복사합니다.

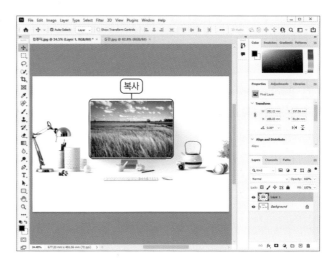

04 [Layers] 패널에서 눈 아이콘(👁)을 클릭해 '들판' 이미지를 숨김 처리합니다. [Tools] 패널에서 마술봉 도구(🪄)를 선택하고 모니터 안쪽을 클릭해서 선택 영역을 지정합니다.

05 [Layers] 패널에서 '들판' 이미지를 선택하고 눈 아이콘(👁)을 다시 클릭해 숨김 처리합니다. [Layers] 패널에서 'Add layer mask' 아이콘(▢)을 클릭하면 레이어 마스크가 적용됩니다.

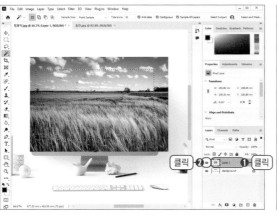 

클리핑 마스크 알아보기

● 준비 파일: 포토샵\03\모자 여자.psd

06 [File] → Open(Ctrl+O)을 실행하고 03 폴더에서 '모자 여자.psd' 파일을 불러옵니다.

07 원형 도구( )를 선택하고 그림과 같이 정원을 그립니다.

Alt를 누른 상태로 드래그하면 마우스 포인터 지점부터 타원이 그려집니다.

타원의 셰이프 레이어는 '모자 여자'의 레이어 아래에 위치해야 됩니다.

08 [Layers] 패널에서 '모자 여자'를 선택하고 마우스 오른쪽 버튼을 클릭한 다음 **Create Clipping Mask**를 선택하면 클리핑 마스크가 적용됩니다.

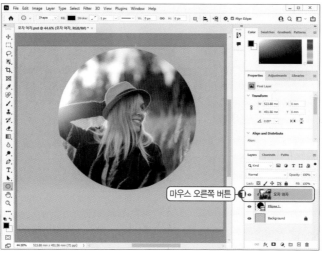

 클리핑 마스크로 이미지 합성하기

이미지에 마스크를 적용해 문자를 합성하여 독특한 그래픽 효과를 만드는 방법에 대해서 알아보겠습니다.

● 준비 파일: 포토샵\03\벽화.jpg
포토샵\03\벽(2).jpg

01 [File] → Open(Ctrl+O)을 실행하고 03 폴더에서 '벽화.jpg' 파일을 불러옵니다.

02 문자 도구(T.)를 선택하고 'Graffiti'를 입력합니다. 옵션바에서 서체를 'Arial'과 'Black'으로 지정하고, 크기를 '240pt'로 설정합니다.

03 [Layers] 패널에서 'Background' 레이어의 잠금을 해제한 다음 'Graffiti' 문자 레이어 위로 이동합니다.

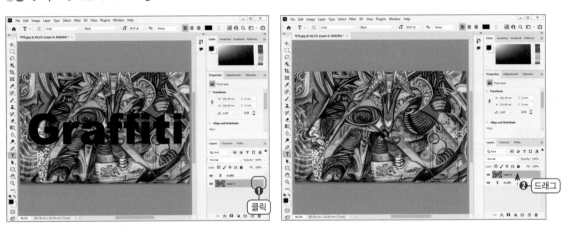

04 [Layers] 패널에서 'Layer 0'을 선택하고 마우스 오른쪽 버튼을 클릭한 다음 **Create Clipping Mask**를 선택하면 클리핑 마스크가 적용됩니다.

05 [File] → Open(Ctrl+O)을 실행하고 03 폴더에서 '벽(2).jpg' 파일을 불러옵니다.

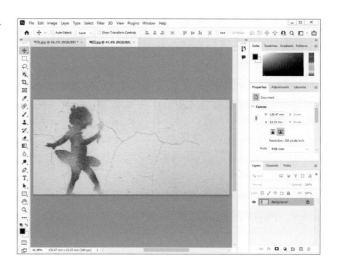

06 'Layer 0', 'Graffiti' 레이어를 모두 선택하고 '벽(2)' 작업창으로 복사합니다. 그림과 같이 배치하고 작업을 마무리합니다.

'Layer 1' 레이어를 이동하면 고정된 마스크 영역에서 이미지 위치가 변경됩니다.

Select and Mask로 이미지 합성하기 ─────────────────●

머리카락처럼 가느다란 부분에 자연스럽게 마스크를 적용할 수 있는 Select and Mask 기능을 활용하여 마스크를 적용하고 합성하는 방법에 대해서 알아보겠습니다.

● 준비 파일: 포토샵\03\카메라 여자.jpg
포토샵\03\공원.jpg

01 [File] → Open(Ctrl+O) 을 실행하고 03 폴더에서 '카메라 여자.jpg' 파일을 불러옵니다.

02 오브젝트 선택 도구(□)를 선택하고, 옵션바에서 'Object Finder' 아이콘(○)을 클릭하면 자동으로 이미지를 인식하여 카메라를 들고 있는 여자 이미지의 선택 영역이 표시됩니다. 클릭하면 이미지가 선택됩니다.

03 사각형 선택 도구(▦)를 선택한 다음 옵션바에서 'Add to selection' 아이콘(▣)을 클릭합니다. 선택이 안 된 카메라 이미지 일부를 드래그해서 추가 선택합니다.

04 상단 옵션바에서 'Select and Mask'를 클릭하면 [Properties] 패널이 활성화됩니다.

05 'Refine Edge Brush Tool' 아이콘(✎)을 선택합니다. 옵션바에서 브러시 크기를 '20px'로 설정하고 머리카락 외곽을 드래그하면 머리카락이 자연스럽게 선택됩니다.

06 [Properties] 패널에서 Output To를 'New Layer with Layer Mask'로 선택하고 〈OK〉 버튼을 클릭하면 작업창에 마스크가 적용된 레이어가 생성됩니다.

07 [File] → Open(Ctrl+O)을 실행하고 03 폴더에서 '공원.jpg' 파일을 불러옵니다.

08 마스크가 적용된 이미지를 '공원' 이미지의 작업창으로 복사해서 그림과 같이 배치합니다.

09 [Layers] 패널에서 'Background' 레이어의 자물쇠 아이콘( )을 클릭해서 잠금을 해제합니다.

10 [Filter] → Blur → Gaussian을 실행합니다. Radius를 '4.0'으로 입력하고 〈OK〉 버튼을 클릭합니다.

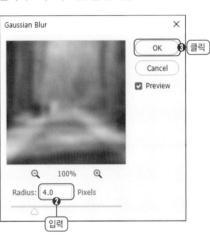

11 자연스러운 머리카락 마스크와 배경에 블러 필터 효과가 적용되어 원근감 있는 이미지로 합성됩니다.

Generate Background를 활용하여 AI 이미지 생성하기 ─────────────●

Remove Background 기능을 활용하여 배경을 삭제하고, Contextual Task Bar 프롬프트에 텍스트를 입력하여 AI 배경 이미지를 생성하는 방법을 알아보겠습니다.

● 준비 파일: 포토샵\02\마켓.jpg

01 상단 메뉴에서 [File] → Open(Ctrl+O)을 실행하여 이미지 폴더에서 '마켓.jpg' 파일을 불러옵니다.

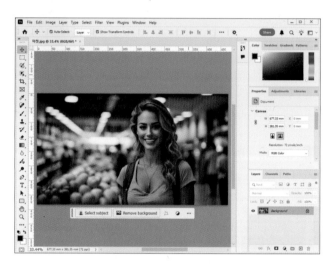

02 Contextual Task Bar에서 [Remove Back-ground]를 클릭하면 배경이 삭제됩니다.

03 [Generate Background]를 클릭하고 Con-textual Task Bar 프롬프트에 '컴퓨터가 있는 사무실'을 입력한 후 [Generate]를 클릭하면 그림과 같이 이미지가 생성됩니다.

04 포토샵에서 제안하는 생성형 이미지 3가지를 [Properties] 패널에서 선택할 수 있습니다.

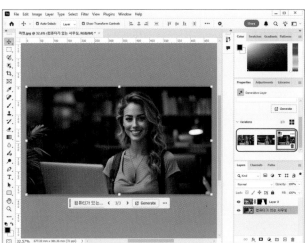

05 [Properties] 패널에서 [Generate] 버튼을 클릭하면 추가적으로 이미지를 생성할 수 있습니다.

PART 1. 포토샵 시작

PART 2. 영상 · 변형

PART 3. 보정 · 합성

PART 4. 색상 · 드로잉

PART 5. 문자

CHAPTER

04

선택 영역 이미지 제거하기:
Delete and Fill Selection

필수 실습 **이미지의 일부를 선택하고 삭제하기** ─────────────●

포토샵에서 이미지의 일부를 선택하고 선택된 영역을 삭제하거나, 주위 배경을 자동으로 인식하여 삭제하는 방법에 대해서 알아보겠습니다.

● **준비 파일:** 포토샵\03\해안가.jpg

01 [File] → Open(Ctrl+O)을 실행하고 03 폴더에서 '해안가.jpg' 파일을 불러옵니다.

02 사각형 선택 도구(▭)를 선택하고 그림과 같이 드래그합니다.

03 마우스 오른쪽 버튼을 클릭하고 **Delete and Fill Selection**을 선택하면 이미지가 자연스럽게 삭제됩니다.

CHAPTER

05

블렌딩 모드로 다양하게 이미지 합성하기: Blend Mode

 필수 실습 블렌딩 모드 이해하기

포토샵으로 이미지를 합성할 때 이미지(레이어)에 색상, 채도, 명도, 투명 효과 등을 손쉽게 적용할 수 있는 블렌딩 모드에 대해서 알아보겠습니다.

● 블렌딩 모드

블렌딩 모드는 위쪽과 아래쪽 이미지(레이어)를 어떤 방식으로 혼합하여 이미지를 합성할지 선택하는 기능입니다. 26가지 모드를 크게 6가지로 구분하며, 6가지 모드로는 불투명 합성, 어둡게 합성, 밝게 합성, 겹쳐진 이미지의 대비를 증가시키는 합성, 비교(대치, 소거) 합성, 색상 비교 합성이 있습니다.

아래의 이미지 2개를 예시로 26가지 블렌딩 모드를 하나씩 살펴보겠습니다.

▲▶ 각 블렌딩 모드에 활용할 예시 이미지

❶ Dissolve: 불투명도를 줄일수록 모래알 흩뿌린 듯한 효과가 나타나며 합성됩니다.

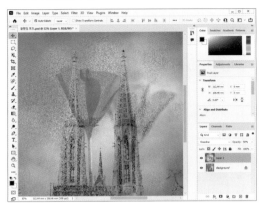

❷ Darken: 어두운 색상이 겹치면 더 어둡게 합성됩니다.

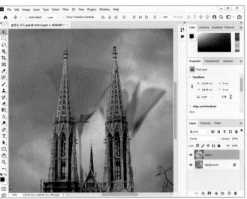

❸ Multiply: 색상이 겹치는 부분은 더 어둡게, 밝은색이 겹치는 부분은 투명하게 합성됩니다.

❹ Color Burn: 채도는 높이고 명도는 낮추며 어둡게 합성됩니다.

❺ Linear Burn: Color Burn보다 어둡게 합성됩니다.

❻ Darker Color: 두 이미지의 색상을 비교하여 어두운 부분만 합성됩니다.

❼ **Lighten:** 밝은 색상이 겹치는 부분은 더 밝게 합성하고, 어두운 색상이 겹치는 부분은 투명하게 합성됩니다.

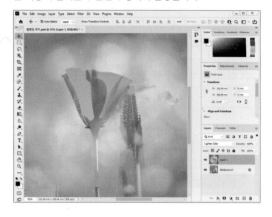

❽ **Screen:** 어두운 색상은 밝게 합성되고, 100% 검은색은 투명하게 합성됩니다.

❾ **Color Dodge:** 색상이 겹치는 부분이 어두운색보다 밝을 경우 더 밝게 합성됩니다.

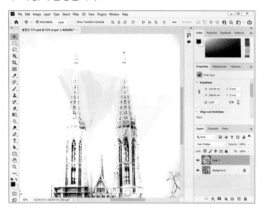

❿ **Linear Dodge(Add):** 명도 50%보다 밝은 부분은 더 밝게 합성됩니다.

⓫ **Lighter Color:** 색상을 비교하여 밝은색을 혼합하여 합성됩니다.

⓬ **Overlay:** 밝은 부분은 더 밝게, 어두운 부분은 더 어둡게 합성됩니다.

⓭ **Soft Light:** Overlay보다 색상이 부드럽게 합성됩니다.

⓮ **Hard Light:** Soft Light보다 색상이 강하게 합성됩니다.

⓯ **Vivid Light:** Hard Light보다 색상이 선명하게 합성됩니다.

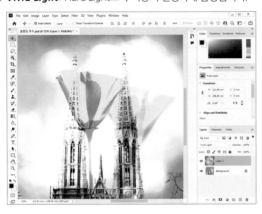

⓰ **Linear Light:** 색상을 비교하여 50% 회색보다 밝으면 밝게, 어두우면 어둡게 합성됩니다.

⓱ **Pin Light:** 색상을 비교하여 50% 회색보다 밝으면 채도를 높이고, 어두우면 채도를 낮추어 합성됩니다.

⓲ **Hard Mix:** Vivid Light보다 강한 대비로 합성됩니다.

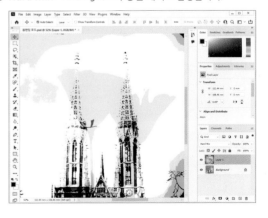

⑲ **Difference:** 색상이 겹쳐진 부분을 반전시켜 합성합니다.

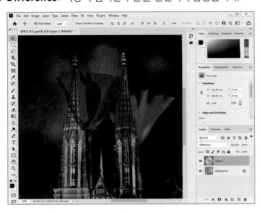

⑳ **Exclusion:** Difference보다 부드럽게 합성됩니다.

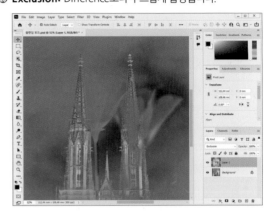

㉑ **Subtract:** 색상을 비교하여 기본 색상에서 혼합 색상을 제외한 나머지 부분이 합성됩니다.

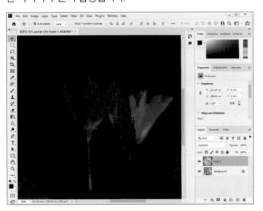

㉒ **Divide:** 색상을 비교하여 기본 색상에서 혼합 색상을 나누어 합성합니다.

㉓ **Hue:** 아래 이미지의 명도와 채도를 위 이미지에 적용하여 합성합니다.

㉔ **Saturation:** 아래 이미지의 색상과 명도를 위 이미지에 적용하여 합성합니다.

㉕ **Color:** 아래 이미지의 명도를 위 이미지의 색상과 채도에 적용하여 합성합니다.

㉖ **Luminosity:** 아래 이미지의 색상과 채도를 위 이미지에 적용하여 합성됩니다.

 Multiply 블렌딩 모드로 이미지 합성하기 ●

흰색 부분을 투명하게 합성하는 Multiply 블렌딩 모드를 알아보겠습니다.

● 준비 파일: 포토샵\03\커피 배경.jpg
포토샵\03\커피 일러스트.jpg

01 [File] → Open(Ctrl+O)을 실행하고 03 폴더에서 '커피 배경.jpg' 파일을 불러옵니다.

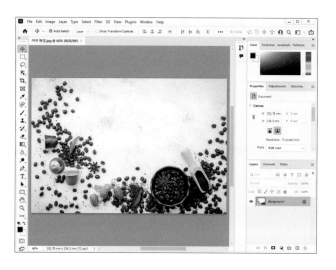

02 [File] → Open(Ctrl+O)을 실행하고 03 폴더에서 '커피 일러스트.jpg' 파일을 불러옵니다.

03 '커피 일러스트' 이미지를 '커피 배경' 이미지의 작업창으로 복사합니다.

04 블렌딩 모드에서 'Multiply'를 선택하면 '커피 일러스트'의 흰색 배경이 투명하게 합성됩니다.

Lighten 블렌딩 모드로 이미지 합성하기 ─────────────────────●

어두운 부분을 투명하게 합성하는 Lighten 블렌딩 모드를 알아보겠습니다.

● **준비 파일**: 포토샵\03\등대.jpg
포토샵\03\초승달.jpg

01 [File] → Open(Ctrl+O)을 실행하고 03 폴더에서 '등대.jpg' 파일을 불러옵니다.

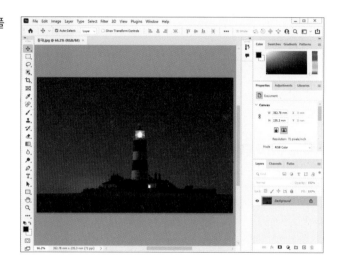

02 [File] → Open(Ctrl+O)을 실행하고 03 폴더에서 '초승달.jpg' 파일을 불러옵니다.

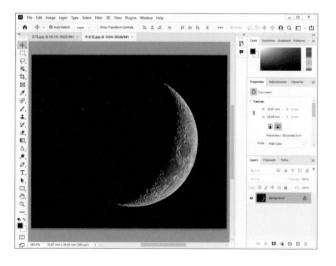

03 '초승달' 이미지를 '등대' 이미지의 작업창으로 복사합니다.

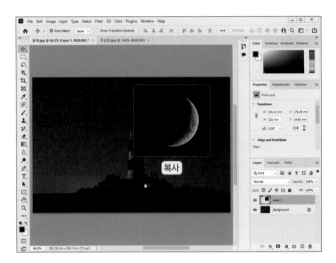

04 블렌딩 모드에서 'Lighten'을 선택하면 '초승달' 이미지의 어두운 배경이 투명하게 합성됩니다.

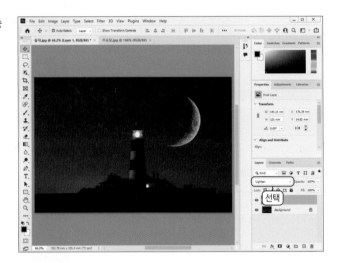

Overlay 블렌딩 모드로 이미지 합성하기 ●

이미지를 자연스럽게 합성하는 Overlay 블렌딩 모드를 활용하고, 이미지의 일부 부분에만 마스크를 적용하여 합성하는 방법을 알아보겠습니다.

● 준비 파일: 포토샵\03\광장.jpg
포토샵\03\별.jpg

01 [File] → Open(Ctrl+O)을 실행하고 03 폴더에서 '광장.jpg' 파일을 불러옵니다.

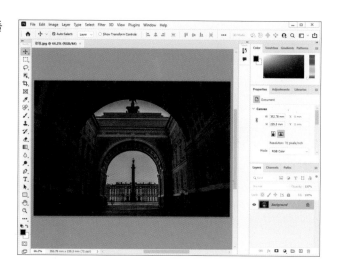

02 [File] → Open(Ctrl+O)을 실행하고 03 폴더에서 '별.jpg' 파일을 불러옵니다.

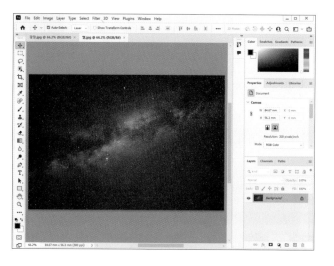

03 '별' 이미지를 '광장' 이미지의 작업창으로
복사합니다.

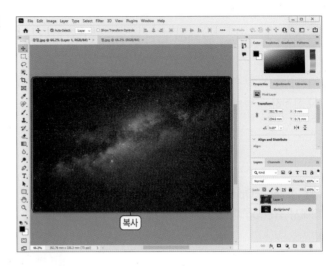

04 블렌딩 모드에서 'Overlay'를 선택하면 2개
의 이미지가 자연스럽게 합성됩니다.

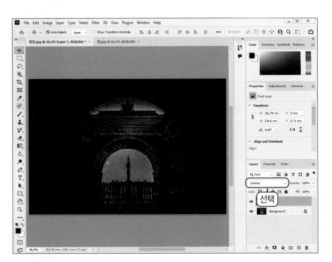

05 [Layers] 패널에서 'Layer 1' 레이어를 선택하고, 'Add layer mask' 아이콘(▣)을 선택해 마스크를 적용합니다.
[Tools] 패널에서 브러시 도구(✏)를 선택한 다음, 옵션바에서 브러시 크기를 '200px'로 설정합니다.

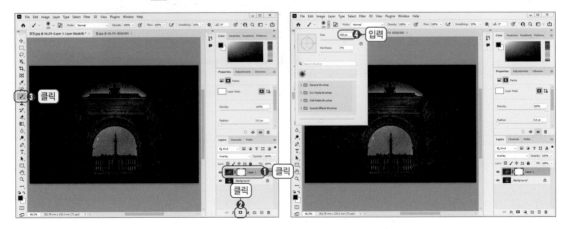

06 드래그하면서 광장의 하늘 부분에만 마스크를 적용해 작업을 마무리합니다.

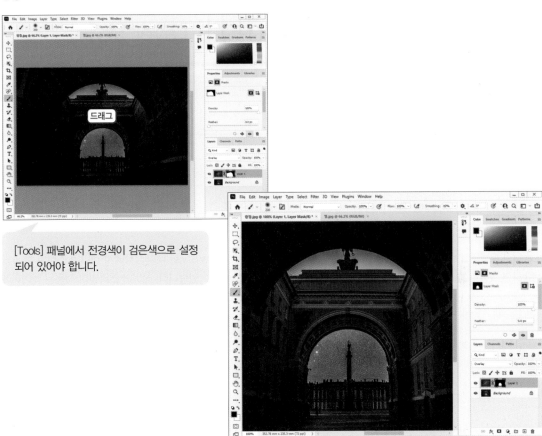

[Tools] 패널에서 전경색이 검은색으로 설정
되어 있어야 합니다.

레이어 스타일 활용하여 이미지 합성하기: Layer Style

 레이어 스타일 이해하기

포토샵에서 문자나 이미지(레이어)에 그림자 효과, 입체 효과, 색상 및 그러데이션 등 다양한 그래픽 효과를 적용할 수 있는 레이어 스타일에 대해서 알아보겠습니다.

● **[Layer Style] 대화상자**

[Layers] 패널의 'Layers Style' 아이콘(fx)을 클릭하면 실행되는 [Layers Style] 대화상자에서 레이어 스타일 효과를 선택하면 그림자 효과, 입체 효과 등을 다양하게 활용해 이미지를 합성할 수 있습니다. 레이어 스타일이 적용된 레이어에는 'Layers Style' 아이콘(fx)이 보이며, 레이어 하단에서 적용된 레이어 스타일을 확인할 수 있습니다.

▲ [Layer Style] 대화상자

▲ 레이어 스타일에 활용할 원본 이미지

❶ **Bevel & Emboss:** 빛의 방향에 따라 하이라이트와 어두운 부분을 적용하여 입체감 있게 표현할 수 있습니다.

❷ **Stroke:** 외곽선의 두께 및 색상 등을 설정할 수 있습니다.

❸ **Inner Shadow:** 레이어 안쪽에 그림자 효과를 설정할 수 있습니다.

❹ **Inner Glow:** 레이어 안쪽에 빛 효과를 설정할 수 있습니다.

❺ **Stain:** 레이어에 광택 효과를 설정할 수 있습니다.

❻ **Color Overlay:** 레이어에 색상을 설정할 수 있습니다.

❼ **Gradient Overlay:** 레이어에 그러데이션을 설정할 수 있습니다.

❽ **Pattern Overlay:** 레이어에 패턴을 설정할 수 있습니다.

❾ **Outer Glow:** 레이어 바깥쪽에 빛 효과를 설정할 수 있습니다.

❿ **Drop Shadow:** 레이어 바깥쪽에 그림자 효과를 설정할 수 있습니다.

 레이어 스타일을 활용하여 이미지 합성하기 ──────────●

레이어 스타일 중 Outer Glow를 활용하여 그러데이션을 적용하고, Drop Shadow를 활용하여 문자에 그림자 효과를 합성하는 방법에 대해서 알아보겠습니다.

● 준비 파일: 포토샵\03\꽃잎.jpg

01 [File] → Open(Ctrl+O)을 실행하고 03 폴더에서 '꽃잎.jpg' 파일을 불러옵니다.

02 사각형 도구(□.)를 선택하고 드래그해서 그림과 같이 직사각형을 그립니다.

03 옵션바에서 'Fill' 아이콘(Fill: ■)을 클릭하고 스펙트럼 아이콘(▨)을 클릭해서 색상 코드에 'ffffff'를 입력한 다음 〈OK〉 버튼을 클릭합니다.

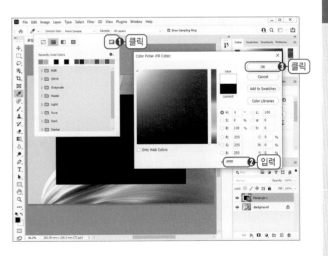

04 'Add a layer style' 아이콘(*fx*)을 클릭하고 **Outer Glow**를 선택합니다. Blend Mode를 'Normal', Opacity를 '85%', Size를 '90px'로 입력하고 〈OK〉 버튼을 클릭합니다.

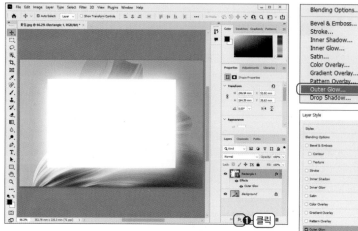
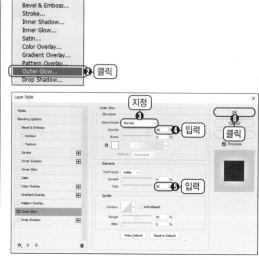

05 [Layers] 패널에서 Fill을 '0%'로 입력하면 사각형 도형만 투명해지고 레이어 스타일을 적용한 효과는 유지됩니다.

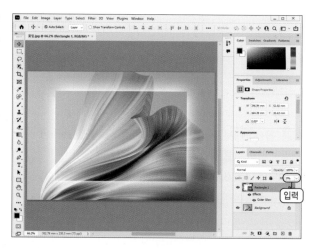

06 문자 도구(*T.*)를 선택하고 'Layer Style'을 입력합니다. 상단 옵션바에서 서체를 'Arial', 두께를 'Bold', 크기를 '75pt'로 설정합니다.

07 'Layers Style' 아이콘( )을 클릭하고 **Drop Shadow**를 선택합니다. Blend Mode를 'Normal', Color를 'e45a36', Opacity를 '50', Angle을 '120', Distance를 '20'으로 입력하고 〈OK〉 버튼을 클릭해 작업을 마무리합니다.

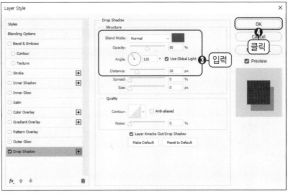

CHAPTER

07

채널 이해하기

: Channel

 채널 이해하기

채널은 주로 이미지를 합성하거나 보정할 때 사용합니다. 이미지의 색상 정보를 담고 있는 채널 기능에 대해서 알아보겠습니다.

● RGB 모드와 CMYK 모드

포토샵에서 이미지 작업을 할 때는 대부분 RGB 모드 또는 CMYK 모드로 작업하게 됩니다. RGB 모드는 디지털 디스플레이 화면으로 디자인 결과물을 작업할 때 사용하며 RGB가 혼합된 채널, Red 채널, Green 채널, Blue 채널로 구성되어 있습니다. CMYK 모드는 책과 같은 인쇄물로 디자인 결과물을 작업할 때 사용하며 CMYK가 혼합된 채널, Cyan 채널, Magenta 채널, Yellow 채널, Black 채널로 구성되어 있습니다.

▲ CMYK 모드

▲ RGB 모드

▲ RGB 모드(Show Channels in Color 적용)

❶ **Load channel as selection:** 선택한 채널의 흰색 영역이 선택됩니다.

❷ **Save selection as selection:** 선택 영역이 있어야 활성화되며 선택 영역을 채널로 만듭니다.

❸ **Create new channel:** 새로운 알파 채널을 만듭니다.

❹ **Delete current channel:** 선택한 채널을 삭제합니다.

[Edit] → Preferences → Interface에서 'Show Channels in Color'를 체크하면 해당 색상으로 섬네일을 볼 수 있습니다.

Channels 패널을 활용하여 이미지 보정하기

새로운 채널을 만들고, 배경 이미지에 색을 합성하는 방법에 대해서 알아보겠습니다.

● 준비 파일: 포토샵\03\선글라스 남자.jpg

01 [File] → Open(Ctrl+O)을 실행하고 03 폴더에서 '선글라스 남자.jpg' 파일을 불러옵니다.

02 오브젝트 선택 도구(□ㅣ)를 선택하고 드래 그해서 '선글라스 남자' 이미지만 선택합니다.

03 [Select] → Save Selection을 선택합니다. [Save Selection] 대화상자가 활성화되면 '선글라스 남자.jpg'를 입력하 고 〈OK〉 버튼을 클릭합니다. [Channels] 패널에 '선글라스 남자' 채널이 생성되었습니다.

04 [Select] → Inverse(Shift+Ctrl+I)를 선택하면 선택 영역이 반전됩니다.

05 [Adjustment] 패널에서 'Photo Filter' 아이콘(📷)을 클릭하면 선택 영역에 색상을 입힐 수 있게 됩니다.

06 [Properties] 패널에서 Filter를 'Yellow', Density를 '100'으로 하면 남자를 제외한 선택 영역이 노란색으로 변경됩니다.

색상 모드 활용하여
이미지 보정하기: Color Mode

 색상 모드 이해하기

포토샵에서는 8가지 색상 모드를 지원합니다. 웹용, 인쇄용 결과물에 따라 이미지의 색상 모드를 변환하여 사용하는 방법과 색상 모드에 따른 표현의 차이에 대해서 알아보겠습니다.

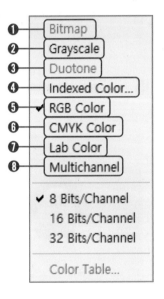

❶ Bitmap
❷ Grayscale
❸ Duotone
❹ Indexed Color...
❺ ✔ RGB Color
❻ CMYK Color
❼ Lab Color
❽ Multichannel

✔ 8 Bits/Channel
16 Bits/Channel
32 Bits/Channel

Color Table...

▲ 색상 모드에 활용할 원본 이미지

❶ **Bitmap 모드:** Grayscale 모드로 변환한 후 Bitmap 모드로 변환이 가능합니다. 흰색과 검은색으로만 표현됩니다.

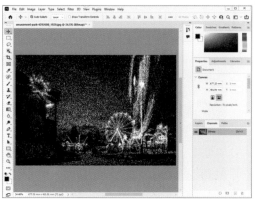

❷ **Graysacle 모드:** 컬러 이미지를 흑백 이미지로 변환할 때 사용하며, 256개의 회색으로 구성되어 있습니다.

❸ **Duotone 모드:** Grayscale 모드로 변환한 후 Duotone 모드로 변환할 수 있습니다. 흑백 이미지에 1~4개의 한정된 색으로 이미지를 변환합니다.

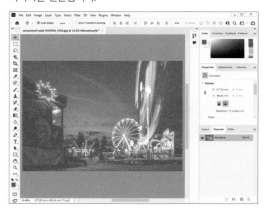

❹ **Indexed Color 모드:** 256개의 색으로 이미지를 변환합니다. 색이 제한적이지만 파일 크기가 줄어들어 주로 웹디자인용 이미지를 출력할 때 사용합니다.

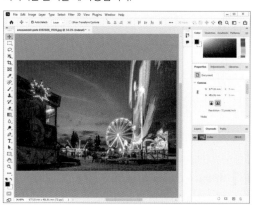

❺ **RGB 모드:** R(RED), G(Green), B(Blue)로 구성되어 있습니다. 웹디자인, 멀티미디어 디자인 등 디스플레이 작업물로 이미지를 출력할 때 사용합니다.

❻ **CMYK 모드:** C(Cyan), M(Magenta), Y(Yellow), K(Black)로 구성되어 있습니다. 주로 출판이나 편집 인쇄 작업물로 이미지를 출력할 때 사용합니다.

❼ Lab Color 모드: L(Lightness), a(Red, Green의 보색), b(Yellow, Blue의 보색)로 구성되어 있습니다. RGB와 CMYK 범위의 색을 모두 포함하고 있어서 색상 모드를 변경해도 색의 변화를 막을 수 있습니다.

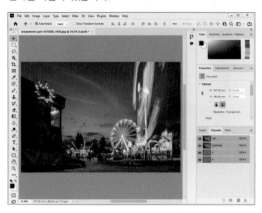

❽ Multichannel 모드: Black을 제외한 C(Cyan), M(Magenta), Y(Yellow)로 구성되어 있습니다. 별색으로 인쇄하거나 독특한 이미지를 보정할 때 사용합니다.

색상 모드 변경하기

포토샵 작업을 할 때 가장 많이 활용하는 RGB 모드를 CMYK 모드, Grayscale 모드, Duotone 모드로 변환하는 방법을 알아보겠습니다.

● 준비 파일: 포토샵\03\전구.jpg

01 [File] → Open(Ctrl+O)을 실행하고 03 폴더에서 '전구.jpg' 파일을 불러옵니다.

02 [Image] → Mode → CMYK Color를 선택하면 CMYK 모드로 변환됩니다.

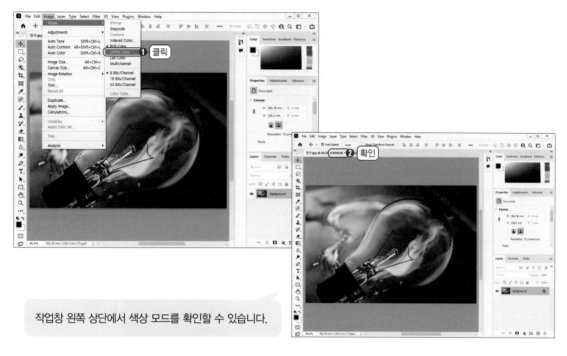

작업창 왼쪽 상단에서 색상 모드를 확인할 수 있습니다.

03 [Image] → Mode → Grayscale을 선택하면 Grayscale 모드로 변환됩니다.

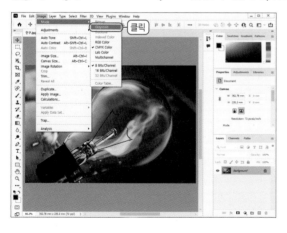

04 [Image] → Mode → Duotone을 선택하면 [Duotone Options] 대화상자가 활성화됩니다. Ink 1의 Color Picker를 클릭해서 색상 코드에 '120dfb'를 입력하고 〈OK〉 버튼을 클릭한 다음 Ink 1에 '1'을 입력합니다. 그리고 〈OK〉 버튼을 클릭하면 지정된 색상의 Monotone으로 변환됩니다.

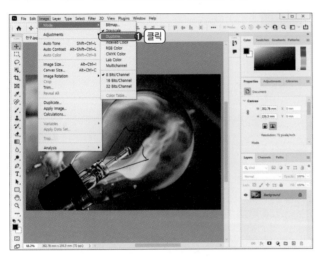

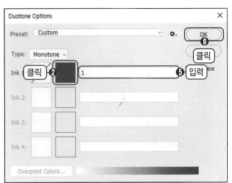

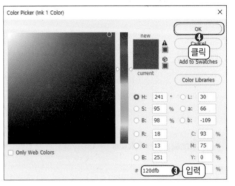

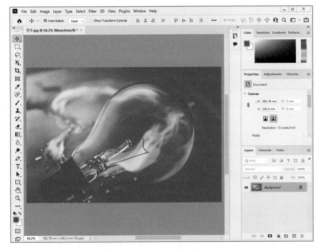

Duotone 모드로 이미지 보정하기

Duotone 모드를 활용하여 컬러 이미지를 단색 이미지로 보정하고 합성하는 방법에 대해서 알아보겠습니다.

● 준비 파일: 포토샵\03\모자 여자.jpg

01 [File] → Open(Ctrl+O)을 실행하고 03 폴더에서 '모자 여자.jpg' 파일을 불러옵니다.

02 [Image] → Mode → Grayscale을 선택하면 Grayscale 모드로 변환됩니다.

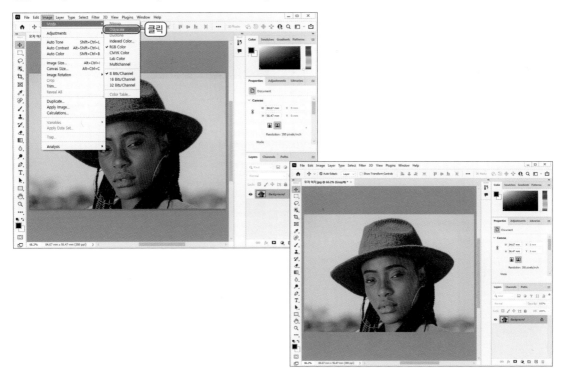

03 [Image] → Mode → Duotone을 선택하면 [Duotone Options] 대화상자가 활성화되고 Type Duotone으로 변경됩니다. Ink 1 Color Picker를 클릭합니다.

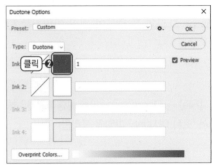

> Grayscale 모드에서만 Duotone 모드로 변환할 수 있습니다.

04 하단 색상 코드에 '099de2'를 입력하고 〈OK〉 버튼을 클릭합니다. 마찬가지로 Ink 2 Color Picker를 클릭하고 색상 코드에 'f21ce0' 입력한 다음 〈OK〉 버튼을 클릭합니다.

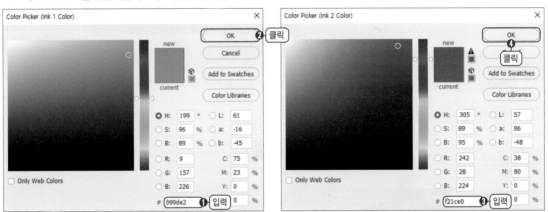

05 Ink 1에 '1', Ink 2에 '2'를 입력하고 〈OK〉 버튼을 클릭하면 설정한 색상의 Duotone 이미지로 변환됩니다.

06 [Image] → Mode → **RGB Color**를 선택하면 RGB Color 모드로 변환됩니다.

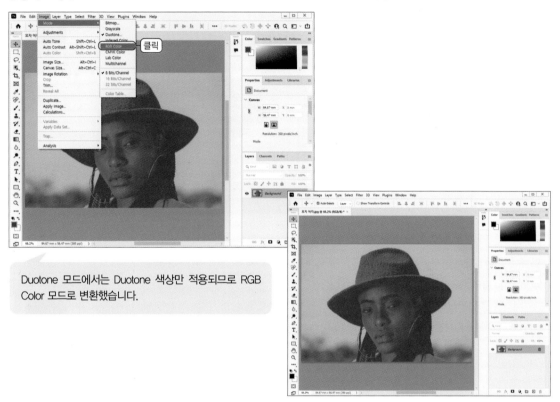

Duotone 모드에서는 Duotone 색상만 적용되므로 RGB Color 모드로 변환했습니다.

07 오브젝트 선택 도구( )를 선택하고 드래그해서 모자 쓴 여자 이미지만 선택합니다.

08 [Layers] 패널에서 'Add a layer mask' 아
이콘(🔲)을 클릭하면 선택된 이미지에 마스크가
적용됩니다.

09 [Layers] 패널에서 'Create a new layer' 아
이콘(⊞)을 클릭해서 새로운 레이어를 만들고 이
름을 '배경'으로 변경합니다.

10 [Edit] → Fill을 선택하면 [Fill] 대화상자가 활성화됩니다. Contents를 'Color Picker'로 선택하고 색상 코드에 '00ff18'을 입력합니다. 〈OK〉 버튼을 클릭하고 [Fill] 대화상자에서 〈OK〉 버튼을 클릭하면 '배경' 레이어에 설정한 색이 적용됩니다.

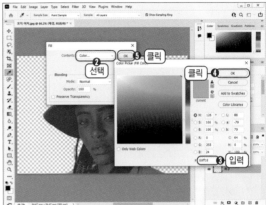

PHOTOSHOP

Ps

PART 4.
색상 적용하고 그리기

CHAPTER
01

여러 가지 색 자연스럽게 채색하기: 그레이디언트 도구

필수 실습 ■ **그레이디언트 도구로 채색하기** ─────────────────●

그레이디언트 도구를 이용하여 이미지에 색상 변화를 자연스럽게 적용할 수 있습니다. 색상이 점진적으로 투명해지거나, 2가지 이상의 다른 색으로 변화하도록 채색하는 방법을 알아보겠습니다.

■ **[Gradient] 옵션바**

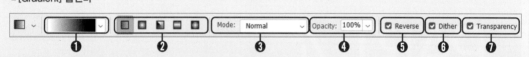

❶ ❷ ❸ ❹ ❺ ❻ ❼

❶ **Click to open Gradient picker:** [Tools] 패널의 그레이디언트 아이콘(■)의 막대 부분을 클릭하면 [Gradient Editor] 대화상자가 나타납니다. 이 대화상자에서는 그레이디언트 색상과 관련된 명령을 설정할 수 있습니다. Presets 항목에서 각기 다른 색상의 그레이디언트 타입을 섬네일로 볼 수 있으며, 그레이디언트 유형이나 색에 따라 폴더별로 분류되어 있습니다.

※ Basics 폴더 안에는 3가지 유형의 그레이디언트가 포함되어 있습니다.

• **Foreground to Background:** 전경색과 배경색을 혼합한 그레이디언트

• **Foregound to Transparent:** 전경색의 투명도를 조절 가능한 그레이디언트

• **Black, White:** 검은색과 흰색을 혼합한 그레이디언트

❷ **그레이디언트 스타일:** 그레이디언트 스타일 중에서 원하는 것을 선택할 수 있습니다. 그레이디언트 스타일별 그레이디언트 표현은 다음과 같습니다.

ⓐ Linear(▣): 선형 그레이디언트

ⓑ Radial(▣): 원형 그레이디언트

ⓒ Reflected(▣): 반사형 그레이디언트

ⓓ Diamond(▣) : 다이아몬드형 그레이디언트

❸ **Mode:** 그레이디언트의 합성 모드를 선택합니다.

❹ **Opacity:** 그레이디언트의 투명도 정도를 수치로 조절할 수 있습니다.

❺ **Reverse:** 그레이디언트의 색상 변화의 방향을 반대 방향으로 바꿀 수 있습니다.

❻ **Dither:** 그레이디언트의 색 경계를 부드럽게 만듭니다.

❼ **Transparency:** 그레이디언트의 투명도를 추가하거나 삭제할 수 있습니다.

 그레이디언트 도구 익히기

그레이디언트 도구를 이용하여 배경 레이어를 채색하는 방법에 대해서 알아보겠습니다.

● 준비 파일: 포토샵\04\단발의 여인.psd

01 [File] → Open(Ctrl+O)을 실행하고 04 폴더에서 '단발의 여인.psd' 파일을 불러옵니다. [Layers] 패널에서 '배경' 레이어를 선택합니다.

02 [Tools] 패널에서 그레이디언트 도구(■)를 선택하고, 옵션바에서 그레이디언트 색상바 아이콘(■)을 클릭합니다.

03 실행된 [Gradient Editor] 대화상자 오른쪽 하단의 'Color Stop' 아이콘(■)을 더블클릭합니다.

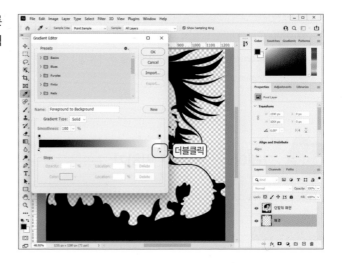

04 [Color Picker(Stop Color)] 대화상자가 나타나면 색상 코드 'ffb018'를 입력하고 〈OK〉 버튼을 클릭합니다.

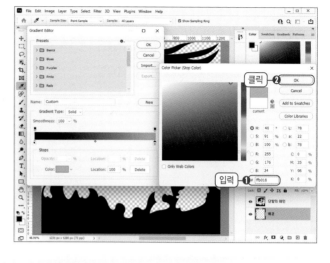

> [Color Picker(Stop Color)] 대화상자에서 색상을 바꿀 때는 색상바에서 원하는 색의 지점을 클릭하여 지정할 수도 있습니다.

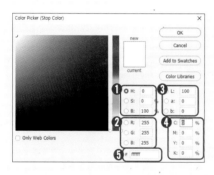

의도한 색감을 표현하기 위해 색의 수치를 이용하여 표현할 수 있습니다. [Color Picker(Stop Color)] 색상 체계는 4가지가 있습니다.

❶ **HSB:** 색의 3속성(Hue, Saturation, Brightness)을 뜻합니다.

❷ **RGB:** 3원색(Red, Green, Blue)을 혼합하여 표현하는 방법입니다. 모니터나 휴대폰 등의 디스플레이 인쇄를 위한 색상 체계이므로 RGB에서 작업한 결과물을 인쇄하면 색상이 혼탁하게 보이는 경우가 있습니다.

❸ **Lab:** RGB에서 CMYK로 변환할 때 색의 차이를 줄이기 위한 색상 체계입니다. Lightness, a(green, magenta의 보색), b(blue, yellow의 보색)를 이용합니다.

❹ **CMYK:** 4원색(Cyan, Magenta, Yellow, Black)은 인쇄용 색상 체계입니다. K는 검은색의 혼합 정도를 나타냅니다.

❺ **Hex Code:** 색을 6개의 코드로 표현하는 색상 체계입니다. 코드는 색상을 구별하기 위해 알파벳과 숫자를 조합하여 색을 표시합니다.

05 [Gradient Editor] 대화상자의 그레이디언트 색상바 색이 바뀐 것을 확인할 수 있습니다.

06 [Gradient Editor] 대화상자 왼쪽 하단의 'Color Stop' 아이콘(⬛)을 더블클릭합니다. [Color Picker(Stop Color)] 대화상자가 나타나면 색상 코드 'ff29c5'를 입력한 후, 〈OK〉 버튼을 클릭합니다.

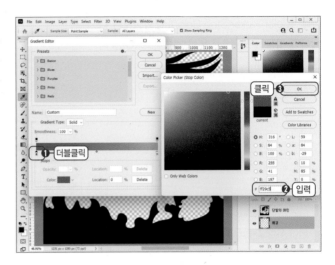

07 [Gradient Editor] 대화상자에서 그레이디언트의 색상이 바뀐 것을 확인하고 〈OK〉 버튼을 클릭합니다.

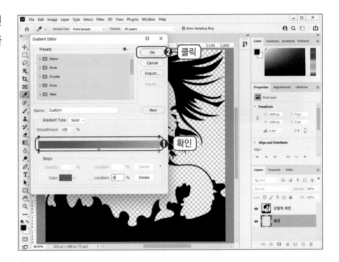

08 그림과 같이 드래그하여 그레이디언트를 적용합니다.

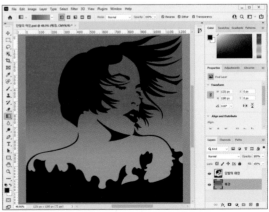

그레이디언트를 활용해 사진 보정하기 ────────────────────●

그레이디언트를 이용하여 배경 레이어를 채색하는 방법에 대해서 알아보겠습니다.

● 준비 파일: 포토샵\04\유리병.jpg

01 [File] → Open(Ctrl+O)을 실행하고 04 폴
더에서 '유리병.jpg' 파일을 불러옵니다.

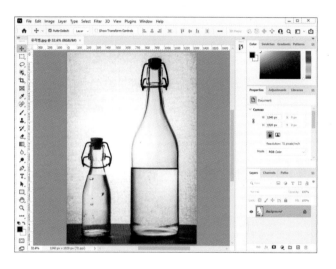

02 [Tools] 패널에서 그레이디언트 도구(▣)를 선택합니다. 옵션바에서 그레이디언트 아이콘(▣)을 클릭한 후, Or-
anges 폴더에서 'Orange_10'을 선택합니다.

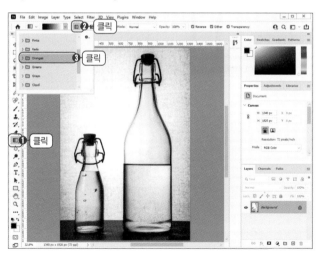

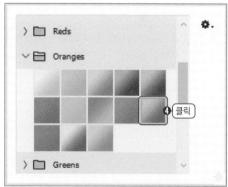

03 옵션바에서 Mode를 'Multiply'로 지정합니다.

Mode는 그레이디언트의 합성 방식을 선택 및 변경할 때 사용합니다.

04 'Opacity'의 수치를 '50'으로 입력합니다.

포토샵에서 수치를 입력할 때는 단위는 생략하고 숫자만 입력해도 됩니다.

05 이미지 하단에서 마우스를 클릭하고 위쪽으로 드래그하면 그레이디언트가 적용됩니다.

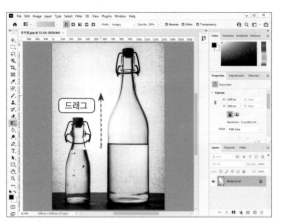 

그레이디언트를 적용할 때, 마우스를 클릭한 상태에서 [Shift]를 누르고 드래그하면 그레이디언트의 방향이 수직이나 수평으로 제어됩니다.

 사선형으로 색감이 변화하는 배경 채색하기

사선 방향의 그레이디언트로 배경을 채색하는 방법에 대해서 알아보겠습니다.

● 준비 파일: 포토샵\04\비둘기.psd

01 [File] → Open([Ctrl]+[O])을 실행하고 04 폴더에서 '비둘기.psd' 파일을 불러옵니다.

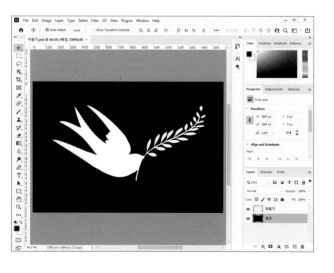

02 [Window] → Gradients를 실행합니다.

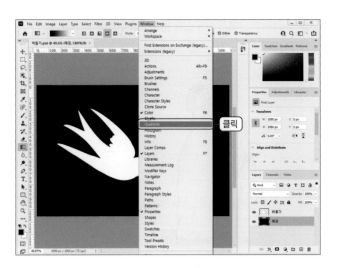

03 오른쪽에 [Gradients] 패널이 나타나면 'Greens'를 클릭합니다.

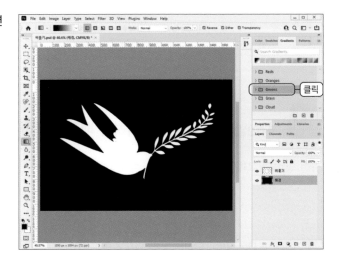

04 섬네일 중에서 세 번째 'Green 03'을 클릭 하면 이미지 배경에 그레이디언트가 적용됩니다.

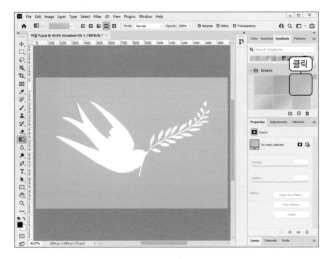

05 [Layers] 패널에서 'Gradient Fill 1' 레이어의 'Layer thumbnail' 아이콘(■)을 더블클릭합니다.

06 [Gradient Fill] 대화상자에서 Style을 'Reflected'로, Angle을 '-45'로 하고 〈OK〉 버튼을 클릭합니다.

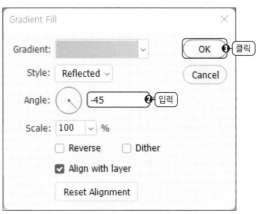

07 배경에 사선 방향의 그레이디언트가 채색됩니다.

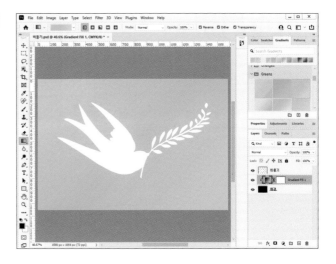

다양한 그레이디언트가 혼합된 배경 채색하기 ————————————•

여러 개의 그레이디언트를 활용해 다양한 색이 혼합된 배경을 만드는 방법에 대해서 알아보겠습니다.

● **준비 파일:** 포토샵\04\마이크.jpg

01 [File] → Open(Ctrl+O)을 실행하고 04 폴더에서 '마이크.jpg' 파일을 불러옵니다.

02 [Layers] 패널에서 'Create a new layer' 아이콘(⊞)을 클릭합니다.

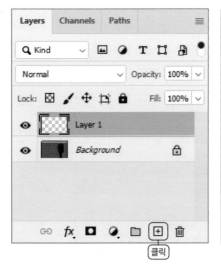

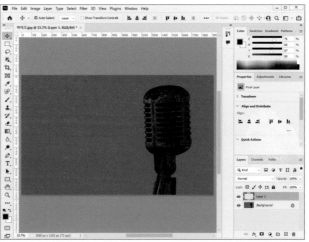

03 눈금자 표시(Ctrl+R)를 실행한 뒤 눈금자 위에 마우스 포인터를 놓고 드래그하여 그림과 같이 캔버스에 가이드를 표시합니다.

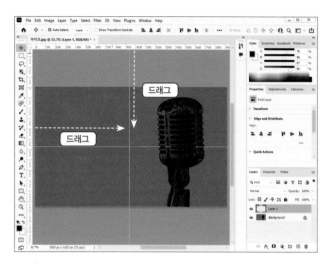

04 사각형 선택 도구(▢)를 선택합니다. 사각형 왼쪽 상단의 꼭짓점부터 중앙의 가이드 교차 지점까지 그림과 같이 드래그하여 선택합니다. 캔버스의 1/4 영역을 선택했습니다.

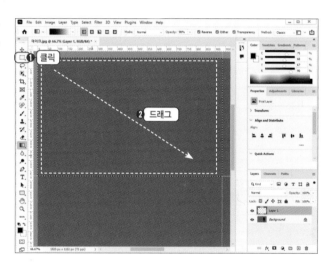

05 그레이디언트 도구 아이콘(▢)을 클릭합니다. 실행된 그레이디언트 옵션바에서 그레이디언트 막대(▬▬)를 클릭합니다.

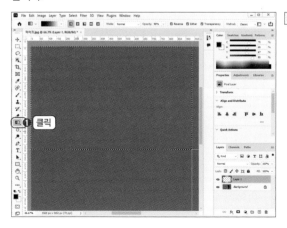

06 [Gradient Editor] 대화상자에서 Presets의 Purles 폴더에서 'Purple_02'를 선택합니다. 〈OK〉 버튼을 클릭하여 명령을 완료합니다.

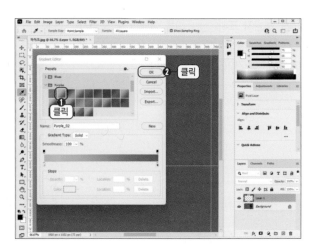

07 캔버스의 위에서 아래 방향으로 마우스를 드래그하여 그림과 같이 그레이디언트를 채색합니다.

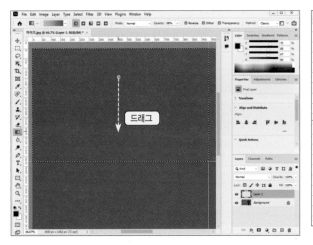

08 [Select] → Deselect(Ctrl+D)를 실행하여 선택을 해제합니다.

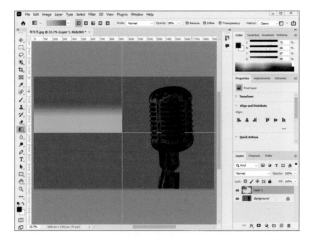

09 그림과 같이 다른 영역에도 각기 다른 그레이디언트로 색을 채웁니다.

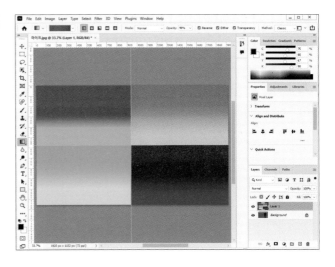

10 [View] → Show → Guides(Ctrl + ;)를 실행해 가이드가 보이지 않게 합니다.

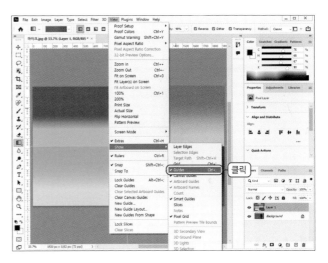

11 [Layers] 패널에서 'Background' 레이어를 클릭하면 일반 레이어로 속성이 바뀝니다.

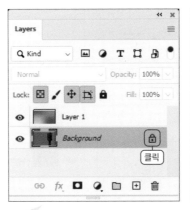

Background 속성의 레이어가 일반 레이어로 바뀌면 레이어의 자물쇠 아이콘이 사라집니다.

12 [Layers] 패널에서 'Layer 1'의 눈 아이콘(👁)
을 클릭하여 'Layer 1' 레이어가 보이지 않게 합니다.

13 [Select] → Subject를 실행하여 '마이크' 이미지 영역만 선택합니다.

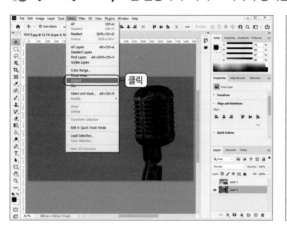 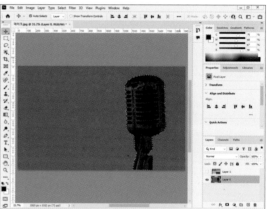

14 [Layer] → New → Layer Via Copy(Ctrl+J)를 실행하여 '마이크' 이미지를 새 레이어에 복사합니다. [Layers] 패
널에서 복사하여 추가한 레이어를 확인합니다.

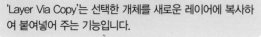

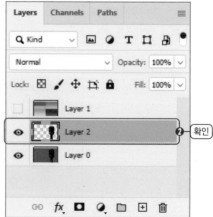

'Layer Via Copy'는 선택한 개체를 새로운 레이어에 복사하
여 붙여넣어 주는 기능입니다.

15 [Layers] 패널에서 'Layer 1'을 마우스로 클릭하고 드래그하여 'Layer 2'의 아래에 놓이게 하면 그림과 같이 레이어 순서가 변경됩니다.

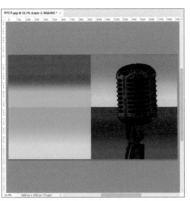

16 [Filter] → Blur → Gaussian Blur를 실행합니다.

블러는 이미지에 흐림 효과를 줄 때 사용합니다. 'Gaussian Blur'는 블러 중에서 많이 사용하는 명령 중 하나입니다.

17 [Gaussian Blur] 대화상자에서 'Radius'를 '280'으로 입력하고 〈OK〉 버튼을 클릭합니다.

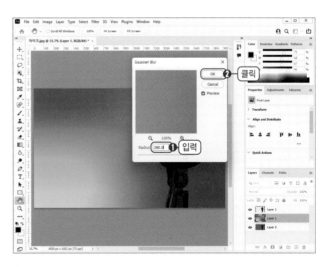

[Gaussian Blur] 대화상자의 'Preview'를 체크하면 적용된 효과를 미리 볼 수 있습니다.

18 [Layers] 패널에서 불필요한 레이어를 삭제하여 그림과 같이 레이어를 남깁니다.

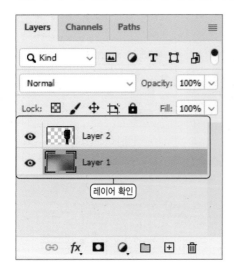

레이어를 삭제하고자 할 때는 삭제하려는 레이어를 선택하고 Delete를 누르면 됩니다.

CHAPTER

02

색상과 패턴을 이용해 채색하기:

페인트 통 도구

 페인트 통 도구로 색상과 패턴을 이용해 칠하기 ─────────●

페인트 통 도구를 활용해 이미지 색감에 변화를 주고, 패턴을 적용하여 텍스처를 표현하는 방법에 대해서 알아보겠습니다.

● 준비 파일: 포토샵\04\추상도형.jpg

━━━

페인트 통 도구로 색감에 변화 주기

01 [File] → Open(Ctrl+O)을 실행하고 04 폴더에서 '추상도형.jpg' 파일을 불러옵니다.

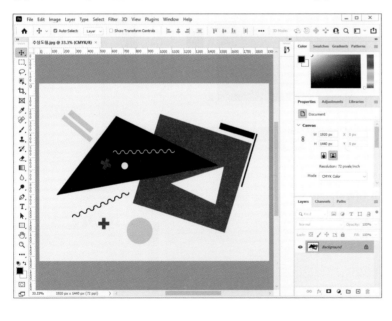

02 페인트 통 도구(⬧)를 선택합니다.

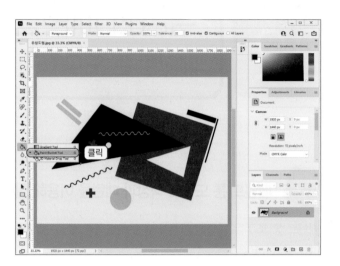

03 전경색/배경색 도구(■)의 전경색 부분을 클릭해 [Color Picker(Forground Color)] 대화상자를 열어 줍니다.

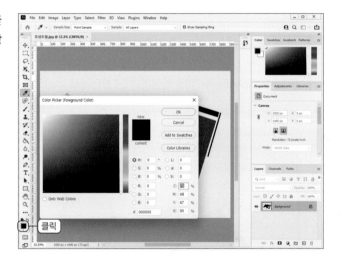

04 [Color Picker(Forground Color)] 대화상자에서 색상 코드 'ffd200'을 입력하고 〈OK〉 버튼을 클릭합니다.

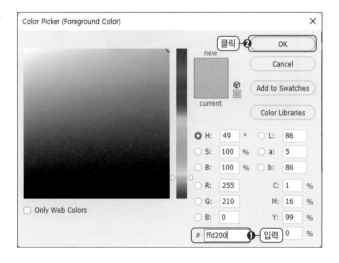

05 이미지의 빨간색 영역을 클릭하면 전경색으로 지정한 'ffd200'으로 색이 바뀝니다.

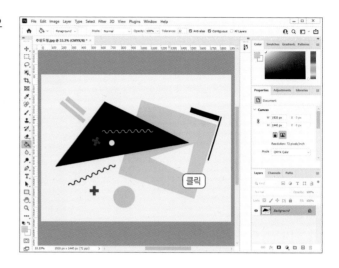

06 전경색/배경색 도구(■)의 전경색 부분을 클릭해 [Color Picker(Forground Color)] 대화상자를 재실행합니다.

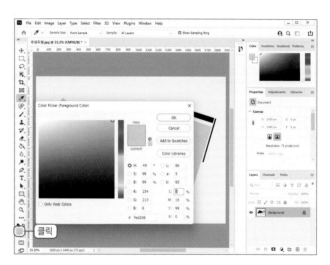

07 [Color Picker(Forground Color)] 대화상자에서 색상 코드 'C53636'을 입력하고 〈OK〉 버튼을 클릭합니다.

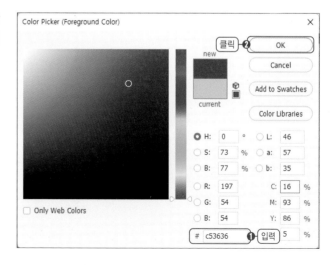

08 이미지의 배경 영역을 클릭하면 지정해 둔 전경색으로 바뀝니다.

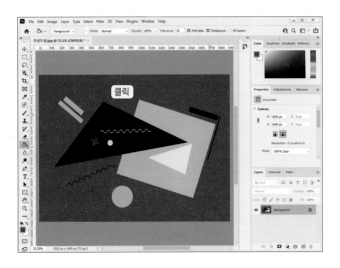

페인트 통 도구로 패턴을 이용해 칠하기

09 페인트 통 도구(◇)를 선택한 상태에서 옵션바의 Foreground를 'Pattern'으로 선택합니다.

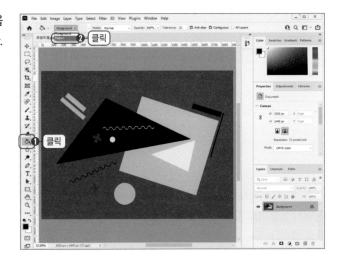

10 옵션바에서 패턴 아이콘( )을 클릭하고 Grass의 'Grass—Safari'를 선택합니다.

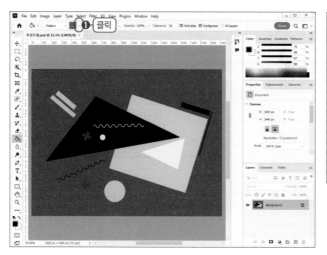

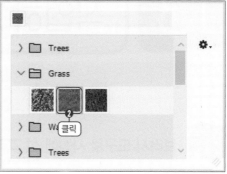

11 삼각형 모양의 이미지를 클릭하면 그림과 같이 패턴으로 채워집니다.

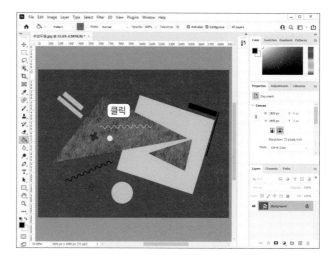

CHAPTER

03

브러시 도구로 일러스트 작업하기: 브러시 도구

 필수 실습 **브러시 도구로 사진에 선 그리기** ────────────●

포토샵의 브러시 도구를 이용해 자유롭게 드로잉하며 사진을 꾸미는 방법을 알아보겠습니다.

● 준비 파일: 포토샵\04\연회색 고양이.jpg

01 [File] → Open(Ctrl+O)을 실행하고 04 폴더에서 '연회색 고양이.jpg' 파일을 불러옵니다.

02 [Tools] 패널에서 브러시 도구(✏️)를 선택한 다음 실행되는 옵션바에서 General Brushes를 'Hard Round'로 선택하고 Size를 '6px'로 입력합니다.

브러시 설정 후 Enter↲를 누르면 창이 닫힙니다.

03 [Layers] 패널의 오른쪽 하단에 있는 'Create a new layer' 아이콘(⊞)을 클릭해 새 레이어를 생성합니다.

04 전경색/배경색 도구(◨)의 전경색 부분을 클릭해 [Color Picker(Forground Color)] 대화상자를 실행하고 색상 코드 'ffffff'를 입력한 다음 ⟨OK⟩ 버튼을 클릭합니다.

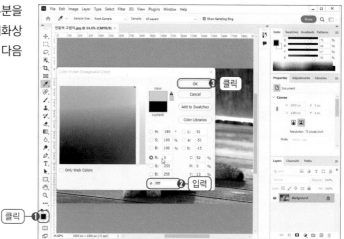

05 브러시 크기와 이미지의 확대 정도를 조절하면서 작업합니다.

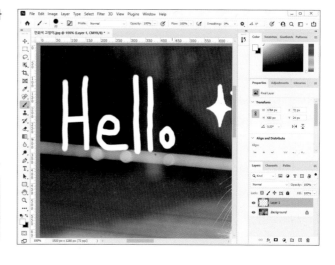

Ctrl++: 이미지 확대
Ctrl+-: 이미지 축소
[,]: 브러시 크기 축소

06 브러시를 이용해 글자와 이미지를 그리며 사진을 꾸밉니다.

 브러시 도구로 캐릭터 채색하기 ────────────────●

브러시 도구를 활용해 캐릭터 이미지를 채색하고 꾸미는 방법을 알아보겠습니다.

● 준비 파일: 포토샵\04\여우 캐릭터.jpg
포토샵\04\질감.jpg

01 [File] → Open(Ctrl+O)을 실행하고 04 폴더에서 '여우 캐릭터.jpg' 파일을 불러옵니다.

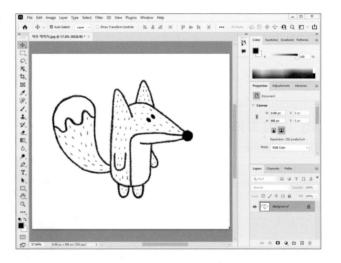

02 [Layers] 패널에서 'Create a new layer' 아이콘(▣)을 클릭해 레이어를 생성합니다. 레이어 합성 모드를 'Normal'에서 'Multiply'로 변경합니다.

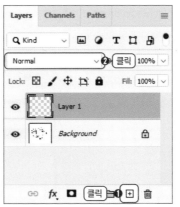

스케치 선을 살려 채색하기 위해 레이어의 합성 모드를 'Multiply'로 설정하였습니다.

03 브러시 도구 아이콘(✎)을 선택하고, 전경색/배경색 도구 아이콘(■)의 전경색 부분을 클릭하여 [Color Picker(Foreground Color)] 대화상자를 실행합니다. 색상 코드에 'feae60'을 입력하고 〈OK〉 버튼을 클릭합니다.

04 브러시 도구(✎)로 선택되어 있는 것을 재확인합니다.

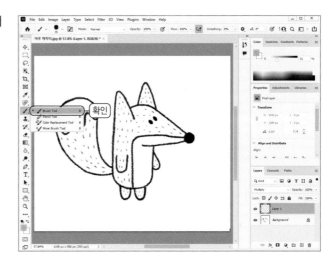

05 브러시 도구 옵션바에서 Wet Media Brush-
es를 'Kyle's Inbox – Classic Cartoonist'로 선택하
고, 브러시 크기를 '60'으로 입력합니다.

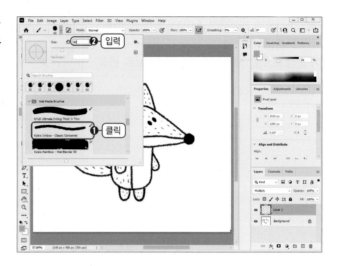

06 마우스를 드래그하며 여우 캐릭터의 몸통과 꼬리를 칠합니다. 대괄호 단축키(⒧ , ⒨)를 이용하여 브러시 크기를 조
절하면서 그림과 같이 스케치 밖으로 채색이 벗어나지 않도록 합니다.

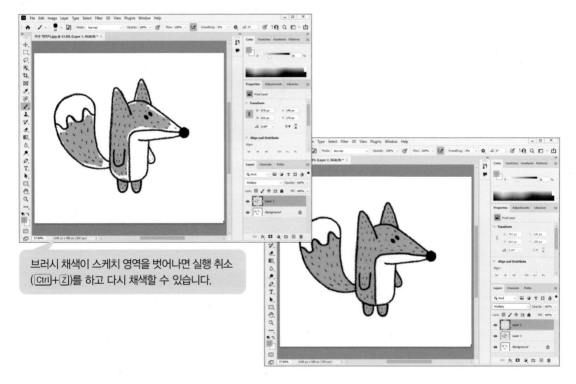

브러시 채색이 스케치 영역을 벗어나면 실행 취소
(Ctrl + Z)를 하고 다시 채색할 수 있습니다.

07 채색이 완료되면 [Layers] 패널에서 'Create a new layer' 아이콘(⬜)을 클릭하여 새 레이어를 생성합니다. 레이어 합성 모드를 'Normal'에서 'Multiply'로 변경합니다.

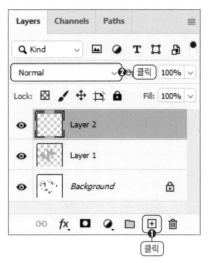

08 전경색/배경색 도구(◼)의 전경색 부분을 클릭해 [Color Picker(Foreground Color)] 대화상자를 실행하고 색상 코드 'eadbcd'를 입력한 다음 〈OK〉 버튼을 클릭합니다.

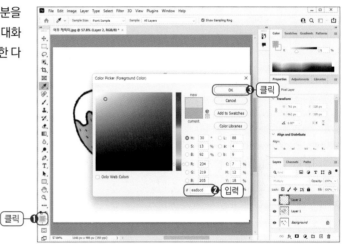

09 여우 캐릭터의 꼬리 끝 쪽과 배 부분을 채색합니다.

작업 중 연필 도구의 브러시 크기나 종류를 바꾸고 싶을 때는 작업 화면에서 마우스 오른쪽 버튼을 클릭하면 창이 실행됩니다.

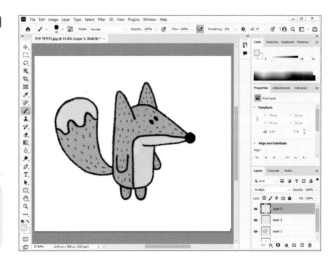

PART 1. 포토샵 시작

PART 2. 생성 · 변형

PART 3. 보정 · 합성

PART 4. 색상 · 드로잉

PART 5. 문자

10 여우 캐릭터를 채색한 방식과 동일하게 'Create a new layer' 아이콘(⊡)을 클릭하여 새 레이어를 만듭니다. 새 레이어의 합성 모드를 'Multiply'로 적용한 다음, 색상 코드 'e5e0e0'의 브러시로 그림과 같이 캐릭터의 그림자를 표현합니다.

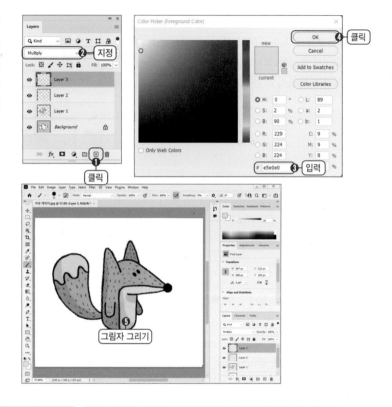

11 채색을 완료하고 [Layers] 패널에서 'Background' 레이어를 선택한 다음, [Tools] 패널에서 마술봉 도구(✨)를 선택하여 캐릭터를 제외한 배경을 클릭합니다.

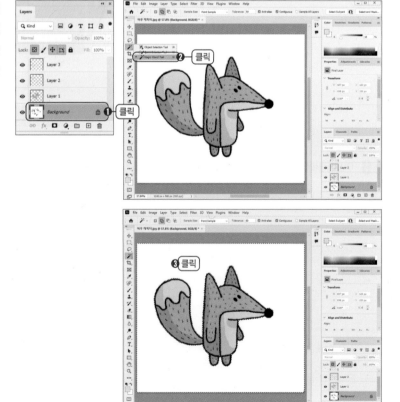

12 전경색/배경색 도구(🔳)의 전경색 부분을 클릭해 [Color Picker(Foreground Color)] 대화상자를 열고 색상 코드 '56d5ff'를 입력한 다음 〈OK〉 버튼을 클릭합니다. Alt + Delete 를 눌러 전경색으로 배경을 채웁니다.

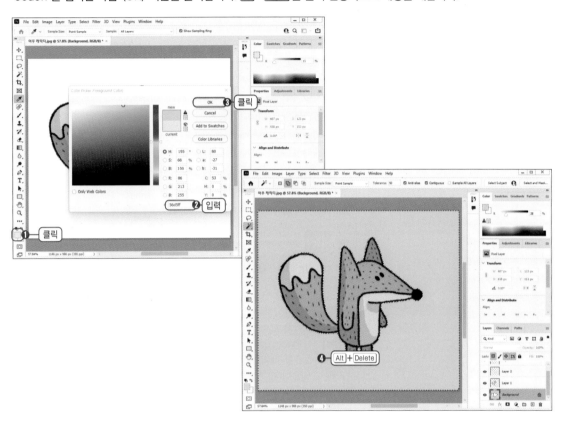

13 [Select] → Deselect(Ctrl + D)를 실행하여 선택된 배경을 선택 해제합니다.

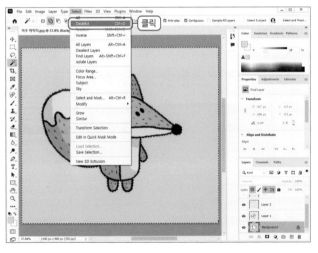

14 [Layers] 패널에서 'Layer 4' 레이어를 선택합니다. **[File] → Place Embedded**를 실행하고 04 폴더에서 '질감.jpg' 파일을 불러옵니다.

[File] → Place Embedded를 통해 이미지 소스를 레이어로 변환하여 추가할 수 있습니다.

15 레이어로 작업하던 캔버스에 '질감.jpg' 파일을 불러왔습니다. Enter↵를 눌러 이미지 불러오기 명령을 완료합니다.

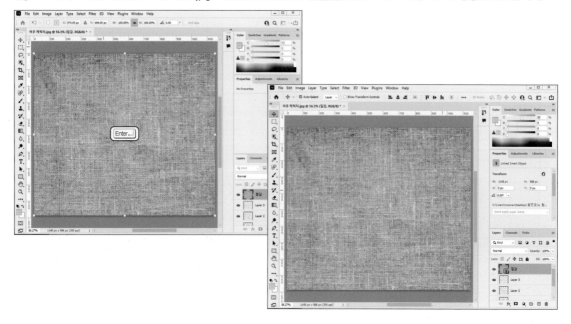

16 [Layers] 패널에서 '질감' 레이어를 선택하고 합성 모드를 'Linear Burn'으로 적용합니다. [Layers] 패널의 Opacity 에 '35'를 입력하여 작업을 완료합니다.

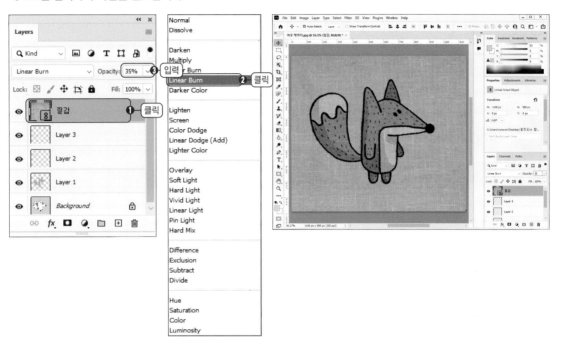

CHAPTER

04

브러시 도구로 색감 바꾸기:
Color Replacement Tool

**필수
실습** **이미지의 색감 바꾸기**

색상 대체 도구를 활용하여 이미지의 색감에 변화를 주는 방법에 대해서 알아보겠습니다.

● 준비 파일: 포토샵\04\해바라기.jpg

01 [File] → Open(Ctrl+O)을 실행하고 04 폴더에서 '해바라기.jpg' 파일을 불러옵니다.

02 브러시 도구(✎)를 길게 클릭해 숨겨진 도구를 표시합니다. 색상 대체 도구(✎)를 선택해 실행합니다.

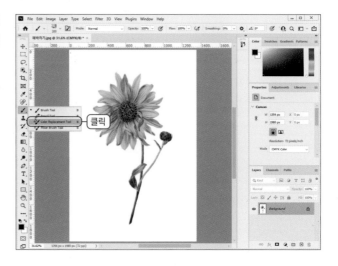

03 옵션바에서 Tolerance를 '30%'로 입력합니다.

입력

04 전경색/배경색 도구(■)의 전경색 부분을 클릭해 [Color Picker(Forground Color)] 대화상자를 열고 색상 코드 'ff0000'을 입력한 다음 〈OK〉 버튼을 클릭합니다.

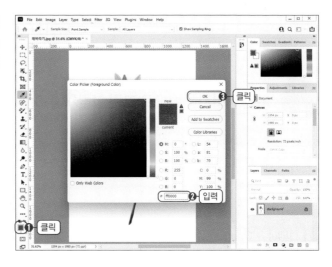

05 꽃잎 부분을 클릭한 채 드래그하면 노란색 계열에서 붉은색 계열로 꽃의 색감이 변합니다.

드래그

> 브러시 크기는 대괄호 단축키([,])를 이용하여 조절할 수 있습니다.

연필 도구로 드로잉하기:
연필 도구, 도트 그래픽

 **필수
실습** **사진 이미지를 손으로 그린 그림처럼 표현하기**

연필 도구를 이용하면 펜으로 직접 그린 그림과 같은 표현을 할 수 있습니다. 사진 이미지 위에 레이어를 추가하여 그림을 쉽게 그리는 방법을 알아보겠습니다.

● 준비 파일: 포토샵\04\빵.jpg

01 [File] → Open(Ctrl+O)을 실행하고 04 폴더에서 '빵.jpg' 파일을 불러옵니다.

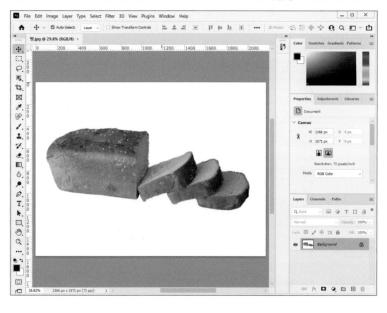

02 [Layers] 패널에서 'Background' 레이어를 더블클릭하면 레이어의 잠금이 해제되고 [New Layer] 대화상자가 실행됩니다. 예제에서는 이후에 추가로 만들 레이어와의 구분을 위해 레이어의 이름을 '빵 사진'으로 바꿨습니다.

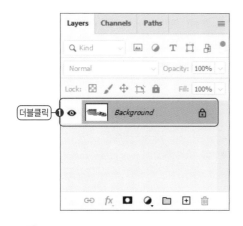
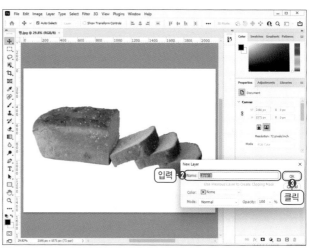

레이어의 자물쇠 아이콘을 클릭해도 레이어의 잠금이 해제됩니다.

03 [Layers] 패널 하단의 'Create a new layer' 아이콘(⊞)을 클릭하여 새 레이어를 생성합니다.

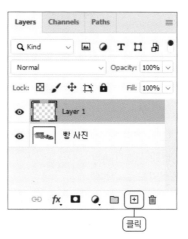

04 [Layers] 패널의 'Layer 1'을 선택하고, '빵 사진' 레이어 아래로 위치하도록 드래그하여 이동합니다. 그림의 배경이 될 레이어입니다.

05 'Layer 1'을 선택하고 전경색 채우기(Ctrl+
Delete)를 실행합니다.

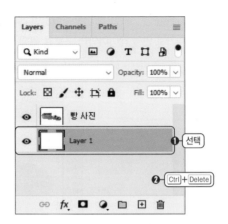

06 [Layers] 패널 하단에 있는 'Cre-
ate a new layer' 아이콘(⊞)을 클릭
하여 새 레이어를 추가합니다. 추가된
'Layer 2'를 선택하고, '빵 사진' 레이어
위쪽으로 드래그하여 이동합니다. 그림
작업에 필요한 레이어입니다.

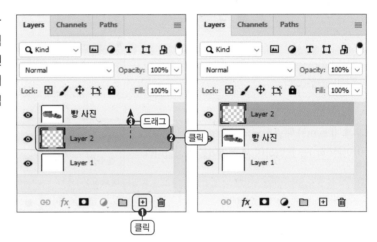

07 레이어 간의 구분을 위해 'Layer 1'과 'Layer
2'의 이름을 각각 변경합니다. 예제에서는 'Layer
1'은 '배경', 'Layer 2'는 '펜 드로잉'으로 수정했
습니다.

08 '배경' 레이어를 선택하고, [Layers] 패널의 자물쇠 아이콘(🔒)을 클릭해 레이어를 잠급니다.

09 '빵 사진' 레이어를 선택합니다. Opacity를 '50%'로 입력하여 사진의 투명도를 낮추고, 자물쇠 아이콘(🔒)을 클릭해 레이어를 잠급니다. 투명도를 낮추면 연필 도구로 선을 따라 그릴 때 선과 사진 이미지를 구분하기 쉬워져서 내가 그린 선 상태를 확인하기에 수월합니다.

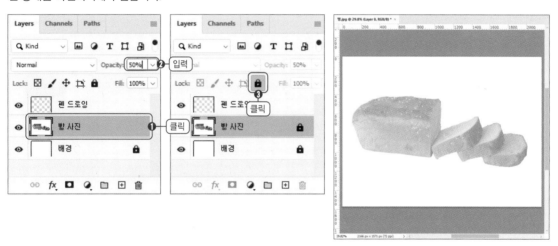

10 [Layers] 패널에서 '펜 드로잉' 레이어를 선택하고, [Tools] 패널에서 연필 도구(✏️)를 선택합니다.

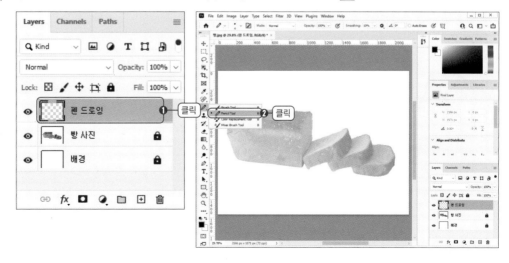

11 옵션바에서 화살표 아이콘( )을 클릭해 연필 도구의 크기와 종류를 설정합니다. General Brushes의 'Soft Round Pressure Size' 브러시를 선택합니다.

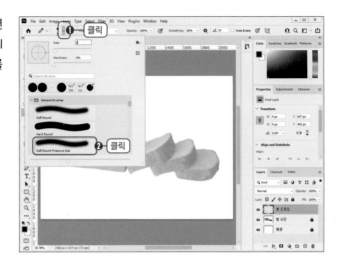

12 작업 편의성을 위해 Ctrl을 누른 채로 +를 눌러 화면을 확대합니다. 사진 이미지를 따라 마우스를 그림과 같이 드래그하며 그림을 그립니다.

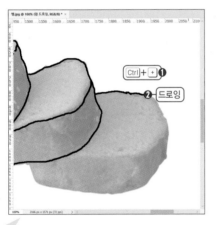

작업 중에 연필 도구의 브러시 크기나 종류를 바꾸고 싶을 때는 작업 화면에서 마우스 오른쪽 버튼을 클릭하면 창이 실행됩니다.

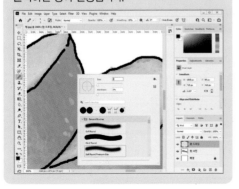

13 사진을 따라 그림을 다 그린 후에는 '빵 사진' 레이어가 보이지 않아야 합니다. [Layers] 패널에서 '빵 사진' 레이어의 눈 아이콘( )을 클릭해 체크를 해제하면 '펜 드로잉' 레이어만 볼 수 있습니다.

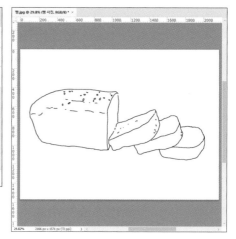

도트 그래픽 작업하기

연필 도구는 픽셀 단위로도 이미지를 표현할 수 있습니다. 도트를 찍어 그림을 그리는 도트 그래픽에 대해서 알아보겠습니다.

01 [File] → New(Ctrl + N)를 실행하여 [New Document] 대화상자를 엽니다. 단위를 'Pixels'로 바꾸고 Width를 '44', Height를 '33'으로 입력합니다. Orientation은 '가로형'으로, Pixels Aspect Ratio는 'Square Pixels'로 지정하고 〈Create〉 버튼을 클릭합니다.

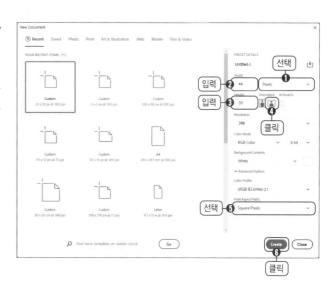

02 새로운 캔버스가 생성되면 단축키 Ctrl+O를 눌러 작업 화면을 확대합니다. 예제는 본래 크기에서 1,460%로 확대했습니다.

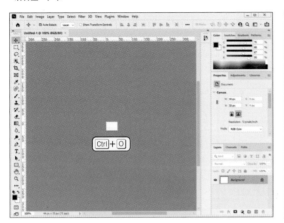 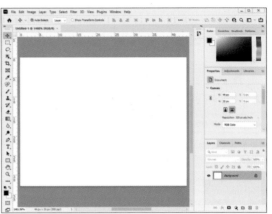

03 [Edit] → Preferences → General(Ctrl+K)을 선택해 [Preferences] 대화상자를 실행하고, Image Interpolation 항목을 'Nearest Neighbor (preserve hard edges)'로 지정합니다.

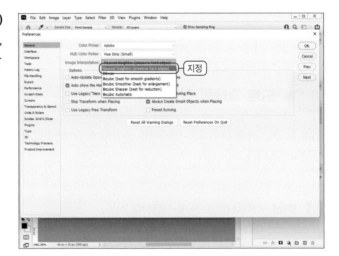

04 Units & Rulers 항목에서 Rulers를 'Pixels'로 지정합니다.

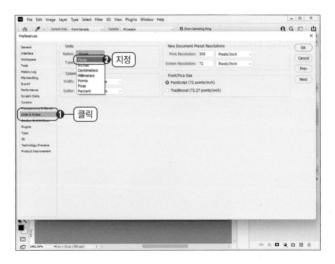

05 Guides, Grid & Slice의 Grid 항목에서 Gridline Every는 '1', 단위는 'Pixels', Subdivision은 '1'을 입력하고 〈OK〉 버튼을 클릭합니다.

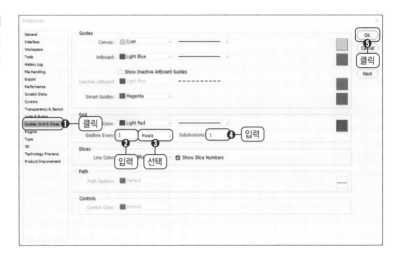

06 [Layers] 패널에서 'Create a new layer' 아이콘(□)을 클릭해 새로운 레이어를 생성하고, [Tools] 패널에서 연필 도구 아이콘(✏️)을 선택합니다.

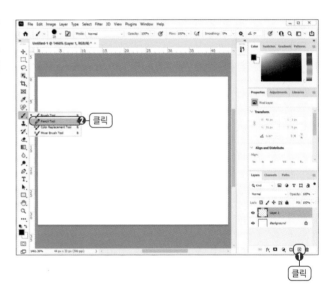

07 전경색/배경색 도구(■)의 전경색 부분을 클릭하여 [Color Picker(Forground Color)] 대화상자를 열고 색상 코드 '7a721C'를 입력한 다음 〈OK〉 버튼을 클릭합니다.

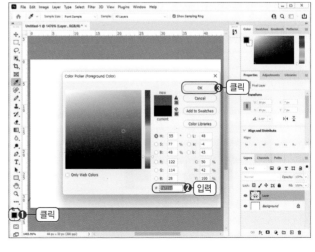

08 연필 도구가 선택된 상태에서 브러시 크기의 축소 단축키 [] 를 반복적으로 눌러 크기를 '1'로 만들고 자동차 그림을 그립니다.

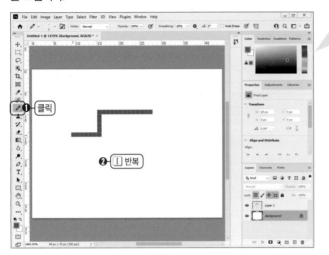

단축키 Ctrl + " 를 사용해 가이드가 드러나게 하면 형태를 그릴 때 유용합니다.

09 선과 색으로 간단하게 스케치합니다.

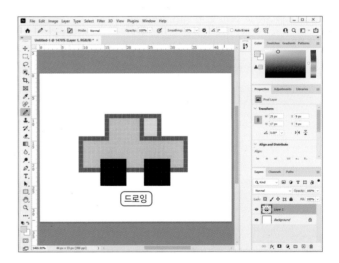

10 [Color] 패널에서 색을 변경한 다음, 도트를 찍는 방식으로 선과 면에 색 변화를 줍니다.

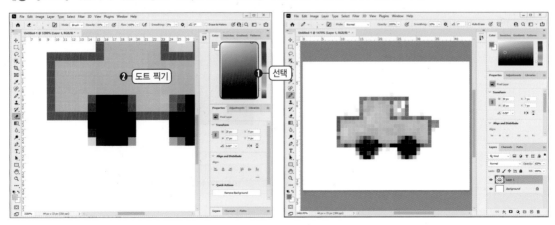

11 작업을 완료한 후에는 **[File] → Export → Save For Web(Legacy)**(Alt + Shift + Ctrl + S)을 클릭해 [Save for web] 대화상자를 실행합니다.

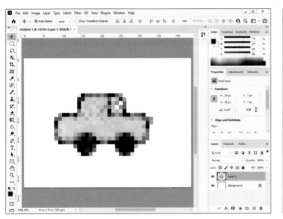 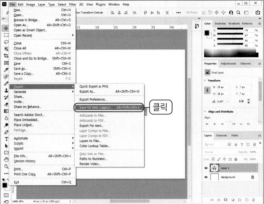

12 [Save for web] 대화상자의 Image Size의 W를 '500'으로 입력하고 왼쪽 이미지 섬네일을 더블클릭하면 이미지 크기가 변경된 것을 확인할 수 있습니다. Quality는 'Nearest Neighbor'로 설정하고 〈Save〉 버튼을 클릭해 파일을 저장한 후 작업을 완료합니다.

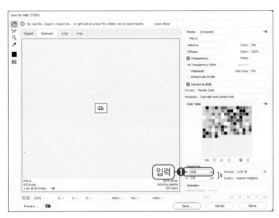 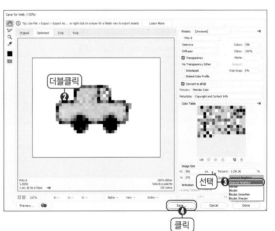

[Save for web] 대화상자에서 왼쪽 하단의 〈Preview〉 버튼을 누르면 웹 창에서 이미지 크기를 확인할 수 있습니다.

CHAPTER

06

기준점을 이용하여 선이나 형태 만들기: 펜 도구 / 셰이프 도구

 패스를 이용해 직선 또는 곡선 그리기

패스의 속성은 직선과 곡선으로 나뉘는데, 곡선을 그릴 때 패스에 방향선이 생성되어 곡선의 기울기와 크기를 조절할 수 있습니다. 펜 도구로 패스를 연결하여 다양한 도형을 그리는 방법을 알아보겠습니다.

● 펜 도구

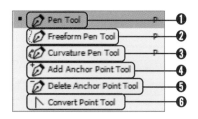

❶ **펜 도구(Pen Tool):** 최소 2개의 점을 그려 선이나 형태를 그릴 때 사용하는 도구입니다. 마우스로 클릭하면 패스가 그려짐과 동시에 새로운 패스들이 선으로서 서로 연결됩니다. 펜 도구는 패스와 패스가 연결되는 선을 이용하여 개체를 표현합니다.

• **직선:** 마우스로 클릭하며 패스를 그립니다.

• **곡선:** 마우스로 클릭하여 첫 번째 패스를 그린 후, 두 번째 패스를 그릴 위치에서 마우스를 드래그하면 방향선이 생성됩니다. 패스를 중심으로 양옆에 같은 길이의 방향선이 있으며, 방향선의 양쪽 끝을 보면 방향선 자체에도 패스가 있습니다. 이 패스는 방향선의 길이 조절용으로만 사용합니다. 완성한 패스는 직접 선택 도구(▶)로 방향선의 길이를 조절하면서 수정할 수 있습니다.

> 방향선은 곡선을 제어하기 위해 사용되는 선입니다. 패스는 선의 색이나 두께를 조절해 출력할 수 있지만 방향선은 출력할 수 없습니다.

- **방향선의 길이에 따른 곡선 변화:** 곡선을 그릴 때 방향선이 나타나며, 그리고자 하는 곡선 방향의 반대쪽으로 마우스를 드래그하여 모양을 조절합니다. 방향선의 길이에 따라 곡선 높이가 달라집니다.

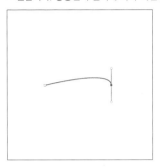 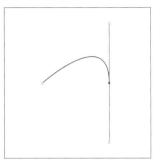

- **방향선의 기울기 방향에 따른 곡선 변화:** 곡선을 그릴 때는 곡선이 생기는 방향과 반대로 마우스를 드래그하지만, 그려 놓은 방향선을 살펴 보면 방향선이 기울어지는 방향에 따라 곡선이 기울어진 것을 확인할 수 있습니다.

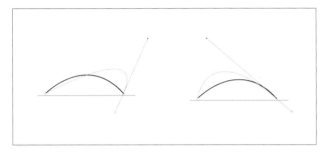

- **방향선 수정하기:** 방향선을 통해 곡선의 높이와 방향을 조절할 수 있습니다. 방향선을 수정하기 위해서는 [Layers] 패널에서 패스가 그려진 레이어를 선택한 상태에서 변경하고자 하는 패스를 직접 선택 도구(▷.)로 선택하면 됩니다. 그림을 그릴 때는 패스의 양쪽이 함께 길이가 늘어나거나 줄어들지만, 직접 선택 도구로 방향선을 수정할 때는 방향선을 한 개씩 따로 선택할 수 있습니다.

펜 도구를 사용하여 이미지에 그림이나 도형을 그리기 전, 먼저 옵션바에서 'Shape'를 선택하고 펜 도구(⌀.)를 선택하 면 자동으로 셰이프 속성을 가진 특수 레이어가 생성됩니다.

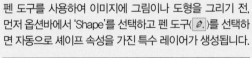

2개의 방향선 중 곡선과 가까운 방향선이 곡선 형태에 영향을 줍니다. 방향선의 길이에 따라 곡선의 형태가 바뀝니다.

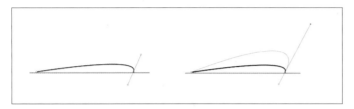

그림과 같이 곡선이 위쪽을 향하고 있으면 아래쪽 방향선의 길이 변화가 곡선에 영향을 주지 않습니다

2개의 방향선 중 1개를 삭제하면 곡선에서 직선으로 선의 속성을 바꿀 수 있습니다. 곡선을 그릴 때는 직선을 그리는 상태에서 마우스를 드래그하여 곡선을 조절하는 방향선을 실행하면 되지만, 곡선을 그리고 있는 상태에서 직선을 그리기 위해서는 생성된 방향선을 삭제해야 합니다.

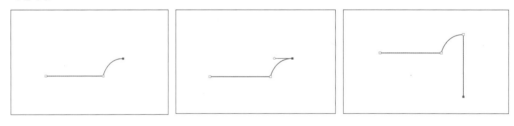

곡선을 직선으로 바꾸고자 할 때는 곡선과 가까운 방향선을 선택하여 그림과 같이 선과 포개어 놓아도 직선 표현이 가능합니다. Shift를 누른 채로 진행하면 반듯한 직선을 그릴 수 있습니다.

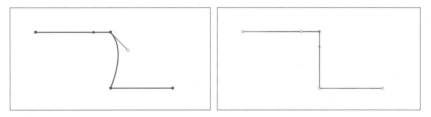

❷ **자유 형태 펜 도구(Freeform Pen Tool):** 주로 자유 형태의 선을 그릴 때 사용하는 펜 도구로, 브러시 도구와 같이 마우스를 드래그하여 그림을 그리는 방법으로 패스를 그릴 수 있습니다.

❸ **곡률 펜 도구(Curvature Pen Tool):** 펜 도구에서는 패스를 그릴 때 드래그하는 방식으로 곡선을 그리지만, 이 도구에서는 3개의 패스를 연결하는 연결선을 통해 곡선을 그립니다. 마우스로 클릭하며 곡선을 그려 나가는 방식이며, 주로 커브형의 선을 그릴 때 사용되는 도구입니다.

곡선은 3개의 패스로 이뤄지므로 패스를 그릴 때 두 번째 패스까지는 직선으로 그려지고, 세 번째 패스에서 곡선형이 나타납니다. 곡률 펜 도구는 점을 찍어 곡선을 그려 나가므로 새로 그려지는 패스는 이전 패스의 양옆 연결선에 영향을 줍니다. 점을 찍어 나갈 때 그림과 같이 패스 선에 변화가 생깁니다.

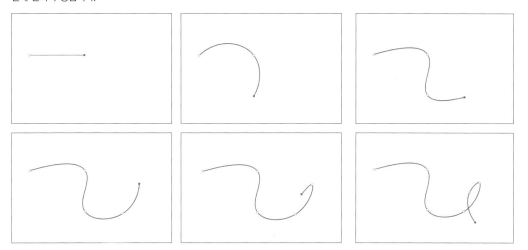

❹ **기준점 추가 도구(Add Anchor Point Tool):** 이미 그려진 패스에 새로운 패스를 추가하는 기능을 하는 도구입니다. 따라서 이미 그려진 패스 위에서만 명령이 실행됩니다. 추가된 패스는 그림과 같이 형태를 다양하게 변형하고자 할 때 사용할 수 있습니다.

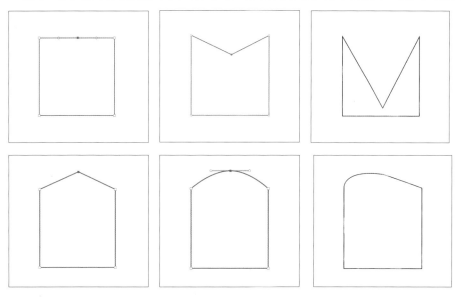

❺ **기준점 제거 도구(Delete Anchor Point Tool):** 기존에 그려진 패스를 삭제할 때 사용하는 도구입니다. 기준점 추가 도구와 마찬가지로 이미 그려진 패스 위에서만 명령을 실행할 수 있습니다.

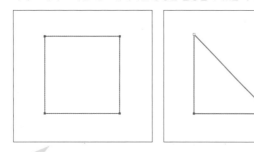

> 펜 도구를 사용할 때 옵션바에서 'Auto/Delete'를 체크해 놓으면, 기준점 추가 도구나 기준점 제거 도구 명령을 별도로 주지 않아도 패스의 선 위에서 자동으로 패스 추가/삭제 명령이 실행됩니다.

❻ **기준점 변환 도구(Convert Point Tool):** 기준점의 속성을 바꿀 때 사용하는 도구입니다. 패스를 연결하는 선은 2가지 유형(직선과 곡선)으로 나뉘며, 패스의 속성에 따라 직선 또는 곡선이 그려집니다. 기준점 변환 도구는 주로 선의 유형을 선택하기 위해 패스의 속성을 전환할 때 사용합니다. 패스에서 방향선은 곡선에서만 생성되며, 방향선을 이용하여 곡선의 크기와 기울기를 조절할 수 있습니다.

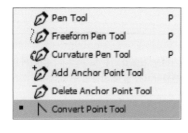
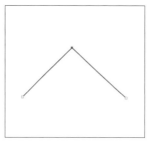
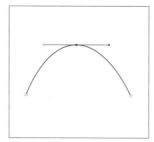

• **직선과 곡선 패스 변경하기:** 곡선형 패스를 직선형 패스로 바꾸고 싶을 때는 마우스로 클릭하면 되지만, 직선형 패스를 곡선형 패스로 바꾸고 싶을 때는 패스를 선택하여 드래그해야 합니다. 드래그하는 과정에서 곡선을 제어하는 방향선이 자동 생성됩니다.

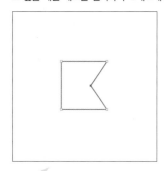
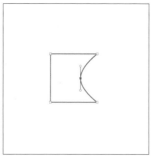

> 직접 선택 도구( )로 패스를 선택한 후 Alt 를 누르면 기준점 변환 도구가 실행된 모드로 마우스 포인터가 바뀝니다. 마우스 포인터가 바뀐 상태에서 패스를 클릭하면 곡선형 패스의 속성을 직선형으로 바꿀 수 있습니다.

● **셰이프 도구 옵션바**

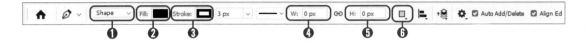

❶ **Pick tool mode:** 패스 도구 모드(Shape/Path/Pixels)를 선택하면 [Layers] 패널의 속성이 변경됩니다.

- **Shape:** 셰이프 속성을 가진 새 레이어를 만들 수 있습니다. 셰이프 속성을 가진 레이어는 특수 레이어로, 패스의 기준점과 색상 변경이 가능합니다. 이 상태에서는 색상 수정을 위한 'Color Picker'의 명령을 실행할 수 있습니다.

- **Path:** 펜 도구로 그린 개체가 패스로 만들어지는데 이 자체는 출력이 가능한 상태가 아닙니다. [Paths] 패널에 'Work Path'가 생성됩니다.

❷ **Fill:** 패스를 연결하여 그린 개체의 색을 없애거나, 원하는 색상을 선택하여 변경할 수 있습니다. 또한 단일 색상, 그레이디언트, 질감 등의 변화를 줄 수 있습니다.

- 닫힌 패스(왼쪽)와 열린 패스(오른쪽)의 Fill 명령 실행

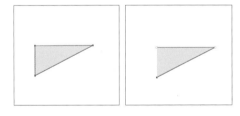

> 닫힌 패스는 패스의 시작점과 끝점이 만나는 도형입니다. 열린 패스는 패스의 시작점과 끝점이 만나지 않는 도형입니다. Fill은 열린 패스에서도 적용 가능합니다.

❸ **Stroke:** 패스를 연결하여 그린 도형의 외곽선 색상을 없애거나, 외곽선 색상을 변경할 수 있습니다. 패스 간의 연결선에 색과 두께를 조절할 수 있고, 일반선과 점선 등 선의 모양을 설정할 수도 있습니다.

- **Set shape stroke type:** 개체의 외곽선 표현 방식을 설정합니다. 단일 색상, 그레이디언트, 질감 등을 줄 수 있습니다. Fill과 동일한 명령을 Stroke에서 설정할 수 있습니다.

- **Set shape stroke width:** 선의 두께를 설정합니다.

- **Set shape stroke type:** 일반선, 점선 등 선의 유형, 점선 간격인 Dash, 선의 형태와 관련한 Caps, 패스상에서의 선 위치 등을 설정할 수 있습니다

❹ **Set shape width:** 패스의 가로 길이를 수치로 입력할 수 있습니다.

❺ **Set shape height:** 패스의 세로 길이를 수치로 입력할 수 있습니다.

❻ **Path operations:** 추가하는 패스를 이용하여 개체 변형과 관련한 명령을 실행합니다. 아이콘(▫)을 클릭하면 숨은 도구를 확인할 수 있습니다. 숨은 도구는 다음과 같습니다.

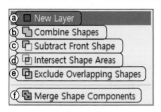

ⓐ New Layer: 패스를 그릴 때 기본 모드로 설정되어 있는 명령입니다. 새로운 레이어를 생성하여 기존의 패스와 분리된 새로운 패스를 그립니다. 'Shape' 레이어에서 닫힌 패스를 그리면 자동으로 새로운 'Shape' 레이어가 생성됩니다.

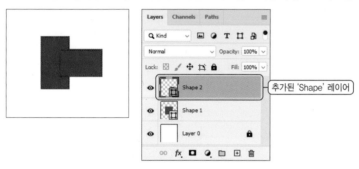

ⓑ Combine Shape: 첫 번째 개체를 그린 후 'Combine Shape'를 선택하고 두 번째 개체를 그리면 첫 번째 개체와 동일한 레이어 위에 패스가 그려집니다. 두 번째 개체가 첫 번째 개체와 결합하여 그림과 같이 새로운 형태를 만듭니다.

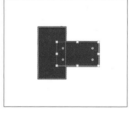

ⓒ Subtract Shape: 첫 번째 개체를 그린 후 'Subtract Shape'를 선택하고 두 번째 개체를 그리면 첫 번째 개체와 교차한 두 번째 개체의 영역이 제외된 형태의 개체를 만들 수 있습니다. 이때 첫 번째와 두 번째 개체가 교차해야 명령이 실행됩니다.

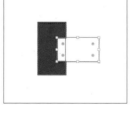

ⓓ Intersect Shape: 'Subtract Shape'와 유사한 명령이지만 첫 번째 개체와 교차된 영역이 남습니다.

 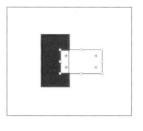

ⓔ Exclude Overlapping Shape: 'Intersect Shape'와 반대로 첫 번째 개체와 교차된 영역을 제외한 부분이 연결되어 개체의 형태가 만들어지는 명령입니다.

ⓕ Merge Shape Components: 개체 실행 명령을 준 이후에는 개체 수정과 개체 실행 명령 방식 변경이 가능한 상태이므로 개체 변형에 사용한 패스가 그대로 남아 있습니다. 'Merge Shape Components' 명령을 통해 변형된 형태 외의 필요 없는 패스는 자동 삭제합니다. 이 명령을 실행하고 나면 개체 수정과 개체 실행 명령 방식의 변경이 되지 않지만, 직접 선택 도구(🔧)를 이용한 수정은 할 수 있습니다.

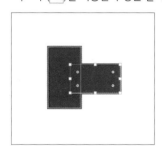 

● 패스의 이동

도형을 그릴 때는 주로 셰이프 속성의 패스를 사용합니다. 셰이프 속성의 도형을 선택할 때는 선택 도구와 패스 선택 도구를 사용하며, 직접 선택 도구는 특정 패스를 선택할 때 사용합니다.

• **선택 도구 사용하기:** 패스 선택 도구(▶)나 직접 선택 도구(▶)로 개체를 선택하면 패스 가이드가 활성화되면서 개체를 구성하고 있는 패스가 나타납니다. 영문 타자 상태에서 Ⓥ를 누르면 실행됩니다.

• **패스 선택 도구 사용하기:** 패스 선택 도구(▶)로 개체를 선택한 상태에서 특정 패스를 선택하고 싶으면 Ctrl)을 누른 상태에서 개체를 선택하면 됩니다.

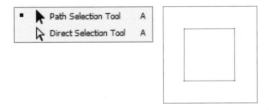

● 패스 선택 도구 옵션바

펜 도구의 옵션바와 마찬가지로 개체의 색과 선을 설정할 수 있습니다. 패스 선택 도구와 직접 선택 도구의 옵션바는 동일합니다.

❶ **Active Layers:** [Layers] 패널의 선택 레이어를 기준으로 개체를 선택합니다. 캔버스에서 여러 개의 개체를 포함하여 드래그해도 [Layers] 패널에서 선택된 레이어의 개체만 선택합니다. 선택된 레이어가 아닌 다른 레이어에 포함된 개체는 선택에서 자동으로 제외됩니다.

❷ **All Layers:** 레이어 구분 없이 캔버스에서 드래그하는 영역을 기준으로 개체를 선택합니다. 드래그하는 영역에 포함된 패스는 전부 선택합니다.

> 둘 중에서 작업의 편의를 고려하여 작업에 유리한 것으로 설정하면 됩니다. 개체와 레이어의 개수가 많고 캔버스에 개체들이 복잡하게 나열되어 있을 때는 레이어 기반인 'Active Layers'로 작업하는 것을 추천합니다.

● 패스의 선택

패스를 수정하기 위해서는 수정하고자 하는 패스를 직접 선택 도구로 선택해야 합니다.

• **패스가 선택되지 않은 상태:** 패스 가이드가 활성화되지 않은 상태

• **패스가 선택된 상태:** 패스 가이드가 활성화된 상태

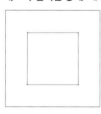

펜 도구로 그린 도형을 이동할 때는 패스 선택 도구(▶), 직접 선택 도구(▷)로 도형을 이동할 수 있습니다. 단, 직접 선택 도구의 경우에는 도형을 구성하고 있는 패스 전부가 선택되어야 합니다. 마우스 드래그를 이용하여 여러 개의 패스를 한꺼번에 선택할 수도 있습니다.

● 선택 도구에 따른 패스

• **패스 선택 도구(▶)로 선택:** 패스를 클릭하면 패스 가이드가 활성화되어 표시되고 패스가 아래 그림과 같이 보입니다. 패스로 구성된 도형이나 선 단위를 선택할 수 있지만, 낱개의 패스를 선택할 수는 없기에 패스 전체가 선택된 상태로 표시됩니다.

• **직접 선택 도구(▷)로 선택:** 패스 가이드가 표시되어 패스가 그림처럼 보입니다. 이미지는 특정 패스를 선택하지 않은 상태입니다. 이 상태에서는 각 패스를 별도로 선택할 수 있으며, 선택된 패스와 선택되지 않은 패스가 구분되어 표시됩니다.

• 선택된 패스의 표시

• 선택되지 않은 패스의 표시

※ 선분에서의 선택 패스 표시 구분

• 왼쪽 패스를 선택한 상태

• 오른쪽 패스를 선택한 상태

● **펜 도구와 도형 도구의 차이**

• **펜 도구( )로 그린 도형:** 둥근 사각형 변형 아이콘이 활성화되지 않습니다.
[Layers] 패널에 셰이프 속성의 레이어가 생성됩니다.

• **사각형 도구( )로 그린 도형:** 둥근 사각형 변형 아이콘이 활성화됩니다.
[Layers] 패널에 'Rectangle' 속성의 레이어가 생성됩니다.

사각형 변형 조절점을 선택하고 사각형 안쪽으로 드래그하면
라운딩 효과를 줄 수 있습니다.

패스 속성 변형하고 색 바꾸기 ●━━━━━━━━━━━━━━━━━━━━━━━━━━━●

펜 도구로 도형을 그린 다음 패스를 추가하고, 추가된 곡선형의 패스를 직선형 속성을 가진 패스로 바꾼 다음 개체의 면과 외곽선을 바꾸는 방법에 대해서 알아보겠습니다.

펜 도구로 도형 그리고 패스 속성 변경하기

01 [File] → New(Ctrl+N)를 실행하고 단위를 'Pixels', Width를 '700', Height를 '700'으로 한 다음 〈Create〉 버튼을 클릭합니다.

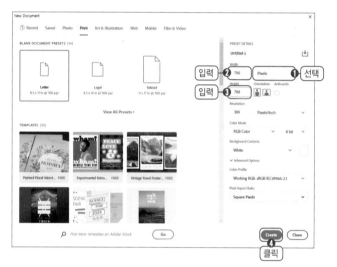

02 펜 도구(✒.)를 선택합니다.

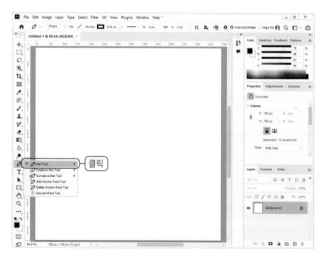

03 눈금자를 마우스로 클릭한 다음 드래그하여 가이드를 가로 폭의 1/2 지점과 세로 높이의 1/2 지점에 그립니다. 눈금자 실행 단축키는 Ctrl+R입니다.

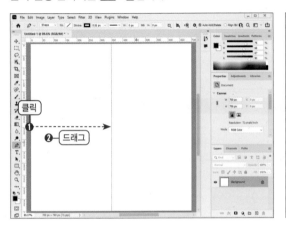
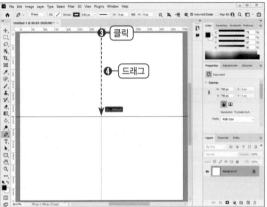

04 그림과 같이 가이드를 추가로 그립니다. 예제에서는 캔버스의 가장자리에서 '100px' 만큼 좌우의 양옆, 위아래 양쪽을 표시했습니다.

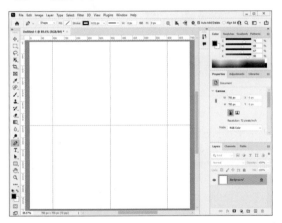
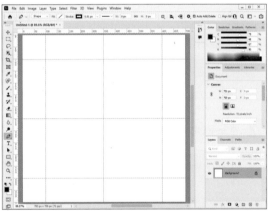

05 펜 도구 옵션바에서 'Fill' 아이콘(■)을 클릭하여 나타나는 패널에서 'No Color'로 아이콘(☑)을 선택하고 캔버스에서 그림과 같이 점을 찍어 개체를 그립니다.

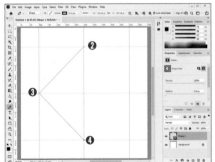
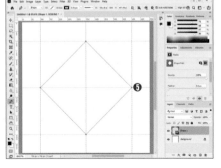

06 펜 도구 옵션바에서 'Auto Add/Delete'를 체크한 다음, 개체의 선에 마우스 포인터를 올려놓으면 패스 추가 모드가 자동으로 실행됩니다. 그림과 같이 선 위에 마우스 포인터를 올려 두면 패스 추가 명령을 실행할 수 있습니다.

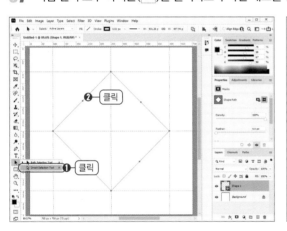

> 패스를 그리다가 중단되었을 때는 이어서 그리고 싶은 패스를 펜 도구로 클릭한 후 계속 그려 나가면 됩니다.

07 직접 선택 도구 아이콘( )을 클릭하고 추가한 패스를 선택한 다음 드래그하며 그림과 같이 변형합니다.

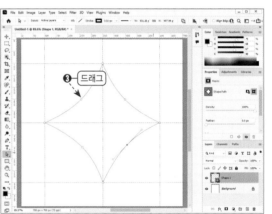

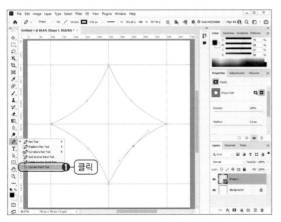

08 기준점 변환 도구( )를 선택하고 추가한 패스를 클릭합니다. 곡선형이 직선형으로 바뀌는 것을 확인할 수 있습니다.

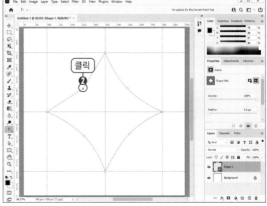

09 기준점 변환 도구(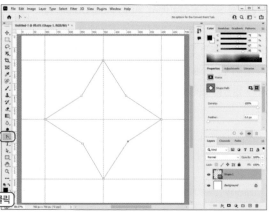)를 선택하고 그림과 같이 개체의 형태를 바꿀 수 있습니다.

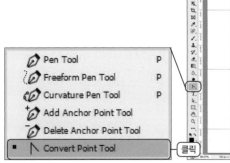

펜 도구로 그린 도형의 색 바꾸기

10 패스 선택 도구(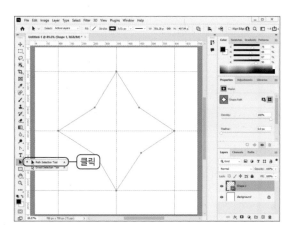)를 선택합니다.

> 직접 선택 도구를 사용해도 색상 변경이 가능합니다.

11 패스 선택 도구(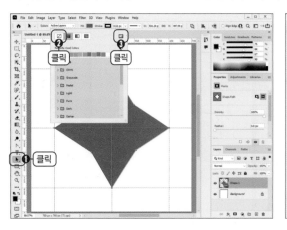)를 선택합니다. 옵션바에서 'Fill' 아이콘(■)을 선택하고 'Color Picker' 아이콘(□)을 클릭해 색상을 변경합니다. 색상 코드 'f56a00'을 입력하고 〈OK〉 버튼을 클릭합니다. Enter↵를 눌러 'Fill' 명령을 완료합니다.

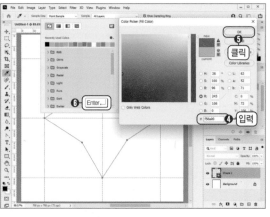

12 옵션바에서 'Stroke' 아이콘( )을 선택하고 [Color Picker] 대화상자 아이콘( )을 클릭해 색상을 변경합니다. 색상 코드 '4f5cea'를 입력하고 〈OK〉 버튼을 클릭한 다음 Enter 를 눌러 [Color Picker] 대화상자를 닫습니다.

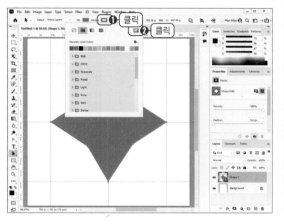 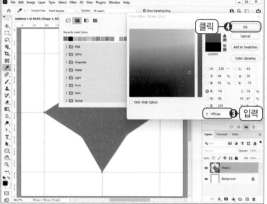

13 선의 두께를 바꾸기 위해 Stroke에 '8px'을 입력합니다.

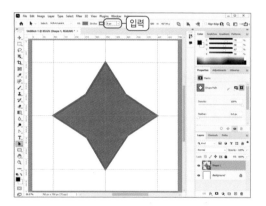

14 옵션바의 'Set shape stroke type' 아이콘( )을 선택하면 [Stroke Options] 대화상자가 등장합니다. 선의 유형 선택 항목에서 점선을 선택합니다. [Stroke Options] 대화상자를 톱니바퀴 모양 아이콘( )을 클릭하고 **More Options**를 선택하여 [Stroke] 대화상자를 실행합니다.

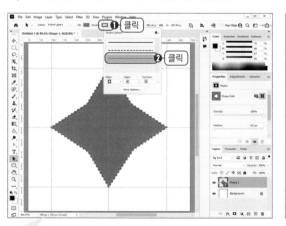 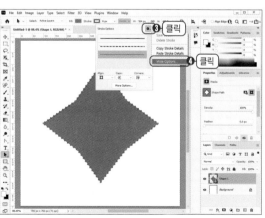

[Stroke Options] 대화상자 하단의 'More Options' 버튼(More Options...)을 클릭해도 [Stroke] 대화상자가 실행됩니다.

15 Dashed Line 항목에 왼쪽부터 차례대로 '1', '5', '1', '2'를 각각 입력합니다. 〈OK〉 버튼을 누르고 Enter↵를 눌러 대화상자를 닫습니다. 도형의 외곽선이 점선으로 바뀐 것을 확인할 수 있습니다.

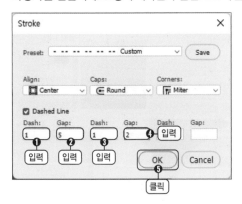
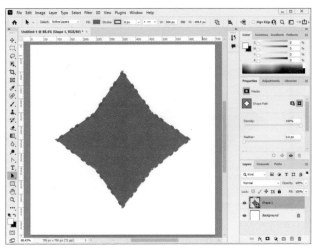

 곡선 펜 도구로 반원 그리고 그레이디언트 채색하기

곡선 펜 도구를 활용하면 마우스로 클릭하는 방식으로 곡선을 그릴 수 있습니다. 곡선 펜 도구로 곡선형 개체를 그린 후 패스 일부분을 직선형으로 바꾸는 방법과 개체에 그레이디언트 채색을 하는 방법을 알아보겠습니다.

곡선 펜 도구로 반원 그리기

01 [File] → New(Ctrl+N)를 실행하여 단위를 'Pixels'로 지정하고 Width를 '1900', Height를 '1400'으로 입력한 다음 〈Create〉 버튼을 클릭해 새로운 캔버스를 생성합니다.

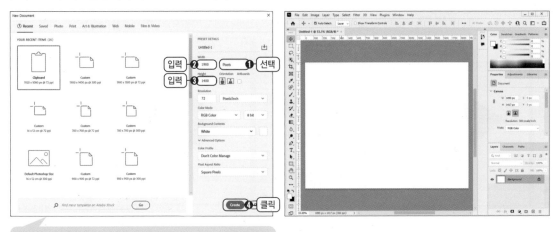

Orientation에서 도큐먼트의 방향을 설정할 수 있습니다.

02 곡률 펜 도구()를 선택하고 옵션바에서 'Fill' 아이콘(■)과 'Stroke' 아이콘(□)을 각각 클릭해 각각 'No Color'(□)로 지정합니다. 선과 면 색이 없는 개체가 그려집니다.

곡률 펜 도구는 펜 도구 아이콘을 길게 누르면 찾을 수 있습니다.

03 곡선 패스로 그림과 같이 점을 찍어 곡선을 그립니다. 곡선 패스는 곡선 하나가 3개의 패스로 구성되는 원리이므로 세 번째 점까지 찍어야 곡선이 표현됩니다.

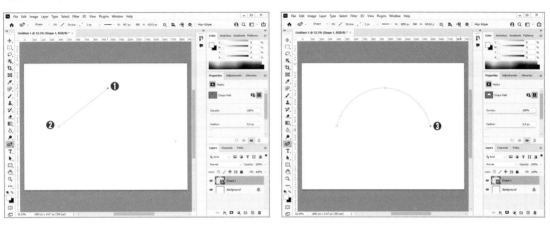

04 패스를 연결하여 그림과 같은 모양을 만듭니다.

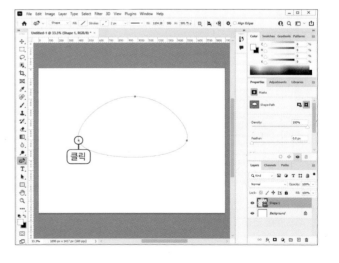

패스를 닫을 때는 첫 번째 시작점을 마지막에 다시 클릭합니다. 시작점과 마지막 점이 연결된 닫힌 패스의 개체가 완성됩니다.

05 Alt 를 누른 채로 개체의 아래쪽 패스를 선택하면 곡선이 직선으로 바뀌며 반원 형태의 개체가 됩니다.

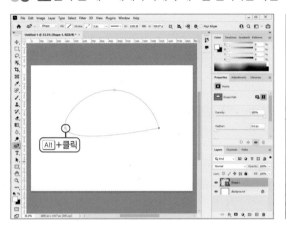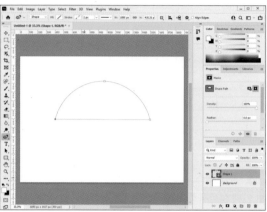

그레이디언트 채색하기

06 펜 도구의 옵션바에서 'Fill' 아이콘(▬)을 클릭하고, 펼쳐진 대화상자에서 그레이디언트 아이콘(▢)을 클릭합니다. 'Iridescent'에서 [Iridescent_14]를 선택하고 Enter 를 눌러 대화상자를 닫습니다.

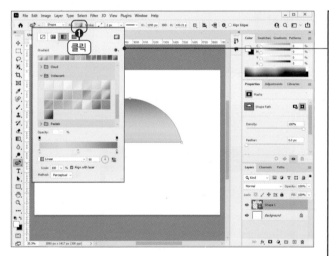

> 개체의 속성을 변경할 때는 [Layers] 패널에서 개체가 그려진 레이어가 선택되어 있어야 합니다. 레이어를 선택하고 펜 도구를 선택해도 색상 변경이 가능합니다.

07 그레이디언트 효과가 적용된 것을 확인하고 Enter 를 누르면 명령이 완료됩니다.

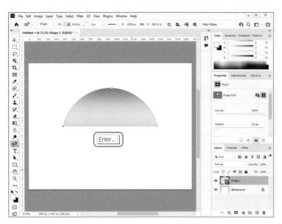
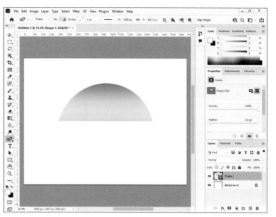

 펜 도구로 반원 그리고 패턴 채우기

펜 도구를 이용해 곡선을 그릴 때는 마우스로 클릭하고 드래그하는 방식을 함께 이용해야 합니다. 펜 도구로 반원 형태의 개체를 그리고 패턴으로 채색하는 방법에 대해서 알아보겠습니다.

펜 도구로 반원 그리기

01 [File] → New(Ctrl + N)를 실행하고 단위를 'Pixels', Width를 '700', Height를 '500'으로 지정합니다. Orientation 에서 도큐먼트 방향을 '가로'로 설정한 다음 〈Create〉 버튼을 클릭합니다.

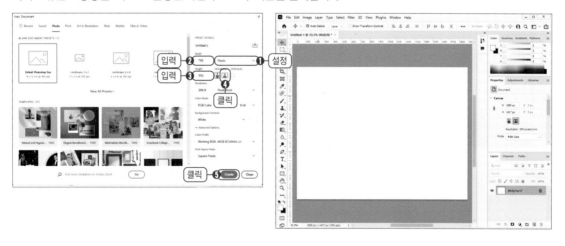

02 펜 도구(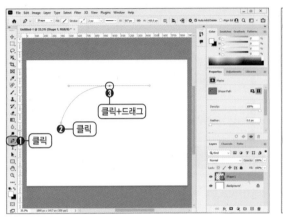)를 선택하고 캔버스에서 마우스를 클릭하여 첫 번째 패스를 그립니다. 곡선의 크기를 고려해서 클릭 후 드래그하여 두 번째 패스를 그립니다. 캔버스에서 그림과 같이 세 번째 패스를 그리고 마지막으로 시작점을 클릭해 패스를 닫아 줍니다.

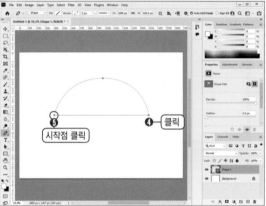

패턴 채우기

03 펜 도구의 옵션바에서 'Fill' 아이콘(■)을 클릭하고, 펼쳐진 대화상자에서 패턴 아이콘(▦)을 클릭하면 [Pattern] 대화상자로 전환됩니다. Water의 'Water-Sand'를 선택합니다.

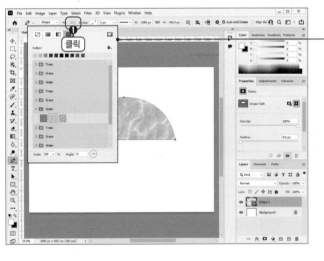
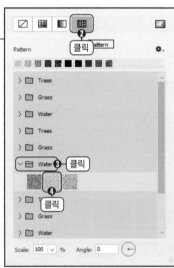

04 캔버스에서 Enter 를 눌러 명령을 완료하면 개체에 패턴이 채워진 모습을 볼 수 있습니다.

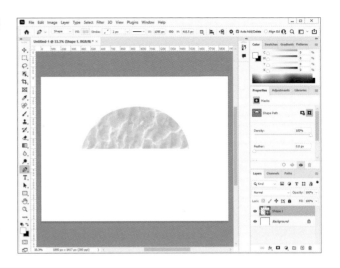

 곡선과 직선으로 된 개체를 그리고 가운데 정렬하기

펜 도구의 패스 속성은 크게 직선형 패스와 곡선형 패스로 구분됩니다. 곡선형 패스와 직선형 패스를 함께 활용해 개체를 그리고 캔버스 정중앙에 개체를 이동하는 방법에 대해서 알아보겠습니다.

곡선과 직선으로 그리기

01 [File] → New(Ctrl+N)를 실행하고 단위를 'Pixels'로 지정, Width를 '1900', Height를 '1400'으로 입력합니다. 〈Create〉 버튼을 누르면 새로운 캔버스가 생성됩니다.

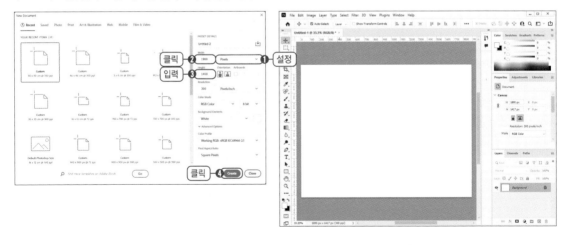

02 펜 도구(✒️.)를 선택합니다.

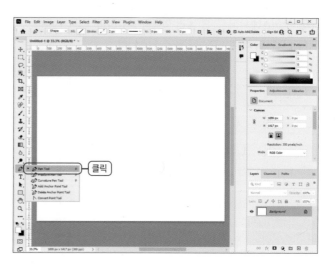

03 옵션바에서 'Fill' 아이콘(■)과 'Stroke' 아이콘(□)을 각각 선택하여 'No Color'(⊘)로 설정합니다.

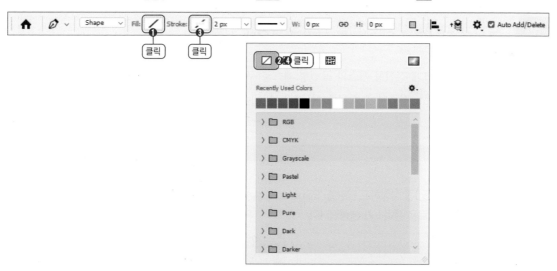

04 첫 번째 패스를 그릴 지점에 마우스를 클릭하고, 두 번째 패스를 그릴 때 마우스를 클릭한 다음 마우스를 떼지 않은 상태에서 드래그하면 곡선을 그릴 수 있습니다. 그림과 같이 패스를 그립니다.

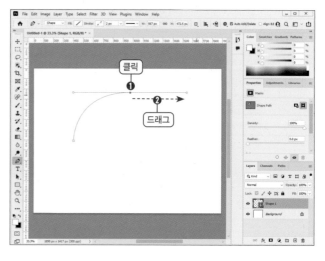

05 Alt를 누른 채로 두 번째 그렸던 패스를 다시 클릭하면 2개의 방향선 중 1개의 방향선만 남게 됩니다.

> 펜 도구를 사용하는 도중에 패스나 곡선을 수정하고 싶을 때는 Ctrl을 누른 채로 패스를 선택하여 조정합니다.

06 패스를 클릭하며 그림과 같이 직선을 그립니다.

> 패스를 클릭하여 직선을 그릴 때 Shift를 누르면 수직 또는 수평의 직선을 그릴 수 있습니다.

07 옵션바에서 'Stroke' 아이콘(▭)을 클릭한 다음 [Color Picker] 대화상자 아이콘(▧)을 클릭해 실행합니다. 색상 코드 '453df1'을 입력하고 〈OK〉 버튼을 클릭한 다음 Enter↵를 눌러 [Color Picker] 대화상자를 닫아 줍니다. 선 두께는 '10px'을 입력합니다.

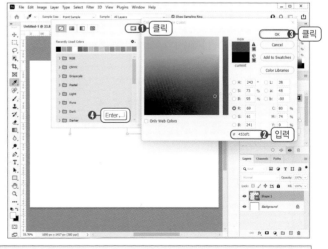

08 'Set shape stroke type' 아이콘(──∨)을 누르면 실행되는 [Stroke Options] 대화상자에서 두 번째의 점선을 선택합니다. Align의 두 번째 항목을 선택하여 패스의 위치를 패스 중앙으로 설정합니다. Caps는 둥근 형태를 선택하여 점선의 선 모양을 부드럽게 만듭니다.

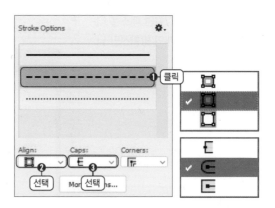

09 Enter↵ 를 눌러 [Stroke Options] 대화상자를 닫아 줍니다.

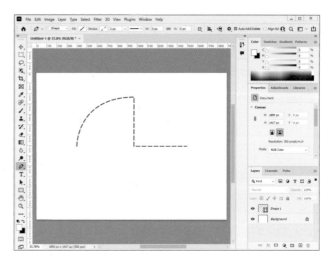

캔버스 중앙에 정렬하기

10 캔버스 정중앙에 개체를 정렬하는 명령을 할 때는 정렬의 기준을 캔버스로 설정합니다. 옵션바에서 'Align' 아이콘(▣)을 클릭해 실행된 [Align]의 Align To를 'Canvas'로 설정합니다.

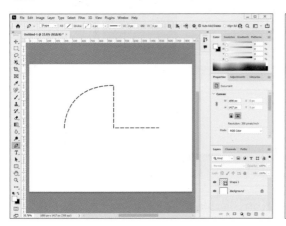
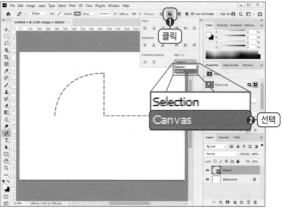

11 캔버스 수직 중앙 아이콘( )과 수평 중앙 아이콘( )을 클릭합니다.

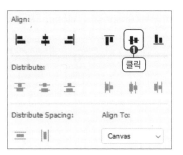 

12 개체가 캔버스의 정중앙에 위치한 것을 확인할 수 있습니다.

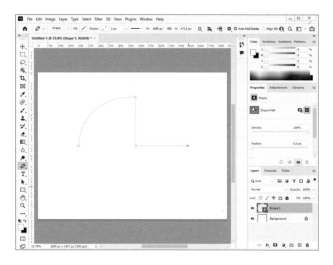

개체들을 결합하여 형태 만들기

'Path operations' 기능으로 여러 개체를 결합해 새로운 형태로 만드는 방법에 대해서 알아보겠습니다.

● 준비 파일: 포토샵\04\비행기 픽토그램.jpg

01 [File] → Open(Ctrl+O)을 실행하고 04 폴더에서 '비행기 픽토그램.jpg' 파일을 불러옵니다.

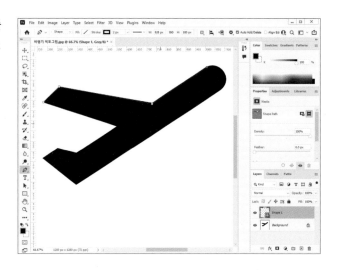

02 펜 도구(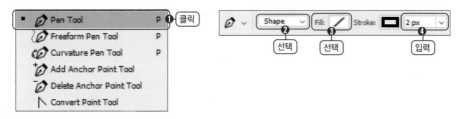)를 선택한 다음 옵션바에서 'Shape'를 선택하고, Fill은 'No Color', Stroke는 '2px'로 설정합니다.

이미지 위에서 패스를 그릴 때는 이미지와 패스 가이드를 구분하기 위해 가이드 색상을 수정할 수 있습니다. **[Edit] → Pref-erences**로 [Preferences] 대화상자를 실행하고 Guides, Grid & Slices의 Path Options 항목에서 원하는 색을 지정하면 됩니다. 패스의 두께도 변경할 수 있습니다.

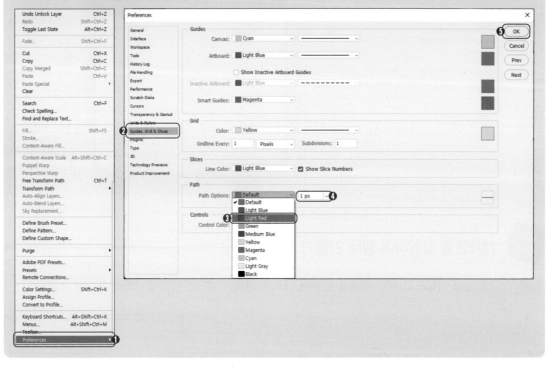

03 그림과 같이 픽토그램의 외곽선을 따라 패스를 그립니다. 패스를 그리면 [Layers] 패널에 자동으로 셰이프 속성의 특수 레이어가 생성됩니다.

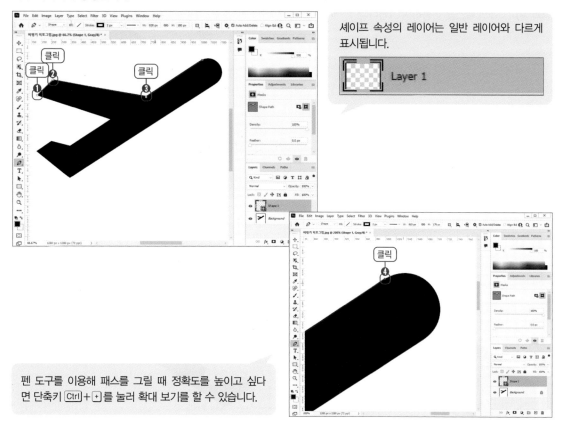

셰이프 속성의 레이어는 일반 레이어와 다르게 표시됩니다.

펜 도구를 이용해 패스를 그릴 때 정확도를 높이고 싶다면 단축키 Ctrl + + 를 눌러 확대 보기를 할 수 있습니다.

04 곡선을 그려야 하는 구간을 클릭한 다음, 마우스를 떼지 않고 드래그하여 곡선 형태를 만듭니다.

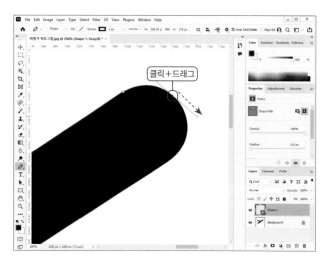

05 곡선의 형태를 그릴 때는 커브 방향이 바뀌는 지점에서 [Alt]를 눌러 방향선을 삭제한 다음 곡선을 그리면 됩니다. 곡선 하나를 그림과 같이 3개의 패스를 이용하여 그립니다.

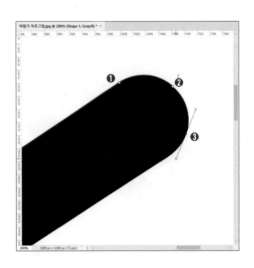

06 나머지 부분도 패스를 따라 그려 줍니다.

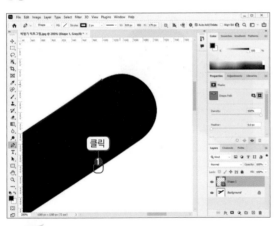
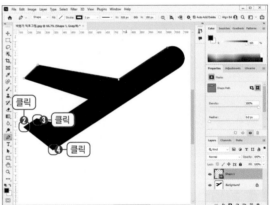

패스를 추가하고 싶을 때는 펜 도구 옵션바에서 'Auto Add/Delete'(☑ Auto Add/Delete)를 체크하고 패스의 산 위에 마우스 커서를 올려놓습니다. 그러면 마우스 커서가 패스 추가 모드로 바뀌면서 패스를 추가할 수 있습니다. 패스 삭제가 필요할 때는 삭제하고자 하는 패스에 커서를 놓으면 됩니다.

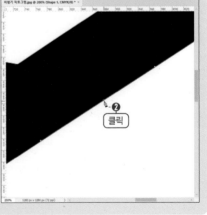

07 패스를 수정할 때는 직접 선택 도구( )를 선택하고 수정하고자 하는 패스를 클릭한 다음 드래그하여 수정할 수 있습니다.

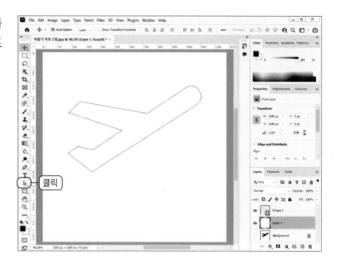

08 패스를 다 그린 후에는 [Layers] 패널에서 'Background' 레이어의 눈 아이콘( )을 클릭해 픽토그램 이미지를 숨깁니다. 'Create a new layer' 아이콘( )을 클릭해 새 레이어를 추가합니다.

09 [Layers] 패널에서 'Layer 1' 레이어를 선택하고 Ctrl+Delete를 눌러 배경색을 채웁니다. [Layers] 패널의 레이어 순서를 그림과 같이 배치합니다.

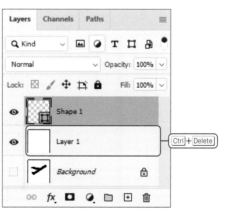

10 펜 도구(✎.)를 선택하고 상단 옵션바에서 'Combine Shape'(◻.)를 선택합니다.

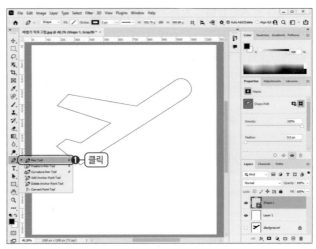

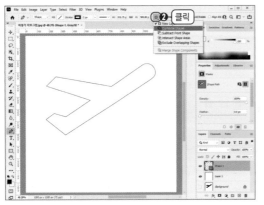

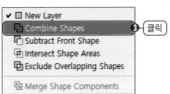

11 캔버스에서 추가하고자 하는 개체를 그립니다. Enter↲를 누르면 추가한 개체가 결합되어 한 형태를 이루게 됩니다.

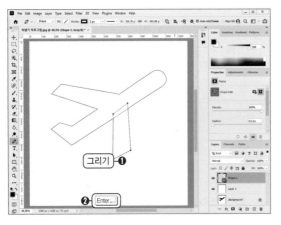

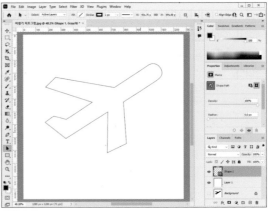

12 직접 선택 도구(⬚.)를 이용하여 패스를 수정합니다.

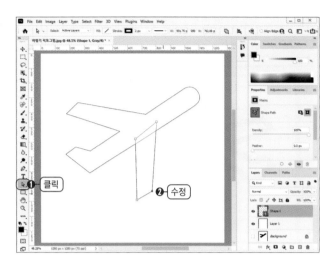

13 형태 수정이 완료되면 옵션바에서 Stroke를 '50px'로 입력합니다. 'Fill' 아이콘(■)을 클릭해 창을 열고 그레이디언트 아이콘(▥)을 클릭합니다. 그레이디언트 설정 모드가 나타나면 Reds의 'Red_07'을 선택합니다.

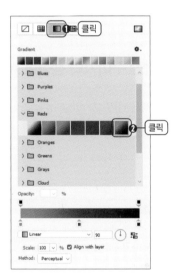

14 Enter⏎를 누르면 창이 사라집니다.

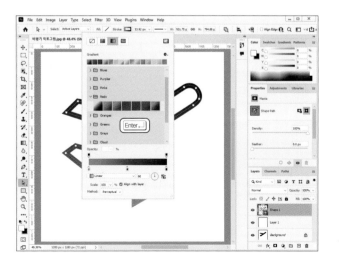

15 캔버스에서 한 번 더 Enter를 누르면 패스 가이드라인이 사라집니다.

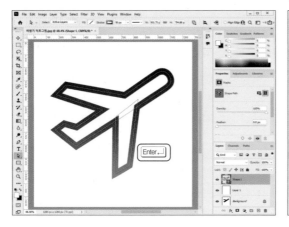 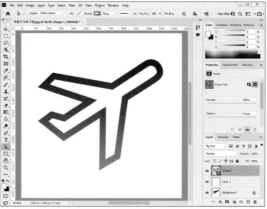

 패스를 활용하여 사진 꾸미기와 생성형 AI 활용하기

패스로 그림을 그려서 사진의 배경을 꾸밀 수 있습니다. 또한 펜 도구와 브러시 도구를 활용한 생성형 AI 기능으로 사진에 이미지를 추가할 수 있습니다.

● 준비 파일: 포토샵\04\선인장.jpg

펜 도구로 물결무늬 그리기

01 [File] → Open(Ctrl+O)을 실행하고 04 폴더에서 '선인장.jpg' 파일을 불러옵니다.

02 펜 도구(✐.)를 선택합니다.

03 상단 옵션바에서 'Shape'로 설정하고, 'Fill' 아이콘(■)을 클릭합니다. 나타나는 창 상단의 그레이디언트 아이콘(▣)을 클릭해 창을 그레이디언트 모드로 전환합니다. Pink 항목의 'Pink_14'를 클릭하고 'Stroke' 아이콘(□)을 클릭하여 나타나는 창에서 'No Color'(☑)로 설정합니다.

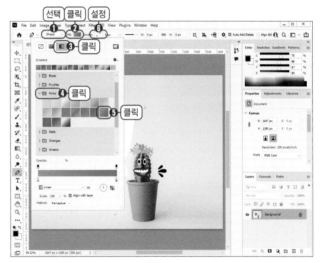

Enter↵를 누르면 펼쳐진 창을 닫을 수 있습니다.

04 그림과 같이 사진의 배경에 펜 도구로 곡선형의 개체를 그려 나갑니다.

05 곡선형의 물결을 그리다가 직선을 그려야 할 때는 Alt 를 누른 채로 마지막에 그렸던 패스를 클릭합니다. 그러면 패스의 방향선 2개 중 1개가 사라집니다. 시작점까지 패스를 이어 그립니다.

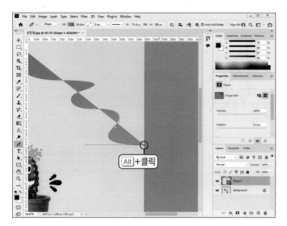 

06 패스를 다 그린 후에는 Enter↵ 를 눌러 작업을 완료합니다.

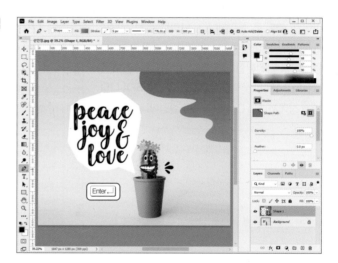

07 이후에 새로운 색상의 패스를 그리기 위해서는 [Layers] 패널에서 'Shape 1' 레이어의 선택을 해제해야 합니다. [Layers] 패널의 'Background' 레이어를 선택하여 'Shape 1' 레이어의 선택을 해제할 수 있습니다.

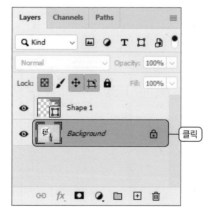

08 곡률 펜 도구( )를 선택합니다.

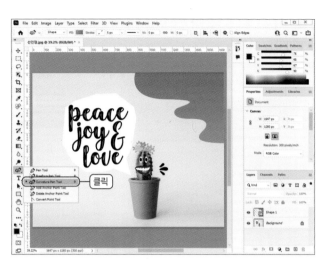

09 옵션바에서 'Shape'를 선택하고 'Fill' 아이콘( )을 클릭합니다. 나타나는 창 상단의 그레이디언트 아이콘( )을 클릭해 그레이디언트 모드로 전환합니다. Orange 항목의 'Orange_08'을 선택하고 그림과 같이 패스를 그려 나갑니다. Stroke( )는 'No Color'( )로 설정합니다.

색상을 바꾸고자 하는 오브젝트가 포함된 레이어가 [Lay-ers] 패널에서 선택되었는지 확인합니다. 선택한 레이어에 포함되어 있는 개체의 색상이 변경됩니다.

10 곡선형 패스를 직선형 패스로 변경해야 할 때는 Alt 를 누른 채 마지막에 그렸던 패스를 클릭하면 직선 그리기가 가능합니다.

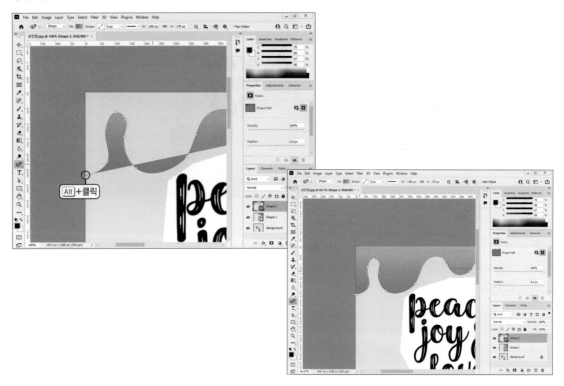

곡선형 패스를 직선형 패스로 전환하기

11 그림과 같이 기존에 곡선형으로 그린 패스를 직선형으로 바꾸기 위해 기준점 변환 도구(▷)를 선택합니다.

12 곡선에 연결된 패스를 클릭하면 그림과 같이
직선으로 바뀌게 됩니다.

직접 선택 도구로 곡선형 개체 수정하기

13 방향선을 이용하여 곡선형 개체의 형태를 수정할 수 있습니다. 먼저 펜 도구(⌀.)를 선택합니다.

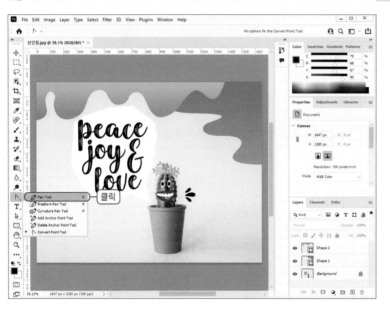

14 옵션바에서 'Shape'를 설정한 뒤, 'Fill' 아이콘(■)을 클릭합니다. 나타나는 창 상단의 그레이디언트 아이콘(▨)을 클릭해 그레이디언트 모드로 전환합니다. Orange 항목의 'Orange_08'로 설정하고 그림과 같이 패스를 그려 나갑니다. 'Stroke'(▭)는 'No Color'(☑)로 설정합니다.

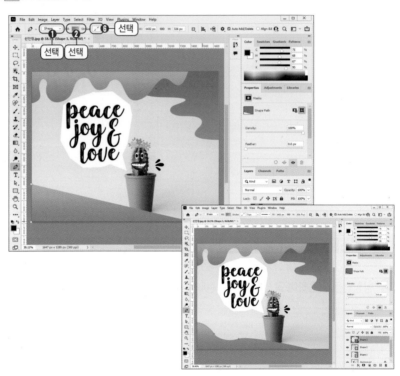

15 직접 선택 도구(▶)를 선택하여 패스를 클릭하면 방향선이 활성화됩니다. 활성화된 방향선의 패스를 클릭하고 드래그하면 방향선의 길이와 각도를 조절할 수 있습니다. 패스 수정 작업을 끝낸 이후에는 Enter↲를 누르면 방향선이 사라집니다.

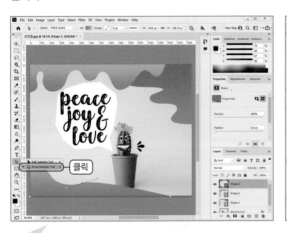

방향선의 길이와 방향에 따라 곡선의 크기와 방향에 변화가 생깁니다.

선택 영역에 생성형 AI로 이미지 추가하기

16 [Layers] 패널에서 배경 레이어를 선택한 후, 펜 도구(✏️.)를 선택한 다음 옵션바에서 '패스'를 설정합니다.

17 사진 위를 클릭하여 패스로 사각형을 그립니다. 마지막 패스는 시작점을 클릭해야 도형이 완성됩니다. 사각형을 그린 후, 사각형 도형 패스를 선택 영역으로 변경하기 위해 옵션바의 '선택'을 클릭합니다. [선택 영역 만들기] 대화상자의 〈확인〉 버튼을 누르면 패스가 선택 영역으로 전환됩니다.

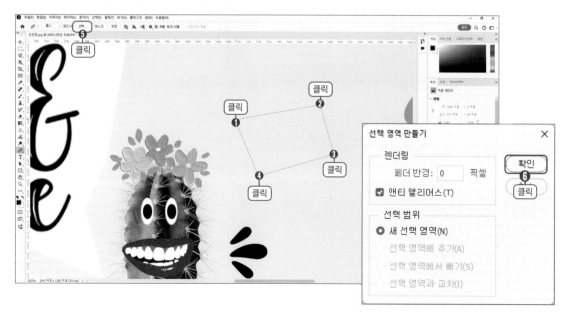

18 [생성형 채우기] 대화상자에서 '생성형 채우기( 생성형 채우기) 버튼을 누릅니다. 프롬프트 입력란에 '나비' 단어를 적고 〈생성〉 버튼을 누르면, 나비 이미지가 생성됩니다.

[생성형 채우기] 대화상자가 보이지 않을 경우, 창(W)에서 '상황별 작업 표시줄'을 체크합니다.

19 펜 도구(✎.) 외에 선택 브러시 도구 (✎.)로도 [생성형 채우기]를 사용할 수 있습니다. 선택 브러시 도구(✎.)를 선택한 후에 이미지 위에 클릭 드래그하여 영역을 그립니다.

선택 브러시 도구(✎.)를 선택하면, 옵션바의 추가(✎추가) 가 자동으로 설정됩니다.

20 [생성형 채우기] 대화상자에서 '생성형 채우기' 버튼을 누릅니다. 프롬프트 입력란에 '나비' 단어를 적고 〈생성〉 버튼을 누르면, 나비 이미지가 생성됩니다.

21 '생성형 채우기'로 만든 이미지는 한 번에 3개가 생성되며, 마음에 드는 이미지가 없는 경우 〈생성〉 버튼을 다시 누르면 이미지가 3개씩 추가로 더 생성됩니다. [생성형 채우기] 대화상자의 화살표를 누르면, 생성된 이미지를 확인하여 원하는 이미지를 선택할 수 있습니다.

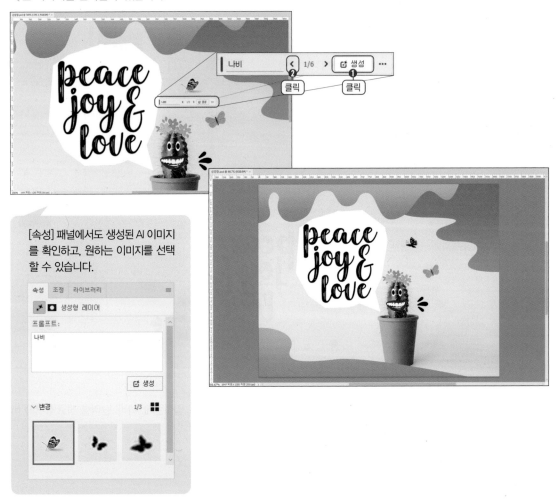

[속성] 패널에서도 생성된 AI 이미지를 확인하고, 원하는 이미지를 선택할 수 있습니다.

CHAPTER

07

다양한 형태의 도형 그리기:
도형 도구 / 사용자 정의 모형 도구

 다양한 도형을 그리고 새로운 형태 만들기

도형 도구를 이용하여 다양한 도형을 그릴 수 있습니다. 또한 원 도형 2개를 결합해 새로운 형태를 만드는 법, 사각형 형태에서 원 형태를 추출하여 새로운 형태의 개체를 만드는 방법에 대해서도 알아보겠습니다.

다양한 도형 그리기

01 [File] → **New**(Ctrl+N)를 실행하여 단위는 'Pixels'로 지정하고, Width를 '500', Height를 '500'으로 입력합니다. 〈Create〉 버튼을 누르면 새로운 캔버스가 생성됩니다.

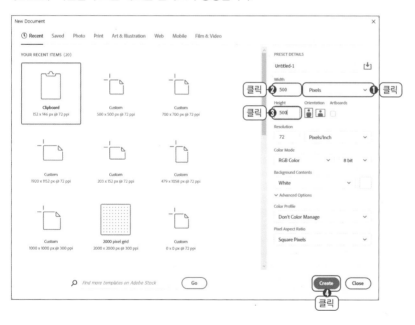

02 사각형 도구(□)를 선택합니다.

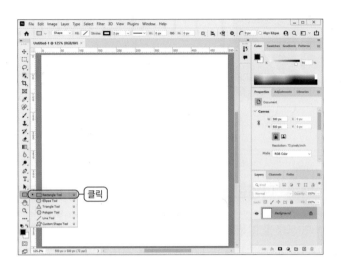

03 사각형 도구 옵션바에서 'Shape'(Shape ∨)로 설정합니다.

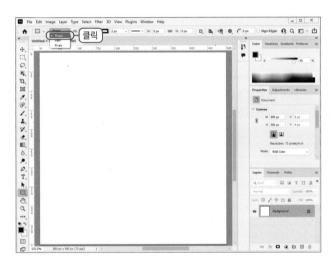

04 옵션바의 'Fill' 아이콘(Fill: ■)을 클릭해 창을 펼치고 상단의 '그레이디언트' 아이콘(■)를 클릭해 그레이디언트 설정 모드로 전환합니다. Greens 항목의 'Green_02'를 선택하고 Enter↵ 를 누릅니다.

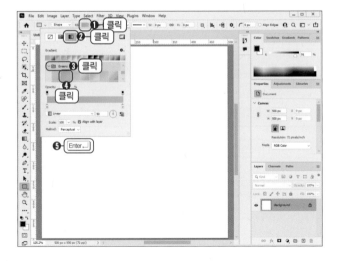

05 옵션바의 'Stroke' 아이콘(▬)을 클릭하면 나타나는 창에서 'No Color' 아이콘(☑)을 선택합니다.

06 캔버스에서 마우스를 드래그하여 사각형을 그립니다.

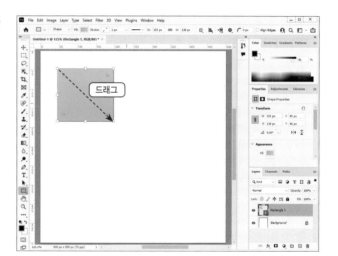

Shift를 누른 채로 드래그하면 정사각형을 그릴 수 있습니다.

07 사각형 내부의 원형 단추(◉)를 클릭하고 사각형의 중앙부로 드래그하여 모서리를 둥글게 만듭니다.

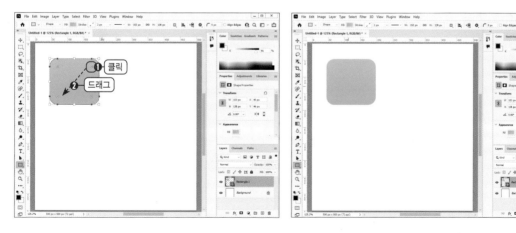

도형을 결합하여 새로운 형태 만들기

08 [Layers] 패널에서 'Rectangle 1' 레이어가 선택되지 않게 한 후, [Tools] 패널에서 원형 도구(⬭)를 선택합니다.

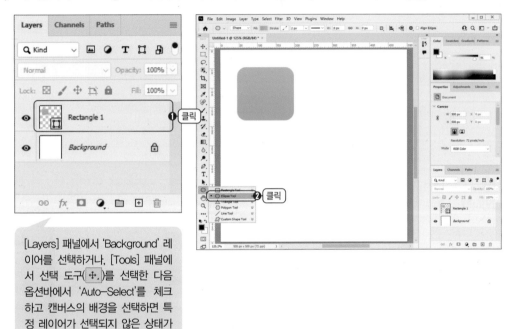

[Layers] 패널에서 'Background' 레이어를 선택하거나, [Tools] 패널에서 선택 도구(✛)를 선택한 다음 옵션바에서 'Auto-Select'를 체크하고 캔버스의 배경을 선택하면 특정 레이어가 선택되지 않은 상태가 됩니다.

09 옵션바에서 'Shape'로 설정하고 'Fill' 아이콘(⬛)을 클릭하여 펼친 창 상단의 그레이디언트 아이콘(⬛)을 클릭해 그레이디언트 설정 모드로 전환합니다. Oranges 항목을 'Orange_3'으로 선택하고 Enter를 눌러 창을 닫습니다.

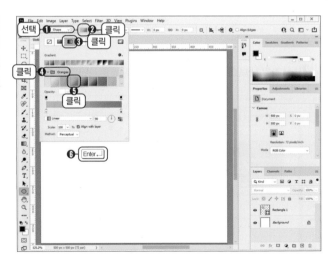

10 캔버스에서 마우스를 드래그하여 원을 그립니다.

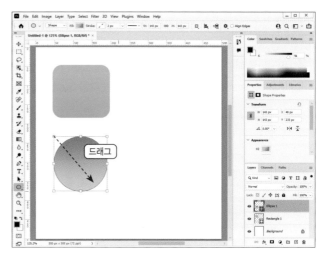

[Shift]를 누른 상태에서 드래그하면 완전히 동그란 정원을 그릴 수 있습니다.

11 옵션바에서 'Path operations' 아이콘(□)을 클릭하고 **Combine Shapes**(□)를 선택합니다.

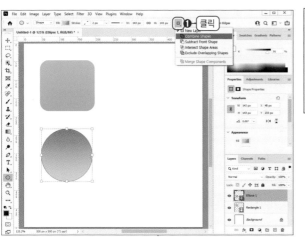
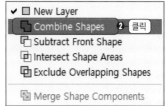

12 그림과 같이 마우스를 드래그하여 원을 추가합니다.

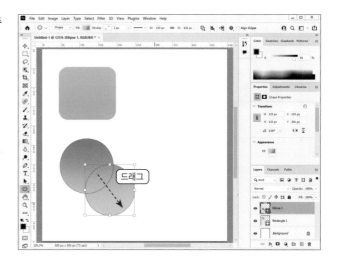

형태를 추출하여 새로운 형태 만들기

13 [Layers] 패널에서 변형하고자 하는 개체가 있는 'Rectangle 1' 레이어를 선택합니다. 옵션바에서 'Shape'로 설정하고, 'Path operations' 아이콘(▣)을 클릭한 다음 **Subtract Front Shape**(▣)를 선택합니다.

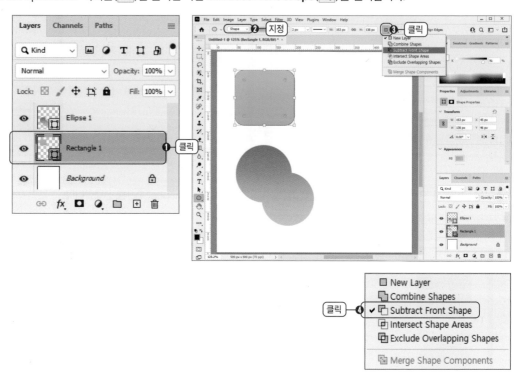

14 그림과 같이 원을 그리면 자동으로 사각형에서 원의 이미지가 추출되어 새로운 형태가 만들어집니다.

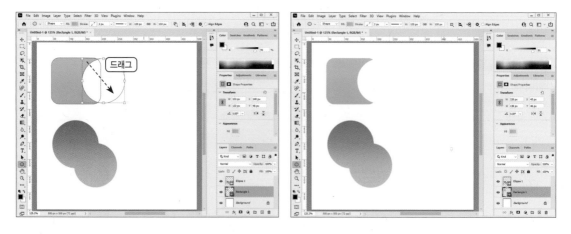

픽토그램 추가하기

사용자 셰이프 도구를 이용하여 다양한 주제의 픽토그램을 그릴 수 있습니다. 픽토그램을 그리는 방법에 대해서 알아보겠습니다.

셰이프 속성의 다양한 픽토그램 그리기

01 [File] → New(Ctrl+N)를 실행하여 단위는 'Pixels'로 지정하고 Width를 '1500', Height를 '1500'으로 입력합니다. 〈Create〉 버튼을 누르면 새로운 캔버스가 생성됩니다.

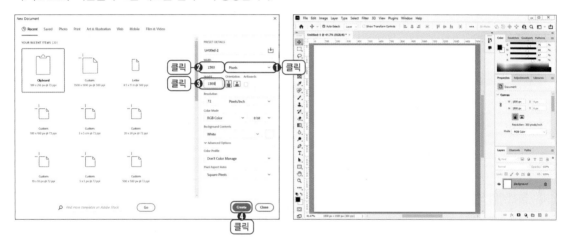

02 사용자 셰이프 도구(⬡.)를 선택합니다.

> 픽토그램에 칠을 하기 위해서는 셰이프 속성의 픽토그램을 그려야 합니다. 셰이프 속성의 픽토그램은 사용자 셰이프 도구의 옵션바에서 설정할 수 있습니다.

03 옵션바에서 'Fill' 아이콘(■)을 클릭해 나타난 창 상단의 그레이디언트 아이콘(▣)을 클릭하여 그레이디언트 설정 모드로 전환합니다. Reds 항목에서 'Red_07'을 선택하고 Enter←]를 눌러 창을 숨깁니다.

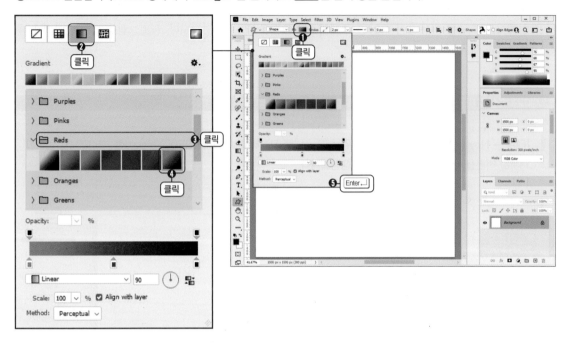

04 옵션바의 Stroke(▭)는 'No Color'(☑)로 선택합니다.

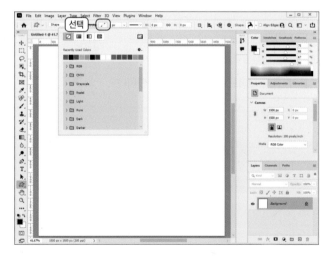

05 옵션바의 셰이프 픽토그램 아이콘(🐾)을 클릭해 픽토그램 목록이 모여 있는 패널을 열고 Wild Animals 항목에서 'Stag'(🦌)를 선택합니다.

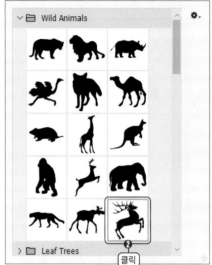

06 캔버스에서 마우스를 드래그하여 그림과 같이 픽토그램을 불러옵니다. [Layers] 패널에 픽토그램의 이름을 가진 셰이프 속성의 레이어(🖼)가 생성됩니다.

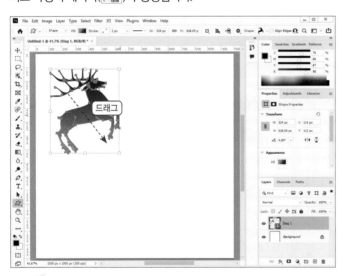

셰이프 속성의 레이어는 패스를 이용하여 그리는 펜 도구, 사각형 도구, 원 도구 등에 적용되는 특수 레이어입니다. 일반 레이어와 달리 'Fill'과 'Stroke' 명령을 실행할 수 있으며, 패스들 간의 상대적 좌표를 이용해 이미지를 표현하는 벡터 방식으로 개체를 표현하므로 깨짐 현상 없이 이미지 크기 변형이 가능합니다.

07 옵션바의 셰이프 픽토그램 아이콘(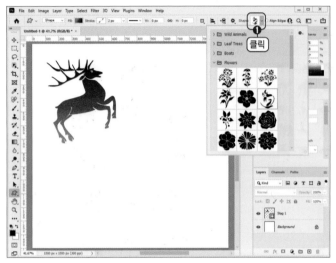)을 클릭해 창을 펼치고 Flowers 항목에서 'Shape 49'(🎴)를 선택합니다.

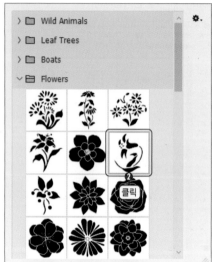

> 상단 옵션바의 셰이프 픽토그램 아이콘은 이전에 사용한 픽토그램 이미지의 섬네일입니다. 섬네일을 클릭하면 픽토그램 패널을 확인할 수 있습니다.

08 캔버스에서 마우스를 드래그하여 그림과 같이 픽토그램을 불러오고 Enter↵를 누릅니다.

09 선택 도구( )를 선택하고 'Auto-Select'
( )를 클릭하여 체크합니다.

10 캔버스에서 픽토그램을 클릭하여 드래그하면 이동할 수 있습니다. 그림과 같이 배치를 수정하여 작업을 완료합니다.

PART 1. 포토샵 시작

PART 2. 생성 · 변형

PART 3. 보정 · 합성

PART 4. 색상 · 드로잉

PART 5. 문자

브러시 기법을 응용해 이미지 수정하고 삭제하기: 지우개 도구

 그림을 수정하고 배경 지우기

지우개 도구는 브러시 기능을 활용하여 만든 도구입니다. 브러시 도구처럼 지우개 기능을 가진 브러시 타입과 크기 등을 조절하여 사용할 수 있습니다. 지우개 도구를 활용하여 이미지를 수정하는 방법에 대해서 알아보겠습니다.

● 준비 파일: 포토샵\04\기타 치는 남자.psd

01 [File] → Open(Ctrl+O)을 실행하고 04 폴더에서 '기타 치는 남자.psd' 파일을 불러옵니다.

02 [Layers] 패널에서 '일러스트' 레이어를 선택하고 [Tools] 패널에서 지우개 도구(🩹.)를 선택합니다.

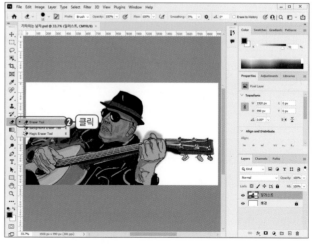

03 옵션바에서 브러시 아이콘( )을 클릭하고 Size를 '30', General Bushes를 'Hard Round'로 선택합니다. 완료 후에는 Enter.」를 누릅니다.

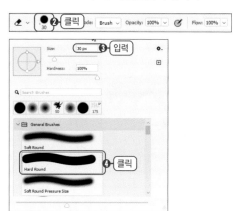

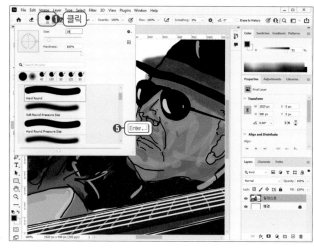

04 화면을 확대(Ctrl+ +)하고 지우개 도구( )를 이용하여 외곽선을 벗어난 브러시 자국을 지웁니다. 화면을 이동하고 싶으면 손 도구( )를 선택하여 이동합니다.

지우개 도구를 사용하는 중에 Space Bar를 누르면 손 도구 명령이 실행됩니다.

05 그림과 같이 이미지의 외곽선을 지우며 작업을 마무리합니다.

 매직 지우개 도구로 배경 지우기

매직 지우개 도구는 비슷한 색상 정보를 가진 영역을 자동으로 선택하여 지우는 명령을 실행합니다. 따라서 형태가 단순하고 색상 정보가 명확한 이미지에서 사용할 수 있습니다. 매직 지우개 도구를 이용하여 배경 이미지를 지우고 다른 이미지를 배경으로 대체하는 방법에 대해서 알아보겠습니다.

● 준비 파일: 포토샵\04\노란색 하늘.jpg
포토샵\04\보라색 하늘.jpg

01 [File] → Open(Ctrl+O)을 실행하고 04 폴더에서 '노란색 하늘.jpg' 파일을 불러옵니다.

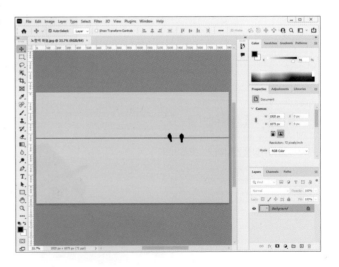

02 'Magic Eraser Tool' 아이콘(🪄)을 선택하고, 옵션바의 Tolerance에 '10'을 입력합니다.

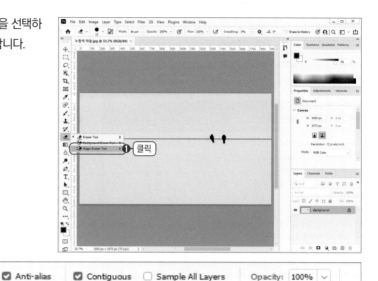

입력

| 🏠 | 🪄 ∨ | Tolerance: 10 | ☑ Anti-alias | ☑ Contiguous | ☐ Sample All Layers | Opacity: 100% ∨ |

매직 지우개 도구의 Tolerance에 색상 범위를 수치로 설정할 수 있습니다. 수치는 1~100까지 입력 가능하며, 수치가 클수록 삭제 범위에 포함되는 색상 정보가 넓어집니다.

❶ Tolerance 수치가 낮으면 색상이 삭제되는 범위가 적어서 이미지가 말끔하지 못하게 삭제될 수 있습니다.

❷ Tolerance 수치를 이미지에 맞게 적절하게 입력해야 제대로 삭제할 수 있습니다.

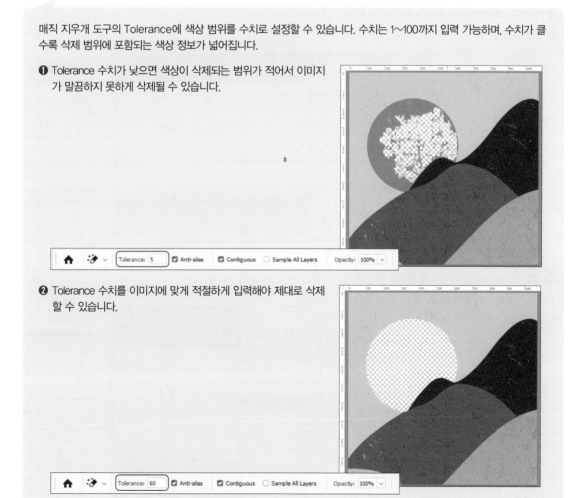

03 이미지의 위쪽 배경을 클릭하면 명령이 실행됩니다. 배경이 지워지면서 [Layers] 패널의 'Background' 레이어 속성이 일반 레이어로 자동 변경됩니다.

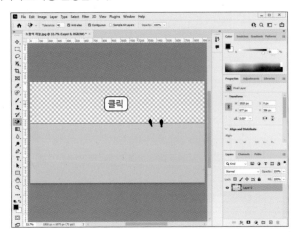 

04 나머지 배경 영역도 클릭하면 그림과 같이 지워지게 됩니다.

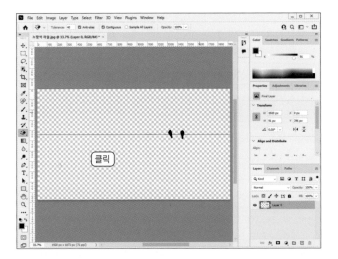

05 배경으로 사용할 이미지를 불러오기 위해서 **[File] → Place Embedded**를 클릭해 04 폴더의 '보라색 하늘.jpg' 파일을 불러옵니다.

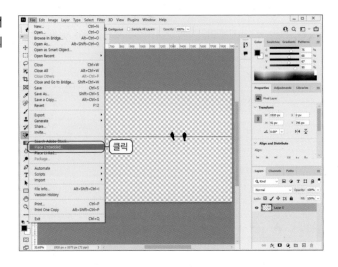

06 작업하던 캔버스에 '보라색 하늘.jpg'를 불러왔습니다. Enter↵를 눌러 파일 불러오기 명령을 완료합니다.

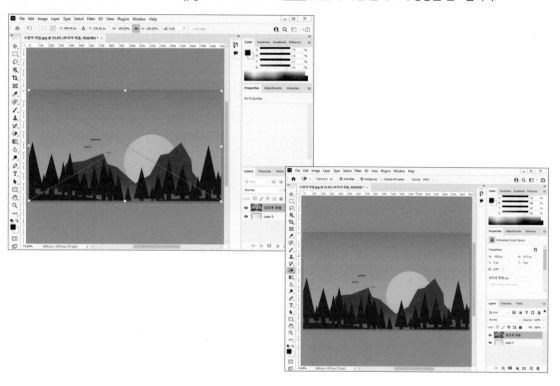

07 [Layers] 패널에서 '보라색 하늘'이 아래에 놓이도록 순서를 바꿉니다. 그림과 같이 레이어를 배치하면 작업이 완료됩니다.

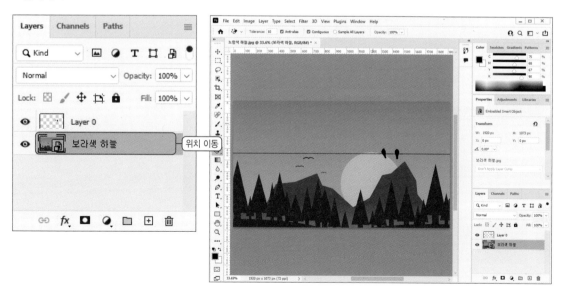

PHOTOSHOP

Ps

PART 5.
문자 입력하고 변형하기

CHAPTER

01

문자 입력하기:
문자 도구 / Character 패널

포토샵을 이용해 서체, 서체 크기, 행간, 글자 간격, 글자 폭 등의 조절이 가능합니다. 주로 수평 문자 도구를 사용하지만 세로 방향으로 문자를 넣거나 문자 형태 자체를 변형할 수도 있습니다.

문자 도구를 이용해 글자 입력하기

● 문자 도구

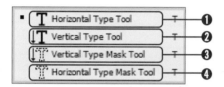

❶ **가로쓰기 문자 도구(Horizontal Type Tool):** 문자가 가로 방향으로 입력됩니다.

❷ **세로쓰기 문자 도구(Vertical Type Tool):** 문자가 세로 방향으로 입력됩니다.

❸ **세로쓰기 마스크 도구(Vertical Type Mask Tool):** 세로쓰기로 문자를 입력하고 선택 영역을 지정합니다. 문자 입력 중에는 배경 영역이 붉은 계열의 색으로 바뀝니다. 문자 입력을 완료하면 문자의 형태를 따라 영역이 선택됩니다.

▲ 문자 입력 중

▲ 문자 입력 완료

❹ **가로쓰기 마스크 도구(Horizontal Type Mask Tool):** 가로쓰기로 문자를 입력하고 선택 영역을 지정합니다. 세로쓰기 문자 마스크와 동일하게 입력 중에는 배경 영역이 붉은 계열의 색으로 바뀝니다.

▲ 문자 입력 중

▲ 문자 입력 완료

서체를 상업용으로 사용할 때는 서체 라이선스를 확인해야 합니다.

에스코어 드림
에스코어 드림

◀ 무료 서체 에스코어 드림(S-Core Dream)

앞 예제에서 사용한 서체는 에스코어 드림(S-Core Dream)입니다. 상업용으로 사용 가능한 무료 서체로 굵기가 굵은 제목용부터 본문용 서체까지, 총 9가지 두께의 서체 패밀리를 사용할 수 있습니다. 단, 무료 다운로드가 가능한 서체일지라도 사용 가능한 라이선스의 범위가 각기 다를 수 있으니 상업적인 용도로 서체를 사용할 때는 저작권 가이드라인을 반드시 확인해야 합니다. '눈누 홈페이지(http://noonnu.cc)'를 통해 상업적으로 무료 사용이 가능한 서체를 다운로드할 수 있습니다.

PART 1. 포토샵 시작

PART 2. 생성 · 변형

PART 3. 보정 · 합성

PART 4. 색상 · 드로잉

PART 5. 문자

■ **문자 도구의 옵션바**

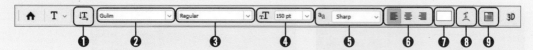

❶ **Change the text orientation:** 가로쓰기 또는 세로쓰기 등 문자의 입력 방향을 선택할 수 있으며, 가로쓰기가 기본으로 설정되어 있습니다. 문자를 작성하는 상태에서 아이콘을 클릭하면 글자의 입력 방향이 바뀝니다.

❷ **Set the front family:** 바탕체, 궁서체, 돋움체 등과 같이 서체의 종류를 선택할 수 있습니다.

❸ **Set the front style:** 동일한 서체일지라도 획의 굵기와 기울기에 따라 서체 스타일이 달라질 수 있습니다. 일반적으로 기본형 서체를 'Regular', 'Roman'으로 지칭하는 경우가 많으며, 획이 얇은 서체를 'Light', 획이 두꺼운 서체는 'Bold' 또는 'Black' 등으로 분류합니다. 또한 서체마다 제공하는 문자 스타일의 종류와 개수가 각기 다릅니다.

❹ **Set the font size:** 문자 크기를 설정합니다.

❺ **Set the anti-aliasing method:** 문자의 경계 처리 방법을 지정할 수 있습니다. 경계선의 거침 정도에 따라 서체의 인상에 변화가 생길 수 있습니다.

❻ **Align Text:** 문자의 정렬 방식을 변경할 때 사용합니다. 기본 설정은 왼쪽 정렬이며, 정렬 기준의 위치에 따라 왼쪽 정렬, 가운데 정렬, 오른쪽 정렬을 선택할 수 있습니다.

❼ **Set the text color:** 문자의 색을 선택할 수 있습니다.

❽ **Create warped text:** 문자열의 형태를 변형하기 위한 명령을 줄 수 있습니다.

❾ **Toggle the Character and Paragraph panels:** 해상도를 지정할 수 있습니다. 일반적으로 웹용 이미지는 '72Pixels/Inch', 인쇄용 이미지는 '300Pixels/Inch'로 설정합니다.

■ **[Character] 패널의 주요 기능**

[Character] 패널은 **[Window] → Character**를 통해 불러올 수 있으며, 문자 도구의 옵션바와 유사한 항목들로 구성되어 있습니다. 패널을 통해 글꼴, 글자의 크기 및 색상 등 세부 항목을 설정할 수 있습니다.

❶ **글꼴:** 서체의 종류를 선택할 수 있습니다.

❷ **스타일:** 기울기나 굵기 등의 스타일을 선택합니다.

❸ **크기:** 수치를 입력해 문자의 크기를 조절합니다. 크기 단위는 포인트(Point)의 약자인 'pt'를 사용합니다.

❹ **행간 조절하기:** 글줄 사이의 간격을 수치로 조절합니다.

❺ **커닝:** 글자 낱자의 간격을 수치로 조절합니다.

❻ **문자 간격:** 문자와 문자 사이의 간격을 수치로 조절합니다. 문자를 여러 개 드래그하여 블록으로 지정되었을 때 수치를 입력하면 됩니다.

❼ 문자의 높이: 문자의 세로 비율을 지정합니다. 기본적으로 100%로 설정되어 있습니다.

❽ 장평: 문자의 가로 비율을 지정합니다. 기본적으로 100%로 설정되어 있습니다.

❾ 문자 취소선: 문자 입력 기준점인 베이스라인(baseline)의 위치를 설정합니다.

■ [Character] 패널의 세부 기능

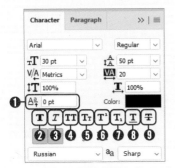

❶ 기준점의 위치를 설정합니다.

❷ 문자를 굵게 만듭니다.

❸ 문자를 오른쪽으로 기울입니다.

❹ 영문자를 모두 대문자로 변경합니다.

❺ 영문자를 모두 소문자로 변경합니다.

❻ 위첨자를 만듭니다.

❼ 아래첨자를 만듭니다.

❽ 문자에 밑줄을 만듭니다.

❾ 문자 중간에 취소선을 만듭니다.

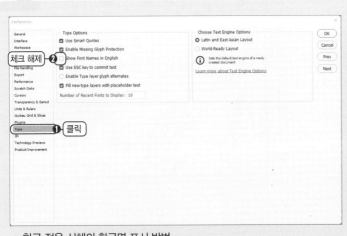

서체의 이름을 한글로 표시하고 싶다면 [Edit] → Preferences(Ctrl + K)를 선택해 [Preferences] 대화상자를 열고 Type에서 'Show Font Name in English' 항목의 체크를 해제합니다.

▲ 한글 전용 서체의 한글명 표시 방법

가로쓰기와 곡선으로 문자 입력하기 ———————————●

문자를 가로쓰기로 입력하기

문자 도구를 이용하여 문자를 가로형으로 입력하는 방법에 대해서 알아보겠습니다.

● 준비 파일: 포토샵\05\문자변형.png
포토샵\05\문자입력.txt

01 [File] → Open(Ctrl+O)을 실행하고 05 폴더에서 '문자변형.png' 파일을 불러옵니다. [Tools] 패널에서 문자 도구(T.)를 선택한 후, 작업 화면을 드래그하여 텍스트 상자를 생성합니다. 텍스트 상자에는 자동으로 텍스트가 입력됩니다.

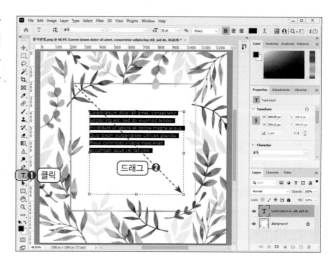

02 예제 파일인 '문자입력.txt' 파일을 열고 Ctrl +A를 눌러 텍스트를 전체 선택한 다음, Ctrl+C를 눌러 복사합니다. 텍스트를 복사한 후 포토샵에서 Ctrl+V를 눌러 텍스트를 붙여 넣습니다.

03 맨 윗줄의 'HOME GARDENING'을 드래그하여 선택합니다. [Character] 패널에서 서체와 크기, 색상을 변경합니다.

04 두 번째 줄의 '홈 가드닝'을 드래그하여 선택합니다. [Character] 패널에서 서체와 크기, 색상을 변경합니다.

05 텍스트 전체를 선택한 다음, [Paragaph] 패널에서 가운데 정렬 아이콘을 클릭하여 문자를 가운데 정렬합니다.

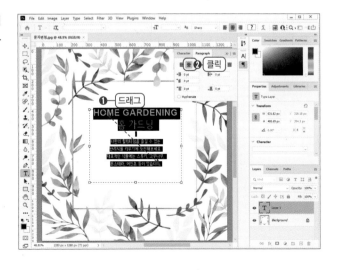

PART 1. 포토샵 시작

PART 2. 영상 · 변형

PART 3. 보정 · 합성

PART 4. 색상 · 드로잉

PART 5. 문자

06 Ctrl+Enter,⏎를 눌러 문자 입력을 완료합니다.

문자를 곡선으로 입력하기

● 준비 파일: 포토샵\05\곡선문자.jpg
포토샵\05\곡선문자.txt

07 [File] → Open(Ctrl+O)을 실행하고 05 폴더에서 '곡선문자.jpg' 파일을 불러옵니다.

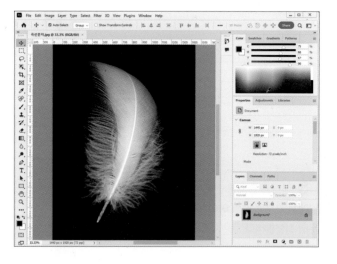

08 펜 도구(◢.)를 클릭한 후에 옵션바에서 'Path'를 설정합니다. 깃털의 오른쪽 상단 가장자리를 따라 패스를 그립니다.

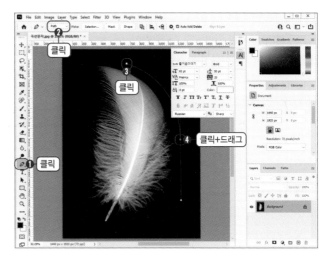

> 펜 도구의 색상은 별도로 지정할 필요가 없습니다.

09 예제 파일인 '곡선문자.txt' 파일을 열고 Ctrl +A 를 눌러 텍스트를 전체 선택한 다음, Ctrl+C 를 눌러 복사합니다.

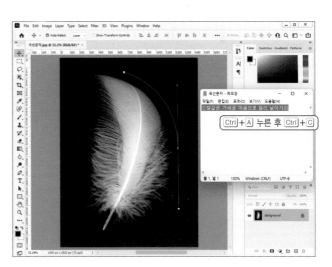

10 문자 도구(T.)를 선택하고 마우스 커서를 곡선 위에 올려놓으면 커서의 모양이 바뀝니다. 이때 Ctrl+V 를 눌러 텍스트를 붙여 넣습니다. 곡선을 따라 텍스트가 들어간 것을 확인할 수 있습니다.

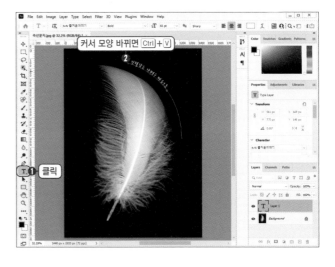

PART 1. 포토샵 시작

PART 2. 생성 · 변형

PART 3. 보정 · 합성

PART 4. 색상 · 도구입

PART 5. 문자

11 텍스트의 시작점에 마우스 커서를 클릭한 다음, Alt 를 누른 채로 키보드의 좌/우 방향키를 누르면 텍스트의 시작점을 이동할 수 있습니다.

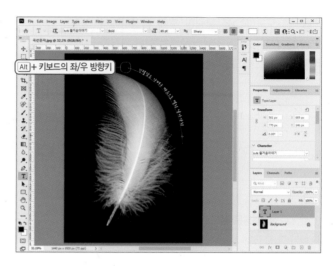

12 문자의 시작점에서 Ctrl 을 누른 채로 드래그하면 문자가 입력되는 방향을 그림과 같이 변경할 수 있습니다.

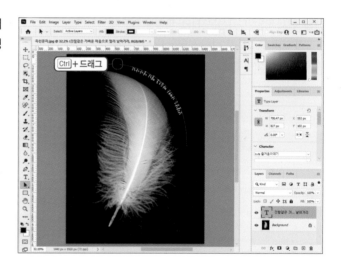

13 Ctrl + Enter↵ 를 눌러 명령을 완료합니다.

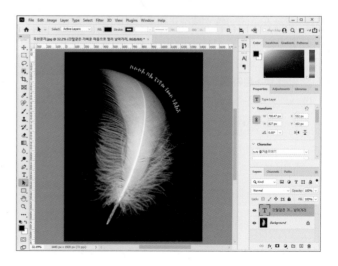

CHAPTER

02

문자 기울이기:
자유 변형 도구 / 기울이기 도구

 문자를 변형하여 합성 효과 주기 ──────────────●

문자를 입력한 후 이미지와 조화롭게 보이도록 문자의 형태를 변형하는 방법에 대해서 알아보겠습니다.

● 준비 파일: 포토샵\05\들판의 도로.jpg

01 [File] → Open(Ctrl+O)을 실행하고 05 폴더에서 '들판의 도로.jpg' 파일을 불러옵니다.

02 문자 도구(T.)를 실행하고 이미지 위를 클릭합니다.

03 '일방통행'을 입력한 후 더블클릭하여 입력한 문자를 선택합니다.

타이핑할 때 영문으로 표기될 경우, 자판기에서 한/영를 눌러 한글로 바꾼 다음 입력합니다.

04 [Window] → Character를 선택해 [Character] 패널을 실행하고 서체를 수정합니다. 예제에서는 서체를 '비트로 코어 OTF', 크기를 '250px', 문자 간격을 '20'으로 했습니다.

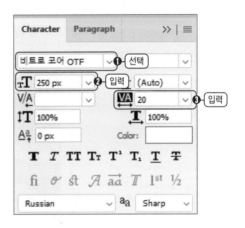

05 [Character] 패널의 'Color' 아이콘(Color: ▬)을 클릭하면 [Color Picker] 대화상자가 나타납니다. 색상 코드를 'ffffff'로 입력합니다.

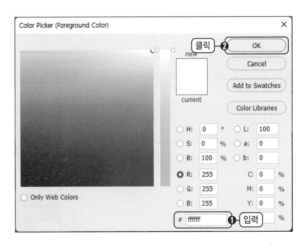

06 그림과 같이 '일방통행' 글자를 배치하고 레이어의 이름을 '일방통행'으로 변경합니다.

> [Layers] 패널의 레이어 이름을 변경하고자 할 때는 레이어 이름을 더블클릭하면 수정할 수 있습니다.

07 [Layers] 패널에서 '일방통행' 레이어를 선택하고, 마우스 오른쪽 클릭으로 **Rasterize Type**을 선택합니다.

> Rasterize Type 명령을 실행하면 문자 입력 기능이 사라지기 때문에 문자가 수정되지 않습니다.

08 [Layers] 패널에서 '일방통행' 레이어의 섬네일이 문자 레이어에서 일반 레이어로 변경된 것을 확인할 수 있습니다. 그림과 같이 레이어를 선택합니다.

09 레이어가 선택된 상태에서 [Edit] → Transform → Perspective를 선택합니다.

10 Perspective 명령을 실행하면 그림과 같이 '일방통행' 문자 가장자리에 프레임이 활성화됩니다.

11 활성화된 Perspective 프레임의 왼쪽 상단의 첫 번째 포인트를 클릭한 다음, 오른쪽으로 드래그하면 그림과 같이 변형됩니다. 변형 후 Enter↵ 를 눌러 명령을 완료합니다.

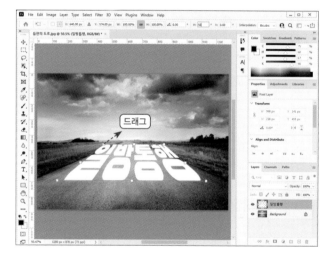

> 활성화된 Perspective 프레임의 오른쪽 상단 첫 번째 포인트를 클릭한 다음 왼쪽으로 드래그해도 동일한 효과를 얻을 수 있습니다.

12 크기를 수정하기 위해 [Edit] → Transform → Scale을 선택합니다.

13 활성화된 프레임 근처에 마우스 커서를 두면 자동으로 커서 모양이 바뀌는 것을 확인할 수 있습니다. 마우스 커서가 바뀐 상태에서 '일방통행' 문자를 선택한 다음 드래그하여 크기를 수정합니다. Shift 를 누른 후 드래그할 때는 드래그하는 방향 쪽만 변형되는 것을 확인할 수 있습니다. 그림과 같이 변형하고 Enter↵ 를 눌러 명령을 완료합니다.

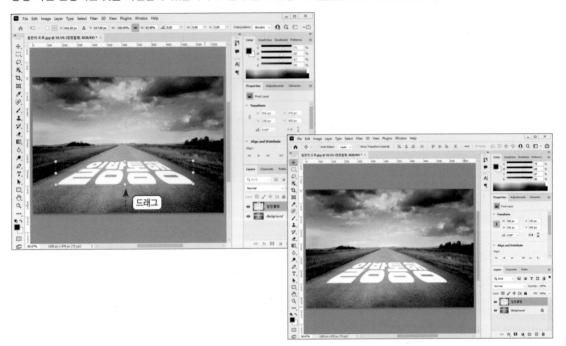

 문자 기울이기로 레트로 스타일 문자 표현하기

문자 기울이기 효과를 이용하여 레트로한 분위기를 살리는 방법에 대해서 알아보겠습니다.

● 준비 파일: 포토샵\05\경복궁.jpg

01 [File] → Open(Ctrl+O)을 실행하고 05 폴더에서 '경복궁.jpg' 파일을 불러옵니다. [Tools] 패널의 문자 도구(T.)를 선택하여 그림과 같이 '서울여행' 문자를 입력합니다. 예제에서는 '비트로 코어 OTF' 서체를 사용했습니다.

문자 입력을 완료하는 단축키는 Ctrl+Enter↵ 입니다.

02 이동 도구(✛.)를 선택하고 [Edit] → Free Transform(Ctrl+T)을 실행합니다. 그림과 같이 프레임이 활성화됩니다.

03 Ctrl을 누른 상태에서 프레임의 오른쪽 상단의 포인트를 클릭한 후 드래그합니다. 그림과 같이 문자에 기울기가 생깁니다.

04 이동 도구(✛.)를 선택하고 [Layer] → New → Layer Via Copy(Ctrl+J)를 클릭하여 레이어를 복사합니다. [Layers] 패널에서 '서울여행 copy' 이름으로 복제된 레이어를 확인할 수 있습니다.

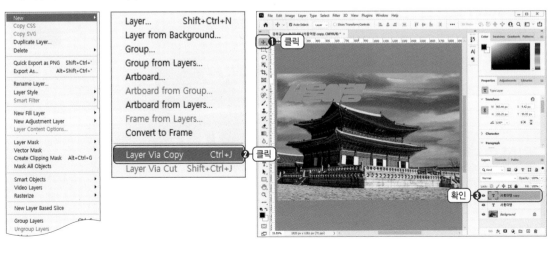

05 [Layers] 패널의 '서울여행 copy'가 선택된 상태에서 레이어 하단의 'Add a layer style' 아이콘(*fx*)을 클릭하고 'Stroke'를 선택합니다. 실행된 [Layer Style] 대화상자에서 Structure의 Size를 '4'로 입력하고, Position을 'Outside'로 지정한 다음 〈OK〉 버튼을 클릭합니다.

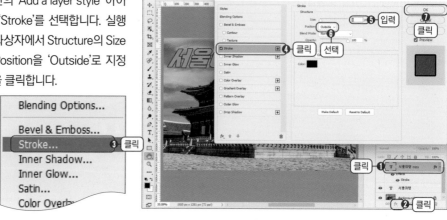

06 [Window] → Character를 통해 실행한 [Character] 패널에서 글자 색을 그림과 같이 밝은색 톤으로 바꿔 줍니다.

문자의 색상 변경 명령을 할 때는 먼저 수정하고자 하는 문자를 선택한 다음에 색상을 수정해야 합니다.

07 그림과 같이 문자 도구(**T.**)를 이용하여 '경복궁'을 입력합니다.

문자 개체를 이동하고자 할 때는 옵션바의 'Auto-Select'가 체크된 상태에서 이동하고자 하는 레이어를 클릭합니다. 그 후 작업 화면에서 드래그하면 문자 개체의 이동이 가능합니다.

08 이동 도구(⊕)를 선택하고 **[Edit] → Free Transform(Ctrl+T)**을 실행하면 그림과 같이 프레임이 활성화됩니다. Ctrl을 누른 상태에서 프레임 오른쪽 상단의 포인트를 클릭한 후 드래그합니다. 그림과 같이 문자에 기울기가 생깁니다.

09 이동 도구(⊕)를 선택하고 **[Layer] → New → Layer Via Copy(Ctrl+J)**를 실행한 다음 '경복궁' 문자 레이어를 복사합니다. [Layers] 패널에서 '경복궁 copy' 이름으로 복제된 레이어를 확인할 수 있습니다.

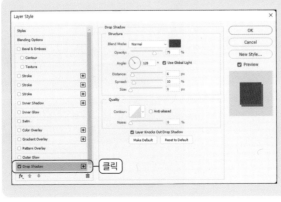

문자의 그림자 효과는 [Layer Style] 대화상자의 'Drop Shadow'를 이용하여 적용할 수 있으며, 그림자의 크기, 색상, 방향, 번짐 정도 등의 속성을 조절할 수 있습니다.

- 합성 모드
- 투명도
- 각도
- 번짐 정도
- 크기

10 [Layers] 패널의 '경복궁 copy' 이름으로 복제된 레이어를 선택한 상태에서 문자 도구(T.)를 선택합니다. 입력된 문자 위에 커서를 놓고 클릭과 더블클릭을 연속으로 누르면 문자 전체를 선택할 수 있습니다. 옵션바에서 'Set the text color' 아이콘(Color: ▉)을 클릭해 문자의 색을 그림과 같이 노란색 계열로 바꿉니다.

11 '경복궁 copy' 레이어가 선택된 상태에서 레이어 하단의 'Add a layer style' 아이콘(fx.)을 클릭하고 **Stroke**를 선택합니다. [Layer Style] 대화상자가 실행되면 Structure의 Size를 '6'으로, Position을 'Outside'로, Fill Type의 Color를 붉은색 계열로 지정한 다음 〈OK〉 버튼을 클릭합니다.

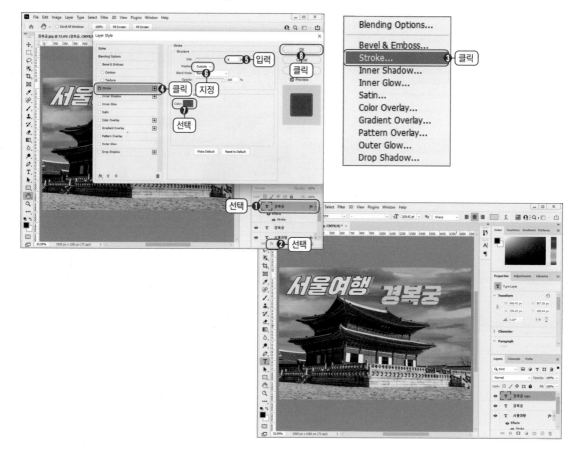

12 문자에 Stroke 효과가 적용된 것을 확인할 수 있습니다.

> 옵션바의 'Auto-Select'가 체크된 상태에서
> 작업 화면을 드래그하는 방식으로도 문자 개
> 체를 선택할 수 있습니다.

13 동일한 방법으로 'BEST 3' 문자를 그림과
같이 입력합니다.

CHAPTER

03

다양한 방식으로 문자 변형하기:
Warp Text

 필수 실습 ## Warp Text를 이용하여 문자 변형하기 ────────────────●

Warp Text는 문자열을 변형할 때 사용하는 기능입니다. 문자 도구의 옵션바에 'Warp Text' 아이콘이 있으며, Warp Text의 15개 스타일마다 변형 방식이 달라 문자를 다양하게 변형할 수 있습니다.

● 준비 파일: 포토샵\05\문자변형.jpg

01 [File] → Open(Ctrl+O)을 실행하고 05 폴더에서 '문자변형.jpg' 파일을 불러온 다음, 문자 도구(T.)로 상단에 '어린이의 축제'라는 문구를 입력합니다.

02 문자 도구 옵션바에서 'Warp Text' 아이콘(ℐ)을 클릭하여 실행된 [Warp Text] 대화상자에서 Style을 'Arc'로 지정한 다음 Bend 값을 '+30'으로 입력하고 〈OK〉 버튼을 클릭합니다. Ctrl +Enter 를 눌러 문자 입력을 완료합니다.

03 문자 도구(T.)를 선택한 다음 이미지의 하단 부분을 클릭하여 'Ticket Event'를 입력하고 다시 [Warp Text] 대화상자를 실행합니다. Style을 'Arc'로 지정, Bend 값을 '–30'으로 입력하고 〈OK〉 버튼을 클릭합니다. Ctrl +Enter 를 눌러 문자 입력을 완료합니다.

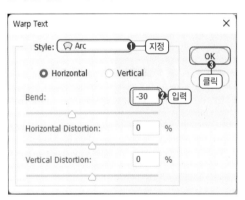

■ Warp Text Style의 문자 표현 예시

❶ None

❷ Arc

❸ Arc Lower

warped text

❹ Arc Upper

warped text

❺ Arch

warped text

❻ Bulge

warped text

❼ Shell Lower

warped text

❽ Shell Upper

warped text

❾ Flage

warped text

❿ Wave

warped text

⓫ Fish

warped text

⓬ Rise

warped text

⑬ **Fisheye**

⑭ **Inflate**

⑮ **Squeeze**

⑯ **Twist**

CHAPTER
04

이미지와 겹치는 영역의 텍스트를 감추기: Layer Mask

 입력한 문자의 일부분 가리기

문자를 입력한 다음 이미지와 조화롭게 보이도록 문자의 일부분만 보이게 하는 방법에 대해서 알아보겠습니다.

● 준비 파일: 포토샵\05\표지.jpg

01 [File] → Open(Ctrl+O)을 실행하고 05 폴더에서 '표지.jpg' 파일을 불러온 다음 문자 도구(T.)를 선택합니다.

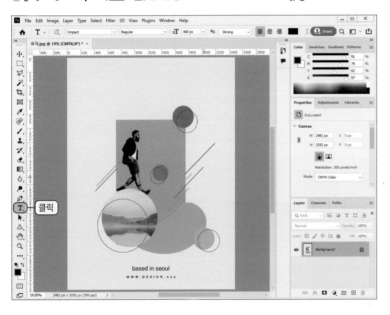

02 [Window] → Character(Ctrl+T)를 선택하여 [Character] 패널을 실행하고 문자의 서체와 크기를 조절하는데, 이 때 획의 굵기가 굵은 서체를 사용하는 것을 추천합니다. 예제에서는 서체를 'Impact'로, Size를 '400px'로 입력했습니다.

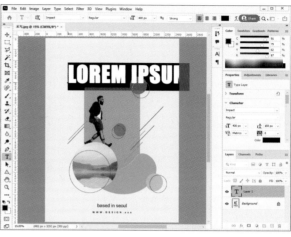

03 이미지 상단에 'GRAPHICS'를 입력합니다.

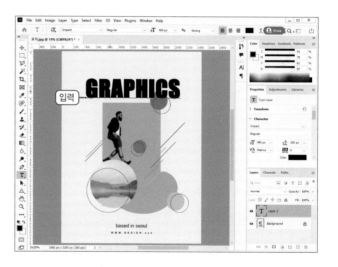

04 Ctrl + Enter↵를 눌러 문자 입력을 완료합니다.

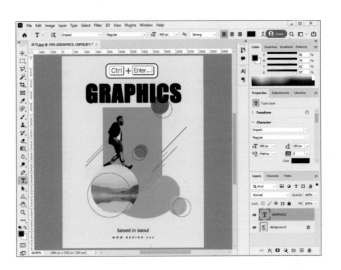

05 [Layers] 패널에서 'Add layer mask' 아이콘(▣)을 선택합니다.

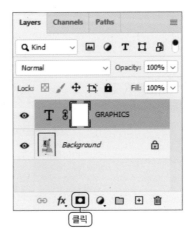

06 이동 도구(✛.)를 선택한 다음, 옵션바에서 'Align and Distribute' 아이콘(⋯)을 클릭합니다. Align의 'Align to horizontal centers' 아이콘(♣)을 클릭하고, Align To를 'Canvas'로 지정하면 가로 폭 기준으로 문자가 중앙에 놓입니다.

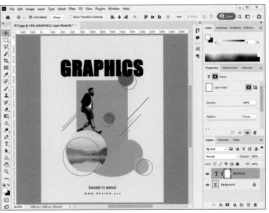

07 브러시 도구(✎)를 선택하고, 옵션바에서 'Brush Preset Picker' 아이콘(●)을 클릭합니다.

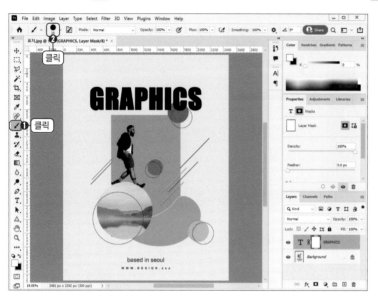

08 브러시의 속성을 'Hard Round'로 변경합니다.

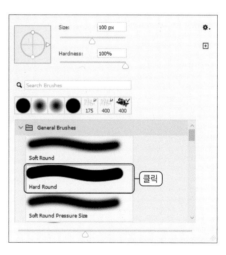

브러시 크기는 단축키 [,] 를 이용해 조절할 수 있습니다. [는 브러시 크기를 축소,] 는 브러시 크기를 확대합니다.

09 전경색/배경색 도구( )의 전경색 부분을 선택해 블랙('#000000')으로 설정하고 그림과 같이 가리고자 하는 문자 영역을 색칠하면 글자 일부분이 지워진 채로 표시됩니다.

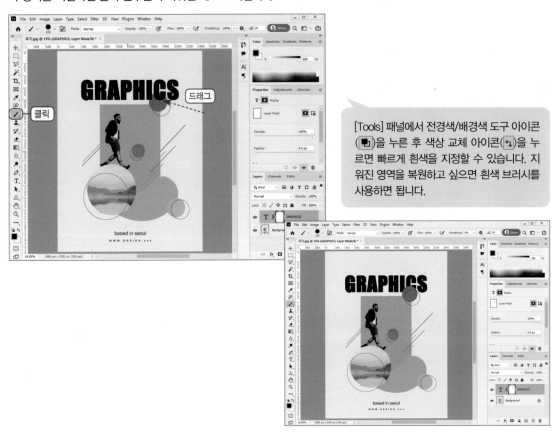

[Tools] 패널에서 전경색/배경색 도구 아이콘( )을 누른 후 색상 교체 아이콘( )을 누르면 빠르게 흰색을 지정할 수 있습니다. 지워진 영역을 복원하고 싶으면 흰색 브러시를 사용하면 됩니다.

CHAPTER
05

문자에 강조 효과 주기:
Layer Style

**필수
실습** **문자에 네온사인 효과 주기**

문자를 강조하기 위해 사용하는 네온사인 효과에 대해서 알아보겠습니다.

● 준비 파일: 포토샵\05\밤 하늘.jpg

01 [File] → Open(Ctrl+O)을 실행하고 05 폴더에서 '밤 하늘.jpg' 파일을 불러옵니다.

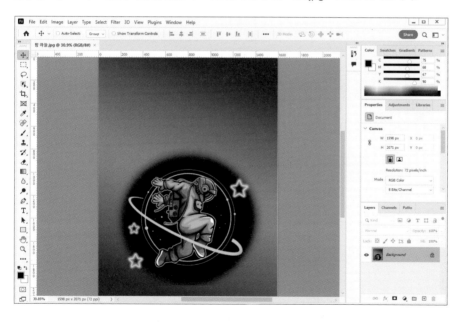

02 문자 도구(**T.**)를 선택하고 이미지를 클릭합니다. **[Window] → Character**를 선택하여 [Character] 패널을 실행하고 서체와 서체 크기를 선택합니다. 예제에서 서체는 '에스코어 드림', 두께는 '1 Thin', 크기는 '320pt', 색은 'ffcdec'로 했습니다.

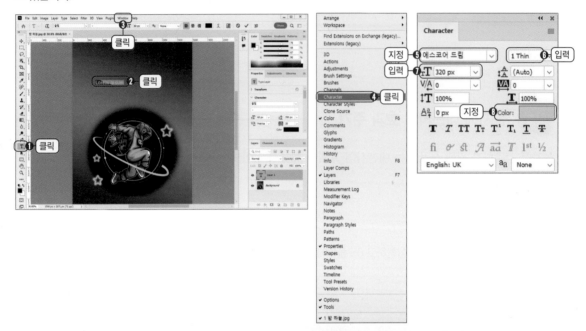

03 '우주여행' 문자를 입력하고 Ctrl + Enter↵ 를 눌러 문자 도구 명령을 완료합니다.

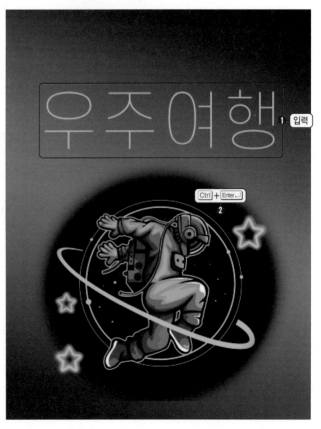

04 '우주여행' 레이어를 선택한 상태에서 'Add a layer style' 아이콘(*fx.*)을 클릭한 다음 **Stroke**를 선택합니다.

05 [Layer Style] 대화상자에서 Stroke의 Color를 'ffcdec'로 변경합니다.

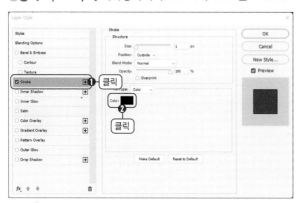
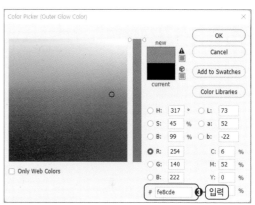

[Layer Style] 패널에서 'Preview'를 체크하면 문자 효과를 바로 확인할 수 있습니다.

06 Structure의 Size를 '5'로 입력하고 Position은 'OutSide'로 지정합니다.

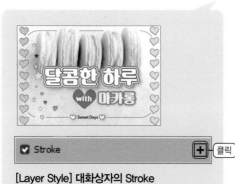

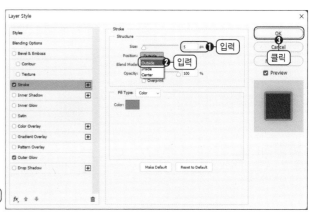

[Layer Style] 대화상자의 Stroke

Stroke의 버튼(+)을 누르면 이미지에 여러 개의 Stroke 효과를 줄 수 있습니다.

07 Outer Glow에서 Structure의 Color를 'fe8cde'로 변경합니다.

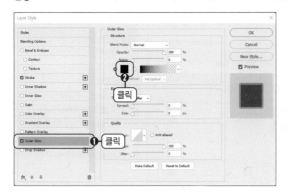 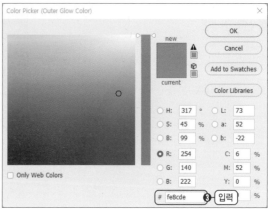

08 Opacity는 '77', Spread는 '11', Size는 '37'을 입력합니다.

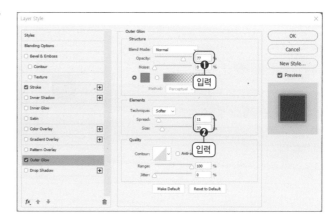

09 Contour는 'Half Round'로 설정합니다.

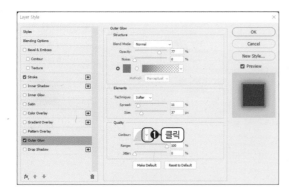 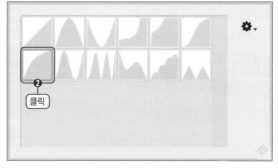

10 〈OK〉 버튼을 눌러 대화상자를 닫아 줍니다.

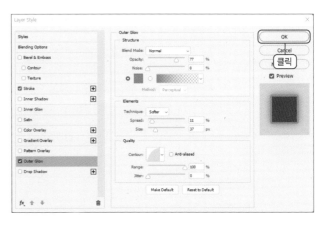

11 [Layers] 패널에서 적용된 레이어 스타일을 확인할 수 있습니다.

[Layers] 패널에 적용된 레이어 스타일을 수정해야 할 때는 레이어상의 'Add a layer style' 아이콘(*fx*)을 더블클릭하면 [Layer Style] 대화상자가 다시 활성화되어 설정을 변경할 수 있습니다.

CC 2025
기초 테크닉

나 혼자 한다
일러스트레이터
CC 기초 테크닉

Ai

기본 기능부터 생성형 AI까지 쉽게 배우는 그래픽 입문서

이상호 지음

BM (주)도서출판 성안당

모두의 창의적 도구가 된 Adobe 일러스트레이터

과거 디자인 비전문가들에게 일러스트레이터, 포토샵 등의 그래픽 프로그램은 범접하기 어려운, 전문 디자이너들만을 위한 특별한 도구로 여겨졌습니다. 시대의 변화에 따른 산업의 트렌드에 평행하듯 일러스트레이터는 지속해서 프로그램의 인터페이스 및 새로운 기능을 추가하였고, 사용성 개선 등과 같은 품질 업그레이드를 통해 가장 대중적이고 대표적인 드로잉 그래픽 툴로 자리 잡게 되었으며 계속해서 각광받고 있습니다. 이러한 관심의 증가는 SNS의 정보 파급력, 비대면 시대 속 미디어 콘텐츠의 영향이 크다고 볼 수 있으며, 다음의 세 가지 요인으로도 방증이 될 수 있습니다.

첫째, 일러스트레이터의 인공지능 성능 고도화로 높은 퀄리티의 창의적 작업이 가능해졌고, 작업 시간을 단축할 수 있게 되었으며, 간편한 사용성으로 인해 입문자도 쉽게 일러스트레이터에 접근할 수 있게 되었습니다. 즉, 디자이너와 일반 사용자 간의 경계가 무너지고 누구나 활용할 수 있도록 프로그래밍 및 UI가 개선되고 있습니다.

둘째, 소셜 미디어로 시간과 장소를 초월하여 정보가 공유되면서 많은 사람이 일러스트레이터의 장점을 간접적으로 경험하게 되었고, 누구나 쉽게 일러스트레이터를 사용할 수 있는 역량을 높일 수 있게 되었습니다. 여러 사용자의 다양한 일러스트 결과물들은 비정형화적인 구성과 창의적 표현력을 갖춘 점이 특징이며, 이 결과물들은 빅데이터화되어 새로운 크리에이티브 트렌드를 형성하기도 합니다. 기업의 디자인 부서에서 만든 상품을 위한 정형화된 디자인이 따분할 정도로 신선한 아이디어가 무궁무진합니다. 이렇듯, 일러스트레이터는 전문가만의 특별한 도구가 아니며 누구나 사용할 수 있는 기본적인 그래픽 도구로 역할이 재정립되었습니다.

셋째, 일러스트레이터는 상품의 마케팅을 위한 용도에서 개인의 경제적 가치 창출을 위한 크리에이티브 도구로 그 역할을 넓히고 있습니다. 비전공자가 일러스트레이터에 입문하여 자신만의 이모티콘을 개발해 경제적 부를 이루고, 새로운 시각의 캐릭터는 새로운 감성을 유발하며 즐거움을 공유합니다.

누구나 일러스트레이터를 다루면서 디자인 표현력과 더불어 레이아웃 구성 능력, 스타일에 대한 이해도를 높일 수 있습니다. 온라인 스토어, 플랫폼 등 개인 창업을 위한 브랜딩과 판매를 위한 상세페이지 디자인 등에 이러한 이론적 감각이 필요합니다. 감각을 높이기 위한 가장 빠른 방법은 일러스트 결과물의 예제를 시작부터 완성까지 꼼꼼히 반복해서 따라 하는 것입니다.

이 책에서는 저자가 대기업 디자인 부서에 몸담으며 쌓았던 실무 경험을 토대로 일러스트레이터의 필수적이고 대표적인 기능들을 선별하였으며, 입문자들도 쉽게 따라 할 수 있도록 여러 가이드를 제공하고 있습니다.

새롭거나, 기존보다 더 나은 자신만의 창의적 아이디어를 일러스트레이터로 표현하고 싶은 분들께 이 책을 추천해 드리며, 가장 중요한 학습의 태도인 반복과 포기하지 않는 끈기로 내용을 습득하여 크리에이터로 거듭나시길 바랍니다.

이상호

● CONTENTS

머리말 · 002

PART 1. 일러스트레이터 시작하기

CHAPTER 01. 일러스트레이터로 무엇을 할까? · 010

CHAPTER 02. 일러스트레이터 시작 화면 살펴보기 · 012

    일러스트레이터 화면 밝게 변경하기 · 015

CHAPTER 03. 일러스트레이터 작업 화면 살펴보기 · 016

CHAPTER 04. Tools 패널 살펴보기 · 017

CHAPTER 05. 패널 살펴보기 · 029

CHAPTER 06. 파일 관리하기 : 새 작업 문서 만들기 / 파일 및 이미지 불러오기 / 파일 저장하기 · 036

    New 명령으로 새로운 작업 문서 만들기 · 036

    파일 불러오기 · 038

    이미지 불러오기 · 039

    파일 저장하기 · 040

    다른 이름으로 파일 저장하기 · 041

CHAPTER 07. 기본 이미지 도구 익히기 : 손 도구 / 돋보기 도구 / 눈금자 / 가이드 · 043

    손 도구 익히기 · 043

    돋보기 도구 익히기 · 044

    눈금자 표시하기 · 045

    가이드 표시하기 · 046

    거리 가이드 · 046

    [예제 실습] 오브젝트 간 거리 측정하기 · 058

CHAPTER 08. 문서 크기 설정하고 아트보드 관리하기 · 047

    문서 크기 직접 지정하여 만들기 · 047

    아트보드 여러 개 만들기 · 048

    아트보드 크기 변경하고 정렬하기 · 049

    아트보드 삭제하기 · 051

PART 2. 그리기 도구 익히기

CHAPTER 01. 펜 도구와 패스 알아보기 : 패스 / 펜 도구 / 기준점 편집 도구 / 곡률 도구 / 선 도구 · 054

    [필수 실습] 펜 도구로 직선 그리기 · 055

    [필수 실습] 펜 도구로 곡선 그리기 · 056

    [예제 실습] 펜 도구로 다양한 도형 그리기 · 058

    [필수 실습] 패스에서 기준점 추가하고 삭제하기 · 060

    [필수 실습] 기준점 선택하여 패스 수정하기 · 062

    [예제 실습] 펜 도구로 꽃잎 그리기 · 063

[예제 실습] 곡률 도구로 실타래 표현하기 · 066
[필수 실습] 선 두께 조정하기 · 070
[필수 실습] 선을 점선으로 변형하기 · 071
[필수 실습] 조인 도구로 열린 패스를 닫기 · 073

CHAPTER 02.   도형 도구 활용하기: 사각형, 둥근 사각형, 원형, 다각형, 별 도구 · 075
[필수 실습] 도형 확대 및 축소하기 · 078
[필수 실습] 라운드 조절점을 이용해 다각형 꼭지를 둥글게 하기 · 080

CHAPTER 03.   연필과 브러시 도구로 수작업 느낌 내기: 연필 도구 / 스무드 도구 / 브러시 도구 · 082
[필수 실습] 연필 도구로 자유로운 선 일러스트 그리기 · 082
[필수 실습] 스무드 도구로 패스 다듬기 · 084
[예제 실습] 연필 도구를 이용해 수작업 느낌 내기 · 085
[필수 실습] 브러시 도구로 손글씨 쓰기 · 090

CHAPTER 04.   지우기 도구로 패스 자르고 편집하기: 지우개 도구 / 가위 도구 · 092
[필수 실습] 지우개 도구로 패스 지우기 · 092
[필수 실습] 가위 도구로 패스 자르기 · 094

CHAPTER 05.   생성형 AI 기능으로 벡터 이미지 만들기: 상황별 작업표시줄 · 096
[예제 실습] 텍스트 프롬프트를 입력하여 배경 이미지 생성하기 · 097

PART 3. 편집 도구로 자유롭게 표현하기

CHAPTER 01.   마스크 기능으로 필요한 부분만 보여 주기: 마스크 · 100
[필수 실습] 오브젝트에 클리핑 마스크 적용하기 · 100
[필수 실습] 클리핑 마스크를 수정하여 노출 부분 조정하기 · 102

CHAPTER 02.   오브젝트를 그룹으로 묶어 관리하기: Group · 104
[필수 실습] 그룹 이동하고 복제하기 · 104

CHAPTER 03.   Align 기능으로 편리하게 오브젝트 정렬하기: Align 패널 · 106
[예제 실습] Align 기능을 이용해 의자 정렬하기 · 109

CHAPTER 04.   Arrange 기능으로 레이어 위치 조정하기: Arrange · 112
[필수 실습] Arrange 기능으로 오브젝트 배열 위치 바꾸기 · 113

CHAPTER 05.   Pathfinder 기능으로 오브젝트 합치고 나누기: Pathfinder 패널 · 114
[필수 실습] 오브젝트끼리 합치기 · 116
[필수 실습] 오브젝트에서 겹치는 부분 빼기 · 118
[필수 실습] 겹친 오브젝트를 나누기 · 119

CHAPTER 06.   오브젝트 회전하거나 반전하기: 회전 도구 / 반전 도구 · 122
[필수 실습] 정확한 수치를 기입해 오브젝트 회전하기 · 123
[예제 실습] 단축키로 회전을 반복하여 데코 오브젝트 만들기 · 125

● C O N T E N T S

[필수 실습] 간편하게 오브젝트 좌우 반전하기 · 127

[예제 실습] 회전 도구로 오브젝트 복제 및 배치하기 · 128

CHAPTER 07.　오브젝트의 크기와 기울기 조정하기: 크기 조절 도구 / 기울이기 도구 · 131

[필수 실습] 크기 조절 도구로 자유롭게 크기 조절하기 · 132

[필수 실습] 크기 조절 도구로 수치를 기입해 오브젝트 크기 조절하기 · 134

[필수 실습] 기울이기 도구로 기울이기 · 135

[필수 실습] 기울이기 도구로 수치를 기입해 오브젝트 기울기 조절하기 · 136

[예제 실습] 크기 조절 도구와 기울이기 도구로 속도감 표현하기 · 138

CHAPTER 08.　오브젝트를 자유롭게 변형하기: 자유 변형 도구 / 왜곡 도구 · 142

[필수 실습] 자유 변형 도구로 오브젝트 변형하기 · 142

[필수 실습] 원근 왜곡 도구로 오브젝트 변형하기 · 144

[필수 실습] 자유 왜곡 도구로 오브젝트 변형하기 · 145

CHAPTER 09.　겹치는 오브젝트를 부분 재배열하기: Make · 147

[필수 실습] 오브젝트에 부분 재배열 적용하기 · 148

CHAPTER 10.　오브젝트를 목업 이미지로 자동 적용하기: Mockup · 152

[예제 실습] 텀블러 목업 이미지 만들기 · 152

PART 4.　색상 도구로 채색하기

CHAPTER 01.　다양한 도구로 단색 입히기: Color, Swatches 패널 / 스포이트 도구 · 156

[필수 실습] 색상 모드를 변경하여 색 지정하기 · 157

[필수 실습] Color 패널에서 색 지정하기 · 158

[필수 실습] Swatches 패널에서 색 만들고 적용하기 · 162

[필수 실습] 스포이트 도구로 색 추출하여 적용하기 · 164

[필수 실습] 색상 도구를 활용하여 다양한 색상 표현하기 · 166

CHAPTER 02.　다채로운 색상 표현하기: Gradient 패널 / 메시 도구 · 170

[필수 실습] Gradient 패널에서 색상 섞어 보기 · 171

[필수 실습] 메시 도구를 이용하여 입체 표현하기 · 173

CHAPTER 03.　분위기에 맞는 색상 가이드 적용하기: Color Guide 패널 · 176

[필수 실습] Color Guide 기능으로 배색해 보기 · 176

CHAPTER 04.　생성형 AI 기능으로 색상 변경하기: Generative Recolor · 179

[예제 실습] 텍스트 프롬프트를 입력하여 원하는 색상으로 표현하기 · 179

PART 5.　타이포그래피를 위한 문자 도구 익히기

CHAPTER 01.　문자 도구로 글 작성하기: 문자 도구 · 184

[필수 실습] 문자 도구로 글 작성하기 · 185

[필수 실습] 영역 문자 도구로 글 작성하기 · 186

[필수 실습] 패스 위를 따라가는 글 작성하기 · 188

[필수 실습] 세로쓰기 타입으로 글 작성하기 · 189

[필수 실습] 세로 영역 문자 도구로 글 작성하기 · 190

[필수 실습] 패스를 세로로 따라가는 글 작성하기 · 192

[필수 실습] 터치 문자 도구로 글자 수정하기 · 193

CHAPTER 02. 문서 편집하기: Character, Paragraph 패널 · 196

[필수 실습] 문자 색 변경하기 · 198

CHAPTER 03. 글자 변형하여 표현하기: Create Outlines, Warp Options, Envelope Mesh · 200

[필수 실습] 글자를 벡터 이미지로 변경해 자유자재로 표현하기 · 200

[예제 실습] Warp Options 기능으로 문자 왜곡하여 표현하기 · 205

[예제 실습] Envelope Mesh 기능으로 문자 왜곡하여 표현하기 · 207

PART 6. 일러스트에 깊이감을 더하는 각종 효과와 스타일 도구

CHAPTER 01. 3D 도구로 입체적인 오브젝트 표현하기: 3D and Materials 패널 · 212

[필수 실습] Extrude & Bevel 기능으로 입체 피라미드 도형 만들기 · 213

[필수 실습] Revolve 기능으로 팽이 만들기 · 215

[필수 실습] 3D 기능을 이용해 입체적인 표현하기 · 219

CHAPTER 02. 오브젝트를 혼합하거나 투명하게 표현하기: Transparency 패널 · 223

[필수 실습] 블렌딩 모드를 이용해 투명한 바닷물 표현하기 · 224

[필수 실습] 투명도를 조절하여 오브젝트 그림자 표현하기 · 225

CHAPTER 03. 이미지를 벡터 일러스트로 변환하기: Image Trace · 227

[예제 실습] Image Trace 효과로 그래픽 월 만들기 · 229

CHAPTER 04. 블렌드 도구로 중간 프레임 효과 표현하기: 블렌드 도구 · 233

[예제 실습] Smooth Color 블렌드로 떨어지는 별똥별 표현하기 · 235

CHAPTER 05. 인포그래픽 간편하게 만들기: 그래프 도구 · 238

[예제 실습] 그래프 도구를 활용하여 인포그래픽 표현하기 · 240

CHAPTER 06. 나만의 심볼 등록하여 활용하기: Symbols 패널, 심볼 도구 · 245

[필수 실습] 심볼 등록하고 사용하기 · 247

CHAPTER 07. 그래픽과 텍스트에 간편하게 효과 및 스타일 적용하기: Quick actions · 249

[필수 실습] 퀵 액션 기능으로 텍스트에 간편하게 스타일 적용하기 · 250

ILLUSTRATOR

PART 1.
일러스트레이터
시작하기

CHAPTER 01

일러스트레이터로 무엇을 할까?

일러스트레이터(Illustrator)는 어도비(Adobe)에서 1987년에 출시한 벡터 기반의 그래픽 소프트웨어입니다. 픽셀로 이미지를 표현하는 비트맵 방식과는 다르게 드로잉을 좌표로 데이터화하여 출력하는 벡터 방식이므로 그래픽이 깔끔하고 데이터 용량이 작은 장점이 있습니다. 과거에는 편집, 로고, 캐릭터 등 디자인 작업용으로 일러스트레이터를 사용했지만, 현재는 일러스트레이션, 이모티콘, 패키지 라벨, 패턴, 패션, UI 픽토그램 등 거의 모든 디자인 작업 영역에서 다양하게 활용되고 있습니다. 또한 일러스트레이터의 그래픽 스타일로 자신만의 독특한 감성을 표현하는 세대가 늘어남에 따라 디자이너뿐만 아니라 다양한 유저에게서 활용되고 있습니다.

● **포스터 디자인**

● **패션 일러스트레이션**

● **인테리어 그래픽**

● 캐릭터 디자인

● 온라인 배너

● 픽토그램

● 패턴 디자인

■ **일러스트레이터 설치하기**

일러스트레이터를 설치하는 방법은 포토샵 설치법과 유사합니다. 이 책의 포토샵 편에서 'PART 1. 포토샵 시작하기' → 'CHAPTER 02. 포토샵 설치하기' 과정을 따라 하되 03번 순서에서 일러스트레이터의 〈무료 체험판〉 버튼을 클릭합니다.

일러스트레이터 프로그램을 가지고 있지 않다면 어도비 홈페이지를 통해 7일 동안 무료 체험판을 사용할 수 있습니다.

PART 1. 일러스트레이터 시작

PART 2. 드로잉

PART 3. 편집

PART 4. 색상

PART 5. 타이포그래피

PART 6. 스타일

일러스트레이터 시작 화면 살펴보기

일러스트레이터 프로그램을 실행했을 때 처음 보이는 시작 화면에 대해 살펴보고, 화면을 밝게 변경하는 방법을 알아보겠습니다.

● **일러스트레이터 시작 화면**

각각의 버튼을 클릭하면 화면이 변경됩니다.

❶ **New file:** [New Document] 대화상자가 활성화됩니다.

❷ **Open:** 저장된 파일을 불러올 수 있습니다.

❸ **Home:** 일러스트레이터 시작 화면으로 변경됩니다.

❹ **Learn:** 어도비에서 제공하는 일러스트레이터 튜토리얼 동영상을 볼 수 있습니다.

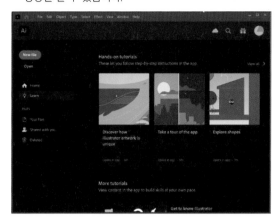

❺ **Your files:** 어도비 클라우드에 있는 파일을 불러올 수 있습니다.

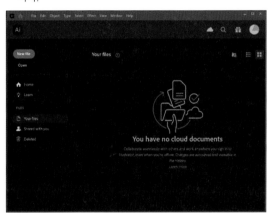

❻ **Shared with you:** 작업을 위해 어도비 클라우드에 있는 파일을 공유할 수 있습니다.

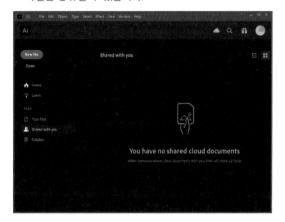

❼ **Deleted:** 어도비 클라우드에 있는 파일을 삭제할 수 있습니다.

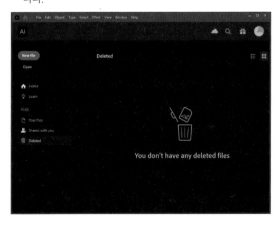

❽ **일러스트레이터 아이콘(Ai):** 일러스트레이터 작업 화면이 활성화됩니다.

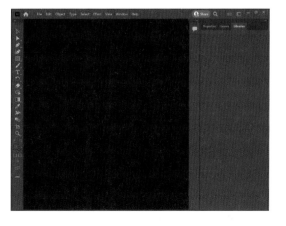

PART 1. 일러스트레이터 시작

PART 2. 드로잉

PART 3. 컬러

PART 4. 변형

PART 5. 타이포그래피

PART 6. 스타일

❾ Cloud Storage( ): 어도비 클라우드 용량을 확인할 수
있습니다.

❿ Search( ): 검색한 단어와 연관된 튜토리얼 및 이미지 검
색이 가능합니다.

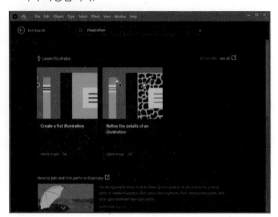

⓫ What's new( ): 업데이트된 일러스트레이터 기능을 볼
수 있습니다.

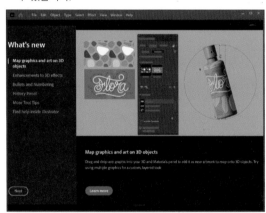

⓬ 계정 아이콘( ): 내 계정 정보를 확인할 수 있습니다.

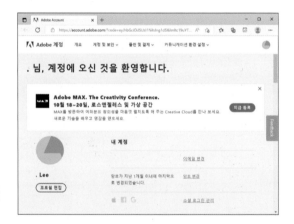

일러스트레이터 화면 밝게 변경하기

01 상단 메뉴바에서 **[Edit]** → Preferences → User Interface를 선택합니다.

02 Brightness에서 가장 밝은 회색을 선택하고, Canvas Color는 'White'를 선택한 다음 〈OK〉 버튼을 클릭합니다.

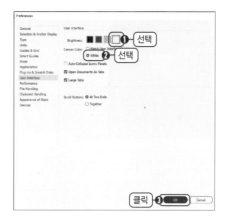

03 일러스트레이터 인터페이스 화면이 밝게 변경됩니다.

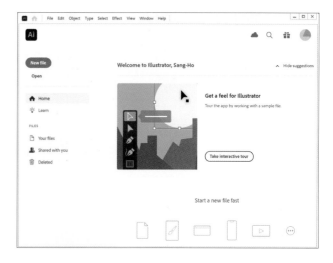

CHAPTER 03

일러스트레이터 작업 화면 살펴보기

일러스트레이터를 실행해 작업을 할 때 보이는 작업 화면에 대해서 알아보겠습니다.

● 일러스트레이터 작업 화면

▲ 컨트롤바 실행 방법

❶ **메뉴바:** 일러스트레이터의 기능이 메뉴별로 묶여 있습니다.

❷ **컨트롤바:** 선택한 오브젝트와 관련된 도구나 패널의 기능을 사용할 수 있습니다.

> [Window] → Control을 선택하면 컨트롤바를 활성화할 수 있습니다.

❸ **파일 탭:** 파일 이름, 확대 비율, 색상 모드 등 파일의 정보를 확인할 수 있습니다.

❹ **[Tools] 패널:** 일러스트레이터의 주요 기능이 아이콘 형식으로 묶여 있습니다.

❺ **패널:** 일러스트레이터 작업할 때 필요한 기능 및 옵션이 팔레트 형식으로 묶여 있습니다. 패널은 상단 메뉴바의 [Window]에서 선택하여 표시할 수 있습니다.

❻ **아트보드:** 일러스트를 작업하는 영역입니다.

❼ **상태 표시줄:** 화면의 확대 비율, 이미지의 정보를 확인할 수 있습니다.

❽ **상황별 작업표시줄:** 선택된 도구 및 오브젝트와 관련된 도구와 생성형 AI 기능을 사용할 수 있습니다.

> [Window] → Contextual Task Bar를 선택하면 상황별 작업표시줄을 활성화할 수 있습니다.

CHAPTER 04

Tools 패널
살펴보기

[Tools] 패널에는 일러스트레이터 작업을 할 때 가장 자주 이용하는 기능들이 아이콘 형태로 모여 있습니다. 이번에는 [Tools] 패널의 도구에 대해 알아보고 [Tools] 패널을 한 줄이나 두 줄로 변경하는 방법도 함께 알아보겠습니다.

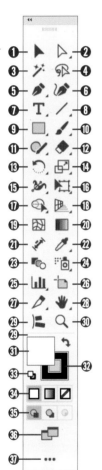

● [Tools] 패널

비슷한 기능끼리 한 아이콘에 그루핑되어 있으며, 각 아이콘 오른쪽 아래에 있는 삼각형 표시를 1초 정도 누르면 숨은 아이콘을 확인할 수 있습니다.

> 일러스트레이터를 최초로 실행했을 때 [Tools] 패널은 Basic 모드로 되어 있으나, 이 책에서는 다양한 도구를 설명하기 위해 Advanced 모드로 보여 줍니다. **[Window] → Toolbars → Advanced** 를 선택하여 [Tools] 패널의 모드를 변경할 수 있습니다.

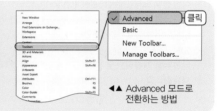

◀▲ Advanced 모드로
전환하는 방법

■ [Tools] 패널 넓히고 좁히기

[Tools] 패널 상단의 넓히기 아이콘(»)을 클릭하면 한 줄이던 [Tools] 패널이 두 줄로 변경됩니다. 다시 좁히기 아이콘(«)을 클릭하면 한 줄로 변경됩니다.

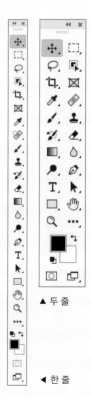

▲ 두 줄

◀ 한 줄

PART 1. 일러스트레이터 시작

PART 2. 드로잉

PART 3. 편집

PART 4. 색상

PART 5. 타이포그래피

PART 6. 스타일

❶ 선택 도구

오브젝트를 선택하거나 드래그하여 이동할 때 사용합니다.

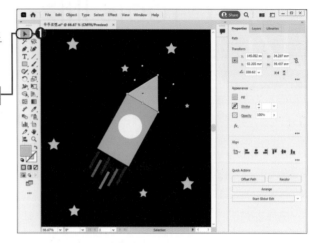

❷ 직접 선택 도구

ⓐ 직접 선택 도구(Direct Selection Tool): 오브젝트를 개별적으로 선택할 수 있고, 기준점을 한 개 또는 여러 개 선택하여 조정할 때 사용합니다.

ⓑ 그룹 선택 도구(Group Selection Tool): 그루핑된 오브젝트를 개별적으로 선택하거나 그룹으로 선택할 때 사용합니다.

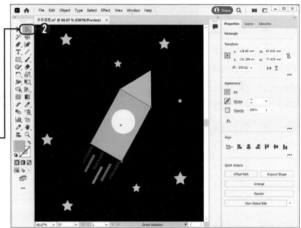

❸ 마술봉 도구

색상, 선, 투명도, 블렌딩 모드 등이 같은 오브젝트를 한꺼번에 선택할 때 사용합니다.

❹ 올가미 도구

오브젝트의 원하는 부분만 드래그하여 선택할 때 사용합니다.

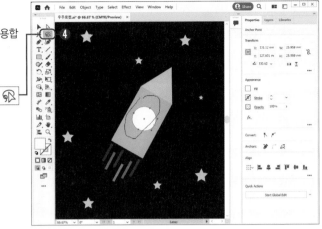

❺ 펜 도구

ⓐ 펜 도구(Pen Tool): 기준점을 생성하고 방향선을 조정하면서 패스를 만들 때 사용합니다.

ⓑ 기준점 추가 도구(Add Anchor Point Tool): 패스에 기준점을 추가할 때 사용합니다.

ⓒ 기준점 삭제 도구(Delete Anchor Point Tool): 패스의 기준점을 삭제할 때 사용합니다.

ⓓ 기준점 변환 도구(Anchor Point Tool): 기준점이나 방향점을 클릭하여 방향선을 조정할 때 사용합니다.

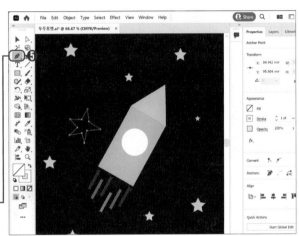

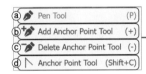

ⓐ Pen Tool	(P)
ⓑ Add Anchor Point Tool	(+)
ⓒ Delete Anchor Point Tool	(-)
ⓓ Anchor Point Tool	(Shift+C)

❻ 곡률 도구

곡선의 방향선을 만들어 가며 기준점을 추가할 때 사용합니다.

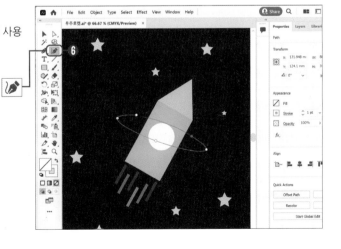

PART 1. 일러스트레이터 시작
PART 2. 드로잉
PART 3. 편집
PART 4. 색상
PART 5. 타이포그래피
PART 6. 스타일

❼ 문자 도구

ⓐ 문자 도구(Type Tool): 가로형 문자를 작성할 때 사용합니다.

ⓑ 영역 문자 도구(Area Type Tool): 패스 영역 안에 문자를 작성할 때 사용합니다.

ⓒ 패스 문자 도구(Type on a Path Tool): 패스를 따라 문자를 작성할 때 사용합니다.

ⓓ 세로 문자 도구(Vertical Type Tool): 세로형 문자를 작성할 때 사용합니다.

ⓔ 세로 영역 문자 도구(Vertical Area Type Tool): 패스 영역 안에 세로형 문자를 작성할 때 사용합니다.

ⓕ 세로 패스 문자 도구(Vertical Type on a Path Tool): 패스를 따라 세로형 문자를 작성할 때 사용합니다.

ⓖ 터치 문자 도구(Touch Type Tool): 문자를 개별적으로 선택하여 수정할 때 사용합니다.

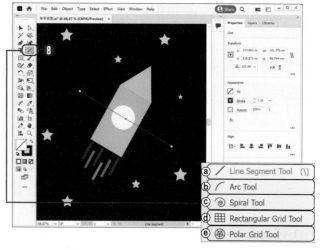

❽ 선 도구

ⓐ 선 도구(Line Segment Tool): 원하는 방향으로 드래그하여 직선을 그릴 때 사용합니다.

ⓑ 호 도구(Arc Tool): 원하는 방향으로 드래그하여 호를 그릴 때 사용합니다.

ⓒ 나선 도구(Spiral Tool): 원하는 방향으로 드래그하여 나선을 그릴 때 사용합니다.

ⓓ 사각 그리드 도구(Rectangular Grid Tool): 사각형 그리드를 그릴 때 사용합니다.

ⓔ 원 그리드 도구(Polar Grid Tool): 원형 그리드를 그릴 때 사용합니다.

❾ 사각형 도구

ⓐ 사각형 도구(Rectangle Tool): 사각형을 그릴 때 사용합니다.

ⓑ 둥근 사각형 도구(Rounded Rectangle Tool): 모서리가 둥근 사각형을 그릴 때 사용합니다.

ⓒ 원 도구(Ellipse Tool): 원을 그릴 때 사용합니다.

ⓓ 다각형 도구(Polygon Tool): 다각형을 그릴 때 사용합니다.

ⓔ 별 도구(Star Tool): 다양한 별을 그릴 때 사용합니다.

ⓕ 플레어 도구(Flare Tool): 광선을 표현할 때 사용합니다.

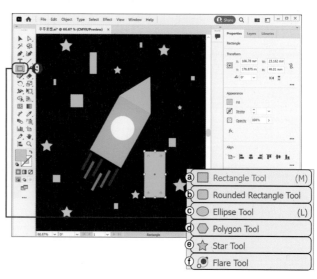

⑩ 브러시 도구

ⓐ 브러시 도구(Paintbrush Tool): 붓 터치 효과를 표현할 때 사용합니다.

ⓑ 물방울 브러시 도구(Blob Brush Tool): 브러시 패스를 면으로 그릴 때 사용합니다.

⑪ 모양 도구

ⓐ 모양 도구(Shaper Tool): 드로잉하여 직선, 곡선, 도형으로 오브젝트를 표현할 때 사용합니다.

ⓑ 연필 도구(Pencil Tool): 손그림 느낌의 드로잉을 표현할 때 사용합니다.

ⓒ 스무드 도구(Smooth Tool): 패스를 부드럽게 다듬을 때 사용합니다.

ⓓ 패스 지우개 도구(Path Eraser Tool): 패스를 지울 때 사용합니다.

ⓔ 조인 도구(Join Tool): 열린 패스의 기준점을 드래그로 연결할 때 사용합니다.

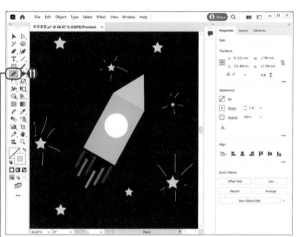

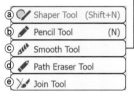

⑫ 지우개 도구

ⓐ 지우개 도구(Eraser Tool): 오브젝트에서 원하는 부분을 지울 때 사용합니다.

ⓑ 가위 도구(Scissors Tool): 패스를 잘라서 분리할 때 사용합니다.

ⓒ 나이프 도구(Knife): 자유롭게 드래그하여 패스를 잘라 낼 때 사용합니다.

⑬ 회전 도구

ⓐ 회전 도구(Rotate Tool): 오브젝트를 회전할 때 사용합니다.

ⓑ 반전 도구(Reflect Tool): 오브젝트를 반전할 때 사용합니다.

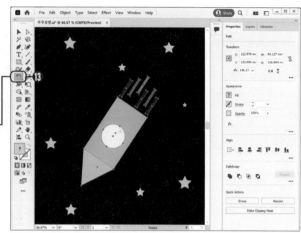

ⓐ ↻ Rotate Tool (R)
ⓑ ▷◀ Reflect Tool (O)

⑭ 크기 조절 도구

ⓐ 크기 조절 도구(Scale Tool): 오브젝트의 크기를 조정할 때 사용합니다.

ⓑ 기울이기 도구(Shear Tool): 오브젝트를 기울일 때 사용합니다.

ⓒ 변형 도구(Reshape Tool): 오브젝트를 자유롭게 변형할 때 사용합니다.

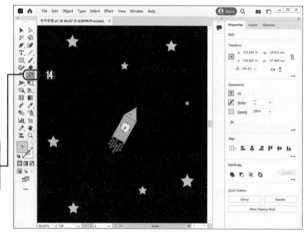

ⓐ ⊡ Scale Tool (S)
ⓑ ◩ Shear Tool
ⓒ ↖ Reshape Tool

⑮ 폭 도구

ⓐ 폭 도구(Width Tool): 선의 폭을 원하는 형태로 조정할 때 사용합니다.

ⓑ 왜곡 도구(Warp Tool): 오브젝트를 왜곡해서 표현할 때 사용합니다.

ⓒ 비틀기 도구(Twirl Tool): 오브젝트를 비틀어서 표현할 때 사용합니다.

ⓓ 구김 도구(Pucker Tool): 오브젝트를 구겨서 표현할 때 사용합니다.

ⓔ 팽창 도구(Bloat Tool): 오브젝트를 부풀려서 표현할 때 사용합니다.

ⓕ 부채꼴 도구(Scallop Tool): 오브젝트에 부채꼴 형태를 적용할 때 사용합니다.

ⓖ 크리스털 도구(Crystallize Tool): 오브젝트의 원하는 부분을 바깥으로 퍼지게 표현할 때 사용합니다.

ⓗ 주름 도구(Wrinkle Tool): 오브젝트에 주름을 표현할 때 사용합니다.

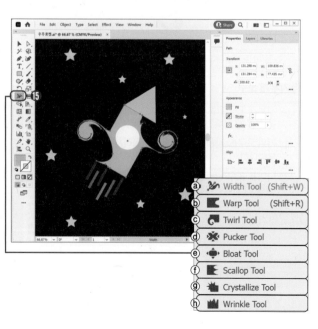

ⓐ Width Tool (Shift+W)
ⓑ Warp Tool (Shift+R)
ⓒ Twirl Tool
ⓓ Pucker Tool
ⓔ Bloat Tool
ⓕ Scallop Tool
ⓖ Crystallize Tool
ⓗ Wrinkle Tool

ⓖ 자유 변형 도구

ⓐ **자유 변형 도구(Free Transform Tool)**: 오브젝트를 자유롭게 변형시킬 때 사용합니다.

ⓑ **퍼펫 뒤틀기 도구(Puppet Warp Tool)**: 포인트를 지정하면서 오브젝트를 변형할 때 사용합니다.

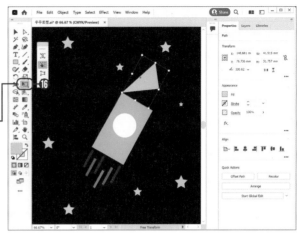

ⓗ 도형 구성 도구

ⓐ **도형 구성 도구(Shape Builder Tool)**: 선택한 여러 오브젝트를 드래그로 연결하여 단순하게 통합할 때 사용합니다.

ⓑ **라이브 페인트 통 도구(Live Paint Bucket)**: 지정한 오브젝트를 감지하여 색을 적용할 때 사용합니다.

ⓒ **라이브 페인트 선택 도구(Live Paint Selection Tool)**: 라이브 페인트 색을 적용한 오브젝트를 선택할 때 사용합니다.

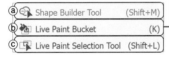
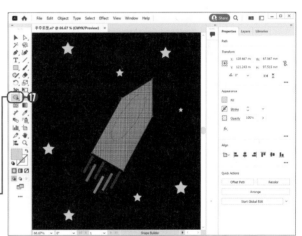

ⓘ 원근 격자 도구

ⓐ **원근 격자 도구(Perspective Grid Tool)**: 오브젝트에 원근감을 적용하여 표현할 때 사용합니다.

ⓑ **원근 선택 도구(Perspective Selection Tool)**: 원근감이 적용된 오브젝트를 선택하여 편집할 때 사용합니다.

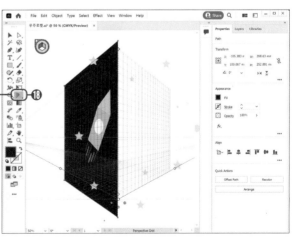

PART 1. 일러스트레이터 시작
PART 2. 드로잉
PART 3. 변형
PART 4. 확산
PART 5. 타이포그래피
PART 6. 스타일

⑲ 메시 도구

오브젝트에 메시 포인트를 적용하여 그러데이션을 정교
하게 표현할 때 사용합니다.

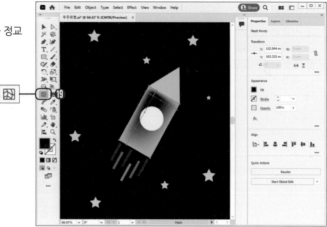

⑳ 그레이디언트 도구

오브젝트에 드래그 또는 수치를 입력하여 그러데이션 방
향 및 거리를 조절할 수 있습니다.

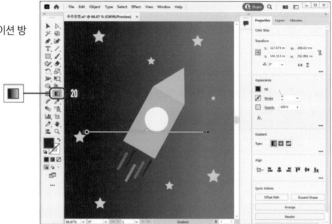

㉑ 치수 도구

ⓐ 선형 치수(Linear Dimension) : 오브젝트의 세그먼트
위로 커서를 두면 점 사이의 거리를 자동으로 측정합니
다. 또는 두 점을 찍어서 거리를 측정할 수도 있습니다.

ⓑ 각형 치수(Angular Dimension) : 두 선이 만나는 곳에
커서를 옮기면 자동으로 각도를 측정합니다.

ⓒ 방사형 치수(Radial Dimension) : 호나 원 위에 커서를
옮기면 자동으로 중심점에서부터의 거리를 측정합니다.

㉒ 스포이트 도구

ⓐ 스포이트 도구(Eyedropper Tool): 벡터 오브젝트나 사진 이미지에서 색을 추출할 때 사용합니다.

ⓑ 자 도구(Measure Tool): 드래그하여 길이와 좌표를 파악할 때 사용합니다.

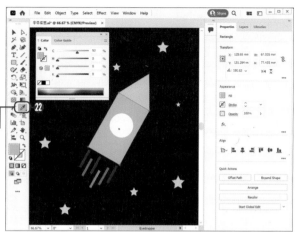

㉓ 블렌드 도구

오브젝트를 2개 이상 연결하여 단계별 변화를 표현할 때 사용합니다.

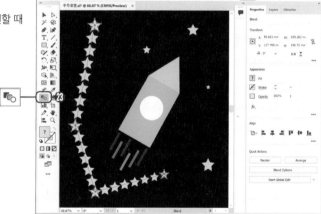

㉔ 심볼 스프레이어 도구

ⓐ 심볼 스프레이어 도구(Symbol Sprayer Tool): 선택한 심볼을 스프레이를 뿌리듯 표현할 때 사용합니다.

ⓑ 심볼 이동 도구(Symbol Shifter Tool): 심볼을 원하는 방향으로 드래그하여 이동할 때 사용합니다.

ⓒ 심볼 스크런처 도구(Symbol Scruncher Tool): 심볼을 안쪽 또는 바깥으로 흩어서 조정할 때 사용합니다.

ⓓ 심볼 크기 조절 도구(Symbol Sizer Tool): 심볼을 확대 또는 축소할 때 사용합니다.

ⓔ 심볼 회전 도구(Symbol Spinner Tool): 심볼을 회전할 때 사용합니다.

ⓕ 심볼 색조 도구(Symbol Stainer Tool): 심볼을 전면 색으로 변경할 때 사용합니다.

ⓖ 심볼 불투명도 도구(Symbol Screener Tool): 심볼에 투명도를 적용할 때 사용합니다.

ⓗ 심볼 스타일 도구(Symbol Styler Tool): 심볼에 [Graphic Styles] 패널에서 선택한 스타일을 적용할 때 사용합니다.

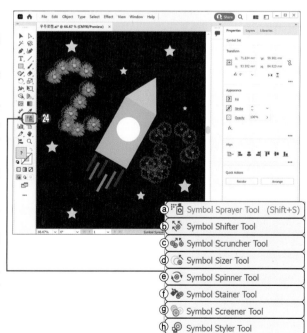

㉕ 세로 막대그래프 도구

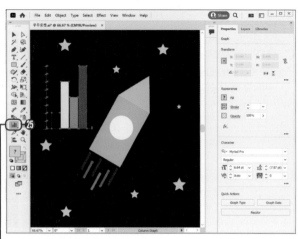

ⓐ 세로 막대그래프 도구(Column Graph Tool): 세로형 막대그래프를 만들 때 사용합니다.

ⓑ 분할 세로 막대그래프 도구(Stacked Column Graph Tool): 각각의 세로형 막대그래프에 2가지 이상의 정보를 분할하여 표현할 때 사용합니다.

ⓒ 가로 막대그래프 도구(Bar Graph Tool): 가로형 막대그래프를 만들 때 사용합니다.

ⓓ 분할 가로 막대그래프 도구(Stacked Bar Graph Tool): 각각의 가로형 막대그래프에 2가지 이상의 정보를 분할하여 표현할 때 사용합니다.

ⓔ 선 그래프 도구(Line Graph Tool): 수치에 따라 직선이 연결되는 선 그래프를 만들 때 사용합니다.

ⓕ 영역 그래프 도구(Area Graph Tool): 수치에 따른 선 그래프를 면으로 표현할 때 사용합니다.

ⓖ 분산 그래프 도구(Scatter Graph Tool): X와 Y축 좌표에 따른 점으로 수치를 표현한 그래프를 만들 때 사용합니다.

ⓗ 파이 그래프 도구(Pie Graph Tool): 원형 타입의 그래프를 만들 때 사용합니다.

ⓘ 레이더 그래프 도구(Radar Graph Tool): 방사형의 레이더 형태 그래프를 만들 때 사용합니다.

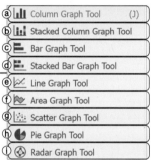

ⓐ Column Graph Tool	(J)
ⓑ Stacked Column Graph Tool	
ⓒ Bar Graph Tool	
ⓓ Stacked Bar Graph Tool	
ⓔ Line Graph Tool	
ⓕ Area Graph Tool	
ⓖ Scatter Graph Tool	
ⓗ Pie Graph Tool	
ⓘ Radar Graph Tool	

㉖ 아트보드 도구

아트보드를 추가, 삭제, 이동, 크기 변경할 때 사용합니다.

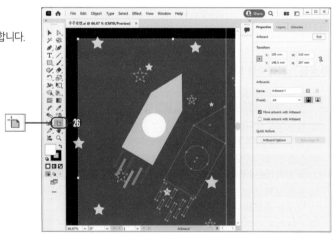

㉗ 슬라이스 도구

ⓐ 슬라이스 도구(Slice Tool): 오브젝트를 분할하여 나눌 때 사용합니다.

ⓑ 슬라이스 선택 도구(Slice Selection Tool): 슬라이스 도구를 이용해 분할된 이미지를 선택, 이동, 삭제, 크기 변경할 때 사용합니다.

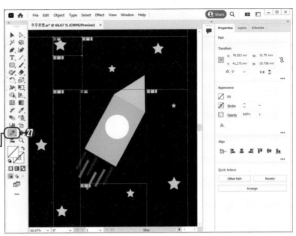

㉘ 손 도구

ⓐ 손 도구(Hand Tool): 작업 화면을 이동할 때 사용합니다.

ⓑ 회전 도구(Rotate View Tool): 작업 화면을 회전할 때 사용합니다.

ⓒ 페이지 도구(Print Tiling Tool): 인쇄 영역을 지정할 때 사용합니다.

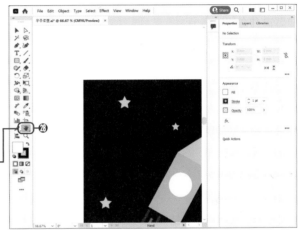

㉙ 경로상의 개체

오브젝트들을 선택한 패스 위에 간편하게 정렬시킵니다.

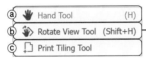

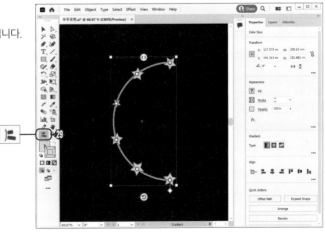

㉚ 돋보기 도구

오브젝트를 확대 또는 축소할 때 사용합니다.

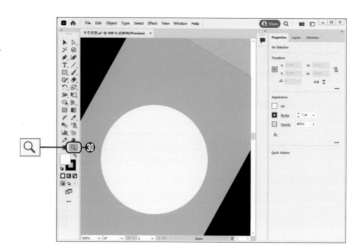

㉛ 면/선 색 설정( ): 면 색과 선 색을 지정할 수 있습니다.

㉜ 면/선 색 교체( ): 면 색과 선의 색을 바꿉니다.

㉝ 면/선 기본색 지정( ): 면 색과 선 색을 기본색인 흰색과 검은색으로 적용합니다.

㉞ 색 속성 지정( ): 오브젝트 색을 단일색( ), 그레이디언트( ), 색 없음( )으로 지정할 수 있습니다.

㉟ 그리기 모드( ): 지정한 오브젝트에 드로잉할 때 레이어 배열을 지정할 수 있고, 오브젝트 안에서 드로잉할 수도 있습니다.

㊱ 화면 모드( ): 작업 화면 모드를 변경할 수 있습니다. 표준 화면 모드(Normal Screen Mode), 메뉴바와 패널이 있는 전체 화면 모드(Full Screen Mode With Menu Bar), 전체 화면 모드(Full Screen Mode) 중에서 선택할 수 있습니다.

㊲ Edit Toolbar( ): 작업 환경과 스타일에 맞춰 [Tools] 패널에서 도구를 추가하거나 삭제 또는 그룹화할 수 있습니다.

PART 1. 일러스트레이터 시작

PART 2. 드로잉

PART 3. 편집

PART 4. 색상

PART 5. 타이포그래피

PART 6. 스타일

CHAPTER

05

패널
살펴보기

일러스트레이터에서 패널은 사용자가 사용한 도구의 옵션 또는 설정을 지정하거나 수정할 때 사용합니다. 지금부터 패널의 종류와 기능에 대해서 알아보겠습니다.

● [Layers] 패널

작업한 오브젝트들을 레이어로 분류하여 관리합니다.

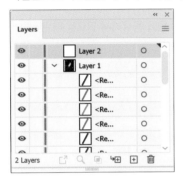

● [Artboards] 패널

아트보드의 추가, 삭제, 순서 변경을 할 수 있습니다.

● [Appearance] 패널

오브젝트에 적용된 색상, 효과, 투명도 등의 속성을 설정할 수 있습니다.

● [Info] 패널

오브젝트의 좌표, 크기, 색상 정보를 볼 수 있습니다.

● [Navigator] 패널

아트보드를 확대, 축소, 이동할 수 있습니다.

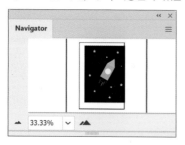

● [Actions] 패널

자주 반복하는 일러스트 작업을 그룹으로 정리해 간편하게 사용할 수 있습니다.

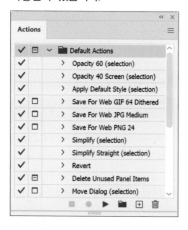

● [Properties] 패널

오브젝트 속성에 따른 패널 기능을 확인하고 편리하게 사용할 수 있습니다.

● [Links] 패널

링크된 이미지를 확인할 수 있습니다. 이미지 찾기, 재링크, 아트보드에 삽입하기 등의 기능이 있습니다.

● [Libraries] 패널

색, 서체, 이미지 소스 등을 등록해서 필요할 때 편리하게 사용할 수 있습니다.

● [Asset Export] 패널

작업한 오브젝트를 등록할 수 있으며 원하는 파일 형식으로 간편하게 내보낼 수도 있습니다.

● [Stroke] 패널

선 굵기와 모양을 설정할 수 있고, 점선과 화살표도 만들
수 있습니다.

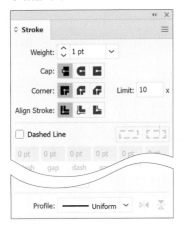

● [Brushes] 패널

브러시를 직접 만들 수도 있고, 기본으로 제공되는 다양한
브러시를 사용해 드로잉 작업을 할 수 있습니다.

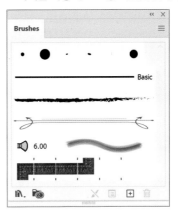

● [Symbols] 패널

심볼을 패턴으로 적용할 수 있으며 패턴을 만들고 등록할
수도 있습니다.

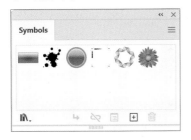

● [Pattern Options] 패널

패턴을 원하는 스타일로 세밀하게 조절할 수 있습니다.

● [Graphic Styles] 패널

오브젝트에 다양한 그래픽 스타일을 적용할 수 있습니다.

● [Color] 패널

색상을 지정할 수 있습니다.

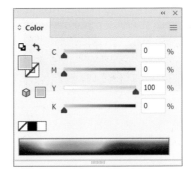

PART 1. 일러스트레이터 시작

PART 2. 드로잉

PART 3. 편집

PART 4. 실전

PART 5. 타이포그래피

PART 6. 스타일

● [Swatches] 패널

색상, 그러데이션, 패턴 등을 적용할 수 있고, 직접 전용 색을 만들어 등록할 수 있습니다.

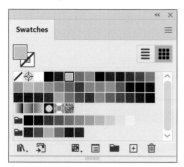

● [Color Guide] 패널

오브젝트 분위기에 맞는 다양한 배색을 적용할 수 있습니다.

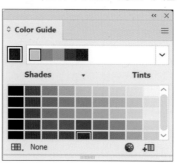

● [Gradient] 패널

다양한 색을 지정하여 그러데이션을 표현합니다.

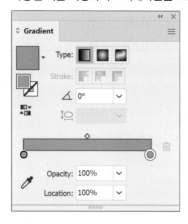

● [Transparency] 패널

벡터 오브젝트나 이미지에 다양한 블랜딩 모드와 투명도를 적용합니다.

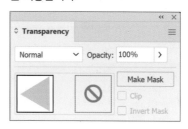

● [Flattener Preview] 패널

오브젝트에 적용된 투명도를 확인하고 병합하거나 인쇄할 때 사용합니다.

● [Align] 패널

여러 오브젝트를 다양한 방식으로 정렬합니다.

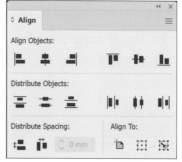

- [Pathfinder] 패널

여러 오브젝트를 분리하고, 빼고, 합칠 수 있습니다.

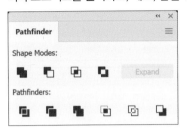

- [Character] 패널

작성할 문자의 속성을 조절합니다.

- [Glyphs] 패널

특수문자 등을 입력할 수 있습니다.

- [Transform] 패널

오브젝트의 크기, 기울기, 회전 각도 등을 조절합니다.

- [Character Styles] 패널

문자 스타일을 추가하거나 적용할 수 있습니다.

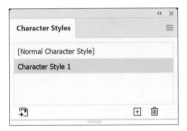

- [Paragraph] 패널

작성한 글을 정렬할 때 사용합니다.

● [Paragraph Styles] 패널

단락 스타일을 추가하거나 적용할 수 있습니다.

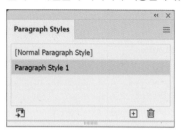

● [Tabs] 패널

작성한 글의 탭 위치를 지정합니다.

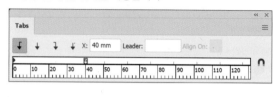

● [Image Trace] 패널

사진 이미지를 벡터 이미지로 적용할 수 있습니다.

● [3D and Materials] 패널

입체적인 오브젝트를 만들 수 있습니다.

● [History] 패널

작업했던 단계를 볼 수 있고, 선택한 단계로
되돌아갈 수도 있습니다.

■ 메뉴바의 [Window]로 패널 항목 열기

패널은 작업 화면의 오른쪽에 위치해 있습니다. 만약 작업 화면에서 패널이 보이지 않을 때는 메뉴바에서 **[Window]**를 선택하면 각 패널의 항목이 나타납니다.

New Window	
Arrange	>
Find Extensions on Exchange...	
Workspace	>
Extensions	>
Control	
Toolbars	>
3D and Materials	
Actions	
Align	Shift+F7
Appearance	Shift+F6
Artboards	
Asset Export	
Attributes	Ctrl+F11
Brushes	F5
Color	F6
Color Guide	Shift+F3
Comments	
CSS Properties	
Document Info	
Flattener Preview	
Gradient	Ctrl+F9
Graphic Styles	Shift+F5
History	
Image Trace	
Info	Ctrl+F8
Layers	F7
Libraries	
Links	
Magic Wand	
Navigator	
Pathfinder	Shift+Ctrl+F9
Pattern Options	
Properties	
Separations Preview	
Stroke	Ctrl+F10
SVG Interactivity	
Swatches	
Symbols	Shift+Ctrl+F11
Transform	Shift+F8
Transparency	Shift+Ctrl+F10
Type	>
Variables	
Version History	
Brush Libraries	>
Graphic Style Libraries	>
Swatch Libraries	>
Symbol Libraries	>
✓ Untitled-1 @ 44.41 % (CMYK/Preview)	

▲ [Window]를 선택해 나타난 패널 항목

PART 1. 일러스트레이터 시작

PART 2. 드로잉

PART 3. 편집

PART 4. 색상

PART 5. 타이포그래피

PART 6. 스타일

파일 관리하기: 새 작업 문서 만들기 / 파일 및 이미지 불러오기 / 파일 저장하기

일러스트레이터로 작업하기 위해서는 새로운 작업 문서를 만들거나, 내 컴퓨터 또는 어도비 클라우드 문서에 보관 중인 이미지를 불러와야 합니다. 일러스트레이터에서 작업한 이미지를 다양한 방법으로 저장하는 방법에 대해 알아보겠습니다.

New 명령으로 새로운 작업 문서 만들기

01 일러스트레이터를 실행하고 〈New file〉 버튼을 클릭하거나, 상단 메뉴바에서 **[File]** → **New**(Ctrl+N)를 클릭합니다.

02 [New Document] 대화상자가 활성화되면 '새로운 문서 만들기'를 입력하고 〈Create〉 버튼을 클릭합니다.

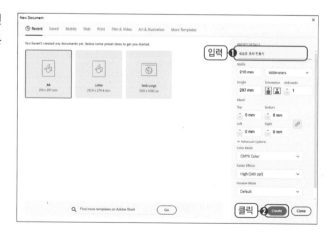

03 새로운 작업 문서가 만들어졌습니다.

■ [New Document] 대화상자 살펴보기

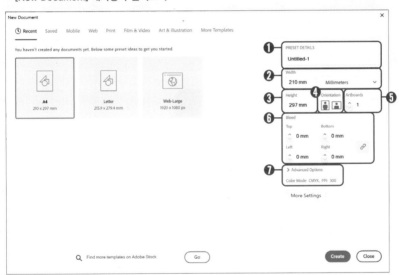

❶ **PRESET DETAILS:** 새로운 작업 문서의 이름을 지정합니다.

❷ **Width:** 작업창의 가로 크기를 입력할 수 있으며 Pixels, Inches, Centimeters, Millimeters, Points, Picas 단위 등으로 지정할 수 있습니다.

❸ **Height:** 작업창의 세로 크기를 입력할 수 있습니다.

❹ **Orientation:** 아트보드의 방향을 지정할 수 있습니다.

❺ **Artboards:** 아트보드의 개수를 입력할 수 있습니다.

❻ **Bleed:** 아트보드에서 사방의 여백을 입력할 수 있습니다. 링크 아이콘( )을 클릭하여 적용하면 모든 여백이 같은 수치로 지정됩니다.

❼ **Advanced Options:** CMYK, RGB Color를 선택할 수 있는 색상 모드와 해상도, 보기 모드를 설정할 수 있습니다.

PART 1. 일러스트레이터 시작

PART 2. 드로잉

PART 3. 편집

PART 4. 색상

PART 5. 타입&그래프

PART 6. 스타일

파일 불러오기

● 준비 파일: 일러스트레이터\01\핑크스마일.ai

04 포토샵을 새로 실행한 후 〈Open〉을 클릭하거나, 상단 메뉴바에서 [File] → Open(Ctrl+O)을 클릭합니다.

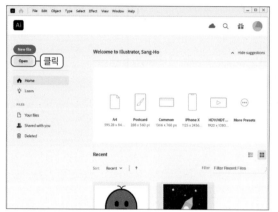 

05 [Open] 대화상자가 활성화되면 01 폴더에서 '핑크스마일.ai' 파일을 선택한 다음 〈Open〉 버튼을 클릭합니다.

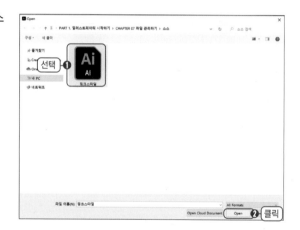

06 선택한 작업 파일이 작업창에 나타납니다.

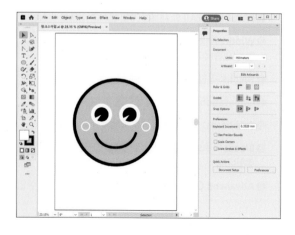

이미지 불러오기

● 준비 파일: 일러스트레이터\01\그래비티.jpg

07 일러스트레이터를 새로 실행하고 **[File]** → Place (Shift+Ctrl+P)를 클릭합니다.

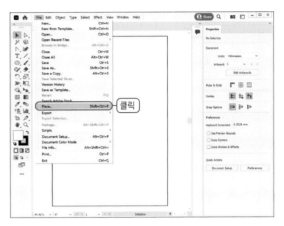

08 [Place] 대화상자가 활성화되면 01 폴더에서 '그래비티.jpg' 이미지 파일을 선택한 다음 〈Place〉 버튼을 클릭합니다.

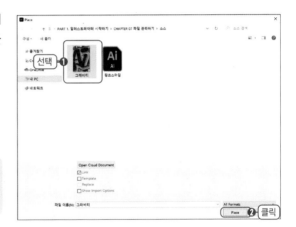

[Place] 대화상자에서 'Link'의 체크를 해제하면 'Embed' 상태로 이미지를 도큐먼트 파일에 삽입하여 불러오게 됩니다.

■ 'Link'와 'Embed'의 차이

[Window] → Link를 클릭하면 'Link' 또는 'Embed'가 적용된 이미지를 확인할 수 있는 [Links] 패널이 실행됩니다.

• Link: 원본 이미지를 미리보기 형식으로 불러옵니다. 원본을 수정하면 실시간으로 반영되며 원본 이미지와 함께 파일을 관리해야 합니다. 원본 이미지의 경로가 바뀌거나 삭제되면 작업 화면에서 유실됩니다.

• Embed: 불러온 이미지의 링크를 해제하고 작업 화면에 삽입합니다. 원본 수정 시 반영은 안 되고 파일 용량이 커집니다.

▲ 'Link'가 적용된 [Links] 패널

[Links] 패널의 메뉴에서 **Embed Image(s)**를 클릭하면 'Embed'로 적용됩니다.

◀ 'Embed'가 적용된 [Links] 패널

09 선택한 이미지가 작업 화면에 나타납니다.

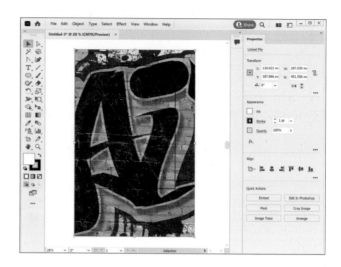

파일 저장하기

10 [File] → Save(Ctrl+S)를 클릭합니다.

이미지를 불러왔지만 작업은 하지 않았다면
Save가 활성화되지 않습니다.

다른 이름으로 파일 저장하기

11 [File] → Save As(Shift+Ctrl+S)를 클릭합니다.

12 〈Save on your computer〉 버튼을 클릭합니다.

저장 위치에 따라 〈Save on your computer〉, 〈Save to Creative Cloud〉 중에서 선택할 수 있습니다.

13 [Save As] 대화상자가 활성화되면 파일 이름을 변경하고 〈저장〉 버튼을 클릭합니다.

■ [Illustrator Options] 대화상자에서 버전 조정하기

[Illustrator Options] 대화상자의 'Version' 목록에서 원하는 버전을 선택하여 저장할
수 있습니다. 작업한 파일을 공유할 때 상대방의 일러스트레이터 버전이 낮으면 파일이
열리지 않거나 오류가 발생하므로 해당 버전과 호환되도록 지정하여 저장해야 합니다.

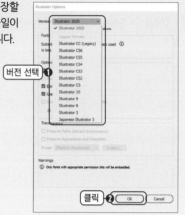

CHAPTER

07

기본 이미지 도구 익히기: 손 도구 / 돋보기 도구 / 눈금자 / 가이드 / 거리 가이드

일러스트레이터 작업을 할 때 작업물이 작업창보다 크면 전체 작업물을 보기 어렵습니다. 이 릴 땐 손 도구를 활용하여 보이지 않는 부분을 볼 수 있습니다. 손 도구를 활용하는 방법과 돋보기 도구로 작업창을 축소 또는 확대하는 방법, 작업창에 눈금자와 가이드를 표시하여 정교한 작업을 하는 방법을 알아보겠습니다.

● 준비 파일: 일러스트레이터\01\무지개소라.ai

손 도구 익히기

01 [File] → Open(Ctrl+O)을 실행하고 '무지개소라.ai' 파일을 불러옵니다.

02 [Tools] 패널에서 손 도구(✋)를 선택하고 하단 상태 표시줄에서 화면 비율을 '100%'로 입력한 다음, 사방으로 드래그하여 오브젝트를 탐색합니다.

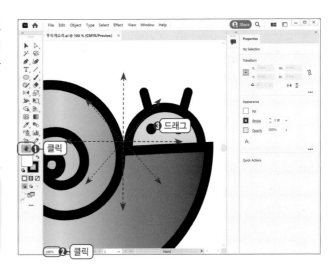

Space Bar 를 누르면 커서가 손 도구 아이콘으로 변합니다. 이때 마우스 왼쪽 버튼으로 작업창을 클릭한 상태에서 사방으로 드래그하면 오브젝트 탐색이 가능합니다.

돋보기 도구 익히기

03 [Tools] 패널에서 돋보기 도구(🔍)를 선택하고 작업창을 클릭하면 확대됩니다.

> 오브젝트는 Ctrl + + 를 누르면 확대, Ctrl + - 를 누르면 축소됩니다. Ctrl + 0 를 누르면 아트보드에 맞게 오브젝트가 확대 또는 축소됩니다.

> 돋보기 도구 아이콘을 더블클릭하면 화면 비율을 100%로 적용합니다.

04 돋보기 도구를 선택한 상태에서 Alt 를 누르면 커서의 돋보기 모양이 '-'로 변경됩니다. 이때 아트보드를 클릭하면 화면이 축소됩니다.

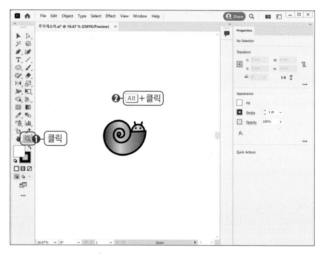

05 돋보기 도구를 선택한 상태로 아트보드의 왼쪽 상단에서 오른쪽 하단으로 드래그하면 오브젝트가 확대됩니다.

> 돋보기 도구를 선택하고 아트보드의 오른쪽 하단에서 왼쪽 상단으로 드래그하면 오브젝트가 축소됩니다.

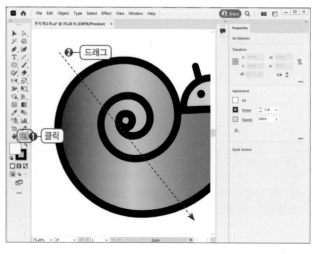

눈금자 표시하기

06 [View] → Rulers → Show Rulers(Ctrl+R)를 선택하면 작업창에 눈금자가 표시됩니다.

07 눈금자로 커서를 가져가 마우스 오른쪽 버튼을 클릭하면 눈금자의 단위를 변경할 수 있습니다.

가이드 표시하기

08 눈금자로 커서를 가져가 마우스 왼쪽 버튼을 클릭한 채로 왼쪽에서 오른쪽으로, 위에서 아래로 드래그하면 가이드가 표시됩니다.

PART 1. 일러스트레이터 시작

PART 2. 드로잉

PART 3. 편집

PART 4. 색상

PART 5. 타이포그래피

PART 6. 스타일

09 [Tools] 패널에서 선택 도구(▶)를 클릭하고 마우스 커서를 가이드로 가져가면 커서 아이콘에 작은 사각형 포인트가 생기며, 눈금자로 드래그하면 가이드가 삭제됩니다.

Ctrl + ; 를 누르면 가이드를 숨기거나 보이게 할 수 있습니다.

오브젝트 간 거리 측정하기

10 [File] → Open(Ctrl + O)을 실행하고 '달팽이들.ai' 파일을 불러옵니다.

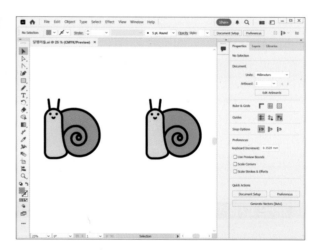

11 [Tools] 패널에서 선택 도구(▶)를 선택하고 왼쪽의 달팽이를 선택한 뒤 마우스 커서를 오른쪽 달팽이 위로 옮긴 다음, Alt를 누르면 거리 가이드가 활성화되어 달팽이 간의 정확한 거리를 확인할 수 있습니다.

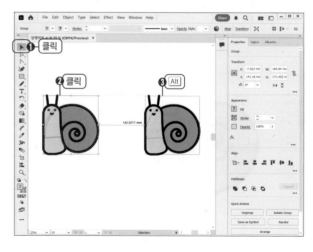

거리 가이드를 비활성화시키려면 [Edit] → Preferences → Smart Guides에서 Invoke Distance Guides를 해제합니다.

CHAPTER

08

문서 크기 설정하고
아트보드 관리하기

일러스트레이터에서는 문서의 크기와 방향, 해상도를 직접 지정하여 새 문서를 만들 수 있습니다. 또한 아트보드의 개수를 지정하거나 삭제하고 크기를 변경하는 방법에 대해서도 알아보겠습니다.

문서 크기 직접 지정하여 만들기

01 일러스트레이터를 실행하고 〈New file〉 버튼을 클릭하거나, 상단 메뉴바에서 **[File]** → **New(**Ctrl**+**N**)**를 클릭합니다.

02 [New Document] 대화상자가 활성화되면 PRESET DETAILS에 '배너'를 입력하고 Width를 '200mm', Height를 '130mm'로 입력한 뒤 〈Create〉 버튼을 클릭합니다.

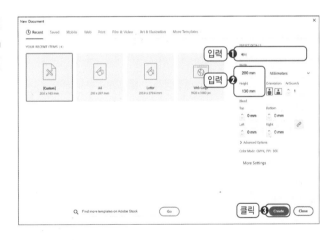

03 직접 크기를 설정한 아트보드가 만들어집니다.

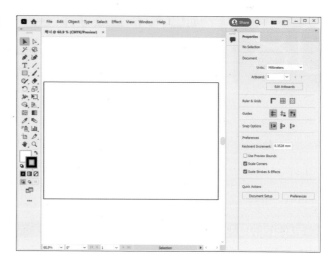

아트보드 여러 개 만들기

04 일러스트레이터를 새로 실행하고 〈New file〉 버튼을 클릭하거나, 상단 메뉴바에서 [File] → New(Ctrl+N)를 클릭합니다.

05 [New Document] 대화상자가 활성화되면 'Print'를 선택하고 BLANK DOCUMENT PRESETS에서 'A4' 문서를 클릭합니다. 그다음 Artboards를 '4'로 입력한 뒤 〈Create〉 버튼을 클릭합니다.

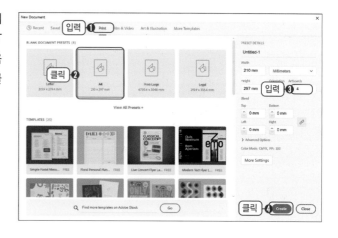

06 세로형의 A4 크기 아트보드 4개가 만들어 집니다.

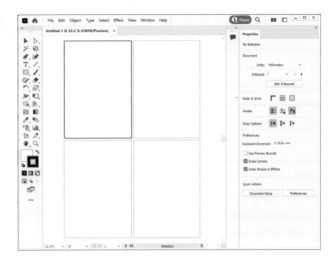

아트보드 크기 변경하고 정렬하기

07 4개의 아트보드를 만든 상태에서 [Tools] 패 널의 아트보드 도구(🗋)를 선택합니다.

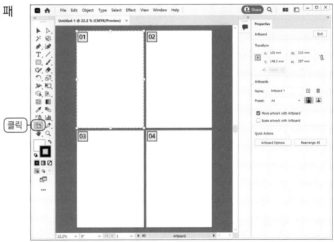

08 02번 아트보드를 선택하고 오른쪽 [Properties] 패널에서 W를 '150mm', H를 '100mm'로 입력합니다.

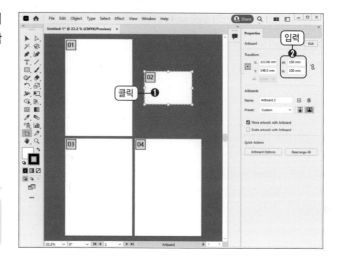

[Properties] 패널이 안 보일 때는 **[Window]** → **Properties**를 클릭하여 활성화할 수 있습니다.

09 크기가 변경된 02번 아트보드를 선택한 상태에서 Shift 를 누르면서 01번 아트보드도 선택합니다. 오른쪽 [Properties] 패널의 Align에서 'Vertical Align Top' 아이콘(▛)을 클릭하면 윗변에 맞춰 정렬시킬 수 있습니다.

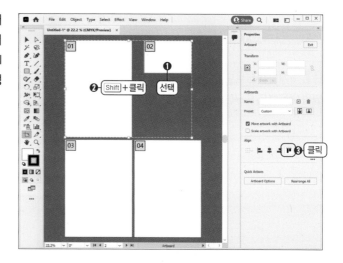

10 Esc 를 누르거나 다른 도구를 선택하여 아트보드 조정을 끝낼 수 있습니다.

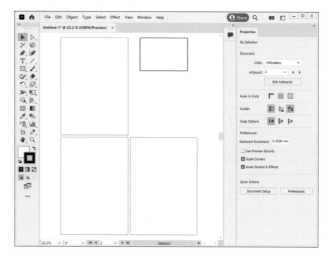

아트보드 삭제하기

11 [Tools] 패널에서 아트보드 도구(🔲)를 선택하고 02번 아트보드를 클릭합니다.

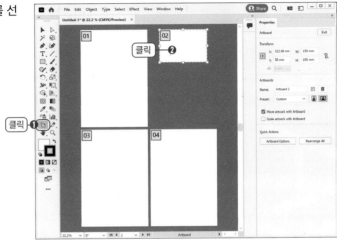

12 오른쪽 [Properties] 패널에서 'Delete Artboard' 아이콘(🗑)을 클릭하거나 Delete를 누르면 선택한 아트보드를 삭제할 수 있습니다.

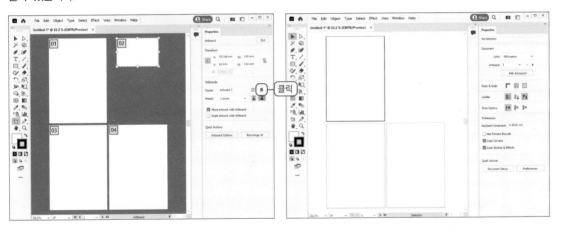

ILLUSTRATOR

Ai

PART 2.
그리기 도구 익히기

CHAPTER

01

펜 도구와 패스 알아보기: 패스 / 펜 도구 / 기준점 편집 도구 / 곡률 도구 / 선 도구

일러스트레이터에서 가장 많이 사용하는 기초 도구인 펜 도구와 패스의 개념을 이해하고 그 기능에 대해서 알아보겠습니다.

● 패스

일러스트레이터의 펜 도구 기능을 사용하면 여러 기준점을 생성할 수 있고, 기준점을 서로 연결해 다양한 형태의 패스를 그릴 수도 있습니다. 아트워크 완성을 위한 오브젝트는 여러 개의 직선 패스과 곡선 패스로 이루어져 있습니다. 패스의 종류로는 기준점의 시작과 끝이 연결된 '닫힌 패스'와 연결되지 않은 '열린 패스'가 있습니다.

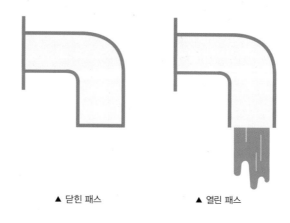

▲ 닫힌 패스　　　　▲ 열린 패스

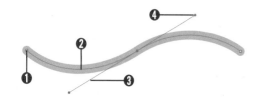

❶ **기준점:** 직선 또는 곡선의 기준이 되는 기준점입니다.

❷ **세그먼트:** 하나의 점에서 다른 점으로 연결되는 곡선입니다.

❸ **방향선:** 곡선의 모양을 수정할 수 있는 방향선입니다.

❹ **방향점:** 방향선의 끝점이며 세그먼트(Segment) 곡선의 길이와 각도를 조절할 수 있습니다.

● 펜 도구의 종류

다양한 펜 도구를 이용하여 원하는 형태의 오브젝트를 만들 수 있습니다. [Tools] 패널에서 펜 도구와 곡률 도구를 선택해 사용합니다.

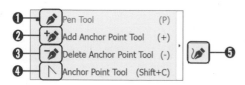

❶ **펜 도구:** 다양한 직선과 곡선의 패스를 통해 원하는 모양의 오브젝트를 그릴 수 있습니다.

❷ **기준점 추가 도구:** 이미 그려진 패스에 기준점을 추가합니다.

❸ **기준점 삭제 도구:** 이미 그려진 패스의 기준점을 삭제할 수 있습니다.

❹ **기준점 변환 도구:** 기준점, 세그먼트, 방향선, 방향점 등 패스를 조절해 수정할 수 있습니다.

❺ **곡률 도구:** 기준점을 추가하여 이전 기준점의 방향선과 연결해 곡선의 방향선을 추가할 수 있습니다.

> 펜 도구를 사용할 때 Alt 를 누르는 동안에는 기준점 변환 도구로 바뀌고, Ctrl 을 누르는 동안에는 직접 선택 도구로 바뀌어 편리하게 패스를 수정할 수 있습니다.

 펜 도구로 직선 그리기

펜 도구를 이용하여 북두칠성 별자리를 잇는 방법을 알아보겠습니다.

● 준비 파일: 일러스트레이터\02\별자리.ai

01 [File] → Open(Ctrl+O)을 실행하고 02 폴더에서 '별자리.ai' 파일을 불러옵니다.

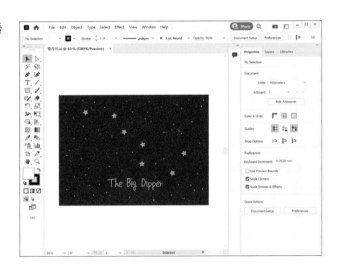

02 [Window] → Color(F6)를 실행하여 [Color] 패널을 연 다음, 선 색은 흰색으로 적용하고 면색은 없애 줍니다.

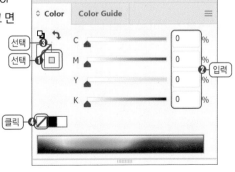

03 P를 눌러 펜 도구( )를 선택하고 별 사이에 기준점을 찍어서 직선을 그어 줍니다.

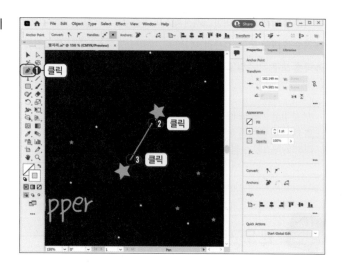

04 나머지 별들의 사이에도 직선을 그어서 북두칠성 별자리를 완성합니다.

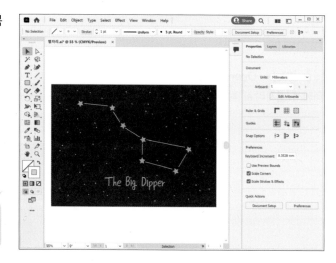

> 직선을 그린 다음 Esc 를 누르면 패스를 끊고 새 기준점을 시작으로 패스를 만들 수 있습니다.

 펜 도구로 곡선 그리기

펜 도구를 이용하여 부메랑의 움직임을 표현하는 방법을 알아보겠습니다.

● 준비 파일: 일러스트레이터\02\부메랑.ai

01 [File] → Open(Ctrl+O)을 실행하고 02 폴더에서 '부메랑.ai' 파일을 불러옵니다.

02 [Window]→Color(F6)를 실행하여 [Color] 패널을 열고 선 색을 C '70'으로 적용한 다음 면의 색은 없애 줍니다.

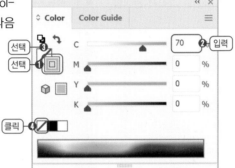

03 P를 눌러 펜 도구(✎)를 선택합니다. 부메랑 오른쪽 하단의 시작 지점에 기준점을 찍고, 왼쪽 영역에 두 번째 기준점을 찍은 채로 마우스를 아래쪽으로 움직여 곡선을 만들어 줍니다.

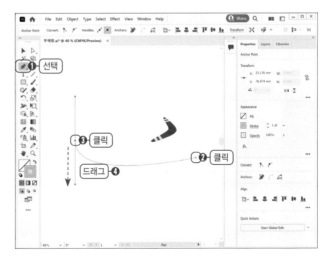

04 이어서 부메랑 뒤쪽에 기준점을 찍고 곡선을 만들어 줍니다.

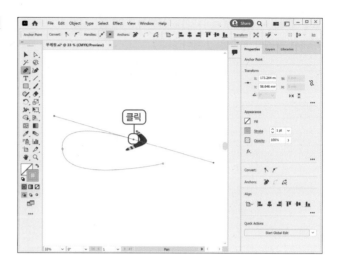

05 부메랑 뒤쪽에 짧은 곡선을 그려서 완성합니다.

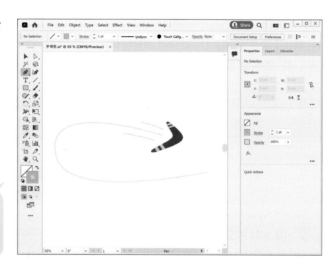

곡선이 자연스럽지 않다면, 직접 선택 도구(▶)를 이용해 부자연스러운 선의 기준점을 선택하고 방향점을 움직여서 조정할 수 있습니다.

 ## 펜 도구로 다양한 도형 그리기

펜 도구를 이용하여 조각퍼즐을 만드는 방법을 알아보겠습니다.

● 준비 파일: 일러스트레이터\02\조각퍼즐.ai

01 [File] → Open(Ctrl+O)을 실행하고 02 폴더에서 '조각퍼즐.ai' 파일을 불러옵니다.

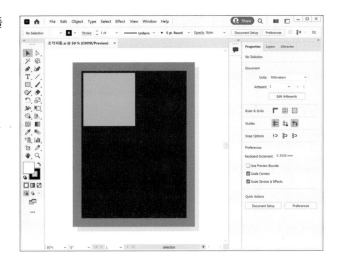

02 [Window]→Color(F6)를 실행하여 [Color] 패널을 열고 선 색은 없애 준 다음 면 색은 원하는 색으로 지정합니다.

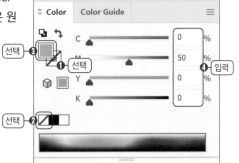

03 P를 눌러 펜 도구(✐)를 선택하고 사각형 오른쪽 영역에 기준점을 찍어 주면서 삼각형을 만들어 줍니다.

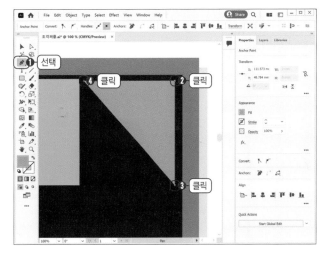

> Shift를 누른 상태로 수직선, 수평선, 45도 대각선의 패스를 그릴 수 있습니다.

PART 1. 일러스트레이터 시작

PART 2. 드로잉

PART 3. 편집

PART 4. 색상

PART 5. 타이포그래피

PART 6. 스타일

04 나머지 빈 공간에도 다양한 다각형을 그려 넣어서 완성합니다.

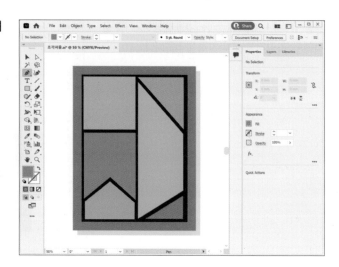

 패스에서 기준점 추가하고 삭제하기

기준점을 추가해 다리미를 완성하고, 기준점을 삭제하여 요철을 없애는 방법을 알아보겠습니다.

● 준비 파일: 일러스트레이터\02\다리미.ai

01 [File] → Open(Ctrl+O)을 실행하고 02 폴더에서 '다리미.ai' 파일을 불러옵니다.

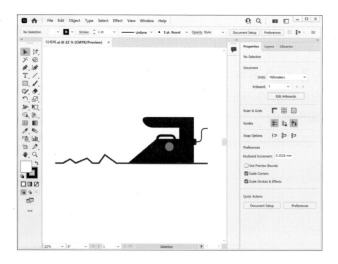

02 다리미를 선택하고 ⊕를 눌러 기준점 추가 도구( )를 실행해 다리미 앞 경사면 패스 가운데를 찍어 기준점을 만듭니다. Ⓐ를 눌러 직접 선택 도구( )를 선택해 위로 조금 이동시켜 줍니다.

[Tools] 패널에서 펜 도구( )를 누르고 있으면 열리는 메뉴에서 기준점 추가 도구를 선택할 수 있습니다.

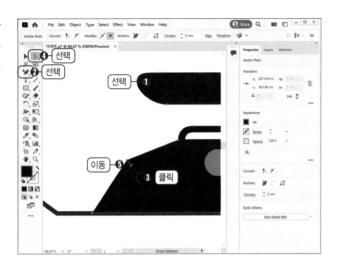

03 Shift+Ⓒ를 눌러서 기준점 변환 도구( )를 실행하고, 추가한 기준점을 클릭한 다음 좌우로 조정하면서 곡선으로 변형합니다.

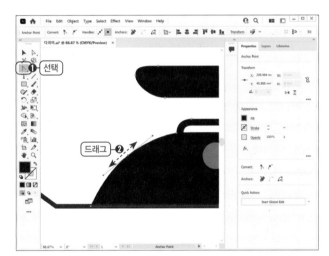

04 요철이 있는 바닥 선을 선택한 뒤 펜 도구( )를 선택하고 튀어나온 모서리 기준점에 가까이 가면 커서 포인트 모양이 '−'로 바뀝니다. 이때 클릭하면 기준점을 제거하여 선이 반듯해집니다.

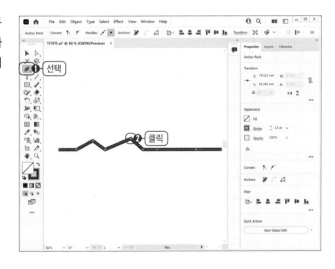

05 나머지 요철의 기준점도 제거하여 반듯하게 펴 주면서 완성합니다.

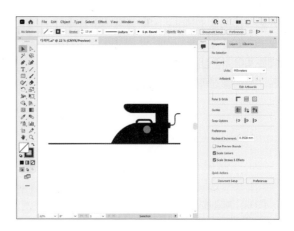

 ## 기준점 선택하여 패스 수정하기 ————————●

기준점들을 선택하여 패스를 늘려 두더지를 표현하는 방법을 알아보겠습니다.

● 준비 파일: 일러스트레이터\02\두더지.ai

01 [File] → Open(Ctrl+O)을 실행하고 02 폴더에서 '두더지.ai' 파일을 불러옵니다.

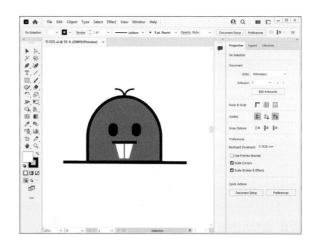

02 A를 눌러서 직접 선택 도구(▷)를 실행하고, 바닥 가로선 부분의 기준점을 그림과 같이 드래그하여 모두 선택합니다.

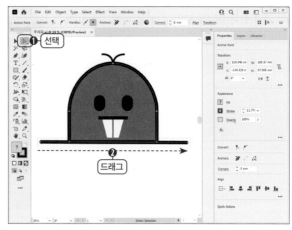

03 Shift와 함께 직접 선택 도구()를 클릭하고 선택한 기준점을 밑으로 쭉 내려서 얼굴을 내민 두더지를 표현합니다.

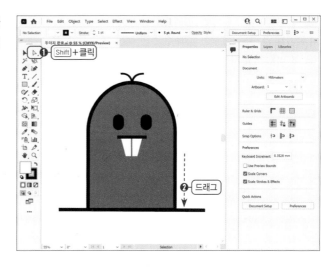

예제
실습 **펜 도구로 꽃잎 그리기** ──────────────────────────●

펜 도구를 이용해 잎을 그려서 꽃을 완성하는 방법을 알아보겠습니다.

● 준비 파일: 일러스트레이터\02\꽃잎.ai

01 [File] → Open(Ctrl+O)을 실행하고 02 폴더에서 '꽃잎.ai' 파일을 불러옵니다.

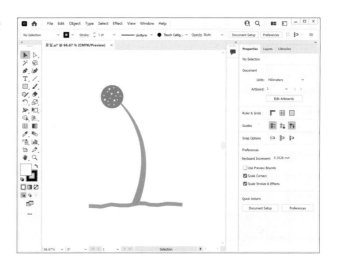

02 [Window] → Color(F6)를 실행하여 [Color] 패널을 연 다음, 선 색은 없애 주고 면 색은 M '10', Y '100'으로 지정합니다.

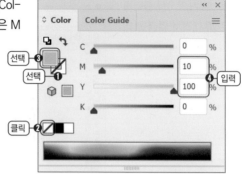

03 펜 도구( )를 선택한 다음 기준점을 찍고 드래그하여 방향선을 생성하면서 꽃잎 형태를 만들어 줍니다.

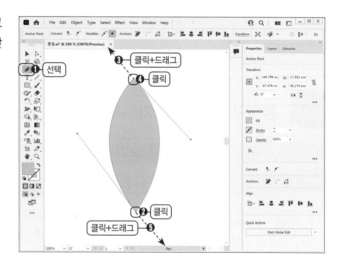

04 [Color] 패널에서 면 색을 M '30', Y '100'으로 지정한 다음, 펜 도구( )를 선택하고 잎의 안쪽 하단에 직선을 지그재그 형식으로 넣어 꽃잎의 결을 그려 줍니다.

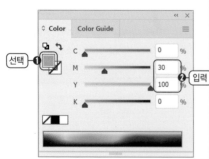

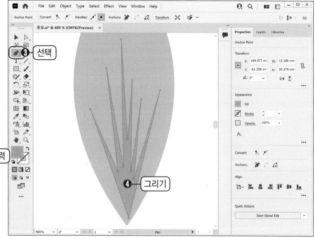

05 꽃잎 형태와 결을 조금씩 다르게 하여 4개를 더 만들어 줍니다. 각각의 꽃잎과 결을 같이 선택하고 Ctrl + G를 눌러서 그루핑합니다.

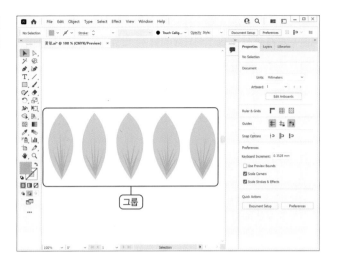

06 꽃잎을 선택하고 꽃 수술을 중심으로 돌려가며 꽃 모양으로 배치합니다.

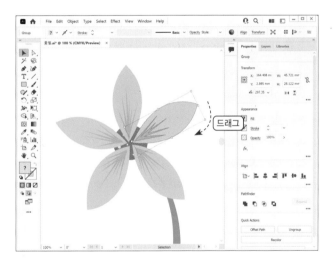

오브젝트를 선택하고 바운딩 박스 모서리의 조절점 근처로 가면 커서 포인트가 곡선 모양으로 바뀌는데, 이때 클릭하여 드래그하면 오브젝트를 회전시킬 수 있습니다.

07 꽃 수술을 선택하고 Shift + Ctrl +]를 눌러서 가장 앞으로 배치해 줍니다.

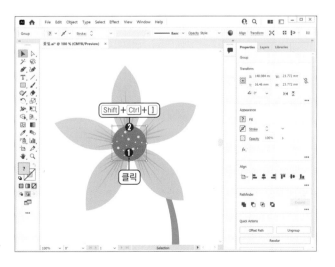

08 꽃 오브젝트를 전부 복제하고 잎과 수술의 색을 다르게 해서 꽃 오브젝트를 하나 더 만들어 유채꽃 두 송이를 완성합니다.

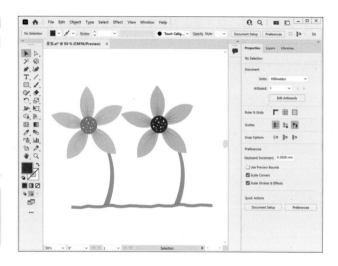

오브젝트를 선택하고 Shift + Alt 를 누르며 드래 그하면 수평, 수직, 45도 대각선으로 복제하며 이동할 수 있습니다.

 곡률 도구로 실타래 표현하기

곡률 도구를 이용해 실타래 뭉치를 표현하는 방법을 알아보겠습니다.

● 준비 파일: 일러스트레이터\02\실타래.ai

01 [File] → Open(Ctrl + O)을 실행하고 02 폴더에서 '실타래.ai' 파일을 불러옵니다.

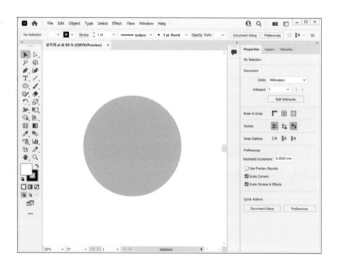

02 [Window] → Color(F6)를 실행해 [Color] 패널을 열고 선 색은 M '80'으로 지정하고 면 색은 없애 줍니다. 그다음 [Window] → Stroke(Ctrl + F10)를 실행해 [Stroke] 패널을 열고 선 굵기를 '5pt'로 지정합니다.

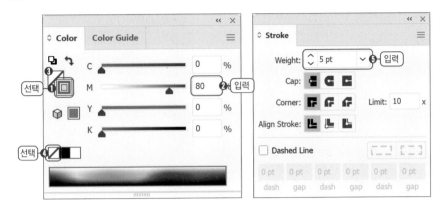

03 [Tools] 패널에서 곡률 도구(✏️)를 선택하고 원 안쪽에 기준점을 찍으며 곡선을 그려 줍니다.

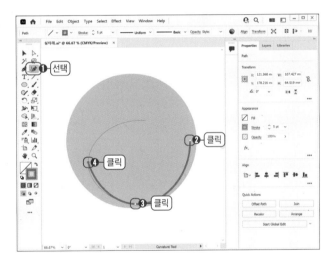

04 원 안에 꽉 차게 곡선을 채워 넣어서 실뭉치를 만들어 줍니다.

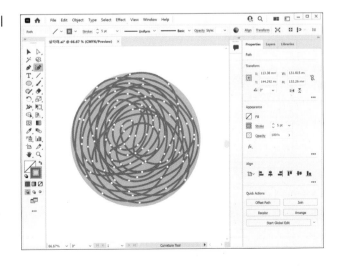

05 이번에는 실뭉치에서 풀린 실을 그리기 위해 곡률 도구(✏️)를 선택하고 새롭게 기준점을 찍은 다음 그림과 같이 그려 보겠습니다.

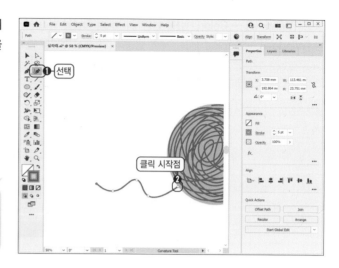

곡률 도구로 하나의 오브젝트를 그린 다음 Ctrl 을 누르고 바탕 이미지를 클릭하면 다시 새로운 오브젝트를 그려 나갈 수 있습니다.

06 풀린 실까지 표현하여 실타래를 완성합니다.

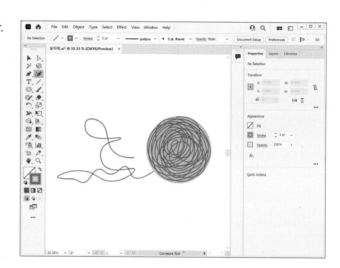

● **[Stroke] 패널**

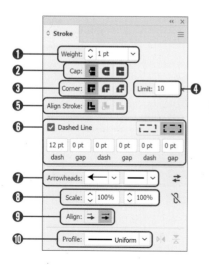

[Stroke] 패널에서는 오브젝트의 선 두께를 조절할 수 있고, 패스의 모서리와 끝점 모양을 바꾸거나, 직선과 곡선을 점선으로 표현할 수도 있습니다.
[Stroke] 패널은 상단의 **[Window]** → **Stroke**를 실행하여 열거나 단축키 Ctrl + F10 으로 활성화할 수 있습니다.

❶ **Weight:** 선 두께를 수치로 지정할 수 있습니다.

❷ **Cap:** 선의 끝부분 모양을 변경할 수 있습니다.

- **Butt Cap:** 선의 끝점까지 표현합니다.
- **Round Cap:** 선의 끝점을 둥글게 표현합니다.
- **Projecting Cap:** 선의 끝점보다 더 나오게 표현합니다.

▲ Butt Cap   ▲ Round Cap   ▲ Projecting Cap

❸ **Corner:** 선의 모서리 모양을 변경할 수 있습니다.

- **Miter Join:** 선의 모서리를 각지게 표현합니다.
- **Round Join:** 선의 모서리를 둥글게 표현합니다.
- **Bavel Join:** 선의 모서리를 사선으로 잘라서 표현합니다.

▲ Miter Join   ▲ Round Join   ▲ Bavel Join

❹ **Limit:** Miter Join 모서리의 각진 정도를 수치를 지정하여 조절할 수 있습니다.

❺ **Align Stroke:** 패스를 기준으로 선의 위치를 지정할 수 있습니다. 'Inside'와 'Outside'는 닫힌 패스에서만 적용할 수 있습니다.

- **Align to Stroke Center:** 패스의 기준점 위치를 선의 중앙으로 지정합니다.
- **Align to Stroke Inside:** 패스의 기준점 위치를 선의 외곽으로 지정합니다.
- **Align to Stroke Outside:** 패스의 기준점 위치를 선의 안쪽으로 지정합니다.

▲ Align to Stroke Center   ▲ Align to Stroke Inside   ▲ Align to Stroke Outside

❻ **Dashed Line:** 실선을 점선으로 변경할 수 있으며, 점선의 각 길이와 점 간격을 수치로 조절할 수 있습니다.

- **Preserves exact dash and gap lengths(⬚):** 지정한 수치 그대로 점선을 표현합니다.
- **Aligns dashes to corners and path ends, adjusting lengths to fit(⬚):** 모서리가 기준이 되어 점선의 길이가 동일한 간격으로 표현됩니다.

▲ Preserves exact dash and gap lengths   ▲ Aligns dashes to cornners and path ends, adjusting lengths to fit

❼ **Arrowheads:** 화살표의 양 끝 모양을 지정하여 표현할 수 있습니다.

> 패스에 적용된 화살표를 제거하기 위해서는 패널의 화살표 메뉴에서 앞뒤 모두를
> 'None'으로 지정하면 됩니다.

❽ **Scale:** 화살표 양 끝의 크기를 지정할 수 있습니다. 오른쪽 링크 아이콘(🔗)을 선택하면 화살표의 양 끝이 동일한 비율로 조정됩니다.

❾ **Align:** 화살표의 시작이나 끝부분을 기준으로 패스 위치를 정렬합니다.

• **Extend arrow tip beyond end of path:** 패스를 화살표 머리의 끝에 위치시켜 패스보다 화살표가 더 앞으로 나오게 표현합니다.

• **Place arrow tip at end of path:** 패스의 끝점과 화살표 머리 시작 부분을 일치시킵니다.

❿ **Profile:** 패스의 선을 변형할 수 있습니다.

 ## 선 두께 조정하기 ──────────────────────●

연필 오브젝트의 심 두께에 맞게 연필 선의 굵기를 조정하는 방법을 알아보겠습니다.

● 준비 파일: 일러스트레이터\02\연필.ai

01 [File] → Open(Ctrl+O)을 실행하고 02 폴더에서 '연필.ai' 파일을 불러옵니다.

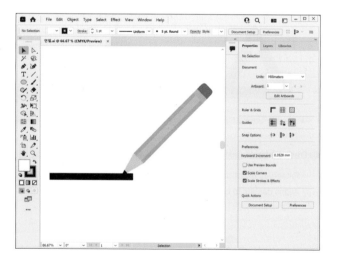

02 연필 선을 선택하고 [Window] → Stroke 를 실행하여 [Stroke] 패널을 열고 선 굵기를 '2pt' 로 지정합니다.

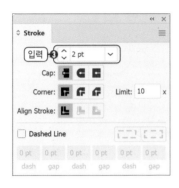

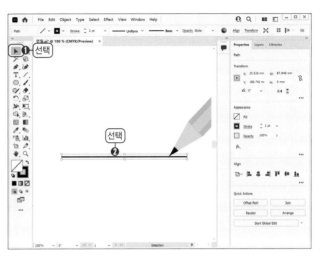

03 얇아진 선을 연필심 끝으로 이동하여 완성 합니다.

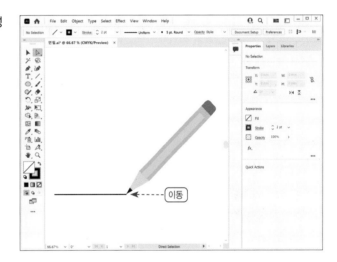

선을 점선으로 변형하기 —————————————●

선을 점선으로 표현하여 페이퍼 도형 키트를 만드는 방법을 알아보겠습니다.

● 준비 파일: 일러스트레이터\02\페이퍼키트.ai

01 [File] → Open(Ctrl+O)을 실행하고 02 폴더에서 '페이퍼키트.ai' 파일을 불러옵니다.

02 별, 원, 네모, 육각형을 선택하고 [Window] → Stroke(Ctrl+F10)로 실행한 [Stroke] 패널에서 Cap은 'Round Cap'으로 지정하고 'Dashed Line'을 체크한 뒤, 첫 번째 Dash 포인트를 '8pt'로 지정합니다.

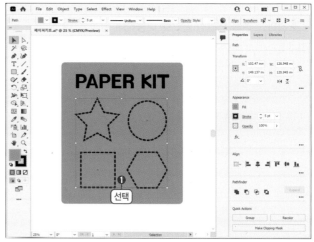

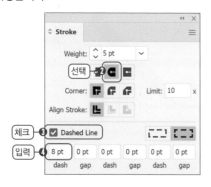

03 [Window] → Color(F6)를 선택해 [Color] 패널을 실행하고 선 색을 흰색으로 적용하여 완성합니다.

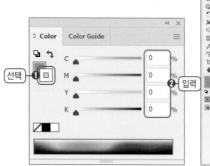

● 선 도구

선 도구로 원하는 각도와 방향으로 드래그하여 직선을 쉽게 그릴 수 있습니다. [Tools] 패널에서 선 도구 아이콘(/)을 선택하여 사용할 수 있고, 더블클릭하면 실행되는 대화상자에서 상세 설정을 할 수 있습니다.

| 사선 | 수평선 | 수직선 |

선 도구를 선택하고 Shift 또는 Shift + Alt 를 누르면서 드래그하면 수직선, 수평선, 45도 대각선을 그릴 수 있습니다.

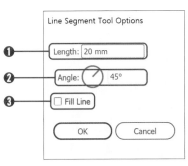

❶ Length: 선의 길이를 수치로 입력하여 정확하게 표현할 수 있습니다.

❷ Angle: 선의 각도를 수치로 입력하여 정확하게 표현할 수 있습니다.

❸ Fill Line: 선에 면 색을 적용합니다.

 조인 도구로 열린 패스를 닫기 ──────────────────●

열린 패스를 펜 도구 없이 조인 도구를 이용해 간편하게 이어서 닫을 수 있습니다. 끊어진 기차 다리의 열린 패스를 조인 도구로 닫는 방법을 알아보겠습니다.

● 준비 파일: 일러스트레이터\02\기차다리.ai

01 [File] → Open(Ctrl + O)을 실행하고 02 폴더에서 '기차다리.ai' 파일을 불러옵니다.

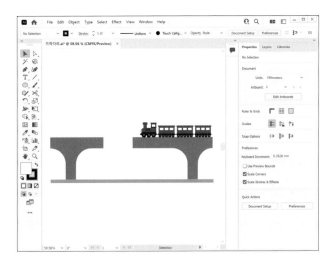

02 Ⓐ를 눌러서 직접 선택 도구(▷)를 선택하고, 끊어진 다리의 위쪽 패스 2개 기준점을 같이 선택합니다.

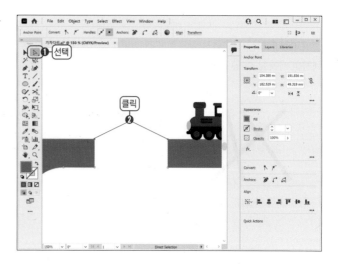

03 [Object] → Path → Join(Ctrl+J)을 실행하여 그림과 같이 열린 패스를 닫아 줍니다.

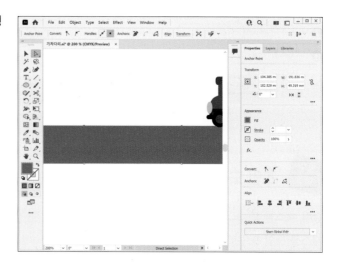

04 아래쪽 열린 패스도 조인 도구로 닫아 줘서 완성합니다.

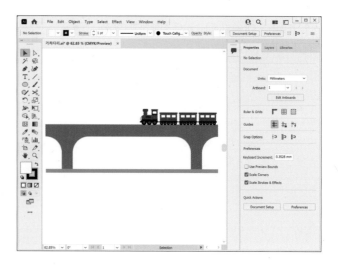

CHAPTER 02

도형 도구 활용하기: 사각형, 둥근 사각형, 원형, 다각형, 별 도구

펜 도구로 도형을 그릴 필요 없이 쉽고 빠르게 다양한 도형을 그릴 수 있는 도형 도구에 대해서 알아보겠습니다.

● 사각형 도구

[Tools] 패널에서 사각형 도구 아이콘(■)을 선택해 실행한 대화상자에서 다양한 모양의 사각형을 자유자재로 그릴 수 있으며, Shift를 누른 채 드래그하면 정사각형을 그릴 수 있습니다. 사각형 도구 아이콘을 선택한 후 아트보드를 클릭하면 실행되는 대화상자에서 수치를 입력하여 정확한 크기의 사각형을 그릴 수 있습니다.

▲ 정사각형   ▲ 직사각형

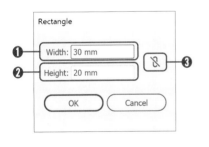

❶ Width: 사각형의 가로 길이를 수치로 입력합니다.

❷ Height: 사각형의 세로 길이를 수치로 입력합니다.

❸ Link: 링크 아이콘(🔗)을 선택하면 가로와 세로가 동일한 수치로 입력되어 정사각형을 만들 수 있습니다.

● 둥근 사각형 도구

사각형 도구 아이콘(■)을 길게 클릭하면 나타나는 도구 모음 창에서 둥근 사각형 도구 아이콘(▢)을 선택하면 다양한 모양의 둥근 사각형을 자유자재로 그릴 수 있으며, Shift를 누른 채 드래그하면 둥근 정사각형을 그릴 수 있습니다. 또한 둥근 사각형 도구 아이콘을 선택하고 아트보드를 클릭하면 실행되는 대화상자에서 수치를 입력하여 정확한 크기의 둥근 사각형을 그릴 수도 있습니다.

▲ 큰 수치의 둥근 사각형

▲ 작은 수치의 둥근 사각형

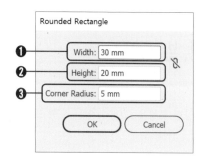

❶**Width:** 둥근 사각형의 가로 길이를 수치로 입력합니다.

❷**Height:** 둥근 사각형의 세로 길이를 수치로 입력합니다.

❸**Corner Radius:** 사각형 모서리의 둥근 정도를 수치로 지정합니다.

● 원형 도구

사각형 도구 아이콘(▣)을 길게 클릭하면 나타나는 도구 모음 창에서 원형 도구 아이콘(◎)을 선택하여 다양한 원을 자유자재로 그릴 수 있으며, Shift 를 누른 채 드래그하면 정원을 그릴 수 있습니다. 또한 원형 도구를 선택하고 아트보드를 클릭하면 실행되는 대화상자에서 수치를 입력하여 정확한 크기의 원을 그릴 수도 있습니다.

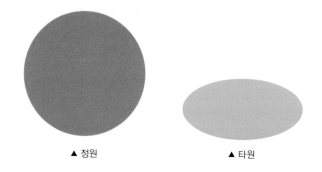

▲ 정원　　　　　▲ 타원

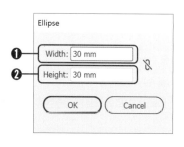

❶**Width:** 원의 가로 길이를 수치로 입력합니다.

❷**Height:** 원의 세로 길이를 수치로 입력합니다.

● 다각형 도구

사각형 도구 아이콘(▣)을 길게 클릭하면 나타나는 도구 모음 창에서 다각형 도구 아이콘(◎)을 선택하여 다양한 모양의 다각형을 자유자재로 그릴 수 있으며, Shift 를 누른 채 드래그하면 정다각형을 그릴 수 있습니다. 다각형 도구는 육각형이 기본으로 설정되어 있는데, 대화상자에서 모서리 수를 변경하여 원하는 형태의 다각형을 그릴 수 있습니다. 대화상자는 다각형 도구를 선택하고 아트보드를 클릭하면 활성화할 수 있습니다.

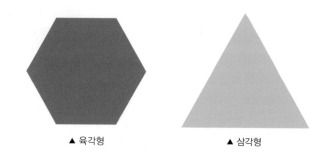

▲ 육각형　　　　　▲ 삼각형

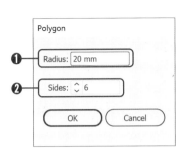

❶ **Radius:** 다각형의 반지름 수치를 입력합니다.

❷ **Sides:** 다각형의 모서리 수를 지정합니다.

● **별 모양 도구**

사각형 도구 아이콘(🔲)을 길게 클릭하면 나타나는 도구 모음 창에서 별 도구 아이콘(⭐)을 선택하여 다양한 모양의 별을 자유자재로 그릴 수 있으며, Shift 를 누른 채 드래그하면 가로세로 길이가 같은 별을 그릴 수 있습니다. 또한 별 도구를 선택한 후 아트보드를 클릭하면 실행되는 대화상자에서 수치를 입력해 별을 만들 수도 있습니다.

▲ 꼭짓점이 5개인 별

▲ 꼭짓점이 7개, 반지름이 긴 얇은 별

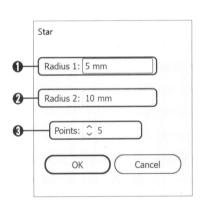

❶ **Radius 1:** 별 모양을 결정할 첫 번째 반지름 수치를 입력합니다.

❷ **Radius 2:** 별 모양을 결정할 두 번째 반지름 수치를 입력합니다.

❸ **Points:** 별의 꼭짓점 개수를 지정합니다.

도형 확대 및 축소하기

원을 확대 및 축소해서 오렌지 나무를 만드는 방법을 알아보겠습니다.

● 준비 파일: 일러스트레이터\02\오렌지나무.ai

01 [File] → Open(Ctrl+O)을 실행하고 02 폴더에서 '오렌지나무.ai' 파일을 불러옵니다.

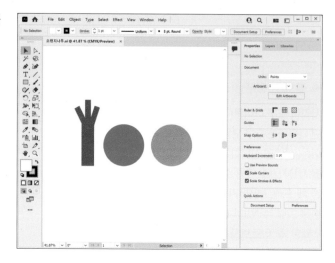

02 녹색 원을 선택하고 나뭇가지 위쪽으로 이동시킨 다음, 바운딩 박스 조절점을 클릭하고 Shift를 누르면서 드래그하여 확대합니다.

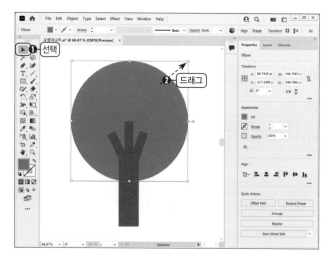

03 이번에는 오렌지를 표현할 주황색 원을 선택하고 축소한 뒤 녹색 원 안에 배치합니다.

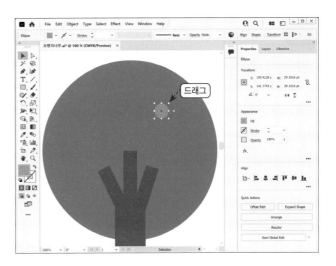

04 주황색 원을 여러 개 복제하여 배치해 오렌지나무를 완성합니다.

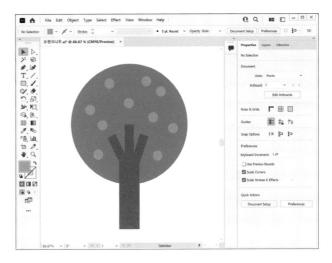

필수 실습

라운드 조절점을 이용해 다각형 꼭지를 둥글게 하기

오브젝트 모서리의 라운드 조절점을 조정하여 불가사리를 완성해 보겠습니다.

● 준비 파일: 일러스트레이터\02\불가사리.ai

01 [File] → Open(Ctrl+O)을 실행하고 02 폴더에서 '불가사리.ai' 파일을 불러옵니다.

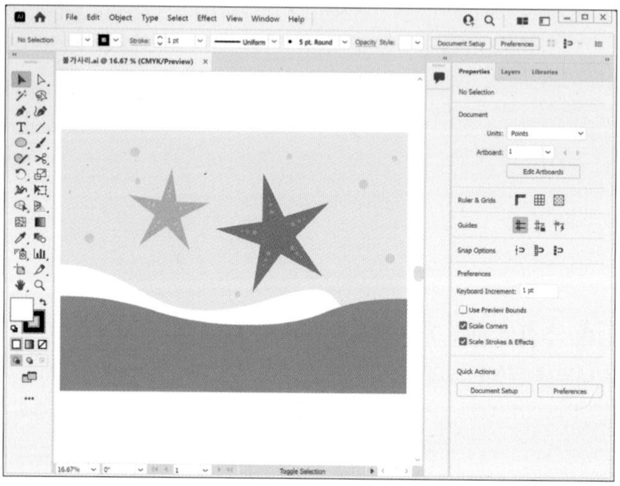

02 A를 누르거나 직접 선택 도구(▷)를 클릭해 빨간색 불가사리를 선택하고 모서리에 커서를 가져가면 작은 호가 생깁니다. 클릭하고 드래그하면 모든 모서리가 둥글게 변합니다.

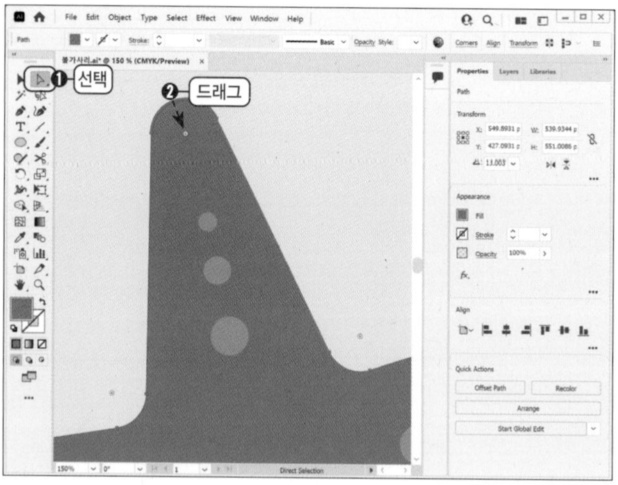

03 노란색 불가사리의 모서리도 둥글게 수정하여 완성합니다.

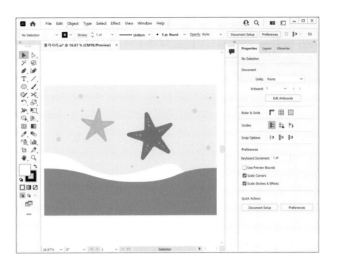

연필과 브러시 도구로 수작업 느낌 내기: 연필 도구 / 스무드 도구 / 브러시 도구

일러스트레이터에서는 연필 도구와 브러시 도구를 이용하여 실제로 수작업한 듯한 느낌이 나는 오브젝트 표현이 가능합니다.

● 연필 도구

[Tools] 패널에서 연필 도구 아이콘(✏️)을 선택하거나 N을 눌러 연필 도구를 실행하면 스케치하듯이 그림을 그릴 수 있습니다. 또한 연필 도구 아이콘을 더블클릭하여 활성화된 대화상자를 통해 세부적인 설정을 할 수 있습니다.

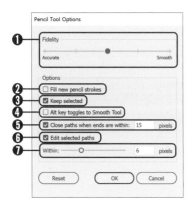

❶ **Fidelity:** 선의 부드러움을 조정합니다. Smooth 쪽으로 갈수록 부드러움의 강도가 높아집니다.

❷ **Fill new pencil strokes:** 체크하지 않으면 패스의 면 색이 채워지지 않습니다.

❸ **Keep selected:** 그리기 작업이 끝난 다음에 선이 선택됩니다.

❹ **Alt key toggles to Smooth Tool:** 체크하면 연필 도구를 사용하는 중에 Alt를 눌러서 일시적으로 스무드 도구를 사용할 수 있습니다.

❺ **Close paths when ends are within:** 수치를 입력하여 시작과 마지막 패스의 닫히는 거리를 조절합니다.

❻ **Edit Selected paths:** 체크하면 선택한 패스를 연필 도구로 드래그하면서 보정할 수 있습니다.

❼ **Within:** 선택한 패스를 수정할 때 드래그가 적용되는 거리를 수치로 지정할 수 있습니다.

 ## 연필 도구로 자유로운 선 일러스트 그리기 ─────────●

연필 도구로 날아가는 벌을 표현하는 방법을 알아보겠습니다.

● 준비 파일: 일러스트레이터\02\벌.ai

01 [File] → Open(Ctrl+O)을 실행하고 02 폴더에서 '벌.ai' 파일을 불러옵니다.

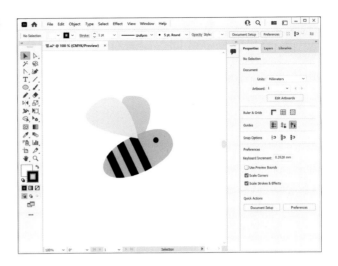

02 Ctrl+Alt+Space Bar를 누르면서 마우스로 작업창을 클릭하여 도큐먼트를 축소합니다. Space Bar 만 누르면서 마우스를 클릭하여 벌이 오른쪽 상단에 배치되도록 도큐먼트를 움직여 줍니다.

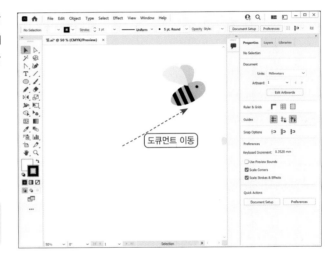

> Ctrl+Space Bar를 누르면 확대 돋보기 도구를 이용할 수 있습니다.

03 [Tools] 패널에서 모양 도구 아이콘( )을 길게 클릭하면 나타나는 도구 모음 창에서 연필 도구( )를 선택하고, 벌이 날아가는 길을 자유롭게 그려서 완성합니다.

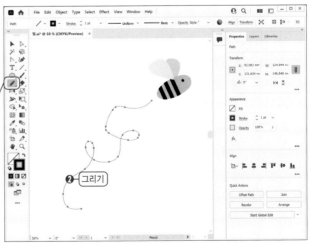

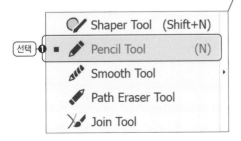

스무드 도구로 패스 다듬기

스무드 도구를 통해 각지고 거친 패스를 부드럽게 만들 수 있습니다. 스무드 도구로 파도를 유연하게 수정하는 방법을 알아보겠습니다.

● 준비 파일: 일러스트레이터\02\파도.ai

01 [File] → Open(Ctrl+O)을 실행하고 02 폴더에서 '파도.ai' 파일을 불러옵니다.

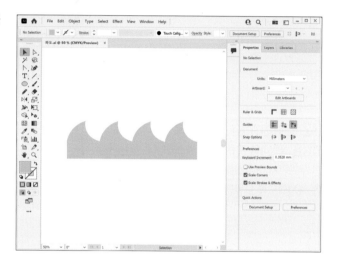

02 파도를 선택합니다. [Tools] 패널에서 모양 도구 아이콘(✐)을 길게 클릭하여 스무드 도구(✐)를 선택하고 파도의 뾰족한 패스를 드래그하면 부드럽게 다듬을 수 있습니다.

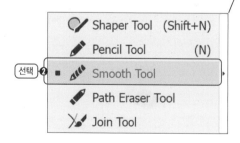

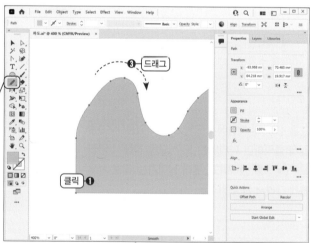

03 나머지 파도들도 다듬어서 부드러운 파도 표현을 완성합니다.

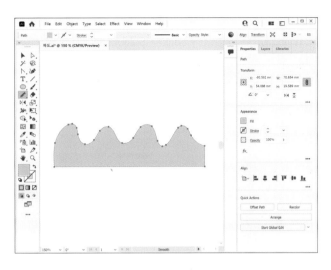

 연필 도구를 이용해 수작업 느낌 내기

연필 도구로 실사 이미지를 스케치한 느낌의 선을 그리는 방법에 대해서 알아보겠습니다.

● 준비 파일: 일러스트레이터\02\신발.ai

01 [File] → Open(Ctrl+O)을 실행하고 02 폴더에서 '신발.ai' 파일을 불러옵니다.

02 이미지를 선택하고 **[Window]** → **Transparency**를 실행해 패널을 열고 Opacity를 '40%'로 지정하여 흐리게 합니다. **[Window]** → **Object** → **Lock** → **Selection**(Ctrl+²)을 선택하거나 이미지를 잠가서 따라 그리기를 위한 준비를 합니다.

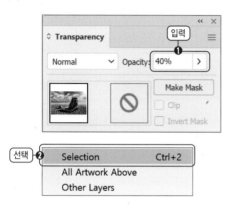

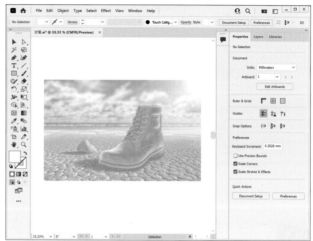

03 선 색을 K '100'으로 지정하고 N을 눌러서 연필 도구(✏️)로 신발 앞부분의 외곽선을 따라 그려 줍니다.

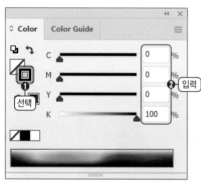

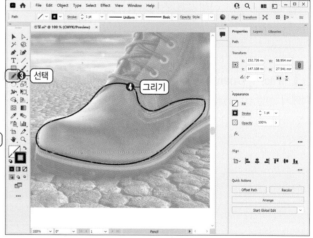

연필 도구로 그린 후 마무리 부분에서 Ctrl을 누르며 클릭을 풀면 패스를 닫을 수 있습니다.

04 신발의 뒤쪽도 부분별로 그려 줍니다.

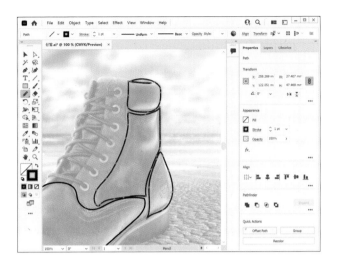

05 신발 끈 부분을 그려 줍니다. 끈 하나를 다 그린 후 Ctrl을 누르고 있으면 선택 도구(▶)로 커서가 변합니다. 이때 바탕을 클릭하면 완성한 끈 패스의 선택이 해제되며, 패스가 이어지지 않게 새로운 끈을 그릴 수 있습니다.

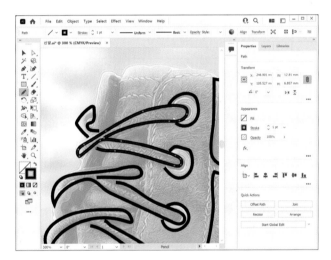

06 신발 굽을 그려 줍니다.

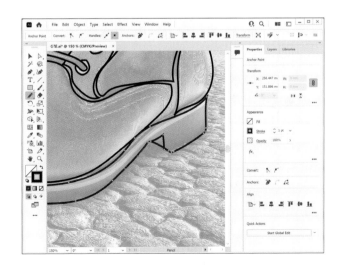

07 [Window] → Object → Unlock All(Alt+Ctrl+2)을 선택해 잠긴 이미지를 풀고 이미지를 삭제합니다.

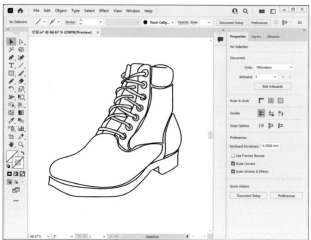

08 스무드 도구( )와 직접 선택 도구( )를 이용해 부자연스러운 패스를 정리하여 완성합니다.

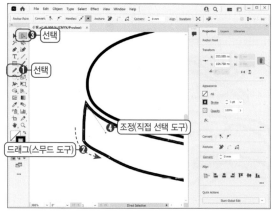
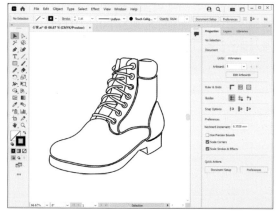

● **브러시 도구와 다양한 브러시 모양**

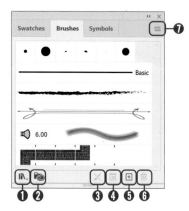

다양한 브러시 도구를 이용하여 회화적인 붓 터치 표현을 할 수 있습니다. 브러시 라이브러리를 통해 기본으로 제공되는 브러시를 선택할 수 있고 편집할 수도 있습니다. [Brushes] 패널은 상단의 **[Window] → Brushes**(F5)를 통해 활성화할 수 있습니다.

❶ **Brush Libraries Menu:** 기본적으로 제공되는 브러시 라이브러리를 볼 수 있습니다.

❷ **Libraries Panel:** 라이브러리 패널에서 색상, 그래픽 등을 적용할 수 있습니다.

❸ **Remove Brush Stroke:** 적용된 브러시를 제거합니다.

❹ **Options of Selected Object:** 선택한 브러시의 [Stroke Options] 대화상자를 열고 편집할 수 있습니다.

❺ **New Brush:** 새로운 브러시를 만들 수 있습니다.

❻ **Delete Brush:** 선택한 브러시를 삭제합니다.

❼ **[Brushes] 패널 메뉴**

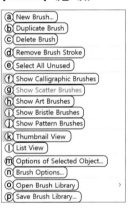

ⓐ New Brush: 새로운 브러시를 만들 수 있습니다.

ⓑ Duplicate Brush: 선택한 브러시를 복사합니다.

ⓒ Delete Brush: 선택한 브러시를 삭제합니다.

ⓓ Remove Brush Stroke: 선택한 오브젝트에 적용된 브러시를 제거합니다.

ⓔ Select All Unused: 이용하지 않은 브러시를 모두 선택합니다.

ⓕ Show Calligraphic Brushes: 캘리그래피 브러시를 보여 줍니다.

ⓖ Show Scatter Brushes: 분산되는 브러시를 보여 줍니다.

ⓗ Show Art Brushes: 아트 브러시를 보여 줍니다.

ⓘ Show Bristle Brushes: 강하고 뻣뻣한 느낌의 브러시를 보여 줍니다.

ⓙ Show Pattern Brushes: 패턴 브러시를 보여 줍니다.

ⓚ Thumbnail View: 브러시를 섬네일 아이콘 타입으로 보여 줍니다.

ⓛ List View: 브러시의 이름을 확인할 수 있습니다.

ⓜ Options of Selected Object: 선택한 오브젝트의 브러시 옵션을 설정합니다.

ⓝ Brush Options: 선택한 브러시 옵션을 설정합니다.

ⓞ Open Brush Library: 브러시 라이브러리를 보여 줍니다.

ⓟ Save Brush Library: 패널에 있는 브러시 라이브러리에 저장합니다.

브러시 도구로 손글씨 쓰기 ─────────────────────●

브러시 라이브러리에서 캘리그래피 브러시를 선택해 칠판에 적힌 글씨를 표현하는 방법에 대해서 알아보겠습니다.

● 준비 파일: 일러스트레이터\02\칠판.ai

01 [File] → Open(Ctrl+O)을 실행하고 02 폴더에서 '칠판.ai' 파일을 불러옵니다.

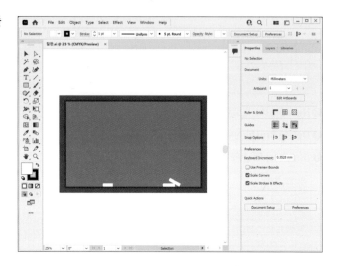

02 [Window] → Brushes를 실행해 [Brushes] 패널을 열고, Charcoal의 'Feather' 브러시를 선택합니다. 선 색을 흰색으로 지정하고 면 색은 없애 준 다음 B를 눌러서 브러시 도구(✎)를 선택합니다. 칠판에 'attention' 문자를 써 보겠습니다.

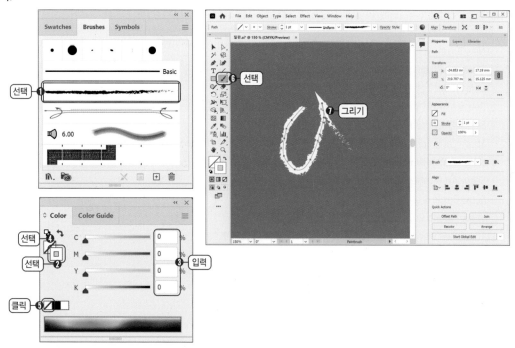

03 밑줄과 별까지 그려서 완성합니다.

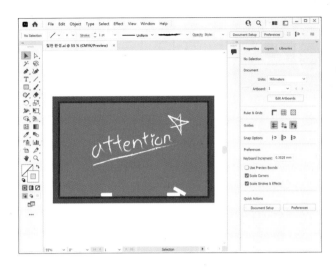

CHAPTER 04

지우기 도구로 패스 자르고
편집하기: 지우개 도구 / 가위 도구

지우개 도구나 가위 도구 같은 지우기 도구로 오브젝트의 패스를 클릭하거나 드래그하여 원하는 부분을 잘라서 수정할 수 있습니다.

● **지우개 도구와 가위 도구 알아보기**

[Tools] 패널에서 지우개 도구(◆)를 선택하여 오브젝트를 지우면 지운 부분의 패스가 닫히면서 형태가 변형됩니다. 지우개 도구를 더블클릭하면 활성화되는 대화상자에서 지우개 브러시의 각도, 라운드 정도, 크기 등을 지정할 수 있습니다.

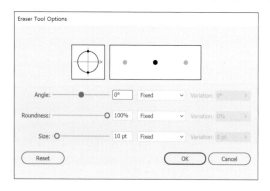

가위 도구(✂)를 선택하면 오브젝트를 자를 수 있고 각 패스는 열린 패스로 나뉩니다. 열린 패스는 펜 도구를 이용해 패스를 새로 만들어 갈 수도 있고, 열린 패스의 기준점 2개를 선택하고 Ctrl+J를 눌러서 조인 도구를 실행하여 닫힌 패스로 마무리할 수도 있습니다.

■ ✂ Scissors Tool   (C)

지우개 도구로 패스 지우기

지우개 도구를 이용해 벡터 글자의 오타를 수정하는 방법을 알아보겠습니다.

● 준비 파일: 일러스트레이터\02\지우개.ai

01 [File] → Open(Ctrl+O)을 실행하고 02 폴더에서 '지우개.ai' 파일을 불러온 다음, [Tools] 패널에서 지우개 도구(◆)를 선택합니다.

Shift+E를 눌러도 지우개 도구를 선택할 수 있습니다.

02 오타 'ㅊ'의 획을 클릭하며 지워 나갑니다.

지우개 도구를 선택하고 ⬚를 누르면 지우개의 크기를 작게 줄이고, ⬚를 누르면 크기를 크게 키울 수 있습니다.

03 말끔히 지워서 '지우개' 글자를 완성합니다.

PART 1. 일러스트레이터 시작

PART 2. 드로잉

PART 3. 편집

PART 4. 색상

PART 5. 타이포그래피

PART 6. 스타일

가위 도구로 패스 자르기

가위 도구를 이용해 오브젝트의 패스를 쉽게 잘라 내는 방법을 알아보겠습니다.

● 준비 파일: 일러스트레이터\02\색종이.ai

01 [File] → Open(Ctrl+O)을 실행하고 02 폴더에서 '색종이.ai' 파일을 불러온 다음, [Tools] 패널에서 가위 도구(✂)를 선택합니다.

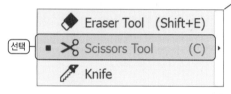

> 단축키 C를 누르면 간편하게 가위 도구를 선택할 수 있습니다.

02 색종이의 윗변과 아랫변의 패스를 각각 클릭합니다.

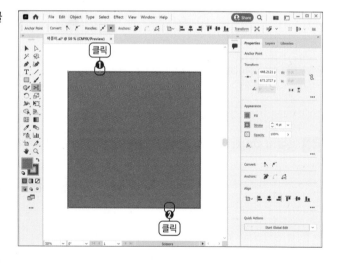

03 선택 도구(▶)로 잘린 각 색종이 오브젝트를 분리할 수 있습니다.

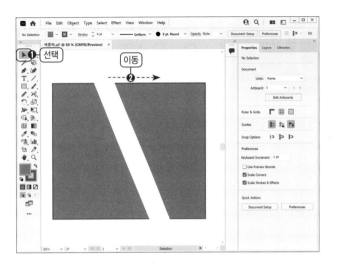

CHAPTER
05

생성형 AI 기능으로 벡터 이미지 만들기: 상황별 작업표시줄

상황별 작업표시줄에서 표현하고 싶은 벡터 그래픽에 대한 설명을 입력하면 배경, 피사체, 아이콘 등 다양한 벡터 그래픽을 간단하고 빠르게 생성할 수 있습니다.

● 벡터 생성 패널 알아보기

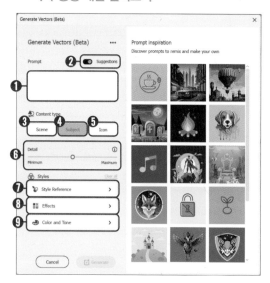

> 벡터 생성 패널은 빈 아트보드에서 상황별 작업표시줄의 [Generate Vectors (Beta)]를 선택하면 활성화됩니다.

❶ **Prompt:** 생성할 벡터 이미지에 대한 설명을 작성할 수 있습니다.

❷ **Suggestions:** 작성한 프롬프트와 관련해서 제안을 해줍니다. 제안을 원치 않으면 선택해서 끌 수 있습니다.

❸ **Scene:** 전체적인 벡터 장면을 생성합니다.

❹ **Subject:** 구체적인 벡터 오브젝트를 생성하며 배경은 없습니다.

❺ **Icon:** 아이콘이나 로고 타입으로 생성하며 배경은 없습니다.

❻ **Detail :** 생성할 벡터 이미지의 세부적인 표현의 강도를 조절할 수 있습니다.

❼ **Style Reference:** Auto로 활성화할 경우 주변의 오브젝트 스타일과 일치화하여 벡터 이미지를 생성합니다. Auto를 비활성화하여 원하는 오브젝트의 스타일로 지정할 수도 있습니다.

❽ **Effects:** 원하는 효과를 다양하게 선택하여 벡터 이미지를 생성할 수 있습니다.

❾ **Color and Tone:** 색상의 톤을 설정하거나 색상 수, 지정할 색상을 최대 12가지까지 설정할 수 있습니다.

 ## 텍스트 프롬프트를 입력하여 배경 이미지 생성하기

벡터 생성 기능을 통해 푸른뱀 벡터 오브젝트를 생성해 보겠습니다.

01 [File] → New(Ctrl+N)를 실행해서 빈 아트보드를 생성한 뒤 사각형 도구(□)로 벡터 이미지를 생성할 영역을 그려줍니다.

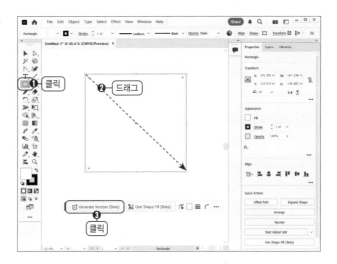

02 활성화된 상황별 작업표시줄의 [Generate Vectors (Beta)]를 선택하고 프롬프트 필드에서 'cute blue snake'라고 작성한 뒤 컨텐트 타입은 Subject로 선택합니다.

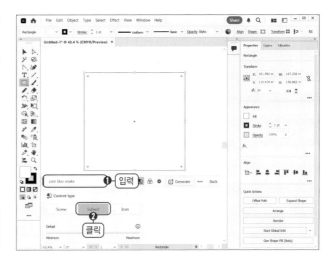

> 프롬프트를 최대한 상세하게 작성할수록 생각한 이미지와 근접하게 생성할 수 있습니다.

03 상황별 작업표시줄의 Generate를 선택하면 작성된 프롬프트를 기반으로 벡터 이미지가 생성됩니다.

> 벡터 이미지 생성 후 상황별 작업표시줄의 1/3 Variations를 돌려 보면서 원하는 이미지를 최종 선정할 수 있습니다. 또는 Generate를 선택하면 다른 모습의 이미지를 생성해 줍니다.

ILLUSTRATOR

PART 3.
편집 도구로
자유롭게 표현하기

CHAPTER
01

마스크 기능으로 필요한 부분만 보여 주기: 마스크

일러스트레이터의 클리핑 마스크 기능을 통해 원하는 오브젝트 안에서 다양한 이미지를 표현할 수 있습니다.

● 마스크의 기능

2개 이상의 오브젝트를 선택하고 클리핑 마스크를 실행하면, 배열상 맨 앞의 오브젝트 형태 안에 나머지 오브젝트를 가두어 마스크를 적용할 수 있습니다. 또한 클리핑 마스크의 Release 기능으로 마스크 적용을 해제할 수도 있습니다. 클리핑 마스크는 상단 메뉴바의 [Object] → Clipping Mask → Mask를 통해 실행하거나 Ctrl+7을 눌러 간편하게 적용할 수 있고, 적용된 마스크를 해제하기 위해서는 Alt+Ctrl+7을 누르면 됩니다.

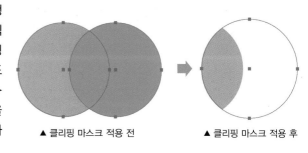

▲ 클리핑 마스크 적용 전 　　　　 ▲ 클리핑 마스크 적용 후

필수
실습

오브젝트에 클리핑 마스크 적용하기 ──────────●

클리핑 마스크 기능으로 신발에 페인팅 표현을 하는 방법을 보겠습니다.

● 준비 파일: 일러스트레이터\03\신발 페인팅.ai

01 [File] → Open(Ctrl+O)을 실행하고 03 폴더에서 '신발 페인팅.ai' 파일을 불러옵니다. 페인팅 물감을 신발 표면에 적용하겠습니다.

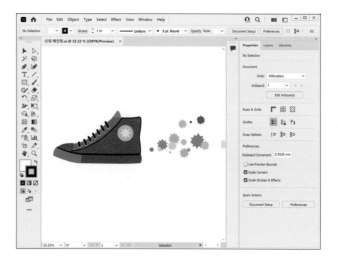

02 페인팅 물감을 선택하고 신발로 이동한 다음 검은색 패스와 같이 선택합니다.

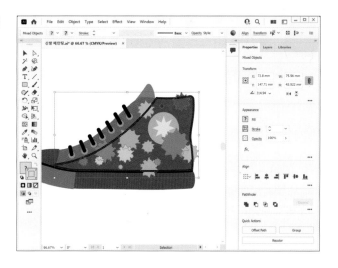

03 Ctrl+7을 눌러서 클리핑 마스크를 적용합니다. 마스크 적용 시 검은색 패스의 배열이 물감 보다 위에 있어야 그림과 같이 가둘 수 있습니다. 별 엠블럼을 선택합니다.

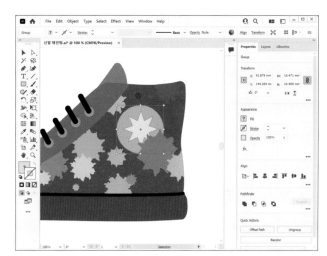

04 엠블럼을 선택한 상태에서 Shift+Ctrl+]를 눌러서 가장 앞에 배열해 완성합니다.

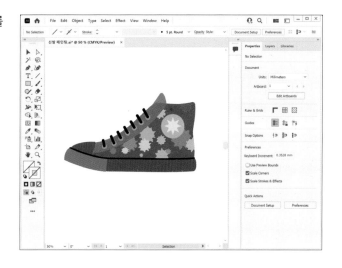

클리핑 마스크를 수정하여 노출 부분 조정하기

이미 마스크가 적용된 오브젝트의 기준점을 조정하여 보여 줄 부분을 수정할 수 있습니다. 도트 패턴 바지의
마스크 패스를 수정하여 치마로 변경하는 방법을 알아보겠습니다.

● 준비 파일: 일러스트레이터\03\바지.ai

01 [File] → Open(Ctrl+O)을 실행하고 03 폴
더에서 '바지.ai' 파일을 불러옵니다. 현재 도트 패
턴에 바지 모양의 클리핑 마스크가 적용되어 있
습니다.

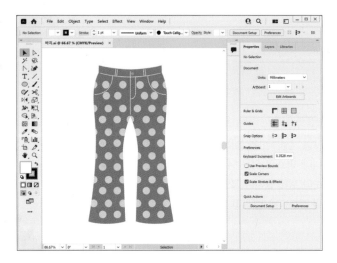

02 바지의 외곽 패스를 선택한 다음 펜 도구
(🖊)로 바지의 밑위 아래 기준점을 클릭하고 삭
제합니다.

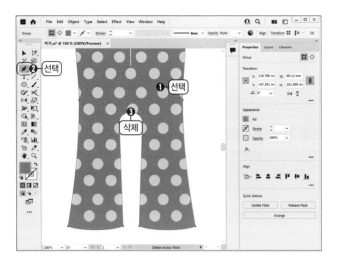

> 펜 도구를 선택하고 기준점으로 커서를 이동
> 하면 ➖ 아이콘으로 변경되며, 클릭하면 기준
> 점이 삭제됩니다. 패스로 이동하게 되면 ➕ 아
> 이콘으로 변경되며, 클릭하면 기준점을 추가
> 할 수 있습니다.

03 나머지 밑의 기준점들도 펜 도구(로 삭제하여 도트 치마로 만들어서 완성합니다.

오브젝트를
그룹으로 묶어 관리하기: Group

여러 오브젝트를 하나의 덩어리로 묶어서 편리하게 관리하고 편집할 수 있습니다.

● 그룹으로 설정하고 해제하기

그룹으로 묶을 오브젝트들을 선택한 다음, 상단 메뉴바의 **[Object]** → Group
을 실행하거나 단축키 Ctrl+G를 누르면 그룹으로 설정할 수 있습니다. 그룹을
해제하기 위해서는 상단 메뉴바의 **[Object]** → Ungroup을 실행하거나 단축키
Shift+Ctrl+G를 누르면 됩니다. 그룹들을 그룹으로 묶은 모든 상하위 그룹들을
한 번에 해제하기 위해서는 상단 메뉴바의 **[Object]** → Ungroup All을 실행하
거나 단축키 Alt+Shift+G를 누르면 됩니다.

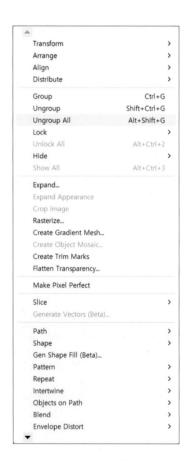

 그룹 이동하고 복제하기 ─────────────────────────────────●

그룹으로 묶은 오브젝트를 작업하기 편리하도록 효율적으로 이동 및 복제하는 방법에 대해서 알아보겠습
니다.

● 준비 파일: 일러스트레이터\03\계란.ai

01 [File] → Open(Ctrl+O)을 실행하고 03 폴더에서 '계란.ai' 파일을 불러온 뒤, 선택 도구(▶)로 계란들을 선택합니다.

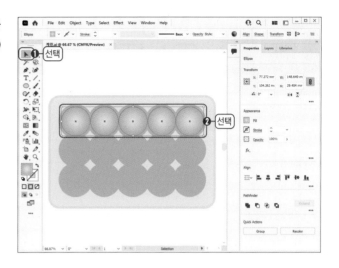

02 계란들을 선택한 상태에서 Ctrl+G를 눌러 그룹으로 묶습니다. 그다음 Alt를 누르면서 선택 도구(▶)로 아래 빈 공간에 계란 그룹을 복제하며 채워 줍니다.

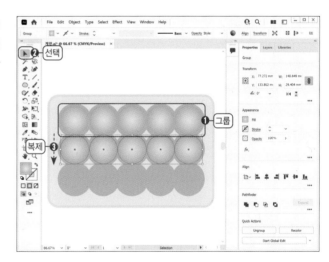

03 나머지 빈칸에도 계란 그룹을 복제하여 모두 채우면 완성입니다.

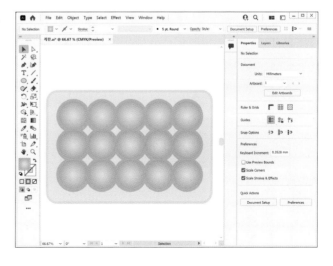

CHAPTER

03

Align 기능으로 편리하게
오브젝트 정렬하기: Align 패널

Align 도구를 이용해 2개 이상의 오브젝트를 빠르고 정확하게 정렬할 수 있습니다.

● **[Align] 패널**

정렬이 필요한 오브젝트들을 선택하고, 상단 메뉴바의 **[Window]** → **Align**을 실행하거나 단축키 Shift+F7 를 눌러 패널을 활성화할 수 있습니다.

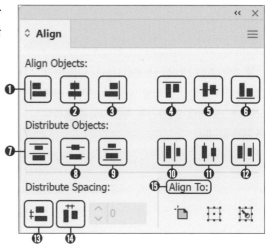

❶ **Horizontal Align Left:** 선택한 여러 오브젝트 중에서 가장 왼쪽에 있는 오브젝트를 기준으로 모든 오브젝트를 왼쪽 정렬합니다.

❷ **Horizontal Align Center:** 선택한 여러 오브젝트 중에서 가로 방향 중앙에 있는 오브젝트를 기준으로 모든 오브젝트를 중앙 정렬합니다.

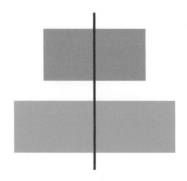

❸ **Horizontal Align Right:** 선택한 여러 오브젝트 중에서 가장 오른쪽에 있는 오브젝트를 기준으로 모든 오브젝트를 오른쪽 정렬합니다.

❹ **Vertical Align Top:** 선택한 여러 오브젝트 중에서 가장 위쪽에 있는 오브젝트를 기준으로 모든 오브젝트를 위쪽으로 정렬합니다.

❺ **Vertical Align Center:** 선택한 여러 오브젝트 중에서 세로 방향 중앙에 있는 오브젝트를 기준으로 모든 오브젝트를 세로 중앙 정렬합니다.

❻ **Vertical Align Bottom:** 선택한 여러 오브젝트 중에서 가장 아래쪽에 있는 오브젝트를 기준으로 모든 오브젝트를 아래쪽으로 정렬합니다.

❼ **Vertical Distribute Top:** 선택한 여러 오브젝트의 가장 위쪽을 기준으로 세로 간격을 동일하게 분배하여 정렬합니다.

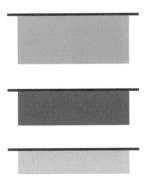

❽ **Vertical Distribute Center:** 선택한 여러 오브젝트의 중앙을 기준으로 세로 간격을 동일하게 분배하여 정렬합니다.

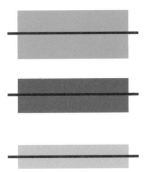

PART 1. 일러스트레이터 시작

PART 2. 드로잉

PART 3. 편집

PART 4. 색상

PART 5. 타이포그래피

PART 6. 스타일

❾ **Vertical Distribute Bottom:** 선택한 여러 오브젝트의 가장 아래쪽을 기준으로 세로 간격을 동일하게 분배하여 성렬합니다.

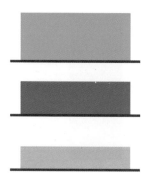

❿ **Horizontal Distribute Left:** 선택한 여러 오브젝트의 가장 왼쪽을 기준으로 가로 간격을 동일하게 분배하여 정렬합니다.

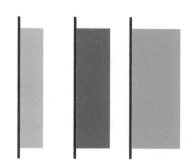

⓫ **Horizontal Distribute Center:** 선택한 여러 오브젝트의 중앙을 기준으로 가로 간격을 동일하게 분배하여 정렬합니다.

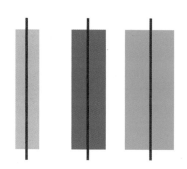

⓬ **Horizontal Distribute Right:** 선택한 여러 오브젝트의 가장 오른쪽을 기준으로 가로 간격을 동일하게 분배하여 정렬합니다.

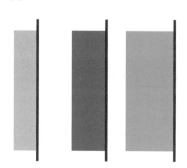

⓭ **Vertical Distribute Space:** 선택한 여러 오브젝트 간의 세로 간격을 동일하게 분배하여 정렬합니다.

⓮ **Horizontal Distribute Space:** 선택한 여러 오브젝트 간의 가로 간격을 동일하게 분배하여 정렬합니다.

⓯ **Align To:** 여러 오브젝트의 정렬 기준을 아트보드, 각각의 오브젝트, 특정한 하나의 오브젝트로 지정합니다.

Align 기능을 이용해 의자 정렬하기

흩어진 여러 오브젝트를 Align 기능을 이용하여 정확하고 편리하게 정렬하는 방법을 알아보겠습니다.

● 준비 파일: 일러스트레이터\02\의자.ai

01 [File] → Open(Ctrl+O)을 실행하고 03 폴더에서 '의자.ai' 파일을 불러옵니다. 흩어진 의자들을 정렬해 보겠습니다.

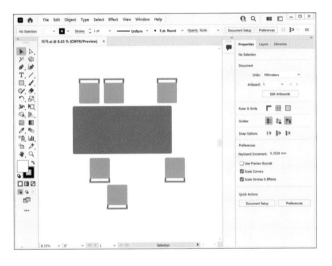

02 오른쪽 위의 의자를 선택하고 Shift를 누르면서 책상 안쪽 오른쪽에 맞춰서 수평으로 이동합니다.

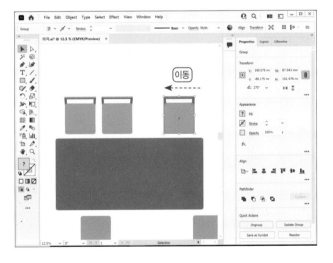

03 위쪽 의자 3개를 전부 선택하고 Shift + F7 를 눌러서 [Align] 패널을 열어 줍니다. 패널 메뉴에서 'Horizontal Distribute Center'를 적용해서 의자를 가로 방향으로 정렬합니다.

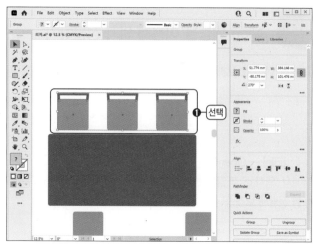

04 이번에는 아래쪽 의자들을 정렬하겠습니다. 가장 왼쪽과 오른쪽 의자의 위치를 그림과 같이 이동합니다.

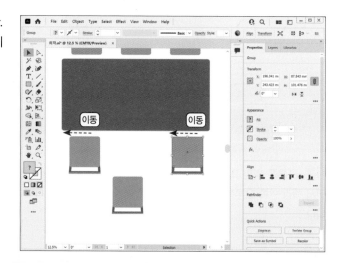

05 아래쪽 의자 3개를 전부 선택하고, [Align] 패널에서 'Vertical Align Top'을 선택한 다음 위쪽으로 정렬합니다.

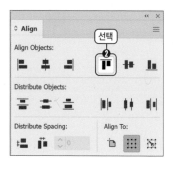

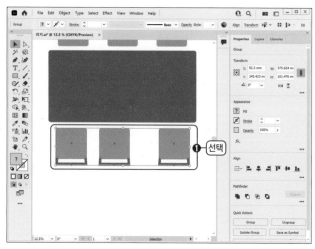

06 다음은 [Align] 패널에서 'Horizontal Distribute Center'를 선택해 의자들을 가로 방향으로 정렬하여 완성합니다.

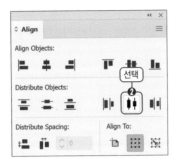

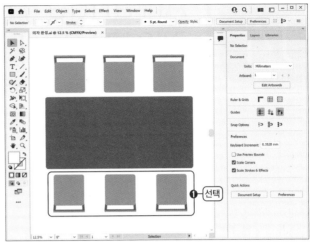

CHAPTER

04

Arrange 기능으로
레이어 위치 조정하기 : Arrange

Arrange 명령을 통해 선택한 오브젝트의 레이어 배열 위치를 지정하는 방법을 알아보겠습니다.

● Arrange

레이어 위치 변경이 필요한 오브젝트를 1개 이상 선택한 뒤 상단 메뉴바의 [Object] → Arrange를 클릭하거나, 마우스 오른쪽 버튼을 클릭하여 명령창을 활성화할 수 있습니다.

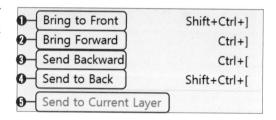

❶ Bring to Front	Shift+Ctrl+]
❷ Bring Forward	Ctrl+]
❸ Send Backward	Ctrl+[
❹ Send to Back	Shift+Ctrl+[
❺ Send to Current Layer	

❶ **Bring to Front:** 선택한 오브젝트를 맨 앞으로 올려 줍니다.

❷ **Bring Forward:** 선택한 오브젝트를 한 단계 앞으로 올려 줍니다.

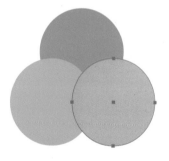

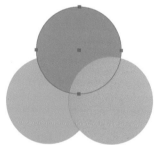

❸ **Send Backward:** 선택한 오브젝트를 한 단계 뒤로 내려 줍니다.

❹ **Send to Back:** 선택한 오브젝트를 맨 뒤로 내려 줍니다.

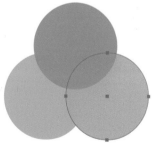

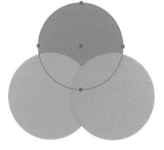

❺ **Send to Current Layer:** 오브젝트를 선택한 뒤 [Layers] 패널에서 이동하고 싶은 다른 레이어를 선택하고 이 명령을 실행하면 오브젝트가 선택한 레이어로 이동합니다.

Arrange 기능으로 오브젝트 배열 위치 바꾸기

Arrange 기능으로 레이어 안에서 오브젝트 간의 앞 또는 뒤로 배열을 변경하는 방법을 알아보겠습니다.

● 준비 파일: 일러스트레이터\03\토끼.ai

01 [File] → Open(Ctrl+O)을 실행하고 03 폴더에서 '토끼.ai' 파일을 불러온 뒤 토끼 오브젝트를 선택합니다.

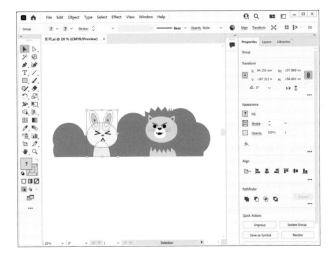

02 마우스 오른쪽 버튼을 클릭한 뒤 Arrange → send to back을 실행하거나, Shift+Ctrl+[를 눌러서 토끼 오브젝트를 풀숲 뒤로 숨겨 완성합니다.

CHAPTER

05

Pathfinder 기능으로 오브젝트 합치고 나누기: Pathfinder 패널

Pathfinder 기능을 통해 오브젝트끼리 합치기, 분리하기, 빼기 등을 할 수 있습니다.

● [Pathfinder] 패널

2개 이상의 오브젝트를 선택한 뒤 상단 메뉴바에서 **[Window]** → **Pathfinder**를 실행하거나 단축키 Shift + Ctrl + F9 를 누르면 간단하게 오브젝트들을 합치고, 나누고, 원하는 부분을 제거할 수 있는 [Pathfinder] 패널을 활성화할 수 있습니다.

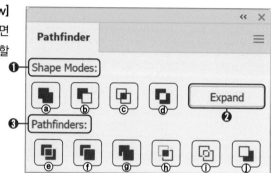

❶ Shape Modes: 선택한 여러 개의 오브젝트 중에서 맨 앞의 오브젝트 형태에 따라 하나로 표현됩니다.

ⓐ Unite: 오프젝트끼리 겹친 부분을 모두 합칩니다.

ⓑ Minus Front: 오브젝트끼리 겹친 앞부분을 제거합니다.

ⓒ Intersect: 오브젝트끼리 겹친 부분만 남겨 두고 모두 제거합니다.

ⓓ Exclude: 오브젝트끼리 겹친 부분만 제거합니다.

❷ **Expand:** 기능을 적용한 오브젝트들을 수정할 수 없는 하나의 오브젝트로 만들 수 있습니다.

- Alt 를 누르고 Pathfinder 기능을 실행하면 Expand 기능이 적용되기 전 수정 가능한 상태가 됩니다.
- Expand 기능을 실행하기 전 Pathfinder 기능이 적용된 오브젝트들을 수정해야 할 경우, 직접 선택 도구 또는 그룹 선택 도구를 이용하여 변경할 수 있습니다.

❸ **Pathfinders:** 선택한 오브젝트끼리 겹치는 패스를 기준으로 나누어 줍니다.

ⓔ Divide: 오프젝트끼리 겹친 모든 패스를 이용해 나누어 줍니다.

ⓕ Trim: 뒤쪽 오브젝트에서 앞쪽의 오브젝트 중 겹친 부분만 제거하고 나누어 줍니다.

ⓖ Merge: 뒤쪽 오브젝트에서 앞쪽의 오브젝트 중 겹친 부분만 제거하고 같은 색의 오브젝트는 하나로 합칩니다.

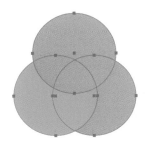
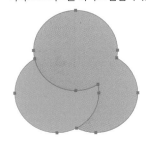

ⓗ Crop: 겹치는 오브젝트 영역만 남기고 나머지는 제거합니다. 뒤쪽 오브젝트의 색을 남기고, 앞쪽 오브젝트의 형태를 적용합니다.

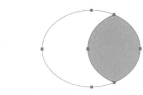

ⓘ Outline: 겹치는 오브젝트를 나누고 오브젝트들을 패스로 만들어 줍니다.

ⓘ Minus Back: 앞쪽 오브젝트에서 겹친 뒤쪽 오브젝트 영역을 제거합니다.

 오브젝트끼리 합치기 ━━━━━━━━━━━━━━━━━━━━━━━━━━━●

[Pathfinder] 패널의 Unite 기능을 통해 오보젝트끼리 합치는 방법을 알아보겠습니다

● 준비 파일: 일러스트레이터\03\물.ai

01 [File] → Open(Ctrl+O)을 실행하고 03 폴
더에서 '물.ai' 파일을 불러옵니다.

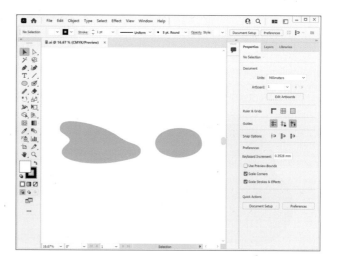

02 2개의 물 오브젝트를 서로 겹치게 이동한 다음, Shift + Ctrl + F9 를 눌러서 [Pathfinders] 패널을 열고 Shape Modes의 'Unite'를 클릭하여 적용합니다.

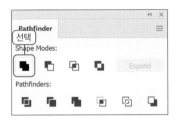

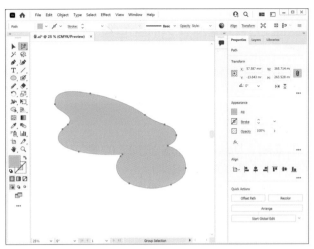

03 연필 도구( )와 스무드 도구( )를 이용해 각진 패스를 둥글게 수정하여 완성합니다.

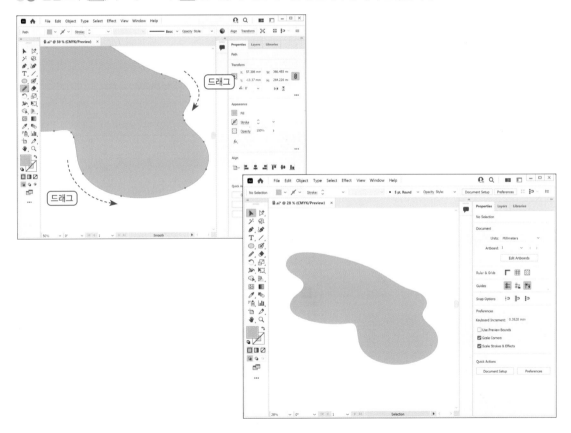

오브젝트에서 겹치는 부분 빼기 ─────────────────────●

[Pathfinder] 패널의 Minus Front 기능을 통해 팩맨을 만들어 보겠습니다.

● 준비 파일: 일러스트레이터\03\팩맨.ai

01 [File] → Open(Ctrl+O)을 실행하고 03 폴더에서 '팩맨.ai' 파일을 불러옵니다.

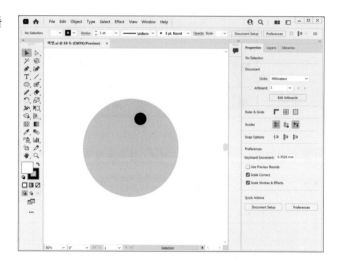

02 펜 도구(✏.)로 그림과 같이 삼각형을 그립니다.

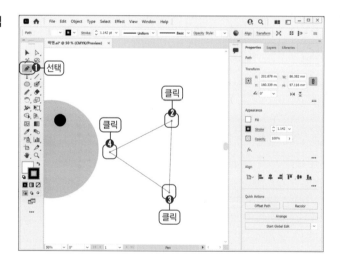

03 노란색 원의 오른쪽으로 삼각형을 이동하고 원과 삼각형을 같이 선택합니다.

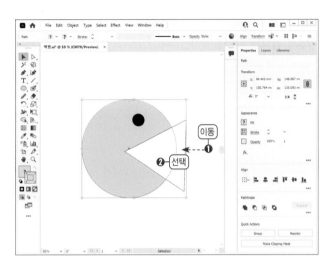

04 [Pathfinders] 패널에서 Shape Modes의 'Minus Front'를 적용해 입을 만들고, Shift+Ctrl+]를 눌러 눈 뒤로 배치하여 완성합니다.

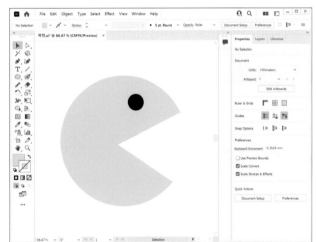

 겹친 오브젝트를 나누기

[Pathfinder] 패널의 Divide 기능을 통해 오브젝트를 겹쳤다가 형태를 나누는 방법을 알아보겠습니다.

● 준비 파일: 일러스트레이터\03\뽑기.ai

01 [File] → Open(Ctrl+O)을 실행하고 03 폴더에서 '뽑기.ai' 파일을 불러옵니다.

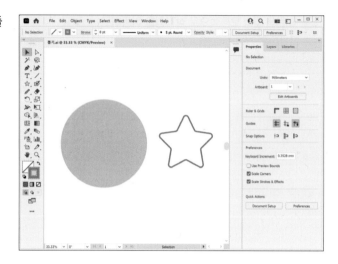

02 별 조각 틀을 뽑기 과자의 중앙에 겹치도록 이동합니다. Align 기능을 활용하면 정중앙에 정확하게 배치할 수 있습니다.

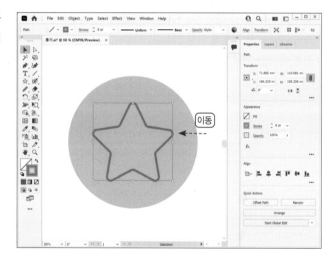

03 모두 선택한 뒤 [Pathfinder] 패널에서 Pathfinders의 'Divide'를 적용하여 별 조각 틀의 패스를 기준으로 형태를 나누어 줍니다.

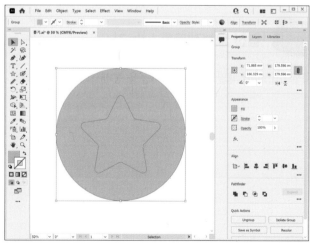

04 Shift+Ctrl+G를 눌러서 그룹을 해제하고 별 조각 뽑기를 분리하여 완성합니다.

PART 1. 일러스트레이터 시작

PART 2. 드로잉

PART 3. 편집

PART 4. 색상

PART 5. 타이프그래피

PART 6. 스타일

CHAPTER

06

오브젝트 회전하거나 반전하기:
회전 도구 / 반전 도구

회전 도구와 반전 도구를 이용해 오브젝트를 자유자재로 변형하는 방법을 알아보겠습니다.

● 회전 도구와 반전 도구

회전 또는 반전이 필요한 오브젝트를 선택하고 마우스 오른쪽 버튼을 클릭한 다음, 메뉴에서 **Transform → Rotate**(회전) 또는 **Reflect**(반전)를 선택해 기능을 적용할 수 있습니다. 또는 [Tools] 패널에서 회전 도구 아이콘(🔄) 또는 반전 도구 아이콘(▷◁)을 더블클릭하여 각각의 대화상자를 활성화할 수 있습니다. 단축키를 눌러서 간편하게 선택할 수도 있는데, R을 누르면 회전 도구를 선택하고, O를 누르면 반전 도구를 선택할 수 있습니다.

■ [Rotate] 대화상자

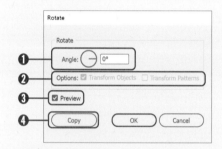

❶ **Angel:** 오브젝트의 회전 각도를 지정할 수 있으며, 음수로 적용할 경우 시계 반대 방향으로 회전합니다.

❷ **Options:** 오브젝트 또는 패턴의 회전을 결정하여 지정합니다.

❸ **Preview:** 실시간으로 회전 기능이 적용된 오브젝트를 보여 줍니다.

❹ **Copy:** 복제하면서 회전합니다.

■ [Reflect] 대화상자

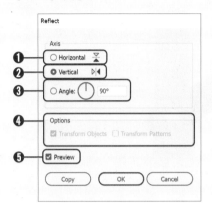

❶ **Horizontal:** 가로선을 기준으로 반전합니다.

❷ **Vertical:** 세로선을 기준으로 반전합니다.

❸ **Angle:** 원하는 각도를 지정하여 반전합니다.

❹ **Options:** 반전 기능을 적용할 오브젝트 또는 패턴을 지정합니다.

❺ **Preview:** 실시간으로 반전 기능이 적용된 오브젝트를 보여 줍니다.

정확한 수치를 기입해 오브젝트 회전하기

회전 도구로 정확한 수치를 기입해 오브젝트를 회전하는 방법을 알아보겠습니다.

● 준비 파일: 일러스트레이터\03\시계.ai

01 [File] → Open(Ctrl+O)을 실행하고 03 폴더에서 '시계.ai' 파일을 불러옵니다.

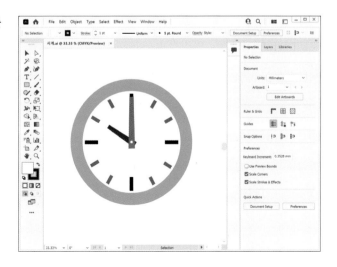

02 정각을 가리키고 있는 분침을 선택하고 ⓡ을 눌러서 회전 도구(⟳)를 선택한 다음, Alt를 누르면서 시계 침의 중앙을 클릭하고 [Rotate] 대화상자를 열어 줍니다.

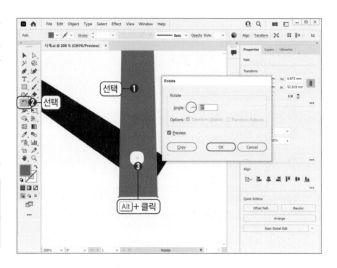

> 회전 도구(⟳)를 선택하고 Alt를 누르면서 회전의 기준이 되는 지점을 클릭하여 정할 수 있습니다. 동시에 대화상자를 열 수 있고, 정확한 수치를 기입할 수도 있습니다.

03 [Rotate] 대화상자에서 각도를 '-60'으로 지정하여 분침이 10분을 가리키도록 조정해 완성합니다.

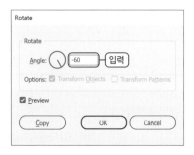

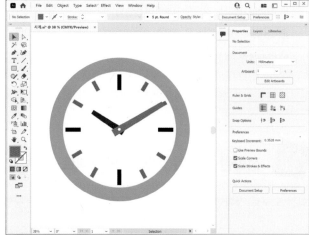

단축키로 회전을 반복하여 데코 오브젝트 만들기 ─────────●

처음 회전한 오브젝트를 간편하게 단축키를 활용해 동일한 각도로 이어서 회전하는 방법을 알아보겠습니다.

● 준비 파일: 일러스트레이터\03\데코.ai

01 [File] → Open(Ctrl+O)을 실행하고 03 폴더에서 '데코.ai' 파일을 불러옵니다.

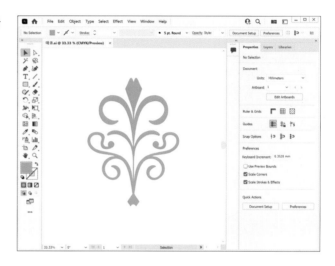

02 선택 도구(▶)로 문양을 선택하고, 바운딩 박스의 오른쪽 상단 조절점 근처에서 호 모양으로 커서가 바뀌면 Shift 와 함께 클릭한 다음, 왼쪽으로 45도 회전합니다.

바운딩 박스 조절점을 클릭한 채로 자유롭게 회전할 수 있습니다.

03 ℝ을 눌러서 회전 도구(⟳)를 선택하고, 문양의 오른쪽 아래쪽을 클릭하여 회전 도구의 기준 마크(⬦)를 이동시켜 줍니다.

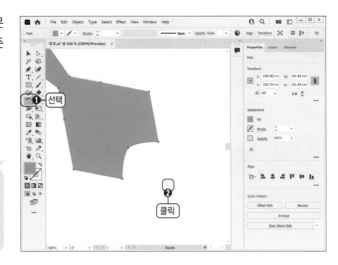

회전 도구의 기준 마크를 이동하고자 할 때는 원하는 지점을 한 번 또는 두 번 클릭하거나 기준 마크를 직접 드래그하여 간편하게 이동할 수 있습니다.

04 Shift+Alt를 누른 채 오른쪽으로 드래그하여 그림과 같이 회전하며 복제해 줍니다.

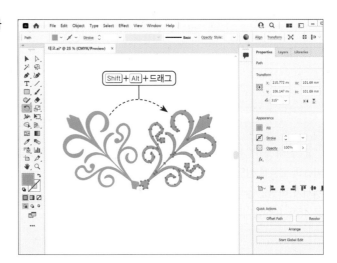

05 Ctrl+D를 눌러서 간편하게 나머지 2개 문양을 동일한 각도로 회전 및 복제하여 완성합니다.

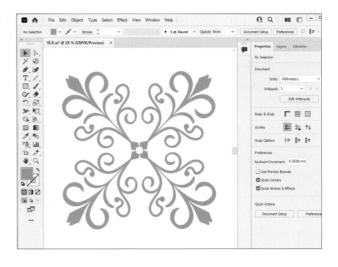

단축키 Ctrl+D를 누르면 사용할 수 있는 'Transform again' 기능은 본 예제에서 사용한 회전 및 복제 기능 외에도 오브젝트 이동 및 복제 등과 같이 실행한 기능을 반복해서 적용할 수 있는 편리한 명령입니다.

간편하게 오브젝트 좌우 반전하기

반전 도구를 이용하면 대화상자 없이도 간단하게 오브젝트를 드래그하여 반전할 수 있습니다. 반전 도구로 오브젝트의 반쪽을 반전하여 복제하는 방법을 알아보겠습니다.

● 준비 파일: 일러스트레이터\03\나비.ai

01 [File] → Open(Ctrl+O)을 실행하고 03 폴더에서 '나비.ai' 파일을 불러옵니다.

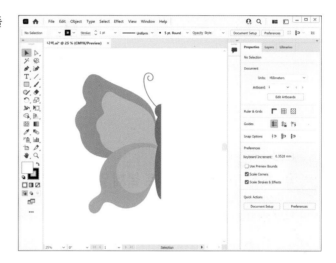

02 나비를 선택하고 O를 눌러서 반전 도구(◁)를 선택합니다. 왼쪽으로 드래그하면서 Shift + Alt를 누르면 나비의 반쪽을 복제하면서 반전해 줍니다.

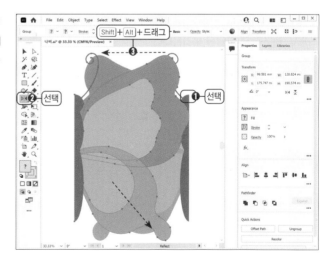

03 복제된 나비 반쪽을 선택하고 오른쪽으로
이동해서 나비를 완성합니다.

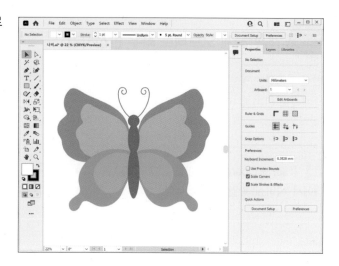

 회전 도구로 오브젝트 복제 및 배치하기 ─────────────────●

회전 도구를 이용해 여덟 조각의 케이크를 만드는 방법을 알아보겠습니다.

● 준비 파일: 일러스트레이터\03\케이크.ai

01 [File] → Open(Ctrl+O)을 실행하고 03 폴
더에서 '케이크.ai' 파일을 불러옵니다.

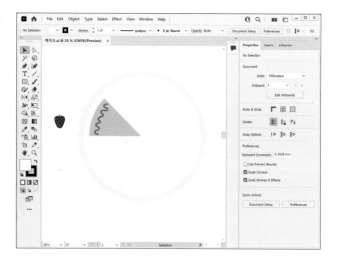

02 케이크를 정확하게 회전 및 복제하기 위해 받침대의 중심점에 가이드를 만들어 보겠습니다. Ctrl + R 을 눌러서 도큐먼트 상단과 왼쪽에 자를 활성화합니다. 받침대를 선택하면 생기는 중심점에 맞춰 자를 클릭 및 드래그하여 교차해 가이드를 만들어 줍니다.

가이드가 안 보인다면 Ctrl + ;을 눌러서 숨김을 해제합니다. 다시 누르면 가이드를 숨길 수 있습니다. 중심점에 정확하게 가이드를 교차 적용하기 위해 Ctrl + +를 눌러서 최대한 확대합니다.

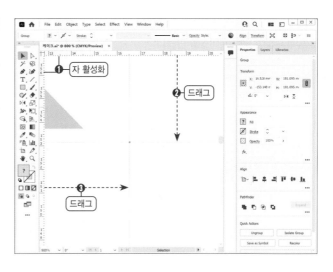

03 조각 케이크를 선택한 뒤 회전 도구(⟳)를 선택하고 회전 기준점을 교차한 가이드의 중심으로 이동합니다.

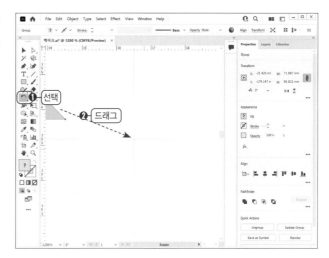

04 Shift + Alt 를 누른 채 오른쪽으로 드래그하여 조각 케이크를 하나 복제합니다.

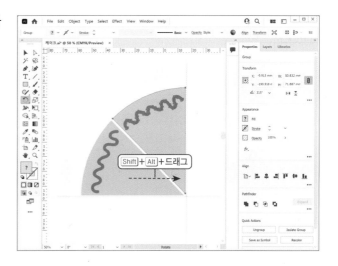

05 Ctrl+D를 눌러서 동일한 각도로 조각 케이크를 복제하여 원형 케이크를 만듭니다.

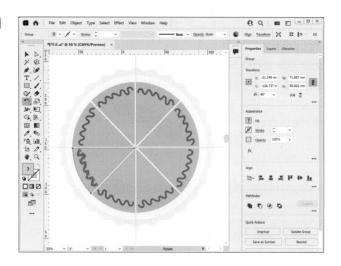

06 딸기를 각각의 조각 케이크 각도에 맞춰서 복제하며 배치합니다. 딸기를 선택할 때 생기는 바운딩 박스 코너 조절점 근처에서 마우스로 클릭하여 회전합니다.

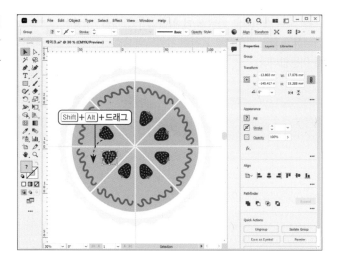

07 펜 도구(✐.)로 시즈닝 데코를 그려 줘서 완성합니다.

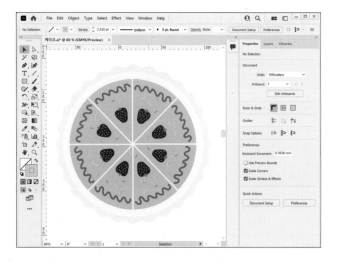

CHAPTER

07

오브젝트의 크기와 기울기
조정하기: 크기 조절 도구 / 기울이기 도구

오브젝트의 크기와 기울기를 간편하게 또는 정확한 수치대로 조정하는 방법을 알아보겠습니다.

● 크기 조절 도구와 기울이기 도구

오브젝트의 크기 또는 기울기 조절이 필요할 때는 오브젝트를 선택한 다음 마우스 오른쪽 버튼을 클릭하고 메뉴에서 **Transform → Scale**(크기 조절 도구) 또는 **Shear**(기울이기 도구)를 선택해 실행할 수 있습니다.

단축키 ⑤를 눌러 간편하게 크기 조절 도구를 선택할 수 있고, [Tools] 패널에서 크기 조절 도구 아이콘(🔲)을 눌러 선택할 수도 있으며, 아이콘을 더블클릭하면 [Scale] 대화상자를 실행할 수 있습니다.

[Tools] 패널에서 크기 조절 도구 아이콘을 길게 클릭하면 나타나는 도구 모음 창에서 기울이기 도구(🔳)를 선택할 수 있으며, 기울이기 도구를 더블클릭하면 [Shear] 대화상자를 실행할 수 있습니다.

■ [Scale] 대화상자

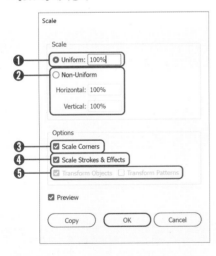

❶ Uniform: 오브젝트의 가로와 세로 비율을 그대로 유지한 채 크기를 조정합니다.

❷ Non-Uniform: 오브젝트의 가로와 세로 비율을 각각 원하는 수치대로 조정합니다.

❸ Scale Corners: 오브젝트 모서리의 크기를 조정합니다.

❹ Scale Strokes & Effects: 오브젝트의 크기를 조절할 때 선 굵기도 함께 조절합니다.

❺ Transform Objects/Patterns: 오브젝트 또는 패턴의 크기를 함께 조절하거나 각각 따로 조절합니다.

■ [Shear] 대화상자

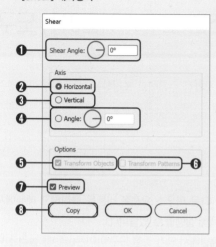

❶ **Shear Angle:** 원하는 각도로 오브젝트를 기울입니다.

❷ **Horizontal:** 가로선을 기준으로 오브젝트를 기울입니다.

❸ **Vertical:** 세로선을 기준으로 오브젝트를 기울입니다.

❹ **Angle:** 축을 기준으로 각도를 지정합니다.

❺ **Transform Objects:** 오브젝트의 기울기를 바꿉니다.

❻ **Transform Patterns:** 패턴의 기울기를 바꿉니다.

❼ **Preview:** 오브젝트의 기울기 변화를 미리 볼 수 있습니다.

❽ **Copy:** 복제하면서 오브젝트를 기울입니다.

 크기 조절 도구로 자유롭게 크기 조절하기 ━━━━━━━━━━━━━━━━●

크기 조절 도구를 이용해 오브젝트의 크기를 키우는 법을 알아보겠습니다.

● 준비 파일: 일러스트레이터\03\토마토.ai

01 [File] → Open(Ctrl+O)을 실행하고 03 폴더에서 '토마토.ai' 파일을 불러옵니다.

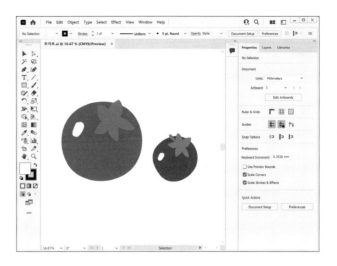

02 작은 토마토를 선택하고 단축키 S를 눌러서 크기 조절 도구(⬚)를 선택한 다음, 토마토의 왼쪽 하단을 클릭하여 크기가 변화되는 기준점을 지정합니다.

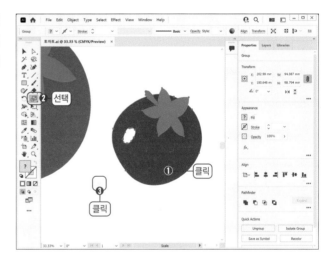

03 선택한 작은 토마토를 오른쪽 상단으로 드래그하여 크게 키워서 완성합니다.

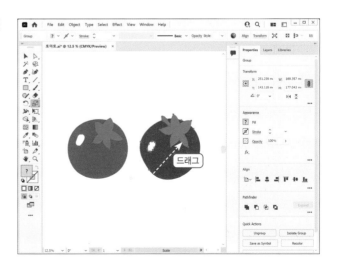

PART 1. 일러스트레이터 시작

PART 2. 드로잉

PART 3. 편집

PART 4. 색감

PART 5. 타이포그래피

PART 6. 스타일

크기 조절 도구로 수치를 기입해 오브젝트 크기 조절하기

크기 조절 도구로 정확한 수치를 기입하여 오브젝트의 크기를 키워 보겠습니다.

● 준비 파일: 일러스트레이터\03\알.ai

01 [File] → Open(Ctrl+O)을 실행하고 03 폴더에서 '알.ai' 파일을 불러옵니다. 왼쪽 알의 크기를 오른쪽 메추리알보다 크게 변형하겠습니다.

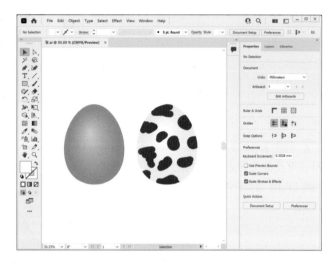

02 선택 도구(▶)로 왼쪽의 알을 선택하고, 크기 조절 도구(☒)를 선택한 뒤 Alt를 누르면서 알의 오른쪽 하단을 클릭하여 기준점을 지정하는 동시에 [Scale] 대화상자를 열어 줍니다.

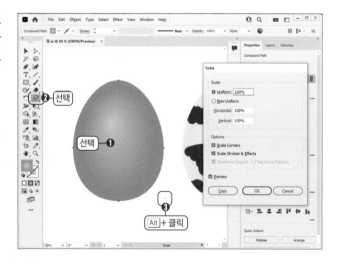

03 [Scale] 대화상자에서 Uniform을 '160%'로 입력하여 완성합니다.

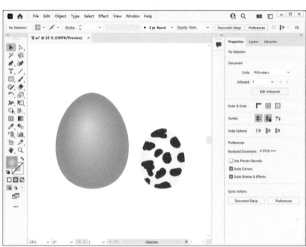

 기울이기 도구로 기울이기 ─────────────────────────●

기울이기 도구를 이용해 오브젝트의 기울기를 역동적으로 수정해 보겠습니다.

● 준비 파일: 일러스트레이터\03\번개.ai

01 [File] → Open(Ctrl+O)을 실행하고 03 폴더에서 '번개.ai' 파일을 불러온 다음 번개 오브젝트를 선택합니다.

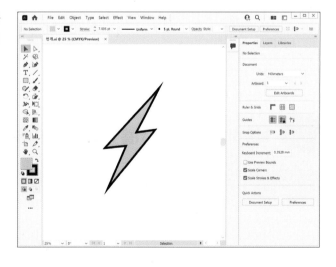

02 [Tools] 패널에서 기울이기 도구()를 선택
합니다. Shift 를 누르면서 오른쪽으로 드래그하여
번개를 기울여 줍니다.

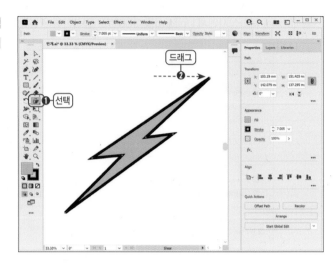

03 기울인 번개를 위쪽에 하나 더 작게 복제하
여 완성합니다.

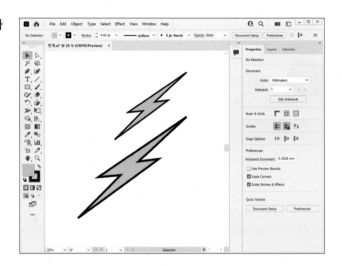

**필수
실습** 기울이기 도구로 수치를 기입해 오브젝트 기울기 조절하기

기울이기 도구로 정확한 수치를 통해 오브젝트의 기울기를 조절하는 방법을 알아보겠습니다.

● 준비 파일: 일러스트레이터\03\상어.ai

01 [File] → Open(Ctrl+O)을 실행하고 03 폴더에서 '상어.ai' 파일을 불러온 다음, 상어 지느러미를 선택합니다.

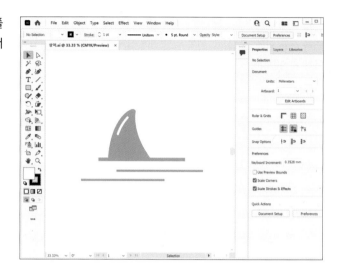

02 [Tools] 패널에서 기울이기 도구(🔲)를 선택하고, Alt를 누르면서 지느러미 왼쪽 아래 모서리를 클릭하여 기준점을 지정한 다음 [Shear] 대화상자를 열어 줍니다.

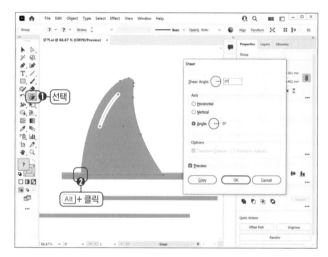

03 [Shear] 대화상자에서 Shear Angle을 '30°'로 적용하여 지느러미를 기울여 줍니다.

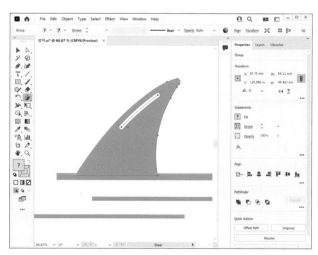

04 기울인 상어 지느러미와 밑변에 붙어 있는 파란색 선을 함께 선택하고, 왼쪽 위 영역에 작게 복제해 완성합니다.

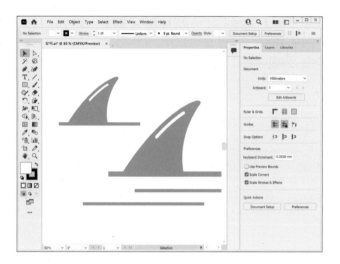

 크기 조절 도구와 기울이기 도구로 속도감 표현하기

자동차의 크기와 기울기를 조절하여 빠르게 달리는 차의 모습을 표현하는 방법을 알아보겠습니다.

● 준비 파일: 일러스트레이터\03\카.ai

01 [File] → Open(Ctrl+O)을 실행하고 03 폴더에서 '카.ai' 파일을 불러옵니다.

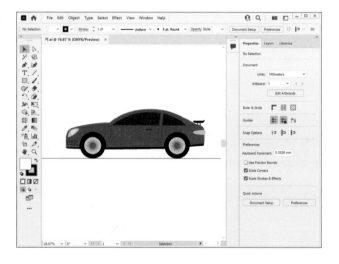

02 자동차의 휠을 선택한 다음 [Tools] 패널에서 크기 조절 도구(⊞.)를 더블클릭하여 [Scale] 대화상자를 열고 Uniform을 '120%'로 입력하여 휠을 크게 수정합니다. 나머지 휠의 크기도 똑같이 수정합니다.

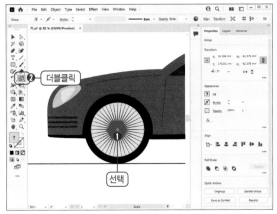

03 자동차 몸체와 바퀴를 모두 선택하고 Ctrl+ G를 눌러서 그룹으로 만듭니다.

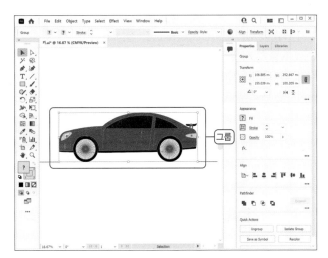

04 자동차를 선택한 상태에서 [Tools] 패널의 기울이기 도구(☞.)를 더블클릭하여 [Shear] 대화상자를 열고, Shear Angle을 '-15°'로 입력하여 자동차를 앞쪽으로 기울입니다.

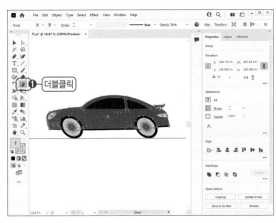

PART 1. 일러스트레이터 시작

PART 2. 드로잉

PART 3. 편집

PART 4. 색상

PART 5. 타이포그래픽

PART 6. 스타일

05 자동차를 선택하고 Shift+Alt를 누르면서 오른쪽으로 드래그하여 복제합니다.

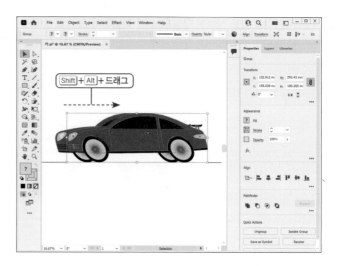

06 복제한 자동차를 선택한 다음, 상단 메뉴바에서 [Window] → Transparency를 실행하고 Opacity를 '20%'로 입력하여 투명하게 수정합니다. 투명해진 자동차를 선택하고 Shift+Ctrl+[ ]를 눌러서 맨 뒤로 배치합니다.

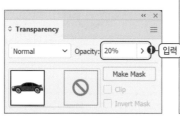

07 자동차 본체를 선택하고, 앞서 투명해진 자동차보다 더 뒤쪽으로 복제한 다음 투명도를 '10%'로 적용하고 Shift+Ctrl+[ ]를 눌러서 06의 오브젝트보다 배열을 뒤로 배치합니다.

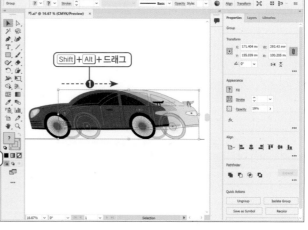

08 선 도구(✏️)로 스피드 잔상을 그어 줘서 완성합니다.

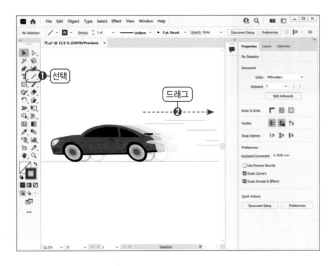

PART 1. 일러스트레이터 시작

PART 2. 드로잉

PART 3. 편집

PART 4. 색상

PART 5. 타이포그래피

PART 6. 스타일

CHAPTER

08

오브젝트를 자유롭게 변형하기:
자유 변형 도구 / 왜곡 도구

오브젝트를 간편하게 자유자재로 변형하는 방법을 알아보겠습니다.

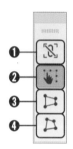

● 자유 변형 도구

자유 변형 도구를 이용해 오브젝트를 간편하게 자유자재로 변형할 수 있습니다.

[Tools] 패널에서 자유 변형 도구 아이콘(▦)을 길게 클릭하면 나타나는 도구 모음 창에서 원하는 변형 도구를 선택하여 적용합니다. 단축키 ⓔ를 눌러 간편하게 자유 변형 도구를 선택할 수도 있습니다.

❶ **제한 기능:** 오브젝트를 고정된 비율로 변형할 수 있습니다.

❷ **자유 변형 도구:** 오브젝트 형태를 유지하며 크기를 조정하고 회전할 수 있습니다.

❸ **원근 왜곡 도구:** 오브젝트를 원근감 있게 왜곡할 수 있습니다.

❹ **자유 왜곡 도구:** 오브젝트를 원하는 형태로 자유롭게 조정할 수 있습니다.

 ## 자유 변형 도구로 오브젝트 변형하기 ──────────────────

자유 변형 도구를 활용해 오브젝트의 형태를 유지하면서 자유롭게 규격을 변경하는 방법을 알아보겠습니다.

● 준비 파일: 일러스트레이터\03\카멜레온.ai

01 [File] → Open(Ctrl+ⓞ)을 실행하고 03 폴더에서 '카멜레온.ai' 파일을 불러옵니다.

02 카멜레온의 혀를 선택하고, [Tools] 패널에서 자유 변형 도구(▦)를 선택합니다.

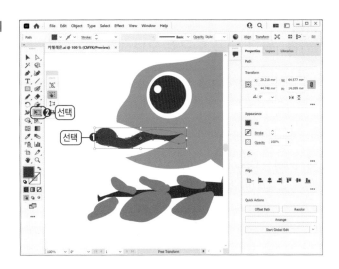

03 바운딩 박스 왼쪽 변의 중심 기준점을 선택하고, 왼쪽 벌레까지 드래그하여 혀의 길이를 늘려 줍니다.

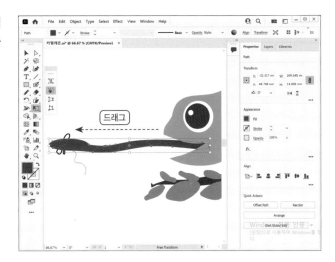

04 이번에는 바운딩 박스 윗변 기준점을 선택하고, 오른쪽으로 드래그해 움직임을 좀 더 표현하여 완성합니다.

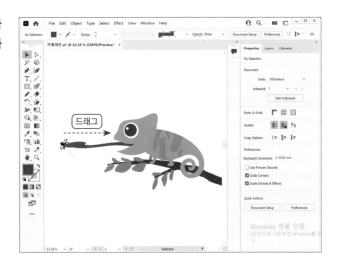

원근 왜곡 도구로 오브젝트 변형하기 ─────────────────────●

원근 왜곡 도구를 이용해 오브젝트의 변을 늘리고 줄이는 방법을 알아보겠습니다.

● 준비 파일: 일러스트레이터\03\전등.ai

01 [File] → Open(Ctrl+O)을 실행하고 03 폴더에서 '전등.ai' 파일을 불러옵니다.

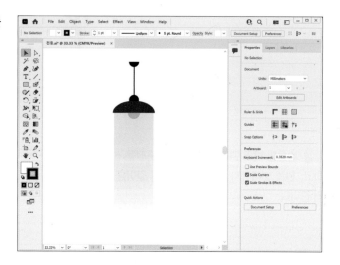

02 빛 오브젝트를 선택하고 [Tools] 패널에서 원근 왜곡 도구(▱)를 선택합니다.

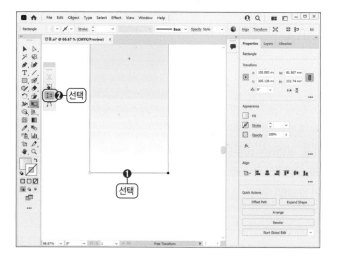

PART 1. 일러스트레이트 시작

PART 2. 드로잉

PART 3. 편집

PART 4. 색상

PART 5. 타이포그래피

PART 6. 스타일

03 밑쪽 모서리 기준점을 선택하고, 왼쪽과 오른쪽으로 드래그하여 빛을 넓혀 완성합니다.

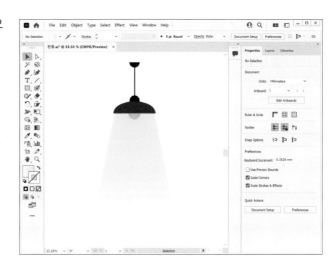

 ## 자유 왜곡 도구로 오브젝트 변형하기

자유 왜곡 도구를 활용해 오브젝트를 원하는 형태로 자유롭게 변경하는 방법을 알아보겠습니다.

● 준비 파일: 일러스트레이터\03\반죽.ai

01 [File] → Open(Ctrl+O)을 실행하고 03 폴더에서 '반죽.ai' 파일을 불러옵니다. 밀가루 반죽을 자유 왜곡 도구로 늘려 보겠습니다.

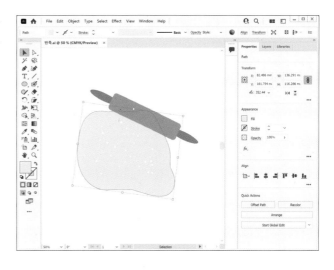

02 밀가루 반죽을 선택하고 [Tools] 패널에서 자유 왜곡 도구(⬚)를 선택한 다음, 오른쪽 위의 모서리 기준점을 선택하고 그림과 같이 대각선으로 늘려 줍니다.

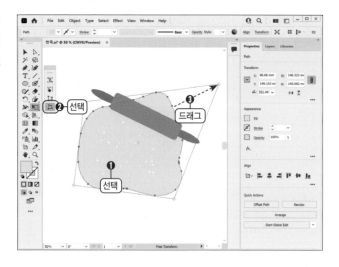

03 반죽 아래쪽도 자유롭게 늘려서 완성합니다.

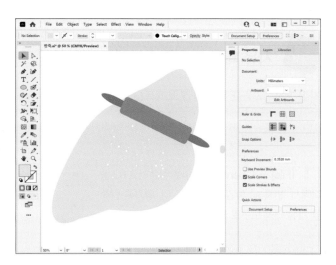

CHAPTER 09

겹치는 오브젝트를 부분 재배열하기: Make

일러스트레이터 2023 버전에서 새롭게 추가된 부분 재배열 기능으로 오브젝트끼리 겹치는 부분을 편리하게 재배열하여 얽히게 표현할 수 있습니다.

● 부분 재배열 기능

2개 이상의 오브젝트를 선택한 뒤, 부분 재배열 기능을 적용하면 오브젝트끼리 겹치는 부분 중 원하는 부분으로 드래그하여 배열을 쉽게 조정할 수 있습니다. 또한 Edit 기능으로 재배열을 수정할 수 있고, Release 기능으로 적용된 부분 재배열 기능을 해제할 수도 있습니다.

클리핑 마스크는 상단 메뉴바의 [Object] → Intertwine → Make를 통해 실행할 수 있고, 적용된 부분 재배열을 수정하거나 해제하려면 오브젝트를 선택하고 컨트롤바에서 Edit(Edit) 또는 Release(Release) 버튼을 클릭하여 쉽게 적용할 수 있습니다.

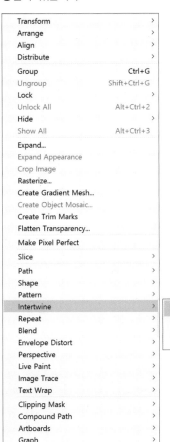

부분 재배열이 적용된 오브젝트들은 그룹화 됩니다.

오브젝트에 부분 재배열 적용하기 ─────────────●

부분 재배열 기능으로 클립이 교차되어 연결된 표현을 하는 방법을 알아보겠습니다.

● 준비 파일: 일러스트레이터\03\클립.ai

01 [File] → Open(Ctrl+O)을 실행하고 03 폴
더에서 '클립.ai' 파일을 불러옵니다. 먼저 초록색
과 주황색 클립을 교차해 연결해 보겠습니다.

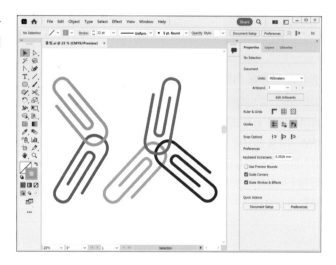

02 선택 도구(▶)로 초록색과 주황색 클립 오
브젝트를 함께 선택합니다.

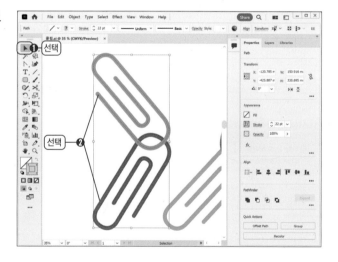

03 [Object] → Intertwine → Make를 실행하고 예제 이미지와 같이 겹친 부분을 드래그합니다.

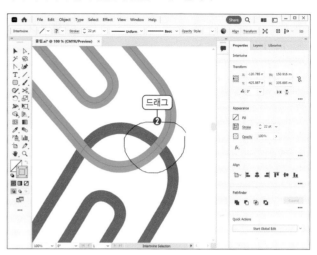

04 드래그를 완료하면 오브젝트 배열이 바뀌며 클립이 연결됩니다. 다음은 클립 3개가 연결된 표현을 해 보겠습니다.

05 선택 도구로 분홍색, 파란색, 보라색 클립을 모두 선택합니다.

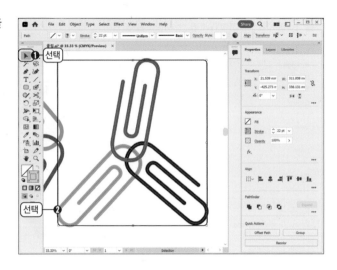

06 [Object] → Intertwine → Make를 실행하고 예제 이미지와 3개 클립이 겹친 부분을 드래그해 줍니다.

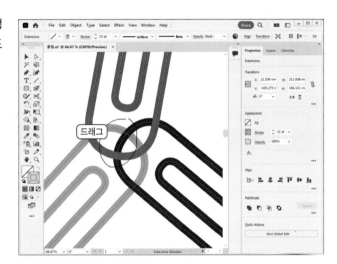

07 드래그를 완료한 영역 안에서 보라색 클립의 패스에 마우스를 가져간 뒤 오른쪽 버튼을 클릭하면 배열을 선택할 수 있는 창이 활성화됩니다. Bring to Front를 클릭하여 맨 위로 배열을 적용합니다.

3개 이상의 오브젝트가 겹친 부분에서 부분 재배열 기능을 실행하면 드래그한 영역 안에서 대기 상태가 됩니다. 이때 원하는 오브젝트를 선택하고 원하는 위치로 배열을 변경할 수 있습니다.

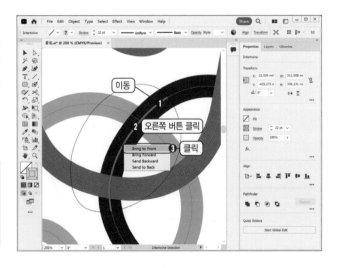

08 06과 동일한 부분을 재배열 영역으로 드래그한 뒤 파란색 오브젝트의 패스에서 마우스 오른쪽 버튼을 클릭합니다. 활성화된 배열 메뉴에서 **Bring to Front**를 클릭하여 맨 위로 배열을 적용합니다.

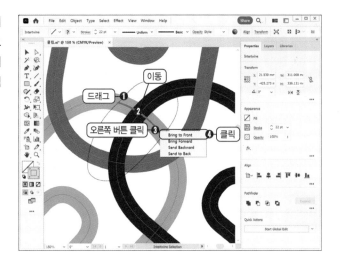

09 3개의 클립이 서로 얽혀 있는 표현을 완성했습니다.

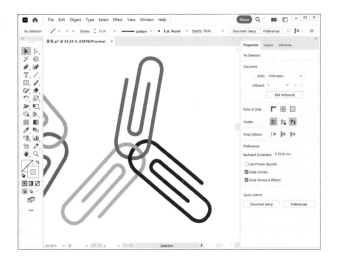

CHAPTER

10

오브젝트를 목업 이미지로 자동 적용하기: Mockup

목업 기능을 사용하여 다양한 패키지, 잔, 의류 등의 래스터 이미지에 벡터 이미지를 최대한 자연스럽게 합성하여 표현할 수 있습니다.

예제 실습 | 텀블러 목업 이미지 만들기 ──────────●

목업 기능을 활용하여 텀블러 이미지에 벡터 로고를 적용해 보겠습니다.

● 준비 파일: 일러스트레이터\03\텀블러.ai

01 [File] → Open(Ctrl+O)을 실행하고 '텀블 러.ai' 파일을 불러옵니다.

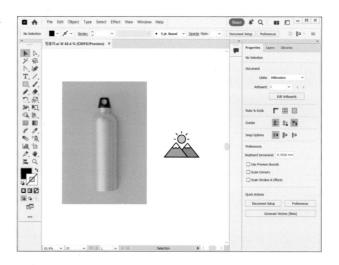

02 [Window] → Mockup을 실행하고 목업 패널을 활성화시킨 뒤 텀블러 래스터 이미지와 마운틴 벡터 로고를 같이 선택하고, 목업 패널 하단의 'Create Mockup'을 선택합니다.

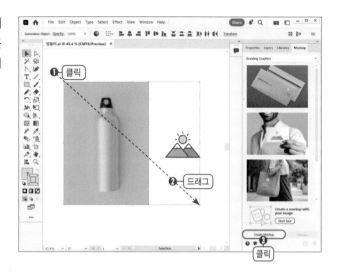

03 텀블러 래스터 이미지에 자연스럽게 벡터 로고가 합성된 것을 확인 할 수 있습니다.

목업이 완료되면 목업 패널에서 제공되는 다양한 목업 템플릿에 벡터 이미지가 합성된 레퍼런스도 확인할 수 있습니다.

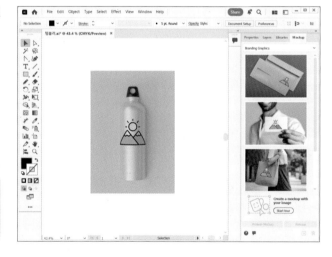

PART 1. 일러스트레이터 시작

PART 2. 도구의

PART 3. 편집

PART 4. 색상

PART 5. 타이포그래피

PART 6. 스타일

ILLUSTRATOR

PART 4.
색상 도구로 채색하기

CHAPTER
01

다양한 도구로 단색 입히기:
Color, Swatches 패널 / 스포이트 도구

일러스트레이터로 아트워크 작업을 하면 색 표현에 따라 다양한 느낌과 분위기를 낼 수 있습니다. 다양한 색상 도구로 색을 표현하는 방법을 알아보겠습니다.

● [Color] 패널과 면/선 색 설정

원하는 색상을 표현할 수 있는 [Color] 패널을 알아보고 면/선 색을 설정하는 방법에 대해 알아보겠습니다.

■ [Color] 패널

상단 메뉴바에서 **[Window] → Color(F6)**를 실행해 활성화할 수 있습니다. [Color] 패널의 오른쪽 상단 버튼(☰)을 눌러 원하는 색상 모드를 지정할 수 있으며, 패널의 스펙트럼에서 간단하게 원하는 색상을 클릭하거나 수치를 입력해 색을 지정할 수도 있습니다.

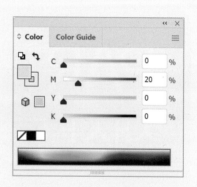

■ 면/선 색

[Tools] 패널 하단에서 오브젝트이 면 또는 선의 색상을 구분히여 지정할 수 있습니다.

❶ Fill: 오브젝트의 면에 색을 채울 수 있습니다.

❷ Stroke: 오브젝트의 선에 색을 입힐 수 있습니다.

❸ Swap Fill & Stroke: 오브젝트의 면과 선의 색을 서로 바꿉니다.

❹ Default: 오브젝트의 면과 선을 각각 기본색인 흰색과 검은색으로 적용합니다.

❺ Color: 오브젝트의 면과 선에 단색을 적용합니다.

❻ Gradient: 오브젝트의 면과 선에 그러데이션을 적용합니다.

❼ None: 오브젝트의 면 또는 선의 색을 제거합니다.

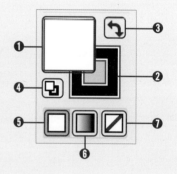

■ [Color Picker] 대화상자

도구 패널의 면(칠) 아이콘() 또는 선 아이콘을 더블클릭하면 [Color Picker] 대화상자를 활성화할 수 있습니다. 스펙트럼을 통해 색, 명도, 채도를 간편하게 지정할 수 있으며, 수치를 입력하여 색을 지정할 수도 있습니다.

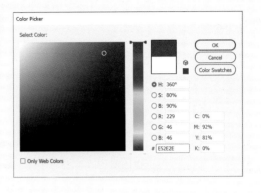

색상 모드를 변경하여 색 지정하기 ●━━━━━━━━━━━━━━━━━━

인쇄용 색상 모드인 CMYK로 적용된 일러스트를 웹용 색상 모드인 RGB로 변경하여 채도를 높이는 방법을 알아보겠습니다.

● 준비 파일: 일러스트레이터\04\태양.ai

01 [File] → Open(Ctrl+O)을 실행하고 04 폴더에서 '태양.ai' 파일을 불러옵니다.

02 기존의 CMYK 색상 모드를 변경하기 위해 상단 메뉴바의 **[File]** → Document Color Mode → RGB Color를 선택합니다. 그다음 RGB 색의 수치를 지정하기 위해 [Color] 패널을 열고 오른쪽 상단의 메뉴 버튼(☰)을 누른 다음 **RGB**를 선택합니다.

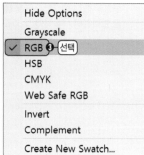

03 [Color] 패널에서 R '255', G '235', B '0'을 입력하면, CMYK 모드보다 더욱 선명한 형광 노란색을 표현할 수 있습니다.

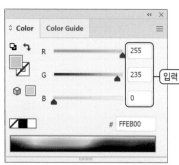
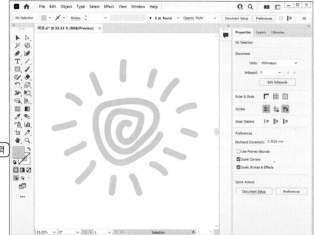

CMYK 모드는 인쇄용 색상 모드이므로 웹용 색상 모드인 RGB 모드보다 색 작업할 때 상대적으로 채도가 조금 어둡게 보입니다. 아트워크 작업 도중 색상 모드를 변경하면 그동안 작업한 색 수치를 전부 조절해야 하는 번거로움이 생기므로, 작업 용도에 맞는 색상 모드로 미리 지정해 놓는 것이 좋습니다.

Color 패널에서 색 지정하기

수치를 입력하여 오브젝트에 색을 적용하는 방법을 알아보겠습니다.

● 준비 파일: 일러스트레이터\04\크레파스.ai

01 [File] → Open(Ctrl+O)을 실행하고 04 폴더에서 '크레파스.ai' 파일을 불러옵니다.

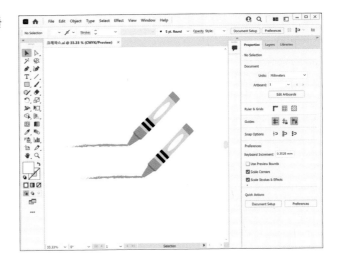

02 [Window] → Color를 실행하여 [Color] 패널을 열고 위쪽 크레파스 몸체를 선택합니다.

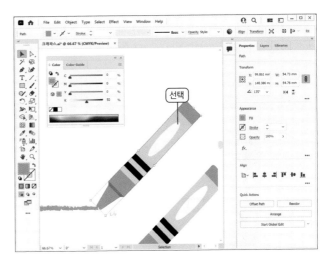

03 [Color] 패널에서 M '100', Y '100'을 입력해 빨간색 크레파스로 만들어 줍니다.

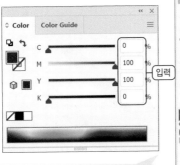

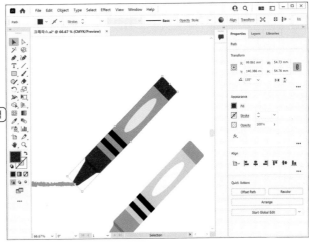

[Color] 패널에서 원하는 색의 수치를 입력해 지정하거나, 슬라이더를 드래그하여 색상을 조절할 수 있습니다.

04 빨간색 크레파스와 맞닿은 선에도 같은 색을 적용합니다.

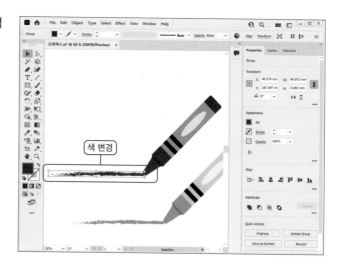

05 다른 크레파스 몸체 색상은 [Color] 패널에서 C '80', Y '100'을 입력해 초록색으로 만들어 줍니다.

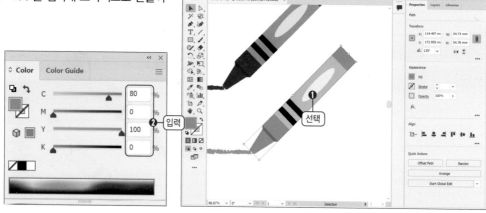

06 초록색 크레파스와 맞닿은 선에도 같은 색을 적용해 완성합니다.

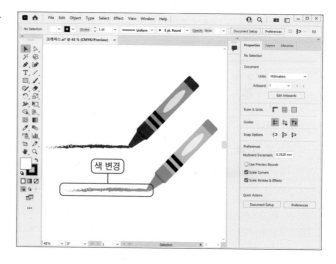

● [Swatches] 패널

[Swatches] 패널에서 팔레트처럼 원하는 색을 모아 둘 수 있습니다. 기본색이 아닌 직접 만든 색을 등록할 수 있고, 라이브러리에서도 다양한 색을 등록하여 사용할 수 있습니다. [Swatches] 패널은 상단 메뉴바의 **[Window]** → Swatches를 실행해 활성화할 수 있습니다.

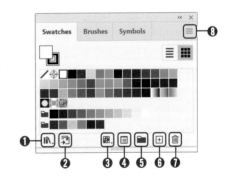

❶ **Swatches Libraries menu:** 기본적으로 등록된 Swatches 라이브러리를 선택할 수 있습니다.

❷ **Add selected Swatches and Color Groups to my current Library:** 선택한 색상을 라이브러리에 저장합니다.

❸ **Show Swatch Kinds menu:** 보이는 그룹을 선택할 수 있습니다.

❹ **Swatches Options:** 색이름, 타입, 모드, 색상 값 등을 지정할 수 있습니다.

❺ **New Color Group:** 새로운 색상 그룹을 생성합니다.

❻ **New Swatch:** 기존에 등록된 색상 외의 새로운 색상을 등록합니다.

❼ **Delete Swatch:** 선택한 색상 또는 그룹을 삭제합니다.

❽ **[Swatches] 옵션 메뉴**

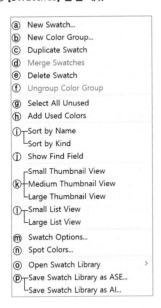

ⓐ New Swatch: 새로운 색을 만듭니다.

ⓑ New Color Group: 새로운 색상 그룹을 만듭니다.

ⓒ Duplicate Swatch: 패널에 등록되어 있는 색을 복제합니다.

ⓓ Merge Swatches: 그러데이션 또는 Pattern Swatch를 합쳐 줍니다.

ⓔ Delete Swatch: 등록된 색상 또는 색상 그룹을 삭제합니다.

ⓕ Ungroup Color Group: 색상 그룹의 그룹을 해제합니다.

ⓖ Select All Unused: 현재 사용하지 않는 색을 모두 선택합니다.

ⓗ Add Used Colors: 사용한 색을 패널에 추가로 등록합니다.

ⓘ Sort by Name/Kind: 색들을 알파벳순 또는 종류별로 정렬합니다.

ⓙ Show Find Field: 등록되어 있는 색을 이름으로 검색해서 찾습니다.

ⓚ Small/Medium/Large Thumbnail View: 패널상의 색들을 '작은 크기/중간 크기/큰 크기'로 볼 수 있습니다.

ⓛ Small/Large List View: 패널상의 색이름을 작거나 크게 지정합니다.

ⓜ Swatch Options: 색 정보를 변경할 수 있습니다.

ⓝ Spot Colors: 스폿으로 지정한 색을 등록합니다.

ⓞ Open Swatch Library: 웹, 팬톤 등 아트워크 목적에 따른 [Swatch Libraries] 대화상자를 활성화합니다.

ⓟ Save Swatch Library as ASE/AI: 라이브러리에 ASE/AI 색을 저장합니다.

 Swatches 패널에서 색 만들고 적용하기 ─────────────────●

원하는 전용색을 직접 만들어서 오브젝트에 채색하는 방법을 알아보겠습니다.

● 준비 파일: 일러스트레이터\04\팔레트.ai

01 [File] → Open(Ctrl+O)을 실행하고 04 폴더에서 '팔레트.ai' 파일을 불러옵니다.

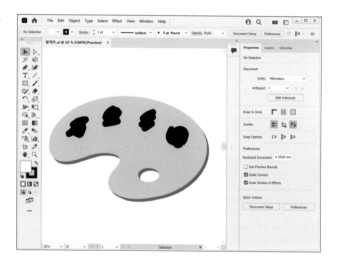

02 가장 왼쪽의 물감을 선택하고 상단 메뉴바의 [Window] → Swatches를 실행한 다음 [Swatch-es] 패널 하단 메뉴에서 'New Swatch' 아이콘 (⊞)을 클릭합니다.

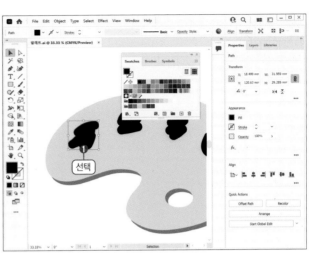

03 실행된 [New Swatch] 대화상자에서 Swatch Name을 '하늘색', Color Type을 'Spot Color'로 지정하고 CMYK 모드에서 C '80'으로 입력하면 전용 하늘색이 만들어지며, 선택한 검은색 물감이 하늘색으로 변경됩니다.

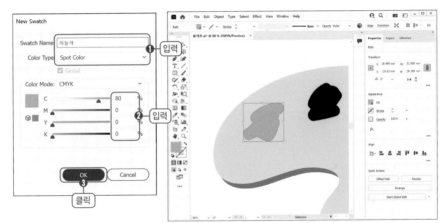

04 같은 방법으로 두 번째 색은 Swatch Name을 '노란색', CMYK 모드에서 M '5', Y '100'으로 지정하여 만든 전용 색을 적용합니다.

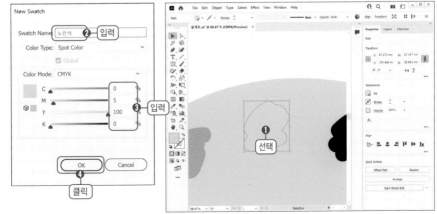

05 나머지 물감도 원하는 전용색으로 지정하여 완성합니다.

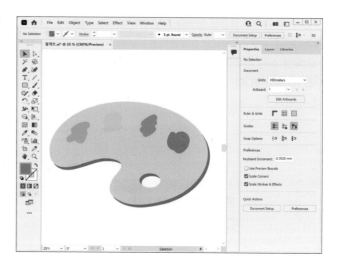

 스포이트 도구로 색 추출하여 적용하기 ─────────●

스포이트 도구를 이용해 색을 추출하고, 추출한 색을 오브젝트에 적용하는 방법을 알아보겠습니다.

● 준비 파일: 일러스트레이터\04\과일.ai

01 [File] → Open(Ctrl+O)을 실행하고 04 폴더에서 '과일.ai' 파일을 불러옵니다.

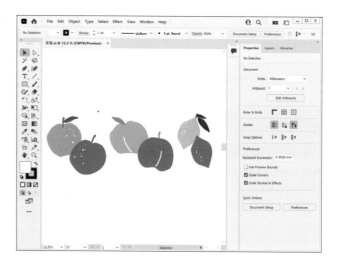

02 가장 왼쪽의 오렌지와 붙어 있는 회색 오렌지를 선택하고, [Tools] 패널에서 스포이트 도구(🖊)를 선택하거나 🄸를 눌러서 스포이트 커서를 활성화합니다.

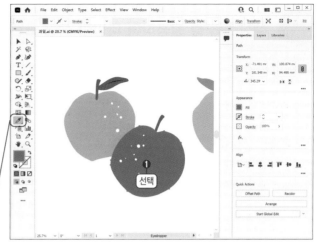

03 스포이트 커서로 왼쪽 오렌지 표면을 클릭하면 동일한 오렌지색으로 변경됩니다.

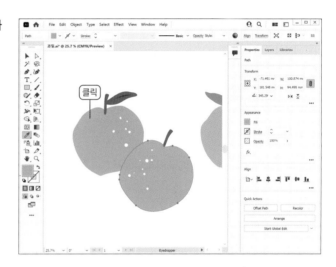

04 나머지 회색 복숭아와 회색 레몬도 스포이트 도구를 이용해 색을 추출하고 입혀 완성합니다.

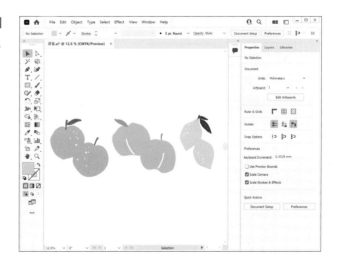

색상 도구를 활용하여 다양한 색상 표현하기 ━━━━━━━━━━━●

[Color] 패널과 스포이트 도구를 이용해 네일아트의 다양한 색을 표현해 보겠습니다.

● 준비 파일: 일러스트레이터\04\네일아트.ai

01 [File] → Open(Ctrl+O)을 실행하고 04 폴더에서 '네일아트.ai' 파일을 불러옵니다. 가장 왼쪽에 있는 네일팁부터 색을 입혀 보겠습니다.

02 네일팁 바탕을 선택하고 [Color] 패널에서 C '100', M '85'로 지정합니다.

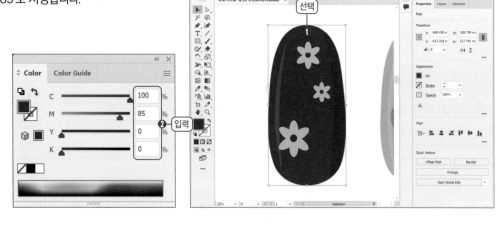

03 네일팁의 꽃문양들을 선택하고 [Color] 패널에서 C '85'로 지정합니다.

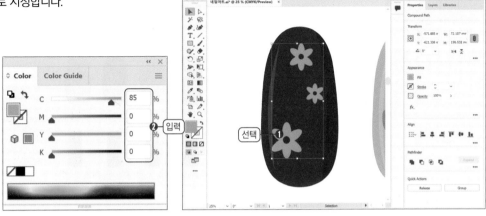

04 또 다른 네일팁의 바탕색은 M '70', 하트 문양들은 M '100'으로 지정합니다.

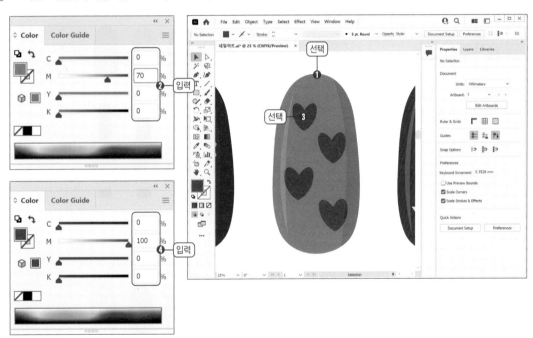

05 나머지 네일팁도 원하는 색으로 표현합니다.

06 네일팁에 입힌 색들을 추출하여 젤네일에 동일한 색을 입혀 보겠습니다. 젤네일 몸체를 선택하고 ①를 눌러서 스포이트 도구(🖋)를 활성화한 다음, 꽃문양 네일팁의 바탕색을 선택하여 동일한 파란색을 적용합니다.

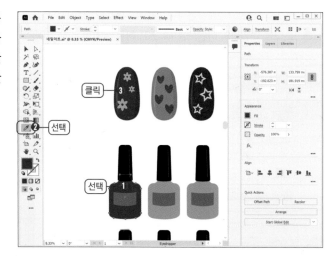

07 두 번째 젤네일 몸체를 선택하고 스포이트 도구로 밝은 파란색 꽃문양을 클릭하여 색을 입혀 줍니다.

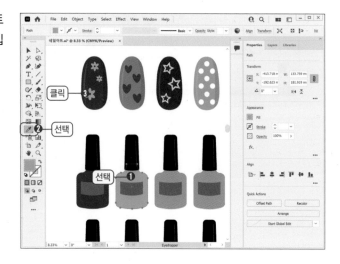

08 나머지 색들도 스포이트 도구로 추출해 젤 네일 몸체에 색을 입혀 완성합니다. 마지막 흰색 젤네일 몸체는 외곽선을 적용해 형태를 표현해 줍 니다.

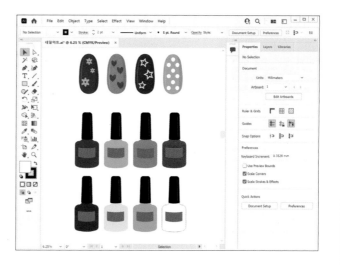

CHAPTER

02

다채로운 색상 표현하기:
Gradient 패널 / 메시 도구

그러데이션 기능을 이용하면 오브젝트를 훨씬 입체적으로 표현할 수 있습니다.

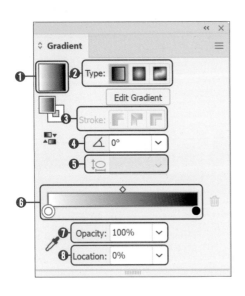

● **[Gradient] 패널**

[Gradient] 패널을 통해 두 가지 이상의 색이 부드럽거나 자연스럽게
어우러지도록 그러데이션 표현을 할 수 있습니다.
상단 메뉴바에서 **[Window]** → **Gradient**(Ctrl+F9)를 실행하여
[Gradient] 패널을 활성화할 수 있습니다.

❶ **Gradient Fill:** 현재의 그러데이션 상태를 보여 줍니다.

❷ **Type:** 원하는 그러데이션 스타일을 지정합니다.
  • **Linear(▣):** 선형 그러데이션을 표현합니다.
  • **Radial(▣):** 원형 그러데이션을 표현합니다.
  • **Freeform Gradient(▣):** 오브젝트 안에 색을 추가할 수 있고, 기준점 위치를 조절하여 원하는 그러데이션을 표현할 수 있습니다.

❸ **Stroke:** 오브젝트의 선에 그러데이션을 적용합니다.

❹ **Angle:** 그러데이션이 표현되는 각도를 지정합니다.

❺ **Aspect Ratio:** 그러데이션의 가로와 세로 비율을 지정합니다.

❻ **Gradient Slider:** 그러데이션의 색을 추가하거나 삭제할 수 있고, 비율을 조절할 수 있습니다.

❼ **Opacity:** 그러데이션의 투명도를 지정할 수 있습니다.

❽ **Location:** Gradient Slider에서 선택한 조절점의 위치를 지정합니다.

Gradient 패널에서 색상 섞어 보기 ●

그러데이션 기능으로 문자의 색상을 다양하게 표현하는 방법을 알아보겠습니다.

● 준비 파일: 일러스트레이터\04\골드.ai

01 [File] → Open(Ctrl+O)을 실행하고 04 폴더에서 '골드.ai' 파일을 불러옵니다.

02 벡터 문자 'GOLD'를 선택하고 **[Window]** → **Gradient**를 선택해 [Gradient] 패널을 열어 줍니다.

03 금색 표현을 위해 [Gradient] 패널의 수치와 슬라이더를 조절합니다. 먼저 Type을 'Linear Gradient', Angle을 '90°'로 적용한 다음 아래쪽 슬라이더를 조절합니다. 왼쪽 슬라이더 색상 값은 M '20%', Y '100%'로, 오른쪽 슬라이더 색상 값은 Y '15%'로 지정합니다. 왼쪽과 오른쪽의 가운데에 슬라이더 쪽을 클릭하여 슬라이더를 추가한 다음 색상 값을 M '65%', Y '100%', K '75%'로 지정합니다. 그다음 중앙과 오른쪽 슬라이더 사이를 클릭하여 슬라이더를 하나 더 만들고 색상 값을 M '5'%, Y '40%'로 지정한 다음 Location을 '70%'로 적용합니다.

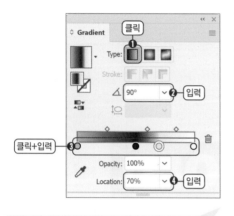
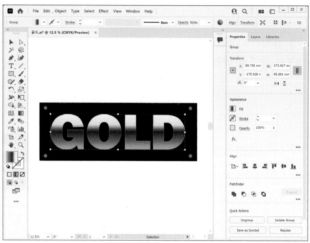

조절점을 클릭했을 때 열리는 [Color] 패널이 Grayscale 모드로 되어 있다면, 패널 오른쪽 상단의 메뉴 버튼(≡)을 눌러서 창을 열고 원하는 색상 모드로 변경할 수 있습니다.

04 그러데이션의 폭을 조절하기 위해 패널의 슬라이더에서 위쪽 조절점을 수정하겠습니다. 왼쪽 슬라이더 Location을 '65%', 중앙 슬라이더 Location을 '13%', 오른쪽 슬라이더 Location을 '40%'로 지정하여 완성합니다.

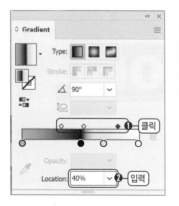
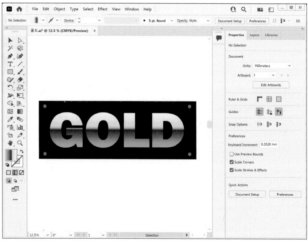

메시 도구를 이용하여 입체 표현하기

메시 도구를 이용해 2D 오브젝트에 자연스러운 그러데이션을 적용하여 3D 오브젝트처럼 입체적으로 표현하는 법을 알아보겠습니다.

● 준비 파일: 일러스트레이터\04\캔.ai

01 [File] → Open(Ctrl+O)을 실행하고 04 폴더에서 '캔.ai' 파일을 불러옵니다.

02 캔의 파란색 바탕을 선택하고 단축키 U를 눌러서 메시 도구를 활성화한 다음, 바탕을 클릭하여 포인트 점 4개를 그림과 같이 만들어 줍니다.

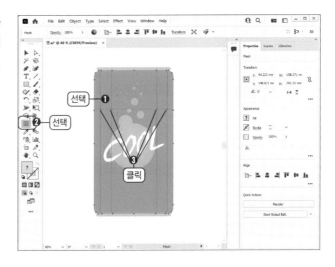

03 바탕 안의 가장 왼쪽 메시 선의 포인트들을 직접 선택 도구(◤)로 모두 선택한 다음, [Color] 패널에서 C '40'으로 지정하고 밝은 하이라이트를 표현합니다.

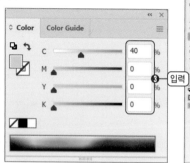

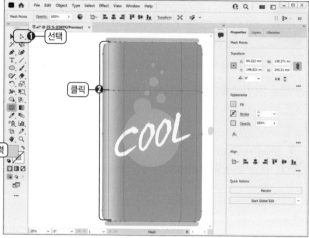

04 두 번째 세로 메시 선의 포인트들을 선택하고 [Color] 패널에서 C '73', M '25'로 색을 지정하여 조금 진하게 표현합니다.

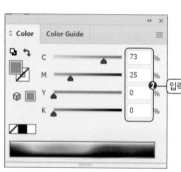

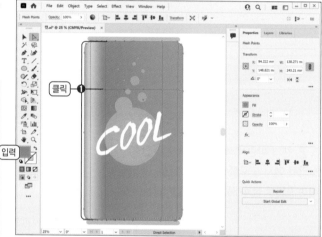

05 세 번째 메시 선의 포인트들 색을 C '100', M '30'로 지정하여 캔의 몸체를 입체적으로 표현해 줍니다.

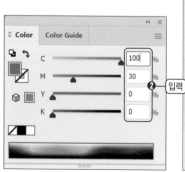

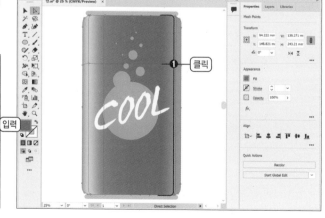

06 위와 아래의 회색 캡 영역을 선택하고 [Gra-dient] 패널에서 그레이 스케일 색상으로 적용하여 완성합니다.

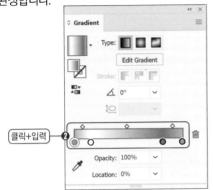

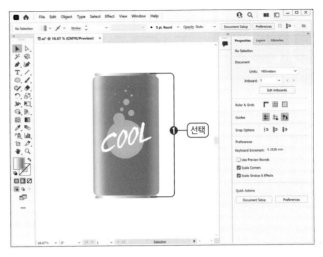

03

분위기에 맞는 색상 가이드 적용하기: Color Guide 패널

일러스트레이터에는 아트워크 작업을 할 때 콘셉트와 어울리는 배색 지정을 편리하고 간편 하게 검토할 수 있는 Color Guide 기능이 있습니다.

● **[Color Guide] 패널**

[Color Guide] 패널을 통해 지정한 색과 어울리는 다양 한 분위기의 배색 가이드를 편리하게 확인할 수 있습니다. 상단 메뉴바에서 **[Window]** →**Color Guide**(Shift+F3) 를 통해 패널을 활성화할 수 있습니다.

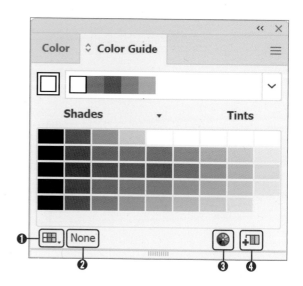

❶ **Limits the color group to colors in a swatch library:** 다양한 키워드의 색상 가이드 리이브러리를 불러옵니다.

❷ **색상 가이드 이름:** 현재 라이브러리에서 선택한 색상 가이드 키워드를 보여 줍니다.

❸ **Edit Colors:** 선택한 색상 가이드를 세부적으로 조절하여 원하는 배색을 적용합니다.

❹ **Save color group to Swatch panel:** 선택한 색상을 Swatches 라이브러리에 추가합니다.

Color Guide 기능으로 배색해 보기

[Color Guide] 패널을 활용해 팝아트 배색으로 표현하는 방법을 알아보겠습니다.

● 준비 파일: 일러스트레이터\04\팝.ai

01 [File] → Open(Ctrl+O)을 실행하고 04 폴더에서 '팝.ai' 파일을 불러옵니다.

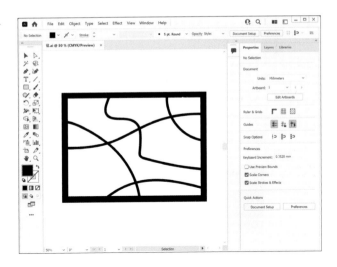

02 왼쪽 상단의 조각을 선택하고 [Color] 패널에서 M '100', Y '100'으로 지정하여 빨간색을 적용합니다.

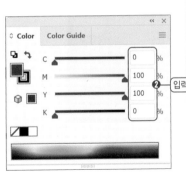

03 [Color Guide] 패널을 열고, 빨간색과 관련된 팝아트 배색 가이드를 적용하기 위해 왼쪽 하단의 〈Limits the color group to colors in a swatch library〉 버튼(囲.)을 눌러서 도구 모음 창을 열어 준 다음 Art History를 'Pop Art'로 선택합니다. 그다음 Harmony Rules 메뉴 팝업 아이콘(∨)을 눌러서 추천 배색 중 'High Contrast 2'를 선택합니다.

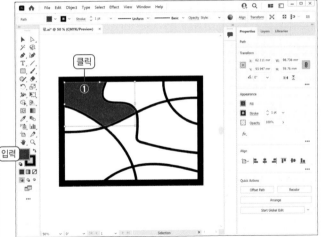

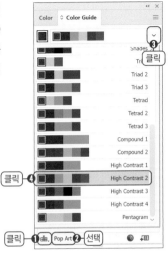

[Color Guide] 패널에서 원하는 배색 가이드를 선택하고 〈Save color group to Swatch panel〉 버튼(㎌)을 클릭하면 [Swatches] 패널에 배색이 등록되어 편리하게 사용할 수 있습니다.

04 빨간색 옆의 조각을 선택하고 [Color Guide] 패널에서 초록색을 지정합니다.

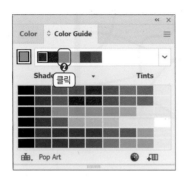

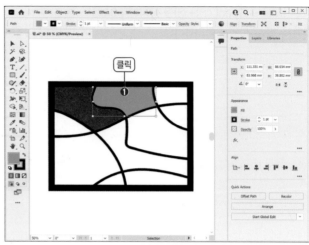

05 다른 조각들도 [Color Guide] 패널에서 원하는 색으로 지정하여 완성합니다. 명도 단계의 색상도 사용할 수 있습니다.

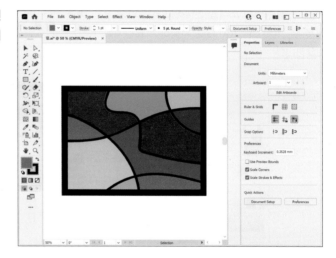

CHAPTER

04

생성형 AI 기능으로 색상 변경하기: Generative Recolor

Generative Recolor 기능을 사용하여 간편하고 신속하게 원하는 벡터 이미지의 색상을, 프롬프트를 입력해서 재구성할 수 있습니다.

● **Generative Recolor 패널 알아보기**

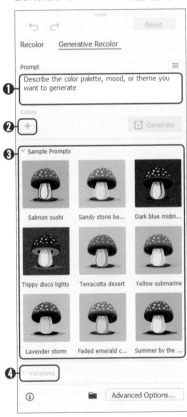

❶ **Prompt :** 색을 다시 칠하기 위해 원하는 배색이나 분위기 등을 프롬프트로 작성할 수 있습니다.

❷ **Colors :** 작성한 프롬프트를 상세하게 생성하기 위해 최대 5가지 색을 추가할 수 있습니다.

❸ **Sample Prompts :** 다양한 분위기의 색상 배색을 선택할 수 있습니다.

❹ **Variations :** 다양하게 생성한 결과물들을 확인하고 선택할 수 있습니다.

 예제 실습 **텍스트 프롬프트를 입력하여 원하는 꽃 색상으로 표현하기** ─────────●

Generative Recolor 기능으로 꽃을 원하는 분위기의 배색으로 변경해 보겠습니다.

● 준비 파일: 일러스트레이터\04\플라워.ai

PART 1. 일러스트레이터 시작
PART 2. 드로잉
PART 3. 편집
PART 4. 색상
PART 5. 타이포그래피
PART 6. 스타일

01   [File] → Open(Ctrl+O)을 실행하고 '플라워.ai' 파일을 불러옵니다.

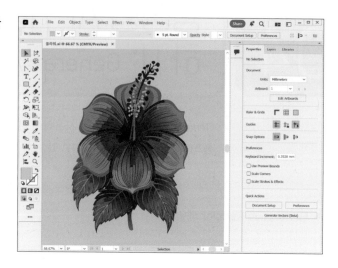

02   플라워 벡터를 선택한 뒤 [Edit] → [Edit Colors] → Generative Recolor를 실행합니다.

03 프롬프트에 'Pastel pink and light green colors that make you feel the warm spring atmosphere.'를 입력하고 Generate를 클릭하면 Vriations에 변경된 분홍색과 녹색의 배색 꽃 벡터 이미지를 보여줍니다. 원하는 색의 이미지를 선택합니다.

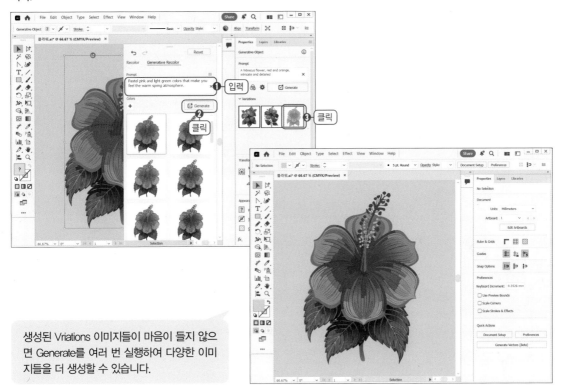

생성된 Vriations 이미지들이 마음이 들지 않으면 Generate를 여러 번 실행하여 다양한 이미지들을 더 생성할 수 있습니다.

ILLUSTRATOR

Ai

PART 5.
타이포그래피를 위한
문자 도구 익히기

문자 도구로
글 작성하기: 문자 도구

문자 입력을 위한 기본적인 문자 도구부터 다양한 활용 도구까지 살펴보고, 실습을 통해 자유롭게 타이포그래피를 표현하는 방법을 알아보겠습니다.

● **문자 도구**

[Tools] 패널의 문자 도구 아이콘(T.)을 길게 클릭하면 원하는 문자 도구를 선택할 수 있는 도구 모음 창이 활성화되어 다양한 방식으로 문자를 입력할 수 있습니다. 또한 단축키 T를 눌러 간편하게 문자 도구를 선택할 수도 있습니다.

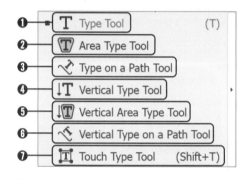

❶ T Type Tool   (T)
❷ T Area Type Tool
❸ ⤳ Type on a Path Tool
❹ ↓T Vertical Type Tool
❺ ↓T Vertical Area Type Tool
❻ ⤳ Vertical Type on a Path Tool
❼ T Touch Type Tool   (Shift+T)

❶ **문자 도구(Type Tool):** 가로 방향으로 문자를 입력할 수 있습니다. 아트보드의 원하는 곳을 클릭하여 글자를 입력할 수 있고, 드래그하여 문자 박스를 만들고 글자를 입력할 수도 있습니다.

❷ **영역 문자 도구(Area Type Tool):** 다양한 영역 안에 문자를 입력할 수 있습니다. 펜 도구, 도형 도구, 연필 도구 등으로 원하는 형태의 오브젝트를 만든 후 영역 문자 도구를 선택한 상태에서 오브젝트를 클릭하면 영역 안에 가로로 문자를 입력할 수 있습니다. 열린 패스의 영역 안에서도 입력이 가능합니다.

❸ **패스 문자 도구(Type on a Path Tool):** 원하는 패스 선을 따라 문자를 입력할 수 있습니다. 패스 선을 기준으로 반대쪽 위치로 이동하여 배치하거나 입력할 수도 있습니다.

❹ **세로 문자 도구(Vertical Type Tool):** 세로 방향으로 문자를 입력할 때 사용합니다.

❺ **세로 영역 문자 도구(Vertical Area Type Tool):** ❷번과 동일하게 영역 안에 문자를 입력할 때 사용하지만, 문자가 세로 방향으로 작성됩니다.

❻ **세로 패스 문자 도구(Vertical Type on a Path Tool):** ❸번과 마찬가지로 패스를 따라 문자를 입력할 수 있지만 세로 방향으로 작성됩니다.

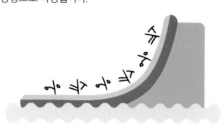

❼ **터치 문자 도구(Touch Type Tool):** 작성한 문자를 개별 오브젝트로 각각 분리하여 변형할 수 있습니다.

문자 도구의 도구 모음에 모든 도구가 보이지 않을 수 있습니다. 그 이유는 [Tools] 패널이 기본 타입으로 설정되어 있기 때문입니다. [Tools] 패널 하단의 〈Edit Toolbar〉 버튼을 누른 다음, 오른쪽 상단의 단추(▤)를 눌러서 도구 모음 방식을 선택할 수 있는 창을 열고 〈Advanced〉를 클릭하여 설정하면 모든 문자 도구를 활성화할 수 있습니다.

 문자 도구로 글 작성하기

문자 도구로 간단한 단어를 작성해 넣는 방법을 알아보겠습니다.

● 준비 파일: 일러스트레이터\05\말풍선.ai

01 [File] → Open(Ctrl+O)을 실행하고 05 폴더에서 '말풍선.ai' 파일을 불러옵니다. T를 눌러서 문자 도구(T.)를 활성화한 뒤 말풍선을 클릭합니다.

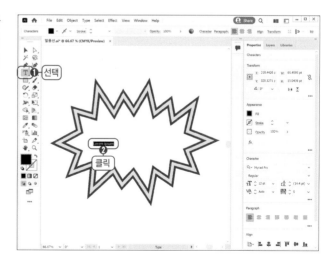

02 그림과 같이 'NICE!'를 입력하거나, 원하는
문구를 입력합니다.

03 컨트롤바에서 Character 아이콘(Character)을 클릭하거나 Ctrl+T를 눌러 [Character] 패널을 활성화하고 문자 크기
를 '90pt'로 적용한 다음 서체를 수정합니다.

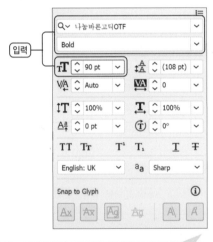

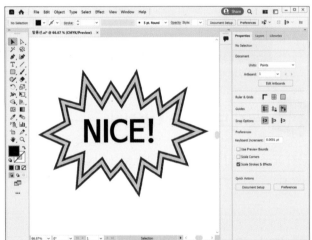

> 본 예제에서 사용한 서체는 '네이버 나눔바른고
> 딕'입니다. 서체가 없을 때는 '나눔서체' 홈페이지
> 에서 다운로드하여 무료로 사용할 수 있습니다.

영역 문자 도구로 글 작성하기

영역 문자 도구로 패스의 영역 안에 글을 작성하는 방법을 알아보겠습니다.

● 준비 파일: 일러스트레이터\05\사과노트.ai

01 [File] → Open(Ctrl+O)을 실행하고 05 폴더에서 '사과노트.ai' 파일을 불러옵니다. P를 눌러서 펜 도구(✏.)를 선택한 다음 노트 안에 문자를 입력할 영역을 그려 줍니다.

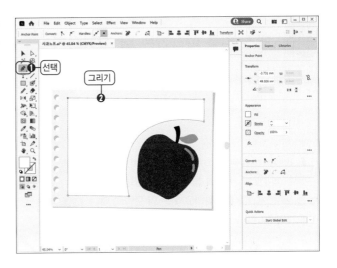

02 [Tools] 패널에서 문자 도구(T.)를 길게 클릭해 영역 문자 도구(▥)를 선택하고 펜 도구로 그린 영역의 패스를 클릭하면 문자 입력 대기 상태가 됩니다.

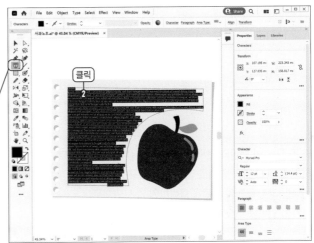

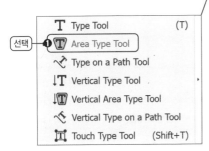

03 글을 작성하면 패스 영역 안에 입력됩니다. Ctrl+T를 눌러 [Character] 패널을 열고 서체는 '나눔손글씨 나무정원', 문자 크기는 '30pt'로 지정합니다.

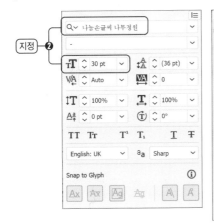

패스 위를 따라가는 글 작성하기 ──────────────●

패스 문자 도구를 이용해 그리기 도구로 그린 패스를 따라 글을 작성하는 방법을 알아보겠습니다.

● 준비 파일: 일러스트레이터\05\스마일.ai

01 [File] → Open(Ctrl+O)을 실행하고 05 폴더에서 '스마일.ai' 파일을 불러옵니다. P를 눌러서 펜 도구( )를 활성화하고 웃는 입 모양의 패스를 그려 줍니다.

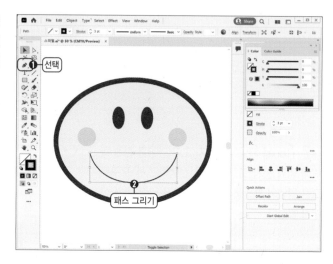

02 [Tools] 패널의 문자 도구(T.)를 길게 클릭하여 도구 모음 창을 열고 패스 문자 도구( )를 선택합니다. 패스의 왼쪽을 클릭하면 입 모양대로 문자를 입력할 수 있습니다.

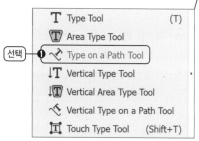

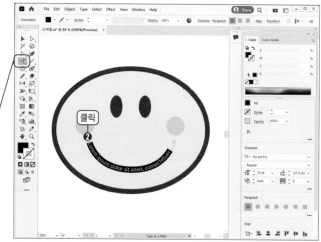

03 글을 입력하면 패스를 따라 문장이 만들어집니다. Ctrl+T를 눌러 [Character] 패널을 열고 서체는 '나눔바른펜', 크기는 '34pt'로 지정합니다.

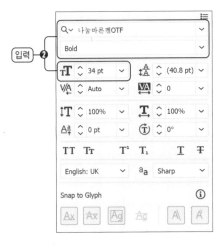
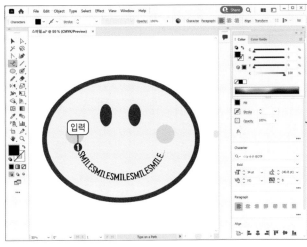

세로쓰기 타입으로 글 작성하기

세로 문자 도구를 이용해 글을 세로로 작성하는 방법을 알아보겠습니다.

● 준비 파일: 일러스트레이터\05\메뉴판.ai

01 [File] → Open(Ctrl+O)을 실행하고 05 폴더에서 '메뉴판.ai' 파일을 불러옵니다. [Tools] 패널의 문자 도구(T.)를 길게 클릭하여 세로 문자 도구(↓T)를 선택한 다음 메뉴판을 클릭합니다.

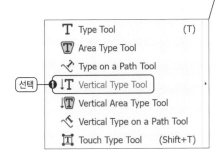
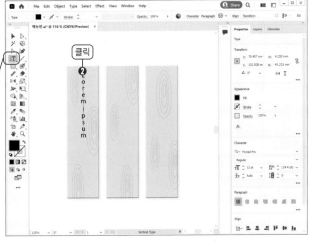

02 메뉴판에 '떡볶이' 또는 작성하고 싶은 메뉴를 입력합니다. Ctrl+T를 눌러 [Character] 패널을 열고 서체는 '나눔손글씨 갈맷글', 크기는 '55pt'로 지정합니다.

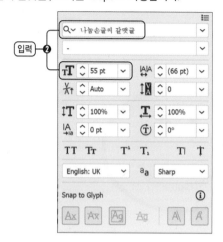

03 나머지 메뉴도 입력하여 메뉴판을 완성합니다.

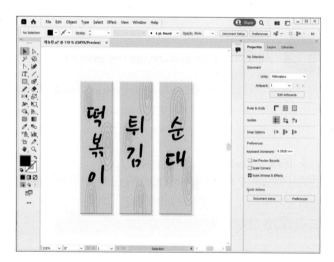

세로 영역 문자 도구로 글 작성하기

세로 영역 문자 도구를 이용해 원하는 패스 영역 안에 세로로 글을 작성하는 방법을 알아보겠습니다.

● 준비 파일: 일러스트레이터\05\우산.ai

01 [File] → Open(Ctrl+O)을 실행하고 05 폴더에서 '우산.ai' 파일을 불러옵니다. P를 눌러서 펜 도구( )를 선택한 다음 우산 위에 문자를 입력할 영역을 그려 줍니다.

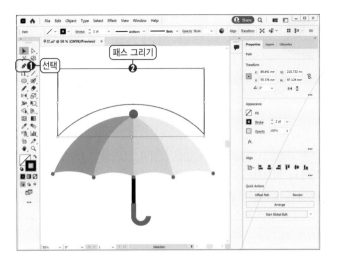

02 [Tools] 패널의 문자 도구( )를 길게 클릭하여 세로 영역 문자 도구( )를 선택한 다음 그린 패스를 클릭합니다.

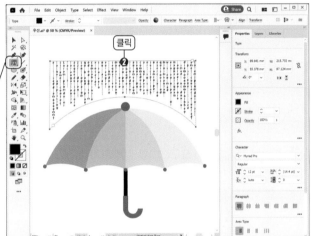

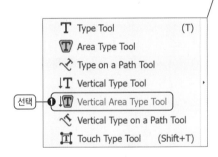

03 Ctrl+T를 눌러 [Character] 패널을 열고 서체는 '나눔손글씨 안쌍체', 크기는 '30pt'로 지정한 뒤 '주르륵' 문구를 그림과 같이 입력하여 완성합니다.

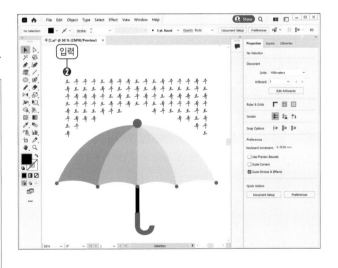

패스를 세로로 따라가는 글 작성하기 ————————————●

세로 패스 문자 도구를 이용해 원하는 패스를 따라서 세로로 글을 작성하는 방법을 알아보겠습니다.

● 준비 파일: 일러스트레이터\05\미끄럼틀.ai

01 [File] → Open(Ctrl+O)을 실행하고 05 폴더에서 '미끄럼틀.ai' 파일을 불러옵니다. P를 눌러서 펜 도구(✎)를 활성화한 다음 그림처럼 미끄럼틀을 따라 패스를 그려 줍니다.

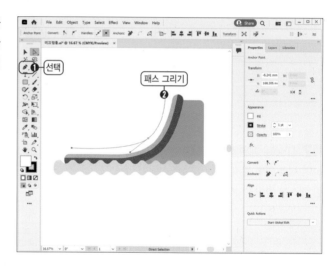

02 [Tools] 패널의 문자 도구(T.)를 길게 클릭하여 세로 패스 문자 도구(✎)를 선택합니다. 이제 패스의 위쪽을 클릭하면 문자를 입력할 수 있습니다.

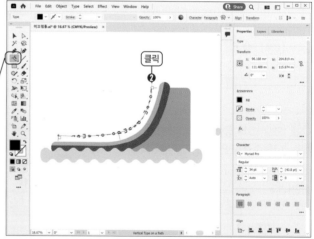

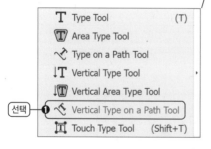

03 '슈웅' 문구를 반복해서 입력합니다. Ctrl+T를 눌러 [Character] 패널을 열고 서체는 '나눔손글씨 손편지체', 문자 크기는 '120pt'로 지정합니다.

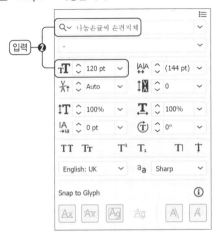

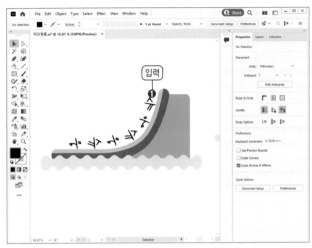

 터치 문자 도구로 글자 수정하기

터치 문자 도구로 작성한 글자를 개별적으로 수정하는 방법을 알아보겠습니다.

● 준비 파일: 일러스트레이터\05\꿀.ai

01 [File] → Open(Ctrl+O)을 실행하고 05 폴더에서 '꿀.ai' 파일을 불러옵니다. 단축키 T를 눌러서 문자 도구(T.)를 활성화한 다음 '달콤달콤허니' 문구를 작성합니다.

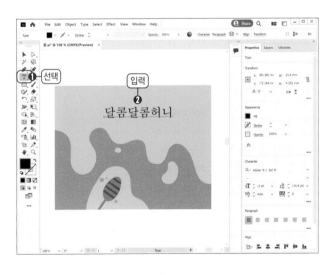

02 작성한 문구를 선택하고 Ctrl+T를 눌러 [Character] 패널을 연 다음 서체는 '배달의민족 주아', 문자 크기는 '22pt'로 지정합니다.

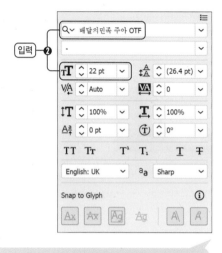

> 본 예제에서 사용한 서체는 '배달의민족 주아체'입니다. 서체가 없을 때는 '배달의민족' 홈페이지에서 다운받아 무료로 사용할 수 있습니다.

03 [Tools] 패널의 문자 도구(T.)를 길게 클릭하여 터치 문자 도구(🔟)를 선택한 다음, 문구 가장 앞에 있는 '달'을 클릭하면 조절 박스가 생깁니다.

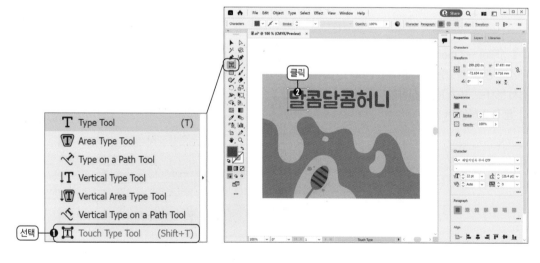

04 위쪽 회전 기준점을 선택하여 왼쪽으로 회전하고, 조절 박스의 오른쪽 위 기준점을 선택하여 크기를 키워 줍니다.

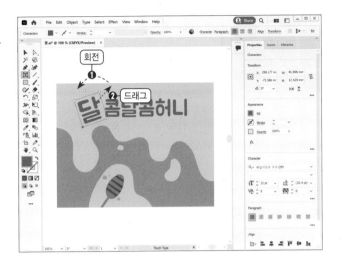

05 나머지 글자들도 생동감 있게 위치와 크기를 조절합니다. 펜 도구( )로 글자 곁에 움직임을 표현하면 더욱 효과적입니다.

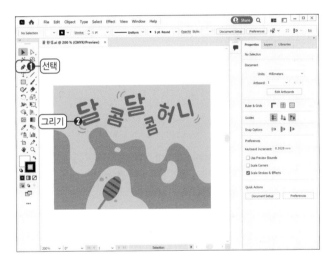

문서 편집하기
: Character, Paragraph 패널

문자 편집 도구인 [Character] 패널과 [Paragraph] 패널을 이용하면 일반적인 문서 프로그램 없이도 작성한 글을 편집할 수 있습니다.

● **[Character] 패널**

[Character] 패널을 통해 문자 스타일을 세부적으로 조절할 수 있습니다.
상단 메뉴바에서 **[Window] → Type → Character**를 실행하거나, 단축키 Ctrl+T를 누르면 간편하게 패널을 활성화할 수 있습니다.

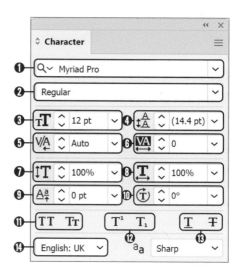

활성화된 패널의 이름 탭(✧ Character)을 더블클릭하거나, 탭의 왼쪽 단추를 누르면 상세한 옵션을 확인할 수 있습니다.

❶ **Font(서체):** 내 컴퓨터에 설치된 서체를 검색하고 지정할 수 있습니다.

❷ **Font Style(서체 스타일):** 지정한 서체 스타일을 적용할 수 있습니다. 스타일은 보통 'Light(얇은 서체)', 'Regular(보통 서체)', 'Bold(굵은 서체)', 'Italic(이탤릭체)' 등으로 지정할 수 있는데, 서체에 따라 스타일 종류가 다를 수 있습니다.

❸ **Size(서체 크기):** 'pt(포인트)' 단위로 서체의 크기를 지정할 수 있습니다. 서체 고유의 특성상 같은 포인트라도 서체마다 크기가 다를 수 있습니다.

❹ **Leading(행간):** 문장 또는 문자의 줄 간격을 조절할 수 있습니다. 처음에는 'Auto'로 지정되어 있지만, 직접 수치를 선택하거나 입력하여 원하는 간격만큼 조절할 수 있습니다.

> 2줄 이상의 문장을 드래그하여 선택하고 Alt와 함께 ↑ 또는 ↓를 누르면 쉽게 행간을 조절할 수 있습니다.

❺ **Kerning(두 글자 사이의 자간):** 문장에서 글자 사이의 간격을 조절하여 짜임새와 균형을 맞출 수 있습니다. 조절하고 싶은 두 글자 사이를 클릭하고 원하는 수치를 선택하거나 입력하여 조절합니다. 수치가 '–' 이면 글자 간격이 좁아지고 '+'면 멀어집니다.

> 글자 사이를 클릭하고 Alt와 함께 ← 또는 →를 누르면 쉽게 자간을 조절할 수 있습니다.

❻ **Tracking(선택 글자 사이의 자간):** ❺번과 다르게 글자 사이의 간격을 조절하고 싶은 글자들을 드래그하여 선택한 다음 원하는 수치를 선택하거나 입력하여 동일한 간격으로 조절할 수 있습니다. 수치가 '—'이면 글자 간격이 좁아지고, '+'면 멀어집니다.

> 글자들을 드래그하고 Alt 와 함께 ← 또는 → 를 누르면 자간을 쉽게 조절할 수 있습니다.

❼ **Vertical Scale(글자 세로 비율):** 문자의 높이 길이를 조절할 수 있습니다. 100%에서 수치가 늘어날수록 문자의 높이가 길어지며, 수치가 낮을수록 높이가 짧아집니다. 원하는 글자들을 드래그하여 조절할 수도 있습니다.

❽ **Horizonatal Scale(글자 가로 비율):** 문자의 가로 너비를 조절할 수 있습니다. 100%에서 수치가 늘어날수록 문자의 가로 폭이 넓어지며, 수치가 낮을수록 가로 폭이 좁아집니다. 원하는 글자들을 드래그하여 조절할 수도 있습니다.

❾ **Baseline Shift(기준선 이동):** 원하는 글자를 기준선의 위나 아래로 이동할 수 있습니다. 문자를 드래그하여 '—' 수치를 적용하면 문자가 기준선의 아래로 이동하며, '+' 수치를 적용하면 문자가 기준선보다 위로 이동합니다.

> 글자들을 드래그하고 Shift + Alt 와 함께 ↑ 또는 ↓ 를 누르면 쉽게 기준선을 이동할 수 있습니다.

❿ **Character Rotation(문자 회전):** 원하는 각도로 글자를 회전할 수 있습니다. 글자들을 드래그하여 선택하고 각도의 수치를 입력하면 회전할 수 있습니다.

⓫ **All Caps, Small Caps:** 'All Caps'는 알파벳을 모두 같은 크기의 대문자로 적용합니다. 'Small Caps'도 모두 대문자로 적용하지만, 가장 앞에 있는 알파벳 외의 나머지 문자들은 작은 크기의 대문자로 적용됩니다.

⓬ **Superscript, Subscript:** 원하는 문자를 드래그하거나 선택하여 위 첨자나 아래 첨자로 적용할 수 있습니다.

⓭ **Underline, Strikethrough:** 원하는 문자를 드래그하거나 선택하여 밑줄 또는 취소선을 적용할 수 있습니다.

⓮ **Language:** 작성한 문자의 언어를 선택하면 철자나 문법을 검사할 때 사전으로 활용할 수 있습니다. 문자를 선택하고 마우스 오른쪽 버튼을 클릭하면 나타나는 메뉴에서 **Spelling → Auto Spell Check**를 적용하면 문자를 검사하여 개선이 필요할 수 있는 문자에 빨간 밑줄이 생깁니다.

● **[Paragraph] 패널**

[Paragraph] 패널을 통해 글의 단락 정렬 타입을 조절할 수 있습니다. 상단 메뉴바에서 **[Window] → Type → Paragraph**를 실행하거나 단축키 Alt + Ctrl + T 를 누르면 간편하게 패널을 활성화할 수 있습니다.

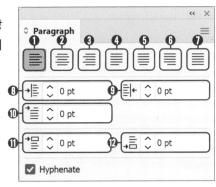

❶ **Align left:** 단락의 글을 왼쪽 정렬합니다.

Paragraph 패널로 편리하게 문장 정렬하기

❷ **Align center:** 단락의 글을 가운데 정렬합니다.

Paragraph 패널로 편리하게 문장 정렬하기

PART 1. 일러스트레이터 시작

PART 2. 드로잉

PART 3. 편집

PART 4. 심화

PART 5. 타이포그래피

PART 6. 스타일

❸ **Align right:** 단락의 글을 오른쪽 정렬합니다.

Paragraph 패널로
편리하게 문장
정렬하기

❹ **Justify with last line aligned left:** 긴 문장이 좌우 끝에 일치하게 정렬하되, 마지막 줄은 왼쪽 정렬합니다.

**일러스트레이터를 활용하여
나만의 독특하고 멋스러운
타이포그래피 작품을 만들어
볼 수 있습니다.**

❺ **Justify with last line aligned center:** 긴 문장이 좌우 끝에 일치하게 정렬하되, 마지막 줄은 가운데 정렬합니다.

**일러스트레이터를 활용하여
나만의 독특하고 멋스러운
타이포그래피 작품을 만들어
볼 수 있습니다.**

❻ **Justify with last line aligned right:** 긴 문장이 좌우 끝에 일치하게 정렬하되, 마지막 줄은 오른쪽 정렬합니다.

**일러스트레이터를 활용하여
나만의 독특하고 멋스러운
타이포그래피 작품을 만들어
볼 수 있습니다.**

❼ **Justify all lines:** 모든 줄의 문장이 좌우 끝에 일치하게 정렬합니다.

**일러스트레이터를 활용하여
나만의 독특하고 멋스러운
타이포그래피 작품을 만들어
볼 수 있습니다.**

❽ **Left indent:** 문자 박스의 왼쪽에 지정한 수치만큼 여백을 줄 수 있습니다.

❾ **Right indent:** 문자 박스의 오른쪽에 지정한 수치만큼 여백을 줄 수 있습니다.

❿ **First-line left indent:** 문단 첫 줄의 문장 왼쪽에 여백을 줄 수 있습니다.

⓫ **Space before paragraph:** 단락 앞에 지정한 수치만큼 간격을 줄 수 있습니다.

⓬ **Space after paragraph:** 단락 뒤에 지정한 수치만큼 간격을 줄 수 있습니다.

 문자 색 변경하기 ──────────────────────────●

[Color] 패널을 이용해 문자에 색을 적용하는 방법을 알아보겠습니다.

● 준비 파일: 일러스트레이터\05\문자색.ai

01 [File] → Open(Ctrl+O)을 실행하고 05 폴더에서 '문자색.ai' 파일을 불러옵니다. T를 눌러서 문자 도구(T.)를 활성화한 다음 '블링블링' 문자만 드래그하여 선택합니다.

본 예제에서 사용한 서체는 '배달의민족 주아체'입니다. 서체가 없을 때는 '배달의민족' 홈페이지에서 다운받아 무료로 사용할 수 있습니다.

02 [Color] 패널(F6)에서 면 색을 선택하고 M '60'을 입력하면 문자의 면 색이 연분홍색으로 변경됩니다.

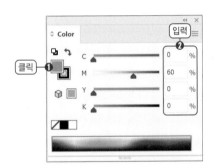

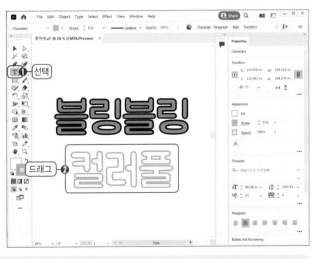

03 T를 눌러서 문자 도구(T.)를 활성화한 다음 '컬러풀' 문자를 드래그하여 선택합니다. [Color] 패널에서 선 색을 선택하고 M '40', Y '100'을 입력하면 문자 선이 주황색으로 변경됩니다.

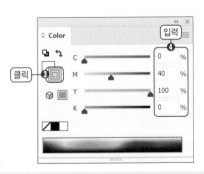

선택 도구(▶)로 문자를 한 번에 선택하여 색을 변경할 수 있습니다. 문자의 면 색이나 선 색을 없애고 싶다면 [Color] 패널에서 색 없음 아이콘(☑)을 클릭합니다.

CHAPTER 03

글자 변형하여 표현하기 I: Create Outlines, Warp Options, Envelope Mesh

일러스트레이터에서는 다양한 문자 변형 도구를 이용해 이미지뿐만 아니라 문자 형태도 자유롭게 표현할 수 있습니다. 문자 변형 도구인 Create Outlines, Warp, Mesh에 대해 알아보겠습니다.

 글자를 벡터 이미지로 변경해 자유자재로 표현하기 ────────────●

Create Outlines 기능으로 문자를 패스가 적용된 벡터 이미지로 변경할 수 있으며, 원하는 형태로 자유롭게 조절할 수 있습니다.

● 준비 파일: 일러스트레이터\05\구름.ai

01 [File] → Open(Ctrl+O)을 실행하고 05 폴더에서 '구름.ai' 파일을 불러옵니다. 단축키 T를 눌러서 문자 도구(T.)를 선택하고 이미지 가운데에 2줄로 '둥실둥실'을 작성합니다.

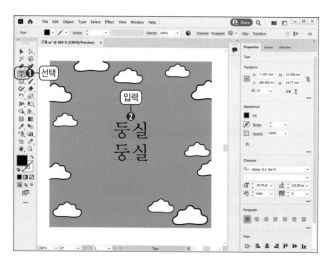

02 Ctrl+T를 눌러 [Character] 패널을 열고 서체는 '배달의민족 주아', 크기는 '50pt'로 지정합니다.

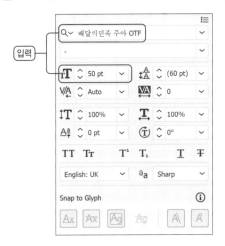

03 글자를 선택하고 Shift+Ctrl+O를 눌러서 'Create Outlines'를 실행하여 패스가 적용된 벡터 이미지로 변형해 줍니다. 글자의 면 색은 흰색으로 변경합니다.

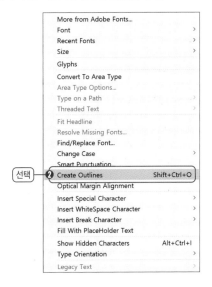
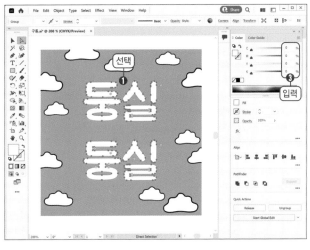

04 글자의 벡터 이미지를 선택하고 Ctrl+F10을 눌러서 [Stroke] 패널을 활성화합니다. Weight 를 '1.5pt', Align Strokes를 'Outside'로 적용합 니다.

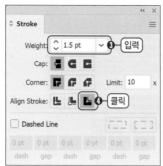

05 상단 메뉴바에서 **[Effect]** → Distort & Trans- form → **Roughen**을 실행합니다. Size를 '4%'와 'Relative'로, Detail을 '10', Points를 'Smooth'로 체크합니다.

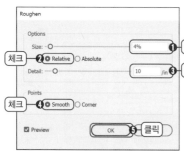

06 직접 선택 도구(◢)를 길게 클릭하여 그룹 선택 도구(◢)를 선택하고 자소 각각의 위치를 조 절하여 구름 형태를 좀 더 자연스럽게 표현합니다.

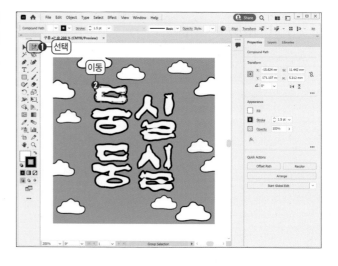

● [Warp Options] 대화상자

Warp 기능을 이용하여 문자, 오브젝트 등의 여러 요소를 원하는 모양으로 왜곡하여 변형할 수 있습니다. 상단 메뉴바의 **[Object]** → **Envelope Distort** → **Make with Warp**(Alt + Shift + Ctrl + W)로 실행할 수 있으며, 옵션을 통해 다양한 왜곡 스타일을 선택할 수 있습니다.

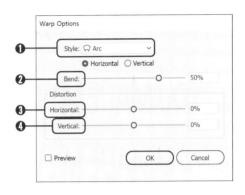

❶ **Style:** 문자 또는 오브젝트를 15가지 스타일로 왜곡하여 변형할 수 있습니다.

ⓐ ♡ Arc
ⓑ ⛉ Arc Lower
ⓒ ⬠ Arc Upper

ⓓ ⊟ Arch
ⓔ ⊖ Bulge
ⓕ ⟳ Shell Lower
ⓖ ⌄ Shell Upper

ⓗ ⧓ Flag
ⓘ ⧖ Wave
ⓙ ⟲ Fish
ⓚ ⧗ Rise

ⓛ ▣ FishEye
ⓜ ○ Inflate
ⓝ ⟆ Squeeze
ⓞ ⊞ Twist

ⓐ Arc: 문자 또는 오브젝트를 부채꼴처럼 둥근 모양으로 왜곡할 수 있습니다.

YOU MADE MY DAY

ⓑ Arc Lower: 문자 또는 오브젝트의 아래쪽만 둥글게 왜곡합니다.

YOU MADE MY DAY

ⓒ Arc Upper: 문자 또는 오브젝트의 위쪽만 둥글게 왜곡합니다.

YOU MADE MY DAY

PART 1. 일러스트레이터 시작

PART 2. 드로잉

PART 3. 편집

PART 4. 채색

PART 5. 타이포그래피

PART 6. 스타일

ⓓ Arch: 문자 또는 오브젝트를 아치 모양으로 왜곡합니다.

YOU MADE MY DAY

ⓔ Bulge: 문자 또는 오브젝트의 위쪽과 아래쪽을 오목하거나 볼록하게 왜곡합니다.

YOU MADE MY DAY

ⓕ Shell lower: 문자 또는 오브젝트의 아래쪽을 조개 모양으로 왜곡합니다.

YOU MADE MY DAY

ⓖ Shell Upper: 문자 또는 오브젝트의 위쪽을 조개 모양으로 왜곡합니다.

YOU MADE MY DAY

ⓗ Flag: 문자 또는 오브젝트 전체를 깃발 모양으로 왜곡합니다.

YOU MADE MY DAY

ⓘ Wave: 문자 또는 오브젝트의 안쪽을 파도 모양으로 왜곡합니다.

YOU MADE MY DAY

ⓙ Fish: 문자 또는 오브젝트를 물고기 모양으로 왜곡합니다.

YOU MADE MY DAY

ⓚ Rise: 문자 또는 오브젝트의 왼쪽 또는 오른쪽 끝을 올려서 왜곡합니다.

YOU MADE MY DAY

ⓛ FishEye: 문자 또는 오브젝트의 가운데를 기준으로 오목하거나 볼록하게 왜곡합니다.

YOU MADE MY DAY

ⓜ Inflate: 형태 전체를 수축하거나 팽창하여 왜곡합니다.

YOU MADE MY DAY

ⓝ Squeeze: 가로 또는 세로를 기준으로 문자 또는 오브젝트를 밀어 넣어 짜듯이 왜곡합니다.

YOU MADE MY DAY

ⓞ Twist: 문자 또는 오브젝트를 뒤틀어서 왜곡합니다.

YOU MADE MY DAY

❷ **Bend:** 문자 또는 오브젝트의 왜곡 강도와 방향을 '-100~100%' 수치로 지정할 수 있고, '0%'에 가까울수록 왜곡 정도가 약해집니다.

❸ **Horizontal:** 수평을 기준으로 왜곡 강도와 방향을 '-100~100%' 수치로 지정할 수 있습니다.

❹ **Vertical:** 수직을 기준으로 왜곡 강도와 방향을 '-100~100%' 수치로 지정할 수 있습니다.

> • 패널에서 'Preview' 버튼을 체크하면 실시간으로 변화된 결과를 미리 확인할 수 있습니다.
> • Warp 기능을 적용 중일 때는 색상 변경이 불가능하므로 미리 원하는 색상을 적용하여 작업하는 것이 좋습니다.

 ## Warp Options 기능으로 문자 왜곡하여 표현하기 ────────●

작성된 글에 Warp Options 기능을 적용하여 왜곡되게 표현하는 방법을 알아보겠습니다.

● 준비 파일: 일러스트레이터\05\수정구슬.ai

01 [File] → Open(Ctrl+O)을 실행하고 05 폴더에서 '수정구슬.ai' 파일을 불러옵니다. T를 눌러서 문자 도구(T.)를 선택하고 수정구 안에 'BLING'을 작성합니다.

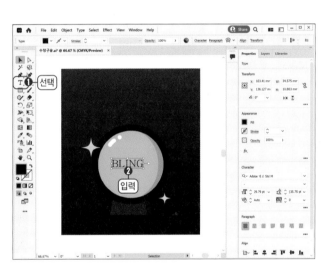

02 Ctrl+T를 눌러 [Character] 패널을 열고 서체를 '배민 을지로 10년후체', 크기를 '55pt', 가로 폭을 '90%'로 지정합니다.

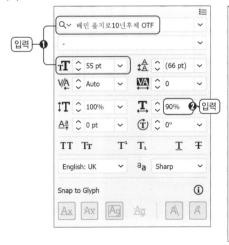

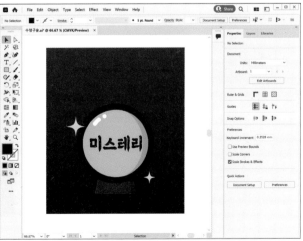

03 문구를 선택하고 면 색을 흰색으로 변경합니다. Shift+Alt+Ctrl+W를 눌러서 [Warp Options] 대화상자를 열어 줍니다. Style을 'FishEye', Bend를 '25%'로 적용합니다.

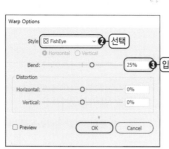

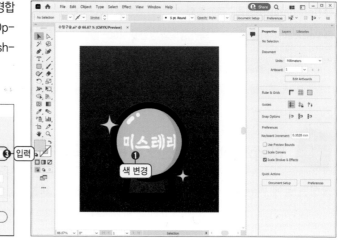

04 문자 도구(T)를 선택하고 수정구 위에 'MAGIC CRYSTAL BALL' 문구를 작성합니다. 면 색은 연보라색으로 변경합니다.

05 [Character] 패널을 다시 열고 서체를 '배달의민족 주아', 크기를 '36pt', 가로 폭을 '90%'로 지정합니다.

06 문구를 선택하고 Shift+Alt+Ctrl+W를 눌러서 [Warp Options] 대화상자를 열고 Style을 'Arc', Bend를 '50%'로 적용하여 완성합니다.

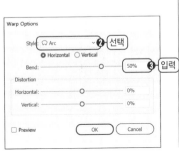

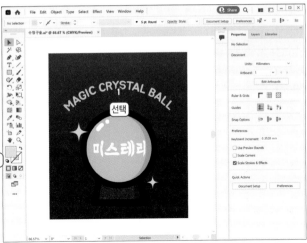

● [Envelope Mesh] 대화상자

Envelope Mesh 기능을 활용하여 문자, 오브젝트 등 다양한 요소에 패스의 기준점을 생성하여 직접 선택 도구로 자유롭고 상세하게 변형하여 왜곡할 수 있습니다. [Envelope Mesh] 대화상자는 상단 메뉴바에서 **[Object] → Envelope Distort → Make with Mesh** (Alt+Ctrl+M)로 실행할 수 있습니다.

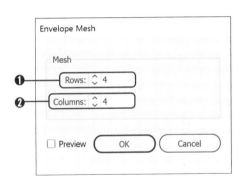

❶ **Rows:** 지정한 수치만큼 세로로 메시 면을 분할하여 생성합니다.

❷ **Columns:** 지정한 수치만큼 가로로 메시 면을 분할하여 생성합니다

> Mesh 기능을 적용 중일 때는 색상 변경이 불가능하므로 미리 원하는 색상을 적용하여 작업하는 것이 좋습니다.

Envelope Mesh 기능으로 문자 왜곡하여 표현하기

작성한 글에 Envelope Mesh 기능을 적용하여 원하는 형태로 왜곡되게 표현하는 방법을 알아보겠습니다.

● 준비 파일: 일러스트레이터\05\청소기.ai

01 [File] → Open(Ctrl+O)을 실행하고 05 폴더에서 '청소기.ai' 파일을 불러옵니다. T를 눌러서 문자 도구(T.)를 선택하고 청소기 이미지 아래에 2줄로 '먼지먼지먼지먼지먼지'를 작성합니다.

02 Ctrl+T를 눌러 [Character] 패널을 열고 서체를 '배달의민족 을지로오래오래체', 크기를 '50pt', 행간을 '50pt'로 지정합니다.

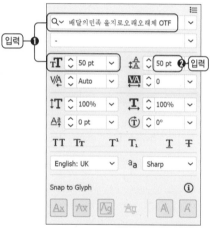

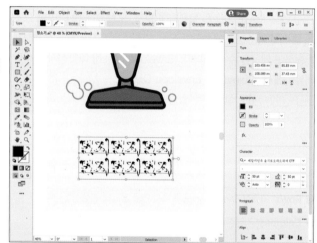

03 문구를 선택하고 Alt+Ctrl+M을 눌러서 [Envelope Mesh] 대화상자를 실행한 다음 Rows를 '2', Columns를 '2'로 지정합니다.

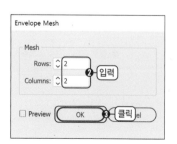

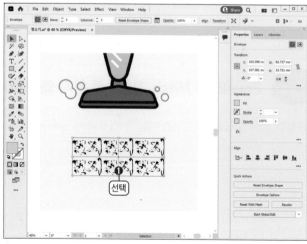

04 위쪽 패스의 중간 기준점을 직접 선택 도구 (📐)로 선택하고 청소기 위치까지 끌어 올립니다.

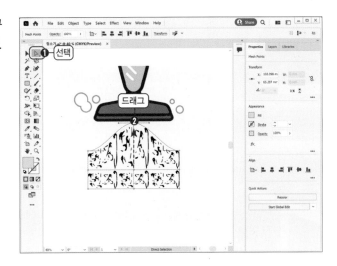

05 중앙 기준점을 선택하고 위쪽으로 올려서 청소기에 흡입되는 듯한 형태로 완성합니다.

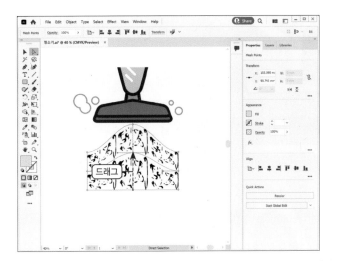

ILLUSTRATOR

PART 6.
일러스트에 깊이감을 더하는 각종 효과와 스타일 도구

CHAPTER 01

3D 도구로 입체적인 오브젝트 표현하기: 3D and Materials 패널

일러스트레이터의 3D 도구를 활용하면 간편하면서도 효율적으로 오브젝트에 입체 표현을 할 수 있습니다. 다양한 3D 도구에 대해 알아보고 예제를 통해 익혀 보겠습니다.

● [3D and Materials – Extrude & Bevel] 패널

상단 메뉴바에서 [Effect] → 3D and Materials → Extrude & Bevel을 선택하면 [3D and Materials] 패널을 활성화할 수 있습니다. Revolve, Inflate, Rotate, Materials의 설정을 [3D and Materials] 패널에서 할 수 있습니다.

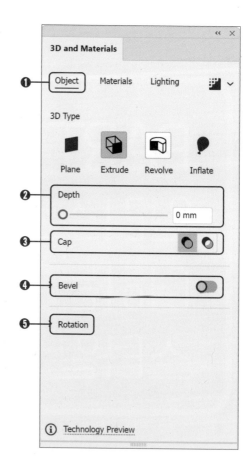

❶ **Object:** 2D 오브젝트를 원하는 형태의 입체로 표현할 수 있으며, 입체 강도나 회전을 통해 상세하게 조절할 수 있습니다. Plane, Extrude & Bevel, Revolve, Inflate, Rotate 기능이 해당됩니다.

❷ **Depth:** Z축으로 오브젝트의 깊이 강도를 조절할 수 있습니다.

❸ **Cap:** 입체화를 할 때 오브젝트의 내부를 채우거나 비울 수 있습니다.

❹ **Bevel:** 면의 형태를 다양하게 변경할 수 있고, 강도를 조절할 수 있습니다.

❺ **Rotation:** 입체화된 오브젝트를 원하는 여러 각도로 지정할 수 있습니다.

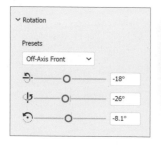

3D 효과를 적용한 오브젝트를 선택하면 모서리 형태, 크기 조절, 다양한 각도(X · Y · Z축 기준) 로 회전할 수 있는 핸들이 생기므로 아트보드에서 편리하게 조절할 수 있습니다.

Extrude & Bevel 기능으로 입체 피라미드 도형 만들기 ────────●

사각형 도형에 Extrude & Bevel 입체 효과를 적용하여 피라미드 오브젝트를 만드는 방법을 알아보겠습니다.

● 준비 파일: 일러스트레이터\06\피라미드.ai

01 [File] → Open(Ctrl+O)을 실행하고 06 폴더에서 '피라미드.ai' 파일을 불러옵니다.

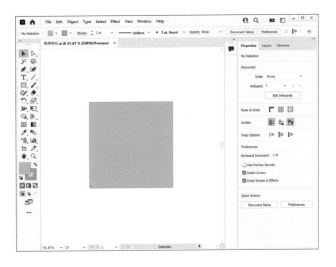

02 정사각형을 선택하고 [3D and Materials] 패널에서 'Extrude' 메뉴를 선택합니다. Depth를 '15mm'로 지정하고, Rotation의 Presets에서 'Isometric Top'을 적용합니다.

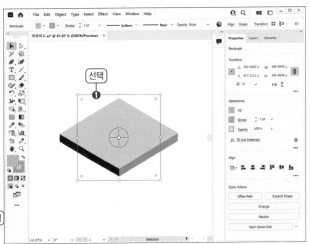

Rotation의 Presets에는 기본적으로 다양한 각도의 뷰가 세팅되어 있습니다. 버튼을 눌러서 원하는 뷰를 간편하게 선택할 수 있습니다.

03 다음은 Bevel 효과를 적용하기 위해 오른쪽에 있는 버튼을 잠금 해제하여 활성화한 다음 Bevel의 앞 화살표를 눌러서 옵션을 열어 줍니다. Bevel Shape를 'Classic', Width를 '65%', Height를 '75%', Repeat을 '10', Space를 '33%'로 지정합니다.

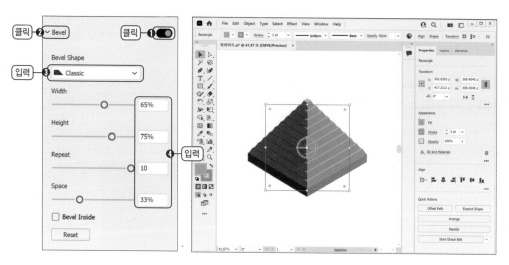

04 입체화된 피라미드 오브젝트의 색을 변경하려면 [Color] 패널에서 면과 선 색을 조절합니다.

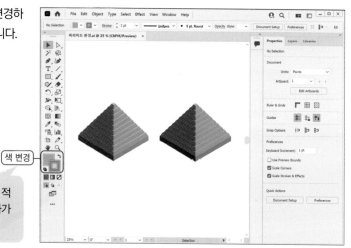

> 3D Type의 Extrude 모드에서 Bevel 효과가 적용된 부분이 면 색 영역이고, 선 색은 입체화가 진행된 부분 영역에 적용됩니다.

● [3D and Materials – Revolve] 패널

Revolve 기능을 활용하면 중심축 기준으로 오브젝트를 원하는 각도로 회전하여 입체화할 수 있습니다. [3D and Materials] 패널에서 'Revolve' 메뉴를 선택하면 됩니다.

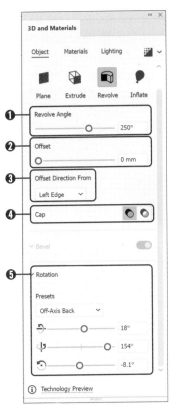

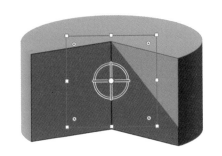

❶ **Revolve Angle:** 중심축을 기준으로 회전하는 정도의 각도를 설정할 수 있습니다.

❷ **Offset:** 중심축에서부터 빈 공간의 홀을 만들어 입체화할 수 있습니다.

❸ **Offset Direction From:** 오브젝트를 입체화할 때 회전하는 방향을 지정할 수 있습니다.

❹ **Cap:** 입체화하는 오브젝트의 내부를 채우거나 비울 수 있습니다.

❺ **Rotation:** 입체 오브젝트의 각도를 다양하게 지정할 수 있습니다.

Revolve 기능으로 팽이 만들기

다각형 도형에 Revolve 입체 효과를 적용하여 팽이 오브젝트를 만드는 방법을 알아보겠습니다.

● 준비 파일: 일러스트레이터\06\팽이.ai

01 [File] → Open(Ctrl+O)을 실행하고 06 폴더에서 '팽이.ai' 파일을 불러옵니다.

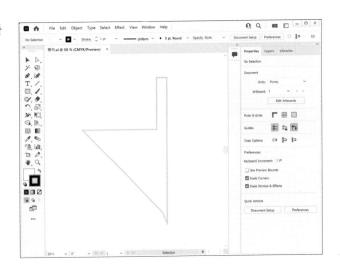

02 다각형을 선택하고 상단 메뉴바에서 **[Effect]** → **3D and Materials** → **Revolve**를 선택해 패널을 연 다음 3D Type 을 'Revolve'로 지정합니다. Revolve Angle을 '360°', Offset를 '0mm', Offset Direction From을 'Right Edge', Rotation의 Presets는 'Off-Axis Front'로 적용합니다.

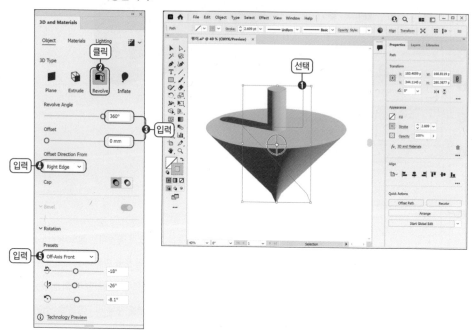

03 팽이를 오른쪽에 하나 더 복제하고 선 색을 분홍색으로 변경해 팽이 색상을 바꿔 줍니다. 분홍색 팽이를 선택하고 회전 핸들로 커서를 옮겨서 Rotate Around Z축으로 바뀔 때 클릭한 다음 오른쪽으로 드래그하면서 13° 기울여 줍니다.

- Revolve 모드에서는 선 색이 입체화된 오브젝트의 외형에 적용되고, 면 색은 내부 단면에 적용됩니다.
- 입체화를 적용한 오브젝트를 선택하면 X·Y·Z축의 각도를 조절할 수 있는 핸들이 생깁니다. 원하는 축을 클릭하고 드래그하면 각도의 수치가 나와서 원하는 만큼 정확하게 조절할 수 있습니다.

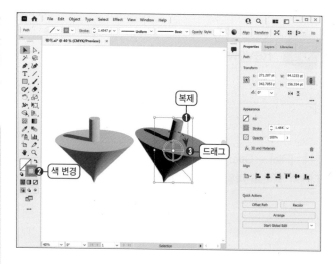

04 팽이 사이에 날카로운 다각형을 그려서 부딪친 효과를 주면 완성입니다.

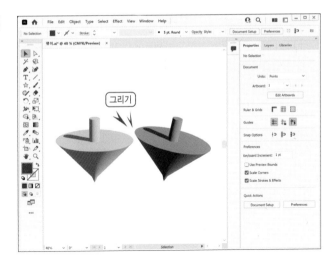

● [3D and Materials – Inflate] 패널

Inflate 기능으로 오브젝트의 표면에 볼륨감을 적용할 수 있습니다. [3D and Materials] 패널에서 'Inflate' 메뉴를 선택해 활성화할 수 있습니다.

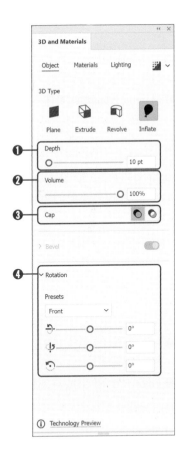

❶ **Depth:** Z축으로 오브젝트의 깊이 강도를 조절할 수 있습니다.

❷ **Volume:** 오브젝트 표면에 볼륨감을 주는 강도를 설정할 수 있습니다.

❸ **Cap:** 입체화하는 오브젝트의 내부를 채우거나 비울 수 있습니다.

❹ **Rotation:** 입체 오브젝트의 각도를 다양하게 지정할 수 있습니다.

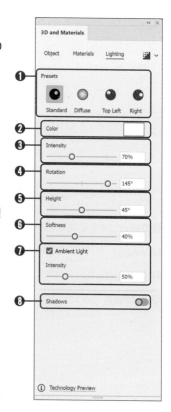

● **[3D and Materials – Materials] 패널**

Materials 기능으로 입체화한 오브젝트에 다양한 질감을 적용하여 더 풍부한 3D 표현을 할 수 있습니다. [3D and Materials] 패널에서 'Materials' 메뉴를 선택하면 됩니다.

❶ **All Materials:** 오브젝트 표면에 적용할 다양한 질감의 소스를 선택하거나, 추가할 수 있습니다.

❷ **Material Properties:** ❶에서 적용한 질감의 해상도나 색상, 조직감 등을 자세하게 조절할 수 있습니다.

● **[3D and Materials – Lighting] 패널**

Lighting 기능으로 3D 오브젝트에 조명을 적용하여 완성도를 높일 수 있습니다. [3D and Materials] 패널에서 'Lighting' 메뉴를 선택하면 됩니다.

❶ **Presets:** 빛이 들어오는 방향을 4가지 옵션(Standard, Diffuse, Top Left, Right) 중에서 선택할 수 있습니다.

❷ **Color:** 조명색을 지정할 수 있습니다.

❸ **Intensity:** 조명의 강도를 조절할 수 있습니다.

❹ **Rotation:** 조명 방향을 원하는 각도로 적용할 수 있습니다.

❺ **Height:** 각도에 따라 명암 비율을 조절할 수 있습니다.

❻ **Softness:** 조명의 부드러운 강도를 조절할 수 있습니다.

❼ **Ambient Light:** Intensity 옵션을 통해 전체적인 광량을 조절할 수 있습니다.

❽ **Shadows:** 옵션을 활성화하여 원하는 방향과 강도로 오브젝트 그림자를 적용할 수 있습니다.

3D 기능을 이용해 입체적인 표현하기 —————————————————●

다양한 3D 효과를 이용해 초콜릿 크림을 올린 베이글을 표현하는 방법을 알아보겠습니다.

● 준비 파일: 일러스트레이터\06\베이글.ai

01 [File] → Open(Ctrl+O)을 실행하고 06 폴더에서 '베이글.ai' 파일을 불러옵니다.

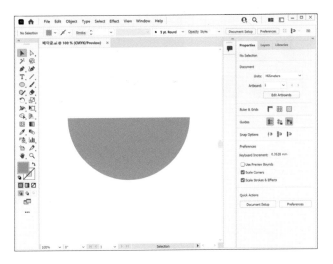

02 반원 오브젝트를 선택하고 상단 메뉴바에서 [Effect] → 3D and Materials를 실행한 다음 'Revolve' 메뉴를 선택합니다. Revolve Angle을 '360°', Offset를 '120pt'로 하고, Rotation의 Presets에서 X축을 '55°', Y축을 '-124°', Z축을 '50°'로 지정합니다.

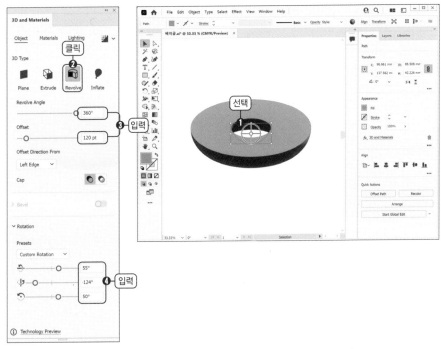

03 재질감을 표현하기 위해 [3D and Materials] 패널에서 'Materials' 메뉴를 선택하고 All Materials를 'Cardboard paper', Main Paramenters의 Color 값을 C '5%', M '25%', Y '70%'로 적용합니다.

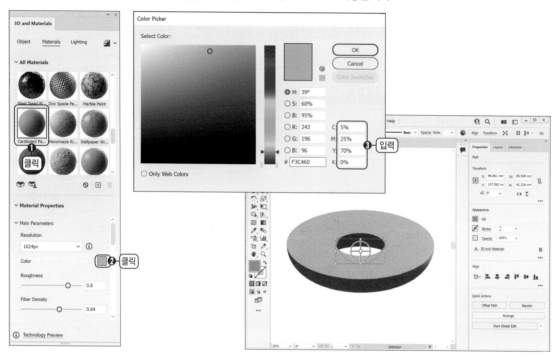

04 이번에는 조명을 조절하기 위해 [3D and Materials] 패널에서 'Lighting' 메뉴를 선택하고 Intensity를 '70%', Rotation을 '145°', Height를 '45°', Softness를 '40%', Intensity를 '83%'로 지정해 줍니다.

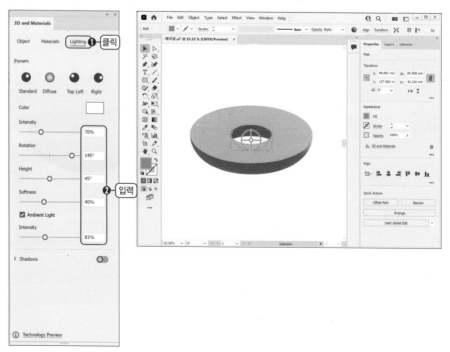

05 초콜릿 크림을 표현하기 위해 단축키 □을 눌러 원 도구(◯)를 선택한 다음 도큐먼트를 클릭하여 대화상자를 열어 줍니다. Width를 '70mm', Height를 '30mm'로 지정하여 긴 원을 만듭니다.

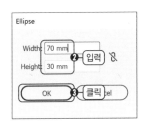

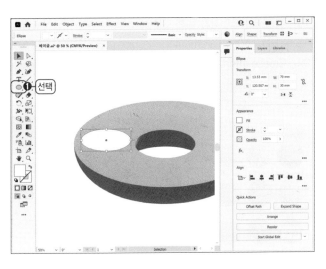

06 새로 만든 원 오브젝트를 선택하고 [3D and Materials] 패널에서 'Revolve' 메뉴를 선택합니다. Revolve Angle을 '360°', Offset를 '140pt', Rotation의 Presets에서 X축을 '55°', Y축을 '−124°', Z축을 '50°'로 지정합니다.

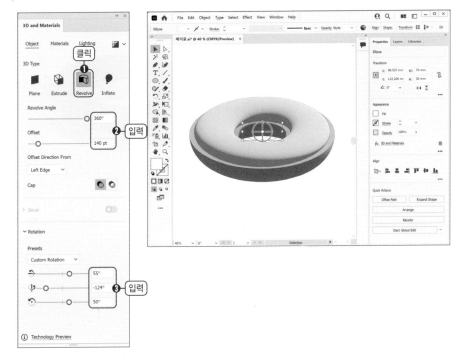

07 재질감을 표현하기 위해 [3D and Materials] 패널에서 'Materials' 메뉴를 선택하고 All Materials를 'Creased Plastic Film', Main Paramenters의 Color 값을 C '10%', M '70%', Y '100%', K '55%'로 적용한 다음, Roughness를 '0.5', Crease Intensity를 '0.29', Wrinkle Amount를 '5', Wrinkle Intensity를 '0.95'로 지정하여 완성합니다.

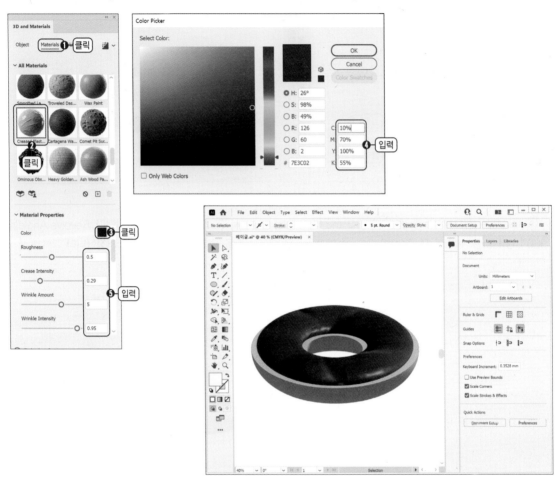

CHAPTER 02

오브젝트를 혼합하거나 투명하게 표현하기: Transparency 패널

블렌딩과 투명도 기능을 활용해 오브젝트를 혼합하거나 투명하게 표현할 수 있습니다. 다양한 브렌딩 도구에 대해 알아보고 예제를 통해 익혀 보겠습니다.

● [Transparency] 패널

[Transparency] 패널에서 다양한 블렌딩과 투명도 기능을 설정하여 오브젝트에 효과를 줄 수 있습니다.

상단 메뉴바에서 [Window] → **Transparency**를 실행하거나 단축키 Shift + Ctrl + F10 을 눌러서 패널을 실행할 수 있습니다.

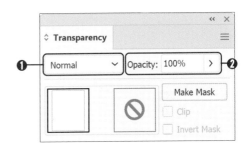

❶ Blending Mode: 오브젝트에 원하는 블렌딩 모드를 적용하여 다른 오브젝트와 혼합해 개성 있고 독특한 표현을 할 수 있습니다. 총 15가지 모드 중에서 선택할 수 있습니다.

ⓐ Normal: 블렌딩 모드를 적용하지 않은 기본 상태입니다.

ⓑ Darken: 어두운 오브젝트 색으로 혼합됩니다. 블렌딩 모드를 적용한 오브젝트가 더 어둡거나 같은 색일 때는 혼합되지 않습니다.

ⓒ Multiply: 오브젝트끼리 혼합하여 어둡게 표현합니다. 흰색은 투명하게 적용되어 변화가 없습니다.

ⓓ Color Burn: 아래 레이어의 오브젝트 채도가 올라갑니다. [Color] 패널의 색상 수치가 최대치일 때는 색의 변화가 없습니다.

ⓔ Lighten: 블렌딩 모드가 적용된 오브젝트 색이 밝으면 더 밝아지고, 어두우면 투명해집니다.

ⓕ Screen: 혼합한 영역이 밝게 반전되어 표현됩니다.

ⓖ Color Dodge: 아래 레이어의 오브젝트 명도를 올려서 밝게 표현합니다.

ⓗ Overlay: 블렌딩 모드가 적용된 오브젝트의 색이 상대적으로 밝으면 아래 레이어의 오브젝트 색도 밝아지고, 반대로 어두우면 더 어두운색으로 표현됩니다.

ⓘ Soft Light: 블렌딩 모드가 적용된 오브젝트의 명도에 따라 아래 오브젝트 색이 밝거나 어둡게 표현됩니다.

ⓙ Hard Light: 색이 밝거나 어둡게 표현될 때 강한 대비를 보여 줍니다.

ⓚ Difference: 혼합한 부분이 반전되어 어둡게 표현됩니다. 검은색으로 혼합하면 아래 오브젝트 색의 보색으로 표현됩니다.

ⓛ Exclusion: 혼합한 부분이 ⓚ처럼 어두워지지만 좀 더 밝게 표현됩니다.

ⓜ Hue: 아래 오브젝트의 채도와 명도의 영향을 받아 밝거나 어둡게 표현됩니다.

ⓝ Saturation: 블렌딩 모드가 적용된 오브젝트 색의 채도가 아래 오브젝트의 색과 명도에 영향을 줍니다.

ⓞ Color: 블렌딩 모드가 적용된 오브젝트의 색과 채도가 아래 오브젝트의 명도에 영향을 받습니다.

ⓟ Luminosity: ⓞ와 반대로 아래 오브젝트의 색과 채도가 블렌딩 모드가 적용된 오브젝트의 명도에 영향을 받아서 표현됩니다.

> 블렌딩 모드와 투명도는 Normal 상태의 오브젝트 레이어보다 상위에 있어야 효과를 적용할 수 있습니다.

❷ Opacity: 오브젝트의 투명도를 100%부터 0%까지 조절할 수 있습니다.

블렌딩 모드를 이용해 투명한 바닷물 표현하기

블렌딩 기능을 이용해 오브젝트가 투명하게 비쳐 보이는 효과를 적용하는 방법을 알아보겠습니다.

● 준비 파일: 일러스트레이터\06\바닷물.ai

01 [File] → Open(Ctrl+O)을 실행하고 06 폴더에서 '바닷물.ai' 파일을 불러옵니다.

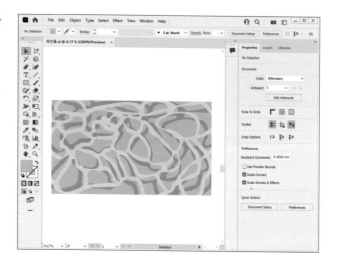

02 가장 앞쪽의 바닷물 오브젝트를 선택하고 상단 메뉴바에서 [Window] → Transparency를 선택해 패널을 열어 줍니다. 블렌딩 모드를 'Color Dodge'로 선택해 명도를 올려서 밝게 조절하고 아래 오브젝트를 비춰 줍니다.

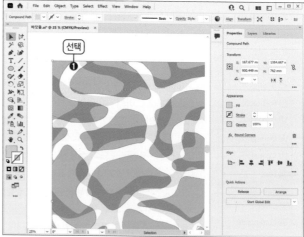

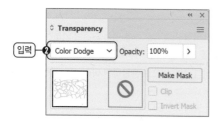

03 Ⓛ을 눌러서 원 도구(⬭)를 선택하고 선 색은 흰색, 면 색은 없애고, 선 굵기는 '2pt'로 지정한 다음 기포를 그려서 완성합니다.

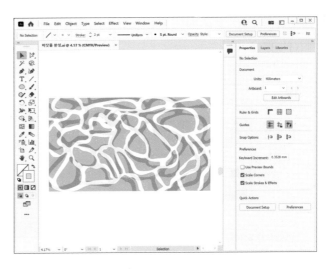

 투명도를 조절하여 오브젝트 그림자 표현하기

[Transparency] 패널의 기능으로 공중에 떠 있는 드론의 그림자를 만드는 방법을 알아보겠습니다.

● 준비 파일: 일러스트레이터\06\드론.ai

01 [File] → Open(Ctrl+Ⓞ)을 실행하고 06 폴더에서 '드론.ai' 파일을 불러옵니다.

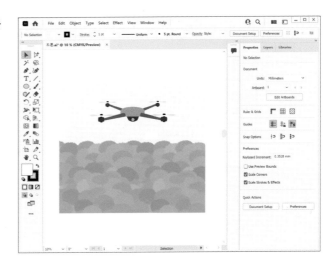

02 드론의 그림자를 표현하기 위해 Ⓛ을 눌러서 원 도구(⬭)를 선택하고 [Color] 패널에서 선 색은 제거, 면 색은 C '90', M '35', Y '100' 으로 지정합니다. 그런 다음 그림과 같이 드론 아래쪽 숲에 가로로 긴 원을 만들어 줍니다.

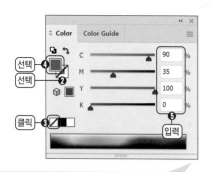

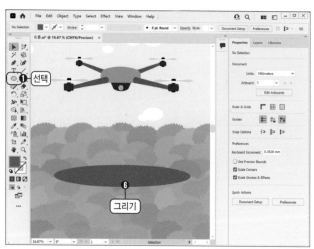

> 그림자 색을 지정할 때는 그림자가 적용될 바닥 등의 오브젝트 색상과 동일한 색상으로 지정한 다음, 명도와 채도는 어둡고 낮게 지정하면 그림자 표현이 자연스러워집니다.

03 긴 타원을 선택하고 [Window] → Transparency를 선택해 [Transparency] 패널을 실행한 다음 Opacity를 '65%'로 설정하여 투명도를 조절해 완성합니다.

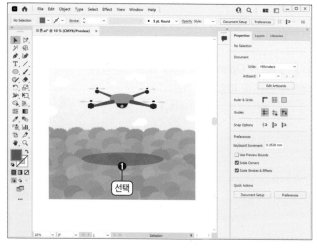

PART 1. 일러스트레이터 시작

PART 2. 드로잉

PART 3. 편집

PART 4. 색상

PART 5. 타이포그래피

PART 6. 스타일

CHAPTER 03

이미지를 벡터 일러스트로 변환하기: Image Trace

일러스트레이터를 통해 비트맵 이미지를 벡터 이미지로 변환하여 독창적인 감성으로 표현할 수 있습니다. Image Trace 기능을 통해 이미지를 벡터화하는 방법을 익혀 보겠습니다.

● Image Trace 기능

상단 컨트롤바의 Image Trace 메뉴에서 원하는 효과를 선택하여 비트맵을 벡터로 간단하게 변환할 수 있습니다.

상단 메뉴바에서 [File] → Place를 실행해 비트맵 이미지를 불러와 선택하면 옵션바에서 Image Trace 기능을 사용할 수 있습니다.

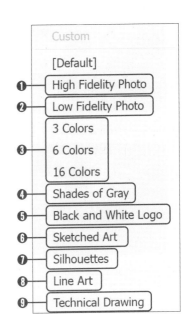

Custom

[Default]

❶ High Fidelity Photo

❷ Low Fidelity Photo

❸ 3 Colors / 6 Colors / 16 Colors

❹ Shades of Gray

❺ Black and White Logo

❻ Sketched Art

❼ Silhouettes

❽ Line Art

❾ Technical Drawing

Image Trace에서 원하는 옵션을 적용하고 컨트롤바에서 〈Expand〉 버튼을 클릭해야 벡터 오브젝트로 최종 변환됩니다.

❶ **High Fidelity Photo:** 이미지 원본에 충실하여 최대한 사실적으로 표현합니다.

❷ **Low Fidelity Photo:** 원본 이미지 대비 단순화하여 표현합니다.

❸ **3·6·16 Colors:** 각각 3단계, 6단계, 16단계 색상으로 표현합니다.

▲ 3 Colors   ▲ 6 Colors   ▲ 16 Colors

❹ **Shades of Gray:** 이미지를 흑백 모드로 변환합니다.

❺ **Black and White Logo:** 이미지를 검은색과 흰색의 로고 타입으로 표현합니다.

❻ **Sketched Art:** 스케치와 같은 아트워크로 표현합니다. ❺번의 효과와 비슷하지만, 흰색 영역을 네거티브하게 뚫어 줍니다.

❼ **Silhouettes:** 이미지를 그림자처럼 실루엣 형태로 표현합니다.

Silhouettes 효과는 원본 이미지의 명도 대비가 강하고, 흰색 영역이 많을수록 형태를 갖추어 표현합니다. 참고 이미지의 원본은 그레이 스케일 모드를 적용한 것입니다.

❽ **Line Art:** 이미지를 선으로 단순화하여 표현합니다.

❾ **Technical Drawing:** 이미지를 선으로 세밀하게 표현합니다.

 Image Trace 효과로 그래픽 월 만들기

Image Trace 기능으로 이미지를 단순화하여 그래픽 월을 만드는 방법을 알아보겠습니다.

● 준비 파일: 일러스트레이터\06\스노보더.ai

01 [File] → Open(Ctrl+O)을 실행하고 06 폴더에서 '스노보더.ai' 파일을 불러옵니다.

02 이미지를 선택하고 상단 컨트롤바의 Image Tracing 메뉴에서 '6 Colors'를 선택한 후 〈Expand〉 버튼을 클릭해 벡터 오브젝트로 변환합니다.

03 벡터화한 이미지를 선택한 상태에서 단축키 [Shift]+[Ctrl]+[G]를 눌러 그룹을 해제합니다. 배경에서 가장 넓은 회색 영역을 선택한 후 상단 메뉴바에서 [Select] → Same → Fill & Stroke를 실행하여 동일한 색의 오브젝트들을 한꺼번에 선택합니다.

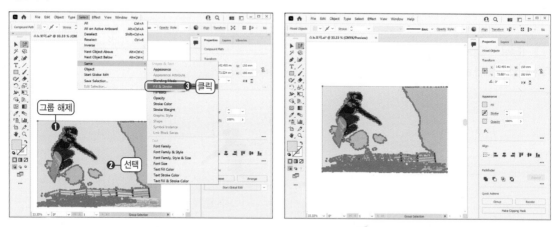

Same 기능을 활용하여 색, 블렌딩 모드, 투명도, 선 굵기 등을 동일하게 적용한 모든 오브젝트를 간편하게 선택할 수 있습니다.

04 03의 회색 영역을 선택한 상태에서 [Color] 패널을 열고 M '15', Y '100'으로 적용해 색을 변경합니다.

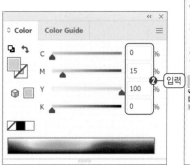

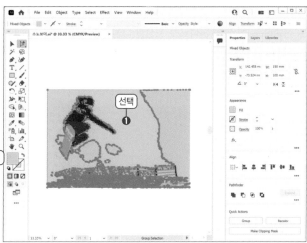

05 다음은 배경에 남은 회색 영역과 동일한 색을 전부 선택한 뒤, [Color] 패널에서 Y '90'을 입력해 밝은 노란색을 적용합니다.

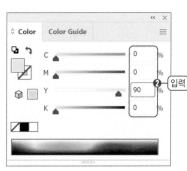

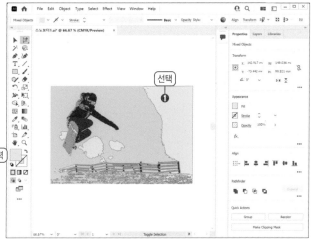

06 옷과 보드, 바닥의 회색 영역도 동일한 색을 선택하여 그림과 같이 색을 변경합니다.

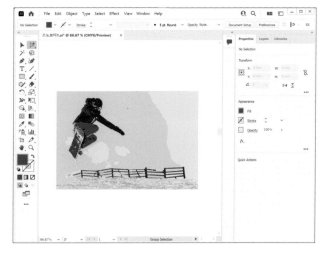

PART 1. 일러스트레이터 시작

PART 2. 드로잉

PART 3. 변형

PART 4. 색상

PART 5. 타이포그래피

PART 6. 스타일

07 Shift+B를 눌러서 물방울 브러시 도구(🖌)
를 선택하고, 선 색은 흰색으로 지정한 다음 눈을
표현하여 완성합니다.

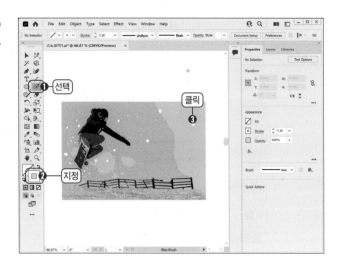

PART 1. 일러스트레이터 시작

PART 2. 드로잉

PART 3. 편집

PART 4. 색상

PART 5. 타이포그래피

PART 6. 스타일

CHAPTER 04

블렌드 도구로 중간 프레임 효과 표현하기: 블렌드 도구

블렌드 도구를 활용하여 자연스러운 색 또는 형태의 변화를 줘서 독특한 감성을 연출할 수 있습니다.

● **Blend 도구와 옵션**

그러데이션과 개념이 유사한 블렌드(Blend) 기능을 활용해 오브젝트 간의 중간 단계를 부드럽게 표현할 수 있습니다.
상단 메뉴바에서 [Object] → Blend를 실행해 다양하게 블렌드를 적용하거나 해제 및 편집할 수 있습니다.

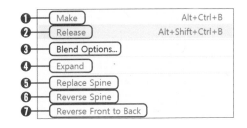

❶ **Make:** 오브젝트 간의 중간 단계를 부드럽게 변화시켜 표현합니다.

단축키 Alt + Ctrl + B로 실행할 수 있으며, 실행 전에 2개 이상의 오브젝트를 선택해야 합니다.

❷ **Release:** 적용한 블렌드를 해제합니다.

단축키 Alt + Shift + Ctrl + B로 실행할 수 있습니다.

❸ **Blend Options:** 각 블렌드의 단계와 방향을 조절할 수 있는 대화상자를 활성화합니다.

ⓐ Spacing: 오브젝트 간의 중간 단계의 수를 지정합니다.

· **Smooth Color:** 오브젝트 간의 색을 자연스럽게 변화시킵니다. 수치를 지정할 수 없으며 255단계로 적용됩니다.

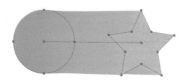

· **Specified Steps:** 오브젝트 사이의 중간 단계를 수치로 지정하여 표현합니다.

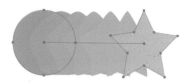

▲ Specified Steps를 5단계 적용

· **Specified Distance:** 오브젝트 사이의 거리를 지정하여 표현합니다.

▲ Specified Distance를 30mm 적용

Specified Distance는 [Tools] 패널에서 블렌드 도구(🔳)를 더블클릭하여 활성화할 수 있습니다. 오브젝트 사이의 개수를 변경하려면 오브젝트들을 선택한 상태에서 블렌드 옵션을 실행합니다.

ⓑ Orientation: 오브젝트가 변화하는 방향을 지정합니다.

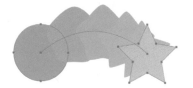

▲ Align to Page

▲ Align to Path

❹ **Expand:** 블렌드가 적용된 오브젝트 간의 개체들을 편집이 가능한 개별 오브젝트로 변환합니다.

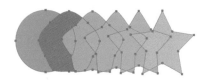

Expand를 적용하면 개별 오브젝트에 패스가 생성되어 펜 도구, 직접 선택 도구 등을 이용해 원하는 형태로 변경하거나 이동할 수 있습니다.

❺ **Replace Spine:** 블렌드를 적용한 패스의 형태나 방향을 변경할 수 있습니다.

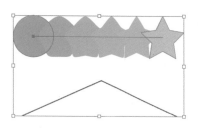

블렌드를 적용한 오브젝트와 변경할 패스를 함께 선택해야 합니다.

❻ **Reverse Spine:** 블렌드가 적용된 오브젝트의 순서를 바꿔 줍니다.

❼ **Reverse Front to Back:** 블렌드가 적용된 오브젝트의 레이어 앞뒤 순서를 바꿔 줍니다.

 ## Smooth Color 블렌드로 떨어지는 별똥별 표현하기

Smooth Color 블렌드 모드로 오브젝트의 색을 자연스럽게 변화시키는 방법을 알아보겠습니다.

● 준비 파일: 일러스트레이터\06\별똥별.ai

01 [File] → Open(Ctrl+O)을 실행하고 06 폴더에서 '별똥별.ai' 파일을 불러옵니다.

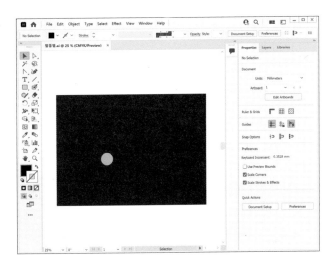

02 노란색 원을 선택하고 [Alt]를 누르면 오른쪽 상단으로 복제됩니다.

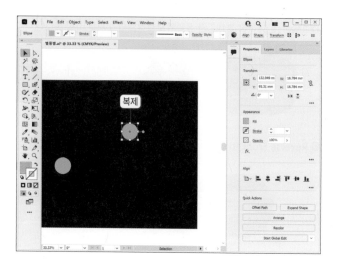

03 복제된 원을 선택하고 [I]를 눌러 스포이트 도구(⌀)를 실행한 다음 어두운 배경색을 클릭하여 색을 변경합니다.

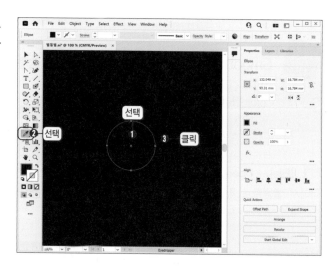

04 2개의 원을 모두 선택하고 [Tools] 패널의 블렌드 도구(⬚)를 이용해 차례대로 클릭해서 Smooth Color 블렌드 효과로 별똥별을 표현합니다.

[Tools] 패널에서 블렌드 도구를 선택하면 기본적으로 Smooth Color 블렌드 모드로 적용됩니다. 다른 모드를 사용하고 싶을 때는 블렌드 도구 아이콘을 더블클릭하여 실행되는 대화상자에서 변경할 수 있습니다.

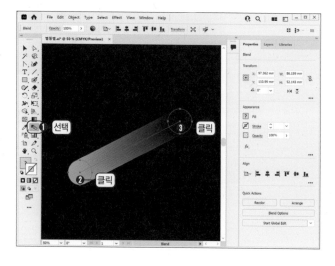

05 Smooth Color 블렌드 효과가 적용된 별똥별을 선택하고 Alt를 누르면서 드래그하여 원하는 곳으로 복제한 후 원근감을 위해 크기도 조절합니다.

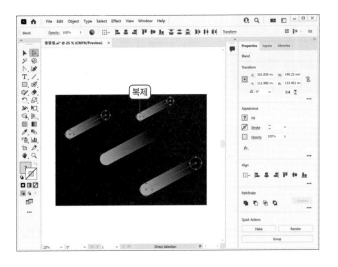

06 노란색 원을 다른 색으로 변경하여 다채로운 별똥별을 표현하여 완성합니다.

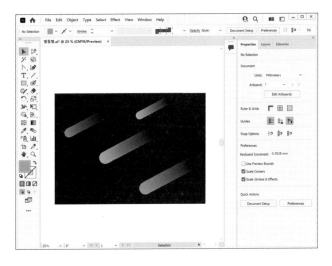

CHAPTER
05

인포그래픽
간편하게 만들기 : 그래프 도구

일러스트레이터를 활용하면 아트워크 외에도 데이터를 시각화하여 표현할 수 있습니다. 그
래프 도구를 활용하여 수치화된 자료를 인포그래픽으로 만들어 보겠습니다.

● [Graph Type] 대화상자

그래프 도구를 이용하여 다양한 형태의 그래프를 만들 수 있습니다.
상단 메뉴바에서 **[Object] → Graph → Type**을 실행하거나, [Tools]
패널에서 세로 막대그래프 도구(📊)를 더블클릭하면 [Graph Type]
대화상자를 활성화할 수 있습니다. 또한 단축키 J를 누르면 간편하
게 세로 막대그래프 도구를 선택할 수 있습니다.

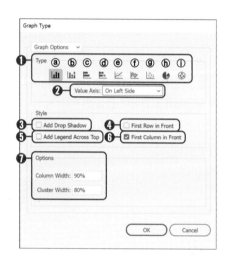

❶ Type: 총 9가지의 그래프 중에서 원하는 그래프를 선택할 수 있습니다.

ⓐ Column: 세로형의 막대그래프를 만들 수 있습니다.

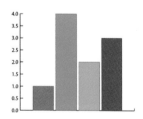

ⓒ Bar: 가로형의 막대그래프를 만들 수 있습니다.

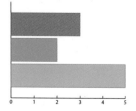

ⓑ Stacked Column: 각각의 세로형 막대그래프에 2가지 이
상의 정보를 분할하여 표현할 수 있습니다.

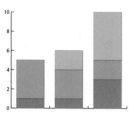

ⓓ Stacked Bar: 각각의 가로형 막대그래프에 2가지 이상의
정보를 분할하여 표현할 수 있습니다.

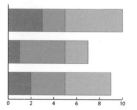

ⓔ Line: 수치에 따라 직선이 연결되는 선 그래프를 만들 수 있습니다.

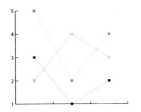

ⓕ Area: 수치에 따른 선 그래프를 면으로 표현하므로 정보를 쉽게 파악할 수 있습니다.

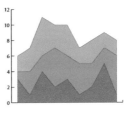

ⓖ Scatter: X와 Y축 좌표에 따른 점으로 수치를 표현한 그래프를 만들 수 있습니다.

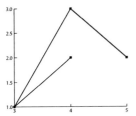

ⓗ Pie: 데이터 수치를 비율에 따라 분할하여 표현하는 원형 타입의 그래프를 만들 수 있습니다.

ⓘ Radar: 데이터의 각 수치를 방사형으로 점과 선으로 이어서 레이더 형태의 그래프를 만들 수 있습니다.

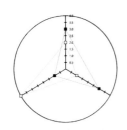

❷ **Value Axis:** 그래프의 기준 축 위치를 지정할 수 있습니다.

❸ **Add Drop Shadow:** 그래프에 그림자를 표현합니다.

❹ **First Row in Front:** 막대그래프가 겹칠 때 뒤쪽의 막대그래프부터 위로 올려 줍니다.

❺ **Add Legend Across Top:** 그래프를 의미하는 표기를 위쪽으로 올려 줍니다.

❻ **First Column in Front:** 막대그래프가 겹칠 때 앞쪽의 막대그래프부터 위로 올려 줍니다.

❼ **Options:** 그래프 형태에 따른 옵션을 지정할 수 있습니다.

> 막대그래프 옵션에서 Column Width 수치가 100%를 넘어서면 그래프가 겹치게 됩니다.

PART 1. 일러스트레이터 시작
PART 2. 드로잉
PART 3. 편집
PART 4. 변형
PART 5. 타이포그래피
PART 6. 스타일

● 그래프 데이터 입력하기

[Graph Type] 대화상자에서 'Type'을 선택하고 그 리면 활성화되는 Data 입력창에 데이터 수치를 입 력하여 그래프를 완성합니다. 원하는 그래프를 선 택한 다음 상단 메뉴바에서 **[Object] → Graph → Data**를 선택해 활성화할 수도 있습니다.

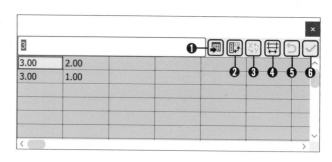

❶ **Import data:** 문자 타입의 데이터 파일을 불러올 수 있습니다.

❷ **Transpose row/column:** 표에 입력한 가로와 세로의 수치 배열을 바꿔 줍니다.

❸ **Switch x/y:** Scatter 그래프일 때 사용할 수 있으며, X와 Y의 좌표를 서로 바꿔 줍니다.

❹ **Cell style:** 표의 셀 크기를 조정하여 수치를 확대해 보여 줍니다.

❺ **Revert:** 모든 데이터값을 초기 값으로 되돌립니다.

❻ **Apply:** 표에 입력한 데이터값을 그래프에 적용하여 표현합니다.

 그래프 도구를 활용하여 인포그래픽 표현하기

다양한 그래프 도구를 이용하여 데이터를 시각화한 인포그래픽을 표현하는 방법을 알아보겠습니다.

● 준비 파일: 일러스트레이터\06\인포그래픽.ai

01 [File] → Open(Ctrl+O)을 실행하고 06 폴 더에서 '인포그래픽.ai' 파일을 불러옵니다. 회색 영역에 그래프를 만들어 적용해 보겠습니다.

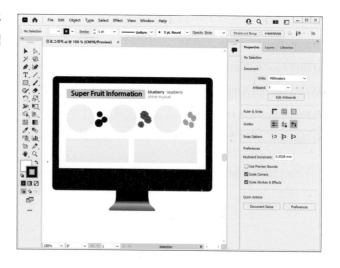

02 먼저 원형 그래프를 만들기 위해 [Tools] 패널에서 세로 막대그래프 도구(📊)를 더블클릭하여 대화상자를 열고, Type을 'Pie'로 선택한 뒤 〈OK〉 버튼을 클릭합니다. 블루베리 오브젝트의 왼쪽 회색 영역에서 배경을 클릭하여 수치 입력 창을 열고, Width와 Height를 각각 '13mm'로 지정합니다. 데이터 입력창에서는 그림과 같이 수치를 입력하고 Apply 체크 아이콘(✓)을 클릭한 후 창을 닫아 줍니다. 생성된 원형 그래프를 회색 원의 중앙으로 이동합니다.

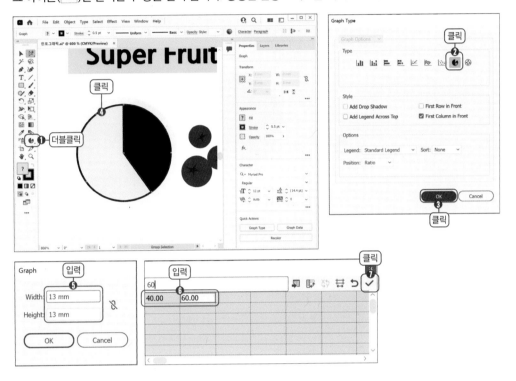

03 그래프의 선 색은 모두 없애고 면 색은 블루베리와 유사한 색으로 바꿔 줍니다. T를 눌러서 문자 도구(T)를 실행하고 그래프에 수치를 흰색으로 입력해 줍니다.

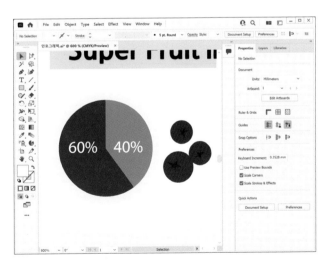

04 원형 그래프를 선택하고 Shift+Alt를 누르면서 라즈베리 옆의 회색 원 안으로 드래그하여 복제합니다. 복제한 그래프를 선택하고 상단 메뉴바에서 **[Object] → Graph → Data**를 선택하여 데이터 입력창을 연 다음, 그림과 같이 왼쪽부터 '30'과 '70'으로 변경합니다. 그래프 색은 라즈베리 색의 속성으로 변경하고 문자 도구(**T.**)로 70%, 30%를 입력합니다.

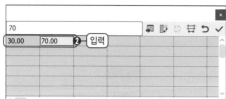

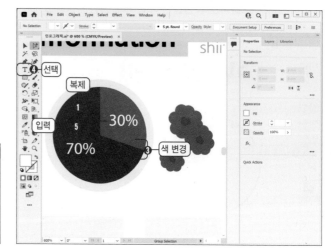

05 동일한 방법으로 샤인머스캣 옆에 그래프를 복제하고 데이터값은 '80', '20'으로 수정한 다음, 퍼센트 수치와 색도 변경합니다.

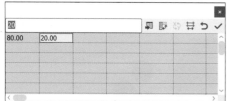

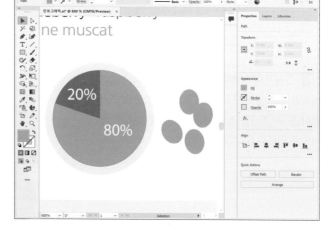

06 이번에는 분할 세로 막대그래프를 표현해 보겠습니다. [Tools] 패널에서 세로 막대그래프 도구(▮▮▮)를 길게 클릭하면 그래프 타입을 선택할 수 있는 도구 모음 창이 열립니다. 분할 세로 막대그래프 도구(▮▮▮)를 선택하고 왼쪽 하단의 회색 직사각형 영역 안에 드래그하여 그래프를 만들어 줍니다. 그림과 같이 행렬의 셀 안에 데이터값을 입력하고 창을 닫아 줍니다.

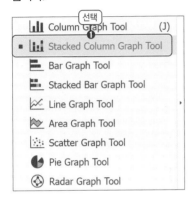

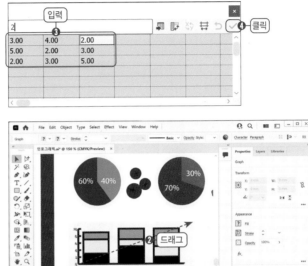

07 그래프를 선택한 상태에서 선 굵기를 '0.3pt'로 하고 분할 그래프의 면 색을 파란색, 빨간색, 녹색으로 변경해 줍니다.

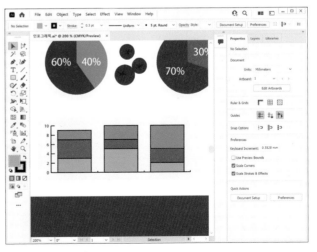

08 오른쪽 하단 회색 사각형 영역에는 영역 그래프를 표현해 보겠습니다. [Tools] 패널에서 세로 막대그래프 도구(🔲)를 길게 클릭하여 영역 그래프 도구(📈)를 선택한 다음, 회색 직사각형 영역 안에 드래그하여 그래프를 만들어 줍니다. 그림과 같이 행렬 셀 안에 데이터값을 입력하고 창을 닫아 줍니다.

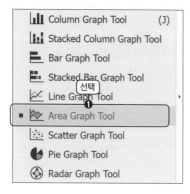

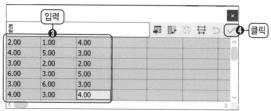

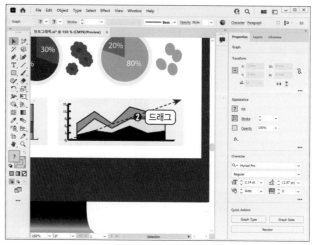

09 그래프의 선 굵기를 '0.3pt'로 변경하고, 그래프 각 영역의 색도 변경하여 완성합니다.

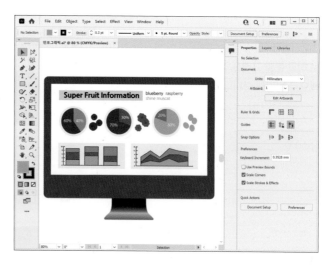

PART 1. 일러스트레이터 시작

PART 2. 드로잉

PART 3. 편집

PART 4. 채색

PART 5. 타이포그래피

PART 6. 스타일

CHAPTER

06

나만의 심볼 등록하여
활용하기: Symbols 패널, 심볼 도구

원하는 오브젝트를 심볼로 등록하여 활용하면 데이터 용량을 효율적으로 관리할 수 있으며
빠른 아트워크 작업도 가능해집니다.

● **[Symbols] 패널**

[Symbols] 패널에서 기존에 등록된 심볼을 사용하거나 새로운 심볼을
등록할 수 있습니다.
상단 메뉴바에서 **[Window]** → **Symbols**를 통해 실행하거나 단축키
Shift + Ctrl + F11 를 통해 활성화할 수 있습니다.

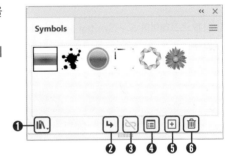

❶ **Symbol Libraries Menu:** 기본으로 제공되는 다양한 심볼 라이브러리를 확인할 수 있습니다.

❷ **Place Symbol Instance:** 선택한 심볼을 아트보드에 표현합니다.

❸ **Break Link to Symbol:** 아트보드에 표현한 심볼의 속성을 해제합니다.

❹ **Symbol Option:** 선택한 심볼의 이름과 무비클립 또는 그래픽 속성을 선택할 수 있는 대화상자를 열어 줍니다.

❺ **New Symbol:** 선택한 오브젝트를 새로운 심볼로 등록합니다.

❻ **Delete Symbol:** 패널에서 선택한 심볼을 삭제합니다.

● 심볼 도구

[Tools] 패널의 심볼 도구를 이용하여 적용법, 색상, 투명도 등을 조절할 수 있습니다.

심볼 스프레이어 도구(♣)를 클릭하여 다양한 심볼 도구를 선택할 수 있습니다. 또한 단축키 Shift+S를 누르면 간편하게 심볼 스프레이어 도구를 선택할 수 있습니다.

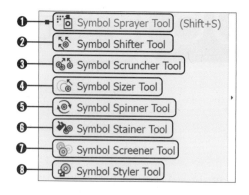

❶ 심볼 스프레이어 도구(Symbol Sprayer Tool): 선택한 심볼을 스프레이 뿌리듯 아트보드에 적용합니다.

❷ 심볼 이동 도구(Symbol Shifter Tool): 아트보드에 표현된 심볼을 선택한 후 원하는 방향으로 드래그하여 이동할 수 있습니다.

❸ 심볼 스크런처 도구(Symbol Scruncher Tool): 아트보드에 표현된 심볼을 안쪽으로 모아 줍니다. Alt를 누르면 바깥으로 흩어집니다.

❹ 심볼 크기 조절 도구(Symbol Sizer Tool): 아트보드에 표현된 심볼을 확대합니다. Alt를 누르면 작게 축소됩니다.

❺ 심볼 회전 도구(Symbol Spinner Tool): 아트보드에 표현된 심볼을 회전할 수 있습니다.

❻ 심볼 색조 도구(Symbol Stainer Tool): 아트보드에 표현된 심볼의 색상을 변경할 수 있습니다. 전면 색이 지정되어 있어야 합니다.

❼ 심볼 불투명도 도구(Symbol Screener Tool): 아트보드에 표현된 심볼에 투명도를 적용할 수 있습니다. 클릭 지점 중심에 가까울수록 투명도가 높습니다.

❽ 심볼 스타일 도구(Symbol Styler Tool): 아트보드에 표현된 심볼에 [Graphic Styles] 패널에서 선택한 스타일을 적용합니다.

심볼 등록하고 사용하기

오브젝트를 간편하게 심볼로 등록하고 심볼 도구를 이용해 표현하는 방법을 알아보겠습니다.

● 준비 파일: 일러스트레이터\06\단풍잎.ai

01 [File] → Open(Ctrl+O)을 실행하고 06 폴더에서 '단풍잎.ai' 파일을 불러옵니다.

02 상단 메뉴바에서 **[Window]** → **Symbols**을 실행합니다. 단풍잎 오브젝트를 선택하고, 심볼로 등록하기 위해 [Symbols] 패널로 드래그합니다.

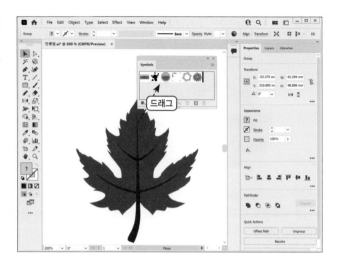

03 [Symbol Options] 대화상자가 열리면 Name을 '단풍잎'으로 입력하고 〈OK〉 버튼을 클릭하여 [Symbols] 패널에 새롭게 등록합니다.

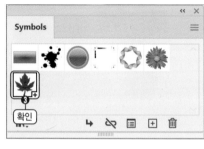

04 Shift+S를 눌러 심볼 스프레이어 도구(📷)를 선택한 다음 아트보드를 클릭하면 등록한 단풍잎 심볼을 사용할 수 있습니다.

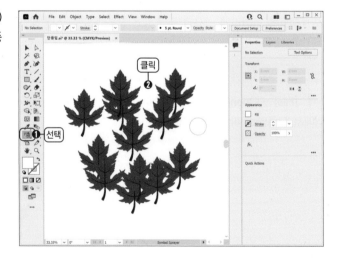

CHAPTER

07

그래픽과 텍스트에 간편하게 효과 및 스타일 적용하기: Quick actions

일러스트레이터 2023 버전에서는 퀵 액션 기능으로 복잡한 작업 단계로 이루어진 스타일과 효과를 원클릭으로 간편하게 오브젝트 또는 텍스트에 적용하여 표현할 수 있게 되었습니다.

● **퀵 액션**

상단의 'Search for tools, help and more' 아이콘(🔍)을 클릭하거나 F1을 누르면 [Discover] 대화상자가 활성화됩니다. BROWSE → Quick actions를 누르면 [Quick actions] 대화상자로 전환되어 원하는 퀵 액션을 선택하여 적용할 수 있습니다.

▲ [Discover] 대화상자   ▲ [Quick actions] 대화상자

❶ **Convert sketch into vector:** 수작업으로 그린 스케치를 벡터 타입으로 변환합니다.

❷ **Recolor:** 작업한 오브젝트의 색상 테마를 변경합니다.

❸ **Retro text:** 작성한 텍스트를 레트로 스타일로 표현합니다.

❹ **Neon glow text:** 작성한 텍스트를 네온 스타일로 표현합니다.

❺ **Old school:** 작성한 텍스트를 올드스쿨 스타일로 표현합니다.

PART 1. 일러스트레이터 시작

PART 2. 드로잉

PART 3. 변형

PART 4. 색상

PART 5. 타이포그래피

PART 6. 스타일

퀵 액션 기능으로 텍스트에 간편하게 스타일 적용하기 ─────────────●

퀵 액션의 네온 텍스트 효과를 이용해 네온 간판 표현을 하는 방법을 알아보겠습니다.

● 준비 파일: 일러스트레이터\06\네온카페.ai

01 [File] → Open(Ctrl+O)을 실행하고 06 폴더에서 '네온카페.ai' 파일을 불러옵니다.

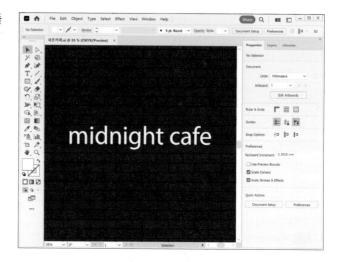

02 F1을 눌러서 [Discover] 대화상자를 활성화하고 BROWSE → Quick actions를 누른 다음 [Quick actions] 대화상자에서 'Neon glow text' 아이콘(🔲 Neon glow text Quick action)을 클릭해 실행합니다. 작업 화면의 문구를 선택하고 [Neon glow text] 대화상자에서 〈Apply〉 버튼을 클릭하여 네온 효과를 적용해 완성합니다.

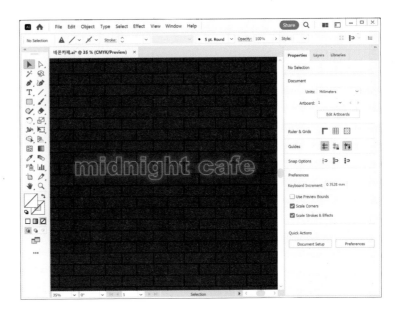

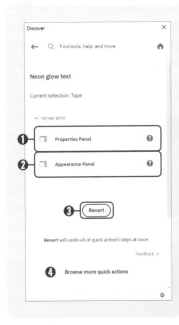

네온 효과를 적용한 뒤에도 속성 또는 모양을 수정할 수 있고, 다시 원상태로 되돌릴 수도 있습니다.

❶ **Properties Panel:** 오브젝트의 다양한 속성을 수정할 수 있습니다.

❷ **Appearance Panel:** 오브젝트에 적용된 스타일의 모양을 수정할 수 있습니다.

❸ **Revert:** 오브젝트에 스타일을 적용하기 이전의 상태로 되돌립니다. 단, 스타일 적용 후에 수정할 경우에는 적용이 되지 않습니다.

❹ **Browse more quick actions:** 추가적인 퀵 액션 메뉴들을 볼 수 있습니다.

이 책의 포토샵 편과 일러스트레이터 편 예제에 사용된 글꼴입니다.

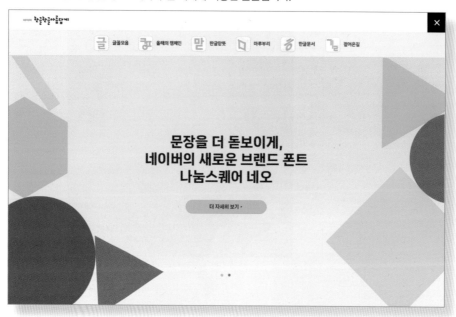

네이버 나눔글꼴 https://hangeul.naver.com/font

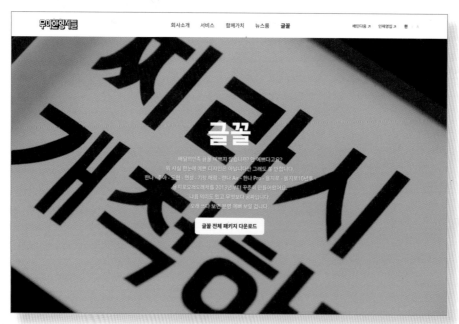

배달의민족 글꼴 https://www.woowahan.com/fonts

이 책의 포토샵 편과 일러스트레이터 편 예제에 사용된 글꼴입니다.

에스코어 폰트 https://s-core.co.kr/company/font

비트로 코어체 https://noonnu.cc/font_page/477

나 혼자 한다
포토샵&일러스트레이터 CC 2025

2023. 1. 11. 초 판 1쇄 발행
2025. 3. 26. 개정증보 1판 1쇄(통산 4쇄) 발행

지은이 | 김두한, 황진도, 이상호
펴낸이 | 이종춘
펴낸곳 | BM (주)도서출판 **성안당**
주소 | 04032 서울시 마포구 양화로 127 첨단빌딩 3층(출판기획 R&D 센터)
　　　| 10881 경기도 파주시 문발로 112 파주 출판 문화도시(제작 및 물류)
전화 | 02) 3142-0036
　　　| 031) 950-6300
팩스 | 031) 955-0510
등록 | 1973. 2. 1. 제406-2005-000046호
출판사 홈페이지 | **www.cyber.co.kr**
ISBN | 978-89-315-8379-3 (13000)
정가 | **29,000원**

이 책을 만든 사람들
책임 | 최옥현
기획·진행 | 최창동, 상:想 company
교정·교열 | 상:想 company
본문·표지 디자인 | 상:想 company
홍보 | 김계향, 임진성, 김주승, 최정민
국제부 | 이선민, 조혜란
마케팅 | 구본철, 차정욱, 오영일, 나진호, 강호묵
마케팅 지원 | 장상범
제작 | 김유석

■ **도서 A/S 안내**

성안당에서 발행하는 모든 도서는 저자와 출판사, 그리고 독자가 함께 만들어 나갑니다.
좋은 책을 펴내기 위해 많은 노력을 기울이고 있습니다. 혹시라도 내용상의 오류나 오탈자 등이 발견되면 **"좋은 책은 나라의 보배"**로서 우리 모두가 함께 만들어 간다는 마음으로 연락주시기 바랍니다. 수정 보완하여 더 나은 책이 되도록 최선을 다하겠습니다.
성안당은 늘 독자 여러분들의 소중한 의견을 기다리고 있습니다. 좋은 의견을 보내주시는 분께는 성안당 쇼핑몰의 포인트(3,000포인트)를 적립해 드립니다.
잘못 만들어진 책이나 부록 등이 파손된 경우에는 교환해 드립니다.